SFV

Carlos Castaneda
Der zweite Ring der Kraft

S. Fischer

Aus dem Amerikanischen
von Nils Thomas Lindquist

Titel der amerikanischen Originalausgabe:
»The Second Ring of Power«
Erschienen bei Simon and Schuster, New York 1977

Lektorat Willi Köhler
Umschlagentwurf Hannes Jähn
Satz und Druck Georg Wagner, Nördlingen
Einband Hans Klotz, Augsburg
Printed in Germany 1978
ISBN 3 10 010204 5

Inhalt

Vorwort

Ein flacher, öder Berggipfel an den westlichen Ausläufern der Sierra Madre in Zentralmexiko war der Schauplatz meiner letzten Begegnung mit Don Juan und Don Genaro und ihren beiden Schülern Pablito und Nestor. Die Feierlichkeit und Bedeutung des Geschehens ließen bei mir keinen Zweifel aufkommen, daß unsere Lehrzeit ihren Abschluß gefunden hatte und daß ich Don Juan und Don Genaro wirklich zum letztenmal sah. Zum Schluß sagten wir einander Lebewohl, und dann sprangen Pablito und ich gemeinsam vom Gipfel des Berges in den Abgrund.

Vor diesem Sprung hatte Don Juan mir ein grundlegendes Prinzip all dessen erläutert, was mir widerfahren sollte. Nach dem Sprung in den Abgrund, so sagte er, würde ich reine Wahrnehmung sein und mich zwischen den beiden wesentlichen Bereichen aller Schöpfung hin und her bewegen, zwischen dem Tonal und dem Nagual.

Bei meinem Sprung durchlief meine Wahrnehmung fünf elastische Pendelschläge zwischen Tonal und Nagual. Wenn ich ins Nagual eintauchte, nahm ich wahr, wie mein Körper sich auflöste. Es war mir unmöglich, in der zusammenhängenden, einheitlichen Weise zu denken oder zu fühlen, wie ich es gewohnt bin, aber irgendwie dachte und fühlte ich doch. Wenn ich ins Tonal eintauchte, stellte sich schlagartig Einheit her. Ich war wieder ganz. Meine Wahrnehmung war kohärent. Ich hatte Visionen von Ordnung. Sie waren von so intensiver Eindringlichkeit, von so realer Lebendigkeit und so ungeheurer Komplexität, daß es mir nicht gelungen ist, sie befriedigend zu erklären. Wenn ich sage, es waren Visionen, lebhafte Träume oder gar Halluzinationen, so besagt dies nichts, was ihre Beschaffenheit klären könnte.

Nachdem ich meine Gefühle, Wahrnehmungen und Deutungen bei diesem Sprung in den Abgrund gründlich und sorgfältig analysiert hatte, war ich so weit, daß ich vernünftigerweise gar nicht mehr glauben konnte, daß er überhaupt stattgefunden hatte. Und doch hielt ein andrer Teil meiner selbst unbeirrt an dem Gefühl fest, daß es geschehen war; daß ich gesprungen war. Don Juan und Don Genaro waren nicht mehr für mich erreichbar, und ihre Abwesenheit weckte bei mir das dringende Bedürfnis, mich kopfüber in die mir unlösbar scheinenden Widersprüche zu stürzen.

So fuhr ich zurück nach Mexiko, um Pablito und Nestor aufzusuchen und sie zu bitten, mir bei der Lösung meiner Konflikte zu helfen. Aber was mir auf dieser Reise widerfuhr, läßt sich nicht anders beschreiben, als daß es ein letzter Schlag gegen meine Vernunft war, eine konzentrierte Attacke, von Don Juan selbst ersonnen und ins Werk gesetzt. Wie von ihm aus der Ferne gesteuert, zerstörten seine Schüler binnen weniger Tage ganz methodisch und präzise die letzte Bastion meiner Rationalität. In diesen paar Tagen offenbarten sie mir einen der beiden praktischen Aspekte ihrer Zauberei, nämlich die Kunst des *Träumens,* die das zentrale Thema dieses Buches ist.

Die Kunst des *Pirschens,* der andere praktische Aspekt ihrer Zauberei und zugleich der krönende Abschluß von Don Juans und Don Genaros Lehren, wurde mir bei anschließenden Besuchen vorgeführt. Es war der bei weitem komplizierteste Aspekt ihres irdischen Daseins als Zauberer.

I Die Verwandlung der Doña Soledad

Ich hatte die plötzliche Eingebung, daß Pablito und Nestor nicht zu Hause waren. Ich war mir dessen so sicher, daß ich den Wagen anhielt. Ich befand mich an der Stelle, wo die Asphaltstraße unvermittelt endet, und ich wollte überlegen, ob ich noch an diesem Tag die lange, beschwerliche Fahrt über die steile, holprige Sandstraße bis zu ihrem Heimatort in den zentralmexikanischen Bergen fortsetzen sollte.
Ich kurbelte das Seitenfenster herunter. Es war ein stürmischer, kalter Tag. Ich stieg aus, um mir die Beine zu vertreten. Von der Anstrengung der stundenlangen Fahrt waren mein Hals und mein Rücken steif. Ich ging an den Straßenrand. Der Boden war noch feucht von einem Regenschauer in der Frühe. Noch immer hingen vor den Bergflanken im Süden, nicht weit von der Stelle, wo ich mich befand, dichte Regenschleier. Aber direkt vor mir, nach Osten und Norden, war der Himmel klar. Von einigen Punkten der kurvenreichen Straße hatte ich in weiter Ferne die bläulichen Gipfel der Sierra im Sonnenlicht schimmern sehen.
Nach kurzem Überlegen beschloß ich umzukehren und in die Stadt zu fahren, denn ich hatte das seltsame Gefühl, daß ich Don Juan dort auf dem Markt treffen würde. Immerhin war es seit Anbeginn unserer Bekanntschaft so gewesen: stets hatte ich ihn auf dem Marktplatz getroffen. Immer wenn ich ihn in Sonora nicht antraf, fuhr ich nach Zentralmexiko und ging auf den Markt dieser Stadt; und früher oder später tauchte Don Juan dann auf. Die längste Zeit, die ich je auf ihn warten mußte, waren zwei Tage. Ich war so daran gewöhnt, ihn auf diese Weise zu treffen, daß ich beinah absolut sicher war, ihn auch diesmal zu finden.
Den ganzen Nachmittag wartete ich auf dem Markt. Ich ging vor den Ständen auf und ab und tat so, als suchte ich etwas zu kaufen. Dann wartete ich im Park. Als es zu dämmern anfing, wußte ich, daß er nicht kommen würde. Ich hatte inzwischen das eindeutige Gefühl, daß er hier gewesen, aber wieder gegangen war. Ich

setzte mich auf eine Parkbank, wo ich immer mit ihm zu sitzen pflegte, und versuchte meine Empfindungen zu analysieren. Bei der Ankunft in dieser Stadt hatte mich das sichere Wissen beflügelt, daß Don Juan sich hier irgendwo in den Straßen aufhielt. Was ich empfand, war mehr als eine bloße Erinnerung daran, wie ich ihn schon unzählige frühere Male hier getroffen hatte; mein Körper wußte, daß er nach mir Ausschau hielt. Dann aber, als ich auf der Bank saß, hatte ich eine andere seltsame Gewißheit. Ich wußte, daß er nicht mehr da war. Er war gegangen, und ich hatte ihn verfehlt.

Nach einiger Zeit gab ich meine Spekulationen auf. Mir schien, daß dieser Ort mich anzustecken begann. Mein Denken und Handeln wurden allmählich irrational; das war mir auch früher immer passiert, wenn ich mich einige Tage in dieser Gegend aufgehalten hatte. Ich ging auf mein Hotelzimmer, um mich ein paar Stunden auszuruhen, dann ging ich wieder aus und streifte durch die Straßen. Jetzt hatte ich nicht mehr die gleiche Erwartung, Don Juan zu begegnen, wie ich sie am Nachmittag gehabt hatte. Ich gab es auf. Ich kehrte in mein Hotel zurück, um mich ordentlich auszuschlafen.

Am anderen Morgen, bevor ich ins Gebirge aufbrach, fuhr ich im Auto ein paarmal durch die Hauptstraßen der Stadt, aber irgendwie wußte ich, daß es Zeitverschwendung war. Don Juan war nicht hier.

Ich brauchte den ganzen Vormittag für die Fahrt zu dem kleinen Städtchen, wo Pablito und Nestor lebten. Gegen Mittag kam ich an. Don Juan hatte mir eingeschärft, niemals direkt in die Stadt zu fahren, um nicht die Neugier der Anwohner zu wecken. Daher war ich jedesmal, kurz bevor ich die Stadt erreichte, von der Straße abgebogen, über ein ebenes Feld gefahren, das sonst der Jugend der Stadt als Fußballplatz diente. Über den festgestampften Boden erreichte man einen Pfad, der breit genug für ein Auto war und zu den Hügeln im Süden der Stadt führte, wo die Häuser von Pablito und Nestor standen. Als ich den Rand des Feldes erreichte, stellte ich fest, daß der Fußweg zu einer Sandstraße ausgebaut worden war.

Ich überlegte, ob ich zu Nestor oder zu Pablito gehen sollte. Ich hatte das starke Gefühl, daß sie nicht zu Hause waren. Dann entschloß ich mich, es bei Pablito zu versuchen. Nestor, so überlegte ich, wohnte allein, während Pablito mit seiner Mutter und seinen vier Schwestern zusammenlebte. Sollte er nicht da sein, konnten die Frauen mir vielleicht helfen, ihn ausfindig zu machen. Als ich mich dem Haus näherte, fand ich, daß der Weg, der von der Straße hinauf führte, inzwischen erweitert worden war. Der Boden war anscheinend fest, und da der Weg breit genug für mein Auto war, konnte ich beinah bis vor die Tür fahren. Das Lehmziegelhaus war um eine ziegelgedeckte Veranda erweitert. Ich wurde nicht durch das übliche Hundegebell begrüßt, aber in einer eingezäunten Ecke des Hofes hockte ein riesiger Hund und beobachtete mich wachsam. Eine Hühnerschar, die vor dem Haus nach Futter gescharrt hatte, stob jetzt gackernd durcheinander. Ich stellte den Motor ab und reckte meine Arme hinter den Kopf. Mein Körper war steif.

Das Haus wirkte verlassen. Mir kam der Gedanke, daß Pablito und seine Familie möglicherweise fortgezogen waren und jetzt andere Leute hier wohnten. Plötzlich schlug die Haustür krachend auf, und Pablitos Mutter kam herausgestolpert, als hätte sie jemand gestoßen. Einen Augenblick starrte sie mich wie abwesend an. Als ich aus dem Wagen stieg, schien sie mich zu erkennen. Ein mädchenhaft anmutiges Beben durchzuckte ihren Körper, und dann kam sie mir entgegengesprungen. Vielleicht hatte sie geschlafen, so überlegte ich, und der Motorlärm meines Wagens hatte sie geweckt, und als sie dann vor die Tür trat, um nachzusehen, hatte sie mich wohl nicht gleich erkannt. Beim ungewohnten Anblick einer alten Dame, die mir in fröhlichen Sprüngen entgegenkam, mußte ich unwillkürlich lächeln. Doch als sie näherkam, beschlichen mich Zweifel. Irgendwie bewegte sie sich so gewandt, daß ich nicht glauben konnte, Pablitos Mutter vor mir zu haben.

»Meine Güte, welch eine Überraschung!« rief sie.

»Doña Soledad?« fragte ich ungläubig.

»Erkennst du mich nicht?« erwiderte sie lachend.

Ich machte eine unbeholfene Bemerkung über ihre erstaunliche Behendigkeit.

»Wieso hältst du mich immer für ein hilfloses altes Weib?« fragte sie und schaute mich mit spöttischer Herausforderung an.

Dann warf sie mir vor, ich hätte ihr einmal den Spitznamen ›Frau Pyramide‹ angehängt. Mir fiel ein, daß ich einmal zu Nestor gesagt hatte, ihre Figur erinnere mich an eine Pyramide. Sie hatte ein ausladendes wuchtiges Hinterteil und einen kleinen spitzen Kopf. Die langen Gewänder, die sie zu tragen pflegte, verstärkten diesen Eindruck noch.

»Sieh mich an«, sagte sie. »Sehe ich noch immer wie eine Pyramide aus?«

Sie lächelte, aber ihr Blick verursachte mir ein unangenehmes Gefühl. Ich versuchte mich mit einem Scherz zu verteidigen, aber sie schnitt mir das Wort ab und drängte mich zuzugeben, daß ich für diesen Spitznamen verantwortlich sei. Ich beteuerte ihr, daß ich diesen Vergleich niemals in abträglichem Sinn gemeint hätte und daß sie ohnehin inzwischen so schlank sei, daß ihre Figur nicht im entferntesten an eine Pyramide erinnere.

»Was ist mit Ihnen passiert, Doña Soledad?« fragte ich. »Sie sind ja verwandelt!«

»Du sagst es«, antwortete sie knapp. »Ich bin verwandelt!«

Ich hatte es im übertragenen Sinn gemeint. Doch bei genauerem Hinsehen mußte ich mir eingestehen, daß dies nicht nur sinnbildlich zutraf. Sie war tatsächlich völlig verwandelt. Plötzlich verspürte ich einen trocken metallischen Geschmack im Mund. Ich hatte Angst.

Sie stemmte die Fäuste in die Hüften und stand mit leicht gespreizten Beinen vor mir. Sie trug einen hellgrünen gerafften Rock und eine weiße Bluse. Ihr Rock war kürzer, als sie ihn sonst zu tragen pflegte. Ihr Haar konnte ich nicht sehen. Sie hatte es mit einem breiten Band, einem turbanähnlichen Stoffstreifen umwikkelt. Sie war barfuß und klopfte mit ihren großen Füßen rhythmisch auf den Boden, während sie mit der Ungezwungenheit eines jungen Mädchens lächelte. Nie zuvor hatte ich bei jemandem eine so starke Ausstrahlung erlebt wie bei ihr. Ich bemerkte ein seltsames Funkeln in ihren Augen, ein beunruhigendes, nicht aber beängstigendes Funkeln. Vielleicht, so überlegte ich, hatte ich noch nie wirklich auf ihr Aussehen geachtet. Unter anderem machte ich mir Vorwürfe, weil ich in den Jahren des Zusammenseins mit Don Juan so viele Menschen ignoriert hatte, die ich durch ihn kennenlernte. Die Macht seiner Persönlichkeit hatte mir alle anderen blaß und unbedeutend erscheinen lassen. Ich sagte ihr, daß ich mir nie hätte träumen lassen, wie erstaunlich vital sie sein könne, daß ich mir nun Vorwürfe machte, weil ich

mich nie wirklich um sie gekümmert hatte und daß ich mich künftig anstrengen wollte, all die Leute aus den vergangenen Jahren überhaupt erst kennenzulernen.
Sie trat näher an mich heran. Sie lächelte, strich mit der rechten Hand über meinen linken Arm und drückte ihn leicht.
»Ganz bestimmt«, flüsterte sie mir ins Ohr.
Ihr Lächeln erstarrte und ihr Blick trübte sich. Sie stand so nah bei mir, daß ich spürte, wie ihre Brüste meine linke Schulter streiften. Mein Unbehagen wuchs, auch wenn ich mir einzureden versuchte, daß es keinen Grund zur Beunruhigung gab. Ich wiederholte mir immer wieder, daß ich Pablitos Mutter eigentlich nie kennengelernt hatte und daß sie, trotz ihres merkwürdigen Benehmens, wahrscheinlich ganz normal und sie selbst war. Aber eine innere Angst sagte mir, daß dies nur Abwehrgedanken ohne alle Stichhaltigkeit seien. Denn auch wenn ich sie damals übersehen hatte, wußte ich wohl, daß ich mich nicht nur sehr gut an sie erinnerte, sondern sie sehr gut gekannt hatte. Sie hatte für mich stets den Archetyp einer Mutter verkörpert; ich schätzte sie auf Ende fünfzig oder noch älter. Ihre schlaffen Muskeln bewegten ihre plumpe Körperfülle nur mühsam vorwärts. Ihr Haar war stark ergraut. In meiner Erinnerung war sie eine traurige, schwermütige Frau mit freundlichen, angenehmen Gesichtszügen, eine sich aufopfernde, leidende Mutter, immer in der Küche hantierend, immer müde. Auch erinnerte ich mich an sie als eine sehr liebenswerte und selbstlose Frau, und eine sehr schüchterne dazu – bis zu dem Punkt, daß sie sich jedem unterordnete, der zufällig in der Nähe war. Dies war mein Eindruck von ihr, der sich bei zufälligen Begegnungen über die Jahre hin verstärkt hatte. Jetzt aber war irgend etwas an ihr beängstigend anders. Die Frau, die vor mir stand, entsprach überhaupt nicht dem Bild, das ich von Pablitos Mutter hatte, und doch war sie dieselbe, schlanker und kräftiger zwar, und sie wirkte zwanzig Jahre jünger als damals, als ich sie zum letztenmal gesehen hatte. Mir lief ein Frösteln über den Körper.
Sie trat ein paar Schritte zurück und musterte mich.
»Laß dich mal ansehen«, sagte sie. »Der Nagual hat uns gesagt, daß du ein Teufel bist.«
Jetzt erinnerte ich mich: sie alle – Pablito, seine Mutter, seine Schwestern und Nestor – hatten sich stets dagegen gesträubt, Don

Juans Namen auszusprechen und ihn nur ›den Nagual‹ genannt, und auch ich hatte diese Gewohnheit übernommen, wenn ich mit ihnen sprach.
Herausfordernd legte sie mir die Hände auf die Schultern – etwas, das sie noch nie getan hatte. Mein Körper versteifte sich. Ich wußte nicht, was ich sagen sollte. Es verging eine ganze Weile, und so gelang es mir, meine Gedanken zu ordnen. Ihr Aussehen und ihr Verhalten verwirrten mich dermaßen, daß ich ganz vergessen hatte, sie nach Pablito und Nestor zu fragen.
»Sagen Sie mir doch, wo ist Pablito?« fragte ich sie, während mich eine Anwandlung von Furcht befiel.
»Ach, er ist in die Berge gegangen«, antwortete sie in beiläufigem Ton und wandte sich ab.
»Und wo ist Nestor?«
Sie verdrehte mit Gleichgültigkeit ausdrückender Gebärde die Augen.
»Sie sind zusammen in den Bergen«, sagte sie ebenso gleichgültig.
Ich fühlte mich sehr erleichtert und sagte zu ihr, ich hätte nicht daran gezweifelt, daß es ihnen gut ging.
Sie strahlte mich lächelnd an. Da überflutete mich ein überschwengliches Glücksgefühl, und ich umarmte sie. Ganz unbefangen erwiderte sie die Umarmung und hielt mich fest; dies Verhalten befremdete mich so sehr, daß es mir den Atem verschlug. Ihr Körper war angespannt. Ich spürte ihre ungeheure Kraft. Mein Herz schlug schneller. Ich versuchte mich sachte von ihr loszumachen und erkundigte mich, ob Nestor noch immer mit Don Genaro und Don Juan zusammen sei. Denn bei unserer letzten Begegnung hatte Don Juan bezweifelt, ob Nestor schon bereit sei, seine Lehrzeit abzuschließen.
»Genaro ist für immer gegangen«, sagte sie und ließ mich los.
Sie nestelte nervös am Saum ihrer Bluse.
»Und Don Juan?«
»Der Nagual ist auch gegangen«, sagte sie und verzog die Lippen.
»Wohin sind sie gegangen?«
»Wie, das weißt du nicht?«
Ich erzählte ihr, daß die beiden mir vor zwei Jahren Lebewohl gesagt hatten; ich wußte nur, daß sie damals irgendwohin aufbrachen. Damals hatte ich nicht gewagt, mir Gedanken darüber zu machen, wohin sie gegangen waren. Schon früher hatten sie mir

nie verraten, wo sie sich aufhielten, und ich hatte mich schließlich mit der Tatsache abgefunden, daß sie, wenn sie aus meinem Leben verschwinden wollten, sich nur zu weigern brauchten, mich wiederzusehen.

»Jedenfalls sind sie nicht hier, soviel ist sicher«, sagte sie mit finsterer Miene. »Und sie werden nicht wiederkommen, das ist ebenso sicher.«

Sie sprach ohne jede Gefühlsbeteiligung. Allmählich wurde sie mir immer unheimlicher und widerwärtiger. Ich wollte aufbrechen.

»Aber du bist hier«, sagte sie, und ihre düstere Miene verklärte sich zu einem Lächeln. »Du mußt auf Pablito und Nestor warten. Sie brennen darauf, dich zu sehen.«

Sie packte mich mit festem Griff am Arm und zog mich vom Auto weg. Verglichen mit ihrem früheren Verhalten war sie erstaunlich selbstsicher.

»Zuerst aber will ich dir meinen Freund zeigen«, sagte sie und zerrte mich gewaltsam zum Haus. Dort war eine eingezäunte Fläche, so etwas wie ein kleiner Pferch. Dahinter hockte ein riesiger Hund, ein Rüde. Das erste, was mir an ihm auffiel, war sein gesundes, üppiges, gelblich-braunes Fell. Er war anscheinend ein gutmütiger Hund. Er war nicht angekettet und der Zaun war nicht hoch genug, als daß er ihn nicht hätte überspringen können. Der Hund verharrte gleichmütig, während wir näherkamen, und wedelte nicht mal mit dem Schwanz. Doña Soledad deutete auf einen geräumigen Käfig im Hintergrund. Dort lag zusammengerollt ein Koyote.

»Das ist mein Freund«, sagte sie, »nicht der Hund. Er gehört meinen Mädchen.«

Der Hund blickte mich an und gähnte. Ich mochte ihn. Ich hatte das unsinnige Gefühl, irgendwie mit ihm verwandt zu sein.

»Komm, gehn wir ins Haus«, sagte sie und zog mich am Arm mit sich.

Ich zögerte. Ein Teil von mir war höchst alarmiert und wollte nichts andres, als schnell von hier verschwinden, und doch wollte ein anderer Teil meiner selbst um nichts in der Welt weichen.

»Du hast doch keine Angst vor mir, oder?« fragte sie vorwurfsvoll.

»Und ob ich Angst habe!« rief ich.

Sie kicherte, und dann versicherte sie mir in beschwichtigendem Ton, daß sie eine unbeholfene einfache Frau sei, ungeschickt im Umgang mit Wörtern und verlegen im Umgang mit Menschen. Sie blickte mich offen an und sagte, Don Juan habe ihr aufgetragen, mir zu helfen, weil er sich um mich Sorgen mache.
»Er hat uns gesagt, daß du nicht ernsthaft bist. Daß du rumläufst und dauernd unschuldige Leute in Schwierigkeiten bringst«, sagte sie.
Bis dahin hatten mir ihre Beteuerungen ganz vernünftig geklungen, aber daß Don Juan sowas über mich gesagt haben sollte, konnte ich mir nicht vorstellen.
Wir gingen ins Haus. Ich wollte mich auf die Bank setzen, wo ich früher immer mit Pablito gesessen war. Sie hinderte mich.
»Dies ist nicht der richtige Platz für dich und mich«, sagte sie. »Komm, gehn wir in mein Zimmer.«
»Ich möchte lieber hier sitzen«, sagte ich mit Bestimmtheit. »Diesen Platz kenne ich, und hier fühle ich mich wohl.«
Sie fuhr sich mißbilligend über die Lippen. Jetzt benahm sie sich wie ein enttäuschtes Kind. Sie verzog die Oberlippe zu einer Schnute, die wie ein flacher Entenrücken aussah.
»Irgend etwas stimmt hier ganz und gar nicht«, sagte ich. »Ich glaube, ich verschwinde lieber, wenn Sie mir nicht sagen wollen, was eigentlich los ist.«
Sie wurde ganz nervös und behauptete, sie sei befangen, weil sie nicht wisse, wie sie mit mir reden solle. Ich sprach sie auf die unverkennbare Verwandlung an, die mit ihr geschehen war, und verlangte, sie solle mir sagen, was mit ihr passiert sei. Ich mußte einfach wissen, wie eine solche Veränderung zustande kommen konnte.
»Wirst du bleiben, wenn ich's dir sage?« fragte sie mit kindlicher Stimme.
»Das muß ich wohl.«
»Gut, dann will ich dir alles sagen. Aber es muß in meinem Zimmer sein.«
Einen Moment überfiel mich Panik. Aber ich gab mir alle Mühe, ruhig zu bleiben, und wir gingen in ihr Zimmer. Sie wohnte im hinteren Teil des Hauses, wo Pablito ein Zimmer für sie angebaut hatte. Ich war schon einmal in diesem Raum gewesen, als noch daran gearbeitet wurde, und dann noch einmal, als es fertig war,

kurz bevor sie einzog. Das Zimmer wirkte so leer, wie ich es damals gesehen hatte – abgesehen von dem Bett, das genau in der Mitte des Raumes stand, und den beiden unauffälligen Schränkchen neben der Tür. Die Tünche an den Wänden war inzwischen zu einem anheimelnden gelblichen Weiß verblichen. Auch die Bretter an der Decke waren nachgedunkelt. Wie ich so die glatten, sauberen Wände betrachtete, hatte ich unwillkürlich den Eindruck, sie würden täglich mit einem Schwamm abgerieben. Das ganze Zimmer wirkte eher wie eine Mönchszelle, sehr nüchtern und asketisch. Es gab keinerlei Zierat. Die Fenster hatten massive, abnehmbare Holzläden, die mit Eisenriegeln verstärkt waren. Es gab keine Stühle oder andre Sitzgelegenheiten.
Doña Soledad nahm mir meinen Schreibblock ab, drückte ihn an die Brust und setzte sich auf ihr Bett, das aus zwei dicken Matratzen ohne Sprungrahmen bestand. Sie bedeutete mir, ich solle mich neben sie setzen.
»Du und ich, wir sind gleich«, sagte sie und reichte mir mein Schreibzeug.
»Wie bitte?«
»Du und ich, wir sind gleich«, wiederholte sie, ohne mich anzusehen.
Ich hatte keine Ahnung, was sie damit meinte. Sie starrte mich an, als warte sie auf eine Antwort.
»Was hat das zu bedeuten, Doña Soledad?« fragte ich.
Meine Frage schien sie zu überraschen. Offenbar hatte sie erwartet, daß ich wußte, was sie meinte. Zuerst lachte sie, aber dann, als ich nochmals betonte, daß ich sie nicht verstanden hätte, wurde sie zornig. Sie sprang auf und beschuldigte mich, ihr gegenüber unaufrichtig zu sein. Ihre Augen blitzten vor Wut; ihr Mund verzog sich zu einer häßlichen Grimasse, die sie furchtbar alt erscheinen ließ.
Ich war ehrlich bestürzt und wußte nicht, was ich sagen sollte. Jedes Wort konnte die Sache nur verschlimmern. Sie schien ebenso verlegen zu sein wie ich. Ihr Mund bewegte sich, als wollte sie etwas sagen, aber ihre Lippen zuckten nur lautlos. Schließlich murmelte sie, es sei nicht das makellose Verhalten eines Kriegers, wenn ich mich in einem so ernsten Augenblick so benähme. Sie wandte mir den Rücken zu.
»Sehen Sie mich an, Doña Soledad!« sagte ich mit Nachdruck.

»Ich will Sie ja nicht belästigen, aber anscheinend wissen Sie etwas, das ich nicht weiß.«
»Du redest zuviel«, fuhr sie mich wütend an. »Der Nagual hat mir befohlen, dich nur ja nicht reden zu lassen. Du verdrehst alles.«
Sie sprang auf und stampfte wie ein jähzorniges Kind mit dem Fuß auf. In diesem Augenblick bemerkte ich, daß das Zimmer jetzt einen anderen Fußboden hatte. Wie ich mich erinnerte, war es damals ein Lehmboden gewesen – aus der dunklen Erde dieser Gegend. Der neue Fußboden war hellrot bis rosa. Ich verschob die Auseinandersetzung mit ihr auf später und ging im Zimmer auf und ab.
Ich konnte gar nicht begreifen, wieso der Fußboden mir nicht gleich beim Eintreten aufgefallen war. Er war ganz wunderbar. Zuerst meinte ich, er bestünde aus rotem, in feuchtem Zustand festgestampftem Lehm, aber dann sah ich, daß er nirgends Risse aufwies. Ein Lehmboden hätte sich nämlich beim Trocknen aufgeworfen, es wären Sprünge und Unebenheiten entstanden. Ich bückte mich und strich leicht mit den Fingern darüber hin. Er war hart wie Ziegel. Der Lehm war offenbar gebrannt. Jetzt wurde mir klar, daß der Boden aus großen Tonplatten bestand, die auf einem weichen Lehmestrich verlegt worden waren. Die Platten bildeten ein kompliziertes, faszinierendes Muster, das aber ganz unauffällig blieb, solange man nicht absichtlich darauf achtete. Die geschickte Anordnung der Platten verriet einen wohlüberlegten Plan. Ich hätte zu gern gewußt, wie es möglich war, so große Platten zu brennen, ohne daß sie sich verzogen. Ich drehte mich um und wollte Doña Soledad fragen. Aber diesen Vorsatz gab ich rasch auf. Sie hätte gar nicht gewußt, wovon ich redete. Wieder schritt ich im Zimmer hin und her. Die Tonplatten des Bodens waren rauh, fast wie Sandstein. Sie bildeten eine völlig rutschfeste Oberfläche.
»Hat Pablito diesen Fußboden verlegt?« fragte ich.
Sie antwortete nicht.
»Das ist eine hervorragende Arbeit«, sagte ich. »Sie können sehr stolz auf ihn sein.«
Ich zweifelte nicht daran, daß der Fußboden Pablitos Werk war. Niemand sonst hatte die Phantasie und das Geschick, sich so etwas auszudenken. Wahrscheinlich, so überlegte ich, hatte er ihn während der Zeit meiner Abwesenheit gemacht. Aber als ich mir

die Sache noch einmal überlegte, wurde mir klar, daß ich Doña Soledads Zimmer, seit es vor sechs oder sieben Jahren angebaut worden war, nie mehr betreten hatte.
»Pablito, Pablito – bah!« rief sie mit wütender, heiserer Stimme. »Wieso glaubst du, er sei der einzige, der so was kann?«
Wir wechselten einen langen, eindringlichen Blick, und auf einmal wußte ich, daß sie es war, die den Boden gemacht hatte, und daß Don Juan sie angeleitet hatte. Wir standen eine Weile schweigend da und schauten uns an. Ich wußte, es wäre völlig überflüssig gewesen, sie zu fragen, ob ich recht hatte.
»Ich selbst hab ihn gemacht«, stellte sie schließlich trocken fest. »Der Nagual hat's mir gezeigt.«
Ihre Worte lösten bei mir ein euphorisches Gefühl aus. Ich umarmte sie und riß sie förmlich hoch. Ich wirbelte sie im Kreis herum. Mein einziger Gedanke war, sie mit Fragen zu bestürmen. Ich wollte wissen, wie sie die Platten hergestellt hatte, was die Muster darstellten, woher sie den Ton hatte. Aber sie ließ sich von meiner Begeisterung nicht anstecken. Sie blieb still und gleichgültig und schaute mich nur etliche Male mißtrauisch an.
Ich ließ sie los. Das Bett stand genau im Mittelpunkt mehrerer zusammenlaufender Linien. Die Tonplatten waren in der Weise im spitzen Winkel geschnitten, daß sie konvergierende Muster bildeten, die sich von einer Stelle unter dem Bett strahlenförmig auszubreiten schienen.
»Mir fehlen die Worte, um Ihnen zu sagen, wie beeindruckt ich bin.«
»Worte! Wozu Worte?« fragte sie scharf.
Mir kam eine blitzartige Einsicht. Meine Vernunft hatte mich wieder mal hinters Licht geführt. Es gab nur eine Erklärung für ihre wunderbare Verwandlung: Don Juan hatte sie offenbar zu seiner Schülerin gemacht. Wie sonst konnte eine alte Frau wie Doña Soledad sich in ein unheimliches, machtvolles Wesen verwandeln? Dies hätte mir eigentlich sofort klar werden sollen, als ich ihrer ansichtig wurde, aber meine Erwartungen hinsichtlich ihrer Person hatten diese Möglichkeit nicht berücksichtigt.
Was Don Juan auch immer mit ihr angestellt haben mochte, so folgerte ich, mußte in den zwei Jahren stattgefunden haben, die ich sie nicht gesehen hatte, wenngleich zwei Jahre für eine so großartige Wandlung kaum ausreichend schienen.

»Ich glaube, ich weiß, was mit Ihnen geschehen ist«, sagte ich in beiläufig heiterem Ton. »Gerade ist mir etwas klar geworden.«
»Ach ja, wirklich?« meinte sie völlig desinteressiert.
»Der Nagual lehrte Sie, eine Zauberin zu werden, nicht wahr?«
Sie starrte mich herausfordernd an. Mir schien, ich hätte nichts Schlimmeres sagen können. Ihr Gesicht drückte tiefe Verachtung aus. Ich wußte, daß sie mir nichts sagen würde.
»Was bist du für ein Idiot!« schrie sie plötzlich, vor Wut bebend.
Ich fand, daß ihr Zornausbruch nicht gerechtfertigt war. Ich setzte mich auf die Bettkante, während sie nervös mit der Ferse auf den Boden stampfte. Dann setzte sie sich ans andere Ende des Bettes, ohne mich anzusehen.
»Jetzt aber wirklich, was wollen Sie denn von mir?« fragte ich mit energischer, einschüchternder Stimme.
»Das hab ich dir schon gesagt!« kreischte sie. »Du und ich, wir sind gleich.«
Ich bat sie, mir zu erklären, was sie meinte; ich hätte keine Ahnung, beteuerte ich. Meine Worte brachten sie noch mehr in Harnisch. Plötzlich stand sie auf und streifte ihren Rock ab.
»Das ist's, was ich meine!« schrie sie und fuhr sich mit der Hand über die Scham.
Mir blieb der Mund offen. Irgendwie wurde mir bewußt, daß ich sie wie ein Irrer anstarrte.
»Hier sind wir eins, du und ich«, sagte sie.
Ich war wie betäubt. Doña Soledad, die alte Indianerin, die Mutter meines Freundes Pablito, stand halb nackt vor mir und zeigte mir ihr Geschlecht. Ich starrte sie an und war unfähig, auch nur einen Gedanken zu fassen. Ich wußte nur, daß ihr Körper nicht der Körper einer alten Frau war. Sie hatte schöne, muskulöse Schenkel, braun und unbehaart. Ihr Becken war breitknochig, aber ohne ein Gramm Fett.
Offenbar hatte sie bemerkt, daß ich sie prüfend musterte, und sie warf sich aufs Bett.
»Du weißt, was du zu tun hast«, sagte sie und deutete auf ihre Scham. »Hier sind wir eins.«
Sie entblößte ihre kräftigen Brüste.
»Doña Soledad, ich flehe Sie an, was ist in Sie gefahren? Sie sind doch Pablitos Mutter.«
»Nein, bin ich nicht«, fauchte sie. »Ich bin niemandes Mutter.«

Sie setzte sich auf und starrte mich mit funkelnden Augen an.
»Ich bin genau wie du ein Stück vom Nagual«, sagte sie. »Wir sind geschaffen, um uns zu vermischen.«
Sie spreizte die Beine, und ich fuhr entsetzt zurück.
»Warten Sie mal, Doña Soledad«, beschwor ich sie. »Reden wir vernünftig miteinander.«
Ich hatte einen Anfall von wilder Angst, und dann durchzuckte mich ein irrer Gedanke. War es nicht möglich, so fragte ich mich, daß Don Juan sich hier irgendwo versteckt hielt und sich vor Lachen den Bauch hielt?
»Don Juan!« brüllte ich.
Mein Schrei war so laut und durchdringend, daß Doña Soledad vom Bett aufsprang und rasch nach ihrem Rock griff. Ich sah, wie sie ihn überstreifte – während ich noch einmal losbrüllte.
»Don Juan!«
Ich rannte durchs Haus und schrie Don Juans Namen, bis meine Kehle schmerzte. Doña Soledad, die inzwischen aus dem Haus gelaufen war, stand neben meinem Auto und schaute mich verwirrt an.
Ich ging zu ihr hinaus und fragte sie, ob Don Juan ihr etwa aufgetragen habe, all dies zu tun. Sie nickte bestätigend. Ich fragte, ob er hier sei. Sie verneinte.
»Sagen Sie mir alles«, bat ich.
Sie sagte, daß sie lediglich Don Juans Befehlen folgte. Er habe ihr aufgetragen, ihr Wesen in das eines Kriegers zu verwandeln, um mir zu helfen. Sie erklärte, sie habe seit Jahren auf die Gelegenheit gewartet, diesen Vorsatz zu erfüllen.
»Ich bin jetzt sehr stark«, sagte sie leise. »Nur für dich. Aber vorhin, im Zimmer, da hast du mich abgelehnt, ja?«
Ich hörte mich ihr erklären, daß ich sie nicht ablehnte, daß es mir aber um meine Gefühle zu Pablito ging; dann merkte ich, daß ich nicht die leiseste Ahnung hatte, was ich da sagte.
Doña Soledat schien meine peinliche Verlegenheit zu erkennen und meinte, wir sollten den unangenehmen Vorfall vergessen.
»Du muß halb verhungert sein«, sagte sie lebhaft. »Ich werd' dir was zu essen machen.«
»Aber da ist noch so vieles, was Sie mir nicht erklärt haben«, sagte ich. »Ehrlich gesagt, ich möchte um nichts in der Welt hier bleiben. Sie machen mir Angst.«

»Du bist verpflichtet, meine Gastfreundschaft anzunehmen, und wenn es nur eine Tasse Kaffee ist«, sagte sie unbeirrt. »Komm, laß uns vergessen, was geschehen ist.«

Sie machte eine Wendung zum Haus. Im gleichen Moment hörte ich ein dumpfes Knurren. Der Hund stand da und schaute uns an, als verstünde er jedes Wort.

Doña Soledad fixierte mich mit einem höchst beängstigenden Blick. Dann schlug sie die Augen nieder und lächelte.

»Laß dich nicht durch meine Augen verwirren«, sagte sie. »Die Wahrheit ist, ich werde alt. Letztens wurde mir sogar schwindlig. Ich glaube, ich brauche eine Brille.«

Sie brach in ein helles Lachen aus und guckte wie ein Clown durch die Finger, als wären sie eine Brille.

»Eine alte Indianerin mit Brille! Zum Lachen!« kicherte sie.

Inzwischen hatte ich mich entschlossen, ohne weitere Erklärung zu verschwinden, auch wenn es unhöflich war. Aber bevor ich abfuhr, wollte ich noch ein paar Geschenke für Pablito und seine Schwestern abgeben. Ich öffnete den Kofferraum, um die Päckchen zu holen, die ich ihnen mitgebracht hatte. Ich beugte mich weit vor, um eines der beiden Päckchen zu erreichen, die zwischen Reserverad und Rücksitz eingeklemmt waren. Ich zog das eine hervor und wollte schon nach dem anderen greifen, als ich die Berührung einer weichen, pelzigen Hand im Nacken spürte. Unwillkürlich fuhr ich zurück und stieß mit dem Kopf gegen den Kofferraumdeckel. Ich wollte mich umschauen, aber die pelzige Hand hielt mich fest, so daß ich mich nicht umdrehen konnte. Dennoch erhaschte ich mit einem flüchtigen Blick einen silbrig schimmernden Arm, oder war es eine Pfote, die über meinem Nacken schwebte. Ich duckte mich in heller Panik, stieß mich vom Kofferraum ab und fiel – das eine Päckchen noch immer umklammernd – auf den Hintern. Ich zitterte am ganzen Körper, die Muskeln meiner Beine verkrampften sich, und dann merkte ich, wie ich aufsprang und davonlief.

»Ich wollte dich nicht erschrecken«, sagte Doña Soledad in entschuldigendem Ton, als ich sie aus drei Metern Entfernung anstarrte.

Mit unterwürfiger Gebärde zeigte sie mir ihre Handflächen, als wollte sie mir versichern, daß es nicht ihre Hand sein konnte, die ich gespürt hatte.

»Was haben Sie mit mir angestellt?« fragte ich, wobei ich mich bemühte, ruhig und gefaßt zu wirken.
Anscheinend war sie wirklich verlegen, oder aber selbst über den Vorfall erschrocken. Sie murmelte irgend etwas und schüttelte den Kopf, als könne sie es nicht sagen oder als wisse sie nicht, wovon ich redete.
»Kommen Sie, Doña Soledad«, sagte ich und trat einen Schritt näher, »spielen Sie mir keine albernen Streiche«. Sie schien den Tränen nahe. Ich wollte sie trösten, aber irgend etwas in mir widersetzte sich. Nach kurzer Pause erzählte ich ihr, was ich gespürt und gesehen hatte.
»Ach, das ist furchtbar«, sagte sie mit schriller Stimme. Mit einer sehr kindlichen Gebärde bedeckte sie mit dem rechten Arm ihr Gesicht. Ich glaubte, sie weinte. Ich ging zu ihr und versuchte, sie um die Schultern zu fassen. Aber ich konnte mich nicht dazu überwinden.
»Kommen Sie schon, Doña Soledad«, sagte ich. »Vergessen wir das alles. Bevor ich fahre, will ich Ihnen nur diese Päckchen hier geben.«
Ich beugte mich vor und versuchte ihr ins Gesicht zu sehen. Hinter der Armbeuge sah ich ihre funkelnden schwarzen Augen und einen Teil ihres Gesichts. Sie weinte nicht. Sie lächelte.
Ich fuhr zurück. Ihr Lächeln erschreckte mich. Lange standen wir beide reglos voreinander. Sie hielt ihr Gesicht verborgen, aber ich sah, daß ihre Augen mich beobachteten.
So stand ich da, beinah gelähmt vor Angst, und war völlig mutlos. Ich hatte das Gefühl, in ein bodenloses Loch zu stürzen. Doña Soledad war eine Hexe! Mein Körper wußte es, und doch konnte ich es nicht wirklich glauben. Lieber wollte ich annehmen, daß Doña Soledad verrückt geworden war und daß die Familie sie im Haus behielt, statt sie in eine Anstalt zu stecken.
Ich wagte nicht, mich zu bewegen oder den Blick von ihr zu wenden. In dieser Haltung standen wir wohl fünf oder sechs Minuten. Sie hielt immer noch den Arm vors Gesicht und rührte sich nicht. Sie stand neben dem Heck meines Wagens, fast gegen den linken Kotflügel gelehnt. Der Kofferraum stand noch immer offen. Mir kam die Idee, ich könnte mit einem schnellen Satz die rechte Tür erreichen. Der Schlüssel steckte ja im Zündschloß.
Ich entspannte mich, um mich abzustoßen. Sofort bemerkte sie

meine veränderte Haltung. Sie ließ den Arm sinken und gab ihr Gesicht frei. Sie hatte die Zähne fest zusammengebissen. Ihre Augen fixierten die meinen. Ihr Blick war hart und böse. Plötzlich stürzte sie sich auf mich. Wie ein Fechter machte sie mit dem rechten Fuß einen Ausfall und griff mit klauenförmigen Händen nach mir, um meine Hüften zu umfassen. Dabei stieß sie einen markerschütternden Schrei aus.

Unwillkürlich fuhr mein Körper zurück. Ich rannte zum Wagen, aber sie warf sich mit unvorstellbarer Gewandtheit vor mich, so daß ich über sie stolperte. Ich fiel vornüber, und sie packte meinen linken Fuß. Ich zog das rechte Bein an, und ich hätte sie mit dem Stiefel ins Gesicht getreten, wenn sie nicht losgelassen und sich zur Seite gerollt hätte. Ich sprang auf und versuchte die Wagentür aufzureißen. Sie war verriegelt. Ich hechtete über die Motorhaube, um die andere Tür zu erreichen, aber Doña Soledad war vor mir da. Ich schnellte mich über die Motorhaube zurück, aber auf halbem Weg spürte ich einen stechenden Schmerz in der rechten Wade. Sie hatte mein Bein gepackt. Ich wollte mit dem linken Fuß nach ihr treten, aber sie preßte meine beiden Beine gegen die Motorhaube. Sie zog mich zu sich, und ich fiel auf sie. Dann lagen wir am Boden und rangen miteinander. Sie hatte erstaunliche Kräfte, und sie stieß entsetzliche Schreie aus. Unter dem gewaltigen Druck ihres Körpers konnte ich mich kaum rühren. Das hatte nichts mit dem Körpergewicht zu tun, sondern mit schierer Kraft, und die hatte sie. Plötzlich hörte ich ein Grollen, und der riesige Hund sprang ihr auf den Rücken und riß sie von mir weg. Ich stand auf. Ich wollte ins Auto springen, aber vor der Tür kämpften der Hund und die Frau am Boden miteinander. So blieb mir nur der Rückzug ins Haus. Ich schaffte es in Sekundenschnelle. Ich schaute mich nicht nach ihnen um, sondern raste hinein, schlug die Tür zu und sicherte sie mit dem Eisenriegel. Ich rannte zur Hintertür und verschloß sie genauso. Von draußen hörte ich das wilde Knurren des Hundes und die unmenschlichen Schreie der Frau. Dann plötzlich schlug das Bellen und Knurren des Hundes in Winseln und Heulen um – als ob er Schmerzen litt oder irgend etwas ihm Angst machte. Ich spürte einen Schock in der Magengrube, meine Ohren summten. Ich erkannte, daß ich hier im Haus gefangen saß. Mich überfiel das nackte Grauen. Ich ärgerte mich über meine Dummheit, ins

Haus zu rennen. Aber der unverhoffte Angriff der Frau hatte mich so total überrascht, daß ich alle strategische Vernunft vergessen und mich benommen hatte, als gelte es, vor einem gewöhnlichen Gegner zu fliehen, den man einfach aussperren konnte. Jetzt hörte ich Schritte vor der Tür, und jemand warf sich dagegen, im Versuch sie aufzusprengen. Dann hörte ich lautes Klopfen und Fußtritte gegen die Tür.

»Mach auf!« sagte Doña Soledad mit harter Stimme. »Der verdammte Hund hat mich übel zugerichtet.«

Ich überlegte, ob ich sie einlassen sollte. Mich beschlich die Erinnerung an eine Begegnung, die ich vor Jahren mal mit einer Zauberin gehabt hatte. Wie Don Juan mir damals erklärte, hatte sie seine Gestalt angenommen, um mich zu narren und einen tödlichen Schlag gegen mich zu führen. Doña Soledad war zwar nicht mehr dieselbe, die ich gekannt hatte, aber ich hatte doch Grund zu bezweifeln, daß sie eine Zauberin war. Eine wichtige Rolle bei meinen Überlegungen spielte der Zeitfaktor. Pablito, Nestor und ich waren jahrelang mit Don Juan und Don Genaro zusammengewesen, und wir waren noch immer weit davon entfernt, Zauberer zu sein. Wie konnte Doña Soledad es in so kurzer Zeit geschafft haben? Sicher, sie hatte sich stark verändert. Aber sie konnte doch nicht aus dem Stand etwas improvisieren, was nur durch lebenslange Bemühung zu erreichen war.

»Warum haben Sie mich angegriffen?« fragte ich und sprach so laut wie möglich, um mich durch die dicke Tür verständlich zu machen. Sie antwortete, der Nagual habe ihr befohlen, mich unter keinen Umständen fortzulassen. Ich wollte wissen, warum.

Sie antwortete nicht; statt dessen hämmerte sie wie wild gegen die Tür, und ich schlug noch fester zurück. So droschen wir minutenlang auf die Tür ein. Dann hörte sie auf und verlegte sich aufs Betteln, ich solle sie einlassen. Ich verspürte einen Anflug von nervöser Energie, denn ich wußte: wenn ich die Tür öffnete, hatte ich vielleicht eine Chance zu fliehen. Also schob ich den Eisenriegel zurück. Sie kam hereingestolpert. Ihre Bluse hing in Fetzen. Ihr Kopftuch war verrutscht, und ihre langen Haare hingen ihr ins Gesicht.

»Schau nur, wie der elende Hund mich zugerichtet hat!« schrie sie. »Schau! Schau!«

Ich holte tief Luft. Sie schien irgendwie betäubt. Sie setzte sich

auf eine Bank und fing an, ihre zerfetzte Bluse auszuziehen. Ich nutzte den Augenblick, um aus dem Haus zu stürzen und zum Auto zu rasen. Mit einem von Panik beflügelten Satz sprang ich hinein, schlug die Tür zu, ließ automatisch den Motor an und drückte den Rückwärtsgang rein. Ich trat aufs Gas und spähte über die Schulter durchs Rückfenster. Als ich mich umdrehte, spürte ich einen heißen Atemhauch im Gesicht; ich hörte ein entsetzliches Grollen und blickte in die teuflisch blitzenden Augen des Hundes. Er stand auf dem Rücksitz. Seine grauenhaften Fänge berührten beinah meine Augen. Ich zog den Kopf ein und seine Zähne schnappten nach meinem Haar. Anscheinend hatte ich mich auf dem Fahrersitz völlig zusammengekrümmt, denn mein Fuß glitt von der Kupplung. Der Wagen machte einen Sprung, und die Bestie verlor das Gleichgewicht. Ich stieß die Tür auf und kroch hinaus. Der Kopf des Hundes schoß durch die Tür. Ich hörte das Klicken seiner gräßlichen Zähne, als sie zuschnappten und meine Ferse nur um Zentimeter verfehlten. Der Wagen rollte rückwärts, und ich wetzte zum Haus zurück. Kurz vor der Tür blieb ich stehen.
Dort stand Doña Soledad. Sie hatte ihr Haar wieder aufgesteckt. Um die Schultern hatte sie einen Schal geschlungen. Sie starrte mich einen Augenblick an, dann fing sie an zu lachen. Leise zuerst, als ob ihre Wunden sie bei jeder Bewegung schmerzten, dann immer lauter. Sie zeigte mit dem Finger auf mich und hielt sich den Bauch, während sie sich vor Lachen krümmte. Sie beugte sich vor und reckte sich wieder auf; sie rang nach Luft. Von der Taille aufwärts war sie nackt. Ich sah ihre Brüste, die im Lachkrampf tanzten.
Jetzt, meinte ich, war alles verloren. Ich schaute mich nach dem Auto um. Es war zwei, drei Meter gerollt und dann von selbst stehengeblieben; die Tür war zugefallen, und der Hund war eingesperrt. Ich sah und hörte das riesige Vieh, das mit den Zähnen die Lehne des Fahrersitzes zerfetzte und mit den Pfoten am Fenster scharrte.
Ich war vor eine seltsame Entscheidung gestellt: ich wußte nicht, wer mir mehr Angst machte, Doña Soledad oder der Hund. Nach kurzem Überlegen kam ich zu dem Schluß, daß der Hund doch nur ein dummes Tier war.
Ich lief zum Wagen zurück und kletterte aufs Dach. Der Lärm

brachte den Hund in Wut. Ich hörte ihn drinnen toben und die Polster zerfetzen. Auf dem Dach liegend, gelang es mir, die Tür auf der Fahrerseite zu öffnen. Ich hatte die Absicht, beide Türen zu öffnen und dann, wenn der Hund durch die eine hinaussprang, rasch durch die andere vom Dach ins Wageninnere zu gleiten. Ich beugte mich also vor, um die rechte Tür zu öffnen. Ich hatte ganz vergessen, daß sie verriegelt war. In diesem Moment streckte der Hund seinen Kopf durch die offene Tür. Ich hatte einen Anfall von blinder Panik, als ich mir vorstellte, der Hund könnte herausschlüpfen und zu mir aufs Dach springen.

In Sekundenbruchteilen war ich vom Dach gesprungen und stand nun vor der Haustür.

Doña Soledad klammerte sich am Türstock fest. Stoßweises, anscheinend beinah schmerzhaftes Lachen schüttelte sie. Der Hund war im Auto geblieben und tobte noch immer vor Wut. Anscheinend war er zu groß, um seinen massigen Brustkorb über die Lehne der Vordersitze zu zwängen. Ich ging zum Auto und schloß vorsichtig die Tür. Dann machte ich mich auf die Suche nach einem Stock, lang genug, um die Sicherung an der rechten Tür zu entriegeln.

Zuerst suchte ich vor dem Haus. Hier lag aber kein einziges Stück Holz herum. Doña Soledad war inzwischen hineingegangen. Ich überdachte meine Situation. Mir blieb nichts andres übrig, als sie um Hilfe zu bitten. Zitternd und zagend trat ich über die Schwelle und spähte in alle Winkel – für den Fall, daß sie sich versteckt hielt und mir auflauerte.

»Doña Soledad!« schrie ich laut.

»Was zum Teufel willst du?« schrie sie aus ihrem Zimmer zurück.

»Kommen Sie bitte raus und holen Ihren Hund aus meinem Wagen«, bat ich sie.

»Machst du Witze?« erwiderte sie. »Das ist nicht mein Hund. Ich hab dir doch gesagt, der gehört meinen Mädchen«.

»Wo sind Ihre Mädchen?« fragte ich.

»Sie sind in den Bergen«, antwortete sie.

Sie kam aus dem Zimmer und baute sich vor mir auf. »Willst du sehen, wie der verfluchte Hund mich zugerichtet hat?« fragte sie. »Da, schau!«

Sie zog den Schal von den Schultern und zeigte mir ihren nackten Rücken.

Ich konnte keine sichtbaren Bißwunden auf ihrer Haut feststellen; da waren nur ein paar lange oberflächliche Kratzer, die sie sich ebensogut hätte zuziehen können, als sie sich auf der harten Erde wälzte. Immerhin mochte sie sich die Kratzer auch zugezogen haben, als sie mich angriff.
»Da ist nichts zu sehen«, sagte ich.
»Komm und schau's dir im Licht an«, sagte sie und trat durch die Tür.
Sie beharrte darauf, daß ich ihren Rücken sorgfältig nach Bißspuren untersuchte. Ich kam mir blöde vor. Ich hatte ein taubes Gefühl um die Augen, besonders in den Brauen. Statt ihren Rücken zu untersuchen, ging ich hinaus. Der Hund hatte sich nicht von der Stelle gerührt und fing an zu bellen, kaum daß er meiner ansichtig wurde.
Ich verfluchte mich. Ich konnte niemand andrem als mir selbst die Schuld geben. Wie ein blinder Narr war ich in die Falle getappt. Jetzt beschloß ich, zu Fuß in die Stadt zu gehen. Aber meine Brieftasche und meine Papiere, alles was ich besaß, befand sich in der Tasche am Boden des Wagens, direkt unter Klauen und Zähnen des Hundes. Ich war verzweifelt. Es war sinnlos, in die Stadt zu marschieren. Ich hatte nicht mal genug Geld bei mir, um einen Kaffee zu bezahlen. Außerdem kannte ich in der Stadt keine Seele. Es blieb mir keine andre Wahl, als den Hund aus dem Auto zu locken.
»Was frißt er denn am liebsten?« brüllte ich durch die Tür.
»Versuch's doch mal mit deinen Waden!« rief Doña Soledad aus ihrem Zimmer und kicherte hemmungslos.
Ich durchsuchte das Haus nach etwas Gekochtem. Die Töpfe waren leer. Mir blieb nichts andres übrig, als es erneut mit der Hexe aufzunehmen. Meine Verzweiflung war blankem Zorn gewichen. Ich stürmte in ihr Zimmer, bereit zum Kampf auf Leben und Tod. Sie lag auf dem Bett und hatte sich mit dem Schal zugedeckt.
»Verzeih mir bitte, daß ich dir das alles angetan habe«, sagte sie unvermittelt, während sie zur Decke hinaufstarrte.
Ihre Offenheit bremste meine Wut.
»Du mußt meine Lage verstehen«, fuhr sie fort. »Ich durfte dich nicht gehen lassen.«
Sie lachte leise, und dann sagte sie mit klarer, ruhiger und sehr

angenehmer Stimme, daß ihre überstürzte Ungeschicklichkeit ihr leid täte, weil sie mich mit ihren Streichen beinah vertrieben hätte. Jetzt aber sei eine völlig andere Situation eingetreten. Sie machte eine Pause und setzte sich im Bett auf, bedeckte sich mit dem Schal die Brust und fügte hinzu, es sei plötzlich ein seltsames Gefühl des Vertrauens über ihren Körper gekommen. Sie blickte zur Decke auf und bewegte die Arme in einer unheimlichen, rhythmischen, schwebenden Bewegung – wie Windmühlenflügel.
»Für dich gibt's jetzt keine Möglichkeit mehr, fortzugehen«, sagte sie.
Sie musterte mich mit ernstem Gesicht. Meine innere Wut hatte sich gelegt, aber meine Verzweiflung drückte mich nicht minder. Ich mußte mir ehrlich eingestehen, daß ich es an bloßer Körperkraft mit ihr oder dem Hund nicht aufnehmen konnte.
Sie sagte, wir hätten eine Verabredung, die schon vor Jahren getroffen worden sei, und keiner von uns hätte die Macht gehabt, sie zu beschleunigen oder zu versäumen.
»Mach dich nicht kaputt, indem du versuchst zu gehen«, sagte sie. »Das ist ebenso zwecklos wie mein Versuch, dich zu halten. Etwas, das ganz unabhängig von deinem Willen ist, wird dich von hier befreien, und etwas, das unabhängig von meinem Willen ist, hält dich hier fest.«
Irgendwie hatte ihr neues Zutrauen sie nicht nur besänftigt, sondern ihr auch ihr sprachliches Ausdrucksvermögen stark gesteigert. Ihre Worte klangen überzeugend und glasklar. Sobald es um Worte ging, meinte Don Juan immer, sei ich eine blind vertrauende Seele. Und während sie jetzt sprach, überraschte ich mich tatsächlich bei dem Gedanken, daß sie mir eigentlich gar nicht mehr so bedrohlich erschien. Sie vermittelte mir nicht mehr das Gefühl, als hockte eine Eule auf ihrer Schulter. Meine Vernunft war beinah beschwichtigt, aber ein andrer Teil meiner selbst war hoch alarmiert. Alle Muskeln meines Körpers fühlten sich an wie gespannte Drähte, und doch mußte ich mir eingestehen, daß ich die Frau sehr anziehend fand, auch wenn sie mir höllische Angst einjagte. Sie beobachtete mich.
»Ich werde dir zeigen, wie zwecklos es wäre, falls du versuchen wolltest zu gehen«, sagte sie und sprang aus dem Bett. »Ich werde dir helfen. Was brauchst du?«
Sie schaute mich an, und in ihren Augen sah ich ein seltsames

Glitzern. Ihre kleinen weißen Zähne verliehen ihrem Lächeln einen teuflischen Ausdruck. Ihr rundliches Gesicht war seltsam glatt und faltenlos. Zwei tiefe Linien, die sich von ihren Nasenflügeln zu den Mundwinkeln hinabzogen, gaben ihr einen Ausdruck der Reife, nicht aber des Alters. Als sie vom Bett aufstand, ließ sie nachlässig den Schal fallen und entblößte ihren vollen Busen. Sie kümmerte sich nicht um ihre Nacktheit. Vielmehr zog sie die Luft ein und streckte ihre Brust vor.

»Ah, du hast es bemerkt, wie?« meinte sie und wiegte sich hin und her – mit sichtlichem Wohlgefallen an ihrem Körper. »Ich binde meine Haare immer hinten zusammen. Der Nagual hat es mich gelehrt. Der straffe Zug an den Haaren macht mein Gesicht jünger.«

Ich hatte mit Sicherheit erwartet, daß sie etwas über ihre Brüste sagen würde. Dieser Wechsel des Themas überraschte mich.

»Ich sage nicht, daß der Zug an meinen Haaren mich jünger aussehen läßt«, fuhr sie mit bezauberndem Lächeln fort. »Der Zug an meinen Haaren *macht* mich jünger.«

»Wie ist das möglich?« fragte ich.

Sie antwortete mit einer Gegenfrage: nämlich ob ich Don Juan richtig verstanden hätte, wenn er sagte, daß alles möglich sei, wenn man es nur mit unbeugsamer Absicht wolle. Ich aber wünschte eine genauere Erklärung. Ich wollte wissen, was sie, außer dem Zurückbinden der Haare, sonst noch machte, um so jung auszusehen. Sie sagte, sie liege einfach im Bett, verbanne alle Gedanken und Gefühle von sich und lasse die Linien des Fußbodens ihre Falten abziehen. Ich bestürmte sie, mir nähere Einzelheiten zu verraten: irgendwelche Gefühle, Empfindungen oder Wahrnehmungen, die sie hatte, wenn sie so auf dem Bett lag. Aber sie beteuerte, daß sie nichts empfinde und auch nicht wisse, wie die Linien am Fußboden das zuwege brachten; sie wisse nur, daß sie eine Einmischung ihrer Gedanken verhindern müsse.

Sie legte mir die Hände auf die Brust und schob mich sachte zurück. Anscheinend wollte sie mir mit dieser Geste bedeuten, daß sie meine Fragen leid sei. Wir gingen hinaus, und zwar durch die Hintertür. Ich sagte ihr, daß ich einen langen Stock brauchte. Sie lief auf einen Stapel Feuerholz zu, aber dort gab es keine langen Latten. Ich fragte sie, ob sie mir ein paar Nägel beschaffen könne, mit denen ich zwei kürzere Hölzer verbinden wollte. Wir durchstöberten das ganze Haus nach Nägeln, aber erfolglos. Schließlich verfiel ich auf den Ausweg, den längsten Stecken aus dem Hühnergehege herauszulösen, das Pablito hinter dem Haus gebaut hatte. Er war zwar etwas dünn, schien aber für meinen Zweck geeignet.

Doña Soledad hatte die ganze Zeit, während wir suchten, weder gelacht noch gescherzt. Sie schien ganz in der Aufgabe aufzugehen, mir zu helfen. Dabei konzentrierte sie sich so intensiv, daß ich den Eindruck hatte, sie wünsche mir ehrlich Erfolg.

Bewaffnet mit dem langen Stecken und einem kürzeren, den ich beim Brennholz gefunden hatte, ging ich zum Auto. Doña Soledad blieb bei der Haustür stehen.

Mit der kurzen Latte, die ich in der rechten Hand hielt, lenkte ich den Hund ab, und gleichzeitig versuchte ich mit dem langen Stock, den ich in der anderen Hand hielt, die Türverriegelung zu lösen. Der Hund biß mich beinah in die Hand, und ich mußte den kurzen Stock fallenlassen. Das gewaltige Tier entfaltete in seiner Wut solche Kräfte, daß ich auch den längeren Stock beinah eingebüßt hätte. Der Hund war gerade dabei, ihn in Stücke zu beißen, als Doña Soledad mir zu Hilfe eilte; sie klopfte gegen die Heckscheibe und zog dadurch seine Aufmerksamkeit auf sich. Der Hund ließ von dem Stecken ab.

Ermutigt durch ihr Ablenkungsmanöver, tauchte ich kopfüber, quer über die Vordersitze, ins Wageninnere und schaffte es, den Riegel zu lösen. Ich wollte mich sofort zurückziehen, aber bevor es mir gelang, stürzte der Hund sich mit seinem vollen Gewicht auf mich. Er hatte es tatsächlich geschafft, seine mächtigen Schultern über die Rückenlehne der Sitzbank zu zwängen. Ich spürte seine Pfoten auf meinen Schultern. Ich krümmte mich zusammen. Ich wußte, daß er mich jeden Moment zerfleischen konnte. Der Hund senkte den Kopf, bereit zum Angriff, aber statt mich zu beißen, verfing er sich zwischen den Speichen des Lenkrads. Ich kroch hinaus und war mit einem Satz über die Motorhaube auf dem Dach. Ich hatte am ganzen Körper eine Gänsehaut.

Jetzt öffnete ich die rechte Tür. Ich bat Doña Soledad, mir den langen Stecken zu reichen, und damit drückte ich den Hebel an der Rückenlehne, um sie aus ihrer fixierten Position zu lösen. Wenn ich den Hund reizte, so überlegte ich, würde er sie nach vorn drücken – und dann hätte er Platz genug, um sich aus dem

Wagen zu zwängen. Aber der Hund rührte sich nicht vom Fleck. Er biß nur wütend nach dem Stock.
In diesem Augenblick sprang Doña Soledad aufs Wagendach und legte sich neben mich. Sie wollte mir helfen, den Hund zu reizen. Ich sagte ihr, sie könne nicht hier auf dem Dach bleiben, denn sobald der Hund draußen sei, würde ich einsteigen und wegfahren. Ich bedankte mich für ihre Hilfe und sagte, sie solle lieber wieder zum Haus zurückkehren. Sie zuckte die Achseln, sprang hinab und ging zur Haustür. Dann drückte ich wieder den Sperrhebel der Rückenlehne und reizte den Hund mit meiner Mütze. Ich ließ sie vor seiner Schnauze kreisen. Der Hund geriet in Wut, wie ich so was noch nie gesehen hatte, aber er rührte sich nicht vom Rücksitz. Schließlich packte er mit seinem mächtigen Fang den Stock und riß ihn mir aus der Hand. Ich kletterte hinab, um ihn aufzuheben. Plötzlich hörte ich Doña Soledad rufen: »Paß auf, er kommt raus!«
Ich blickte auf. Der Hund quetschte sich über die Vordersitze. Er war schon beinah draußen, aber er hatte sich mit dem Hinterbein im Lenkrad verfangen.
Ich raste zum Haus und schlüpfte gerade noch rechtzeitig durch die Tür, um nicht von der Bestie über den Haufen gerannt zu werden. Er kam mit solchem Schwung angesprungen, daß er krachend gegen die Tür prallte.
Als ich die Tür mit der Eisenstange verriegelte, platze Doña Soledad lachend heraus. »Ich sagte dir ja, es ist zwecklos.«
Sie räusperte sich und drehte sich nach mir um.
»Können Sie den Hund mit einem Seil anbinden?« fragte ich.
Ich hatte wieder eine flaxende Antwort erwartet, aber zu meiner Verwunderung meinte sie, sie würde alles versuchen. Sogar den Hund ins Haus locken und ihn einsperren.
Diese Idee fand ich gut. Vorsichtig öffnete ich die Haustür. Der Hund war nicht mehr da. Ich riskierte es, die Tür noch etwas weiter zu öffnen. Nichts zu sehen. Ich hoffte, daß der Hund in seinen Zwinger zurückgekehrt war. Ich wollte noch einen Moment warten und dann mit ein paar Sätzen zum Auto spurten – da hörte ich ein dumpfes Grollen und sah den mächtigen Kopf der Bestie hinter der Windschutzscheibe. Er war wieder auf den Fahrersitz gekrochen.
Doña Soledad hatte recht. Es war zwecklos. Ich wurde von

Traurigkeit überwältigt. Irgendwie ahnte ich: mein Ende war nahe. In einem Anfall nackter Verzweiflung sagte ich zu Doña Soledad, ich wolle ein Messer aus der Küche holen und den Hund töten – oder mich von ihm töten lassen; jedenfalls hätte ich's getan, aber es gab im ganzen Haus keinen einzigen Metallgegenstand.

»Hat der Nagual dich nicht gelehrt, dein Schicksal zu akzeptieren?« fragte Doña Soledad, die mir nachgekommen war. »Der da draußen, das ist kein gewöhnlicher Hund. Dieser Hund hat Kräfte. Er ist ein Krieger. Er wird tun, was er tun muß. Sogar dich töten.«

In einer Anwandlung namenloser Ohnmacht packte ich sie an den Schultern und knurrte sie an. Mein Gefühlsausbruch schien sie nicht zu beeindrucken noch zu überraschen. Sie wandte mir den Rücken zu und ließ ihren Schal zu Boden gleiten. Ihr Rücken war stark und sehr schön. Ich verspürte den unwiderstehlichen Drang, sie zu schlagen. Aber statt dessen streichelte ich ihre Schultern. Ihre Haut war glatt und weich. Ihre Arme und Schultern waren muskulös, aber nicht grob. Ihre Muskeln schienen mit einer ganz dünnen Fettschicht gepolstert, was ihren Oberkörper irgendwie weich erscheinen ließ; aber wenn ich sie irgendwo mit den Fingerspitzen berührte, spürte ich die Festigkeit der unsichtbaren Muskeln unter der weichen Oberfläche. Irgendwie hatte ich einen Widerwillen, ihre Brüste anzusehen.

Sie ging zu einer überdachten, sonst offenen Stelle hinter dem Haus, die als Küche diente. Ich folgte ihr. Sie setzte sich auf eine Bank und wusch sich ganz gemütlich in einem Eimer die Füße. Während sie ihre Sandalen anzog, schlich ich, vorsichtig Ausschau haltend, zum Lokus hinüber, der hinter dem Haus neu angebaut war. Als ich herauskam, stand sie neben der Tür.

»Du redest doch sonst so gern«, sagte sie ungezwungen und führte mich in ihr Zimmer. »Wir haben es nicht eilig. Jetzt können wir meinetwegen ewig reden.«

Sie holte mein Schreibzeug von der Kommode, wo sie es anscheinend selbst hingelegt hatte, und überreichte es mir mit übertriebener Behutsamkeit. Dann zog sie die Bettdecke zurück, faltete sie sorgsam zusammen und legte sie auf die gleiche Kommode. Mir fiel auf, daß die beiden Kommoden die gleiche Farbe hatten wie die Wände, nämlich gelblich-weiß. Das Bett selbst, ohne die

Tagesdecke, war rosarot, mehr oder minder von derselben Farbe wie der Fußboden. Die Bettdecke wiederum war dunkelbraun, genau wie die Deckentäfelung und die Fensterläden.
»Laß uns reden«, sagte sie und machte es sich auf dem Bett bequem, nachdem sie ihre Sandalen ausgezogen hatte.
Sie zog die Knie vor ihre nackte Brust. Sie sah jetzt aus wie ein junges Mädchen. Ihr aggressives herrschsüchtiges Benehmen war einer bezaubernden Freundlichkeit gewichen. Sie war jetzt das genaue Gegenteil dessen, was sie zuvor gewesen war. Ich mußte lachen über die Art, wie sie mich zum Schreiben aufforderte. Sie erinnerte mich irgendwie an Don Juan.
»Jetzt haben wir Zeit«, sagte sie. »Der Wind ist umgeschlagen, hast du's nicht bemerkt?«
Ja, das hatte ich. Die neue Richtung, aus der der Wind jetzt wehte, so sagte sie, sei ihre gute Richtung, und folglich sei der Wind jetzt ihr Helfer.
»Was wissen Sie über den Wind, Doña Soledad?« fragte ich und setzte mich ganz arglos ans Fußende des Bettes.
»Nur das, was Nagual mich gelehrt hat«, sagte sie. »Jeder von uns, das heißt jede Frau, hat eine bestimmte Richtung, einen bestimmten Wind. Die Männer nicht. Ich bin der Nordwind; wenn er weht, bin ich anders. Der Nagual sagt, daß eine Kriegerin ihren Wind nutzen kann, wozu immer sie will. Ich habe ihn benutzt, um meinen Körper zu stärken und zu verjüngen. Sieh mich an! Ich bin der Nordwind. Spürst du mich, wenn ich durchs Fenster komme?«
Tatsächlich wehte ein starker Wind durchs Fenster herein, das nach Norden hinausging.
»Wieso glauben Sie, daß die Männer keinen eigenen Wind haben?« fragte ich. Sie überlegte eine Weile, dann antwortete sie, der Nagual habe es ihr nie gesagt.
»Du wolltest doch wissen, wer diesen Fußboden gemacht hat«, sagte sie und zog sich das Laken über die Schultern. »Ich selbst habe ihn gemacht. Ich habe vier Jahre dazu gebraucht. Dieser Fußboden ist jetzt wie ich selbst.«
Noch während sie sprach, bemerkte ich, daß die zusammenlaufenden Linien am Boden so angeordnet waren, daß sie sich von Norden her strahlenförmig ausbreiteten. Das Zimmer aber lag nicht genau in Nord-Süd-Richtung; daher stand ihr Bett im

schiefen Winkel zur Wand, und so verliefen auch die Linien der Tonplatten.

»Warum haben Sie den Fußboden rot gefärbt, Doña Soledad?«

»Das ist meine Farbe. Ich bin rot, wie die rote Erde. Ich habe den Ton aus den Bergen hier in der Gegend geholt. Der Nagual hat mir gesagt, wo ich suchen soll, und er hat mir auch geholfen, ihn herzubringen; auch die anderen halfen mir. Alle halfen sie mir.«

»Wie haben Sie denn den Ton gebrannt?«

»Der Nagual sagte, ich soll eine Grube graben. Wir schichteten Brennholz hinein und stapelten die Tonplatten darüber, mit flachen Steinen dazwischen. Dann bedeckte ich die Grube mit einem Drahtnetz und breitete Erde darüber, und dann zündete ich das Holz an. Es brannte mehrere Tage lang.«

»Wie haben Sie es gemacht, daß die Platten sich nicht verzogen?«

»Das hab nicht ich selbst gemacht. Der Wind hat es gemacht, der Nordwind, der wehte, während das Feuer brannte. Der Nagual lehrte mich, die Grube so anzulegen, daß sie nach Norden, zum Nordwind hin ausgerichtet war. Er leitete mich auch an, vier Öffnungen zu lassen, damit der Nordwind in die Grube blasen konnte. Dann befahl er mir, in der Mitte ein Loch freizulassen, damit der Rauch abziehen konnte. Der Wind sorgte dafür, daß das Feuer tagelang brannte; nachdem die Grube abgekühlt war, öffnete ich sie und fing an, die Platten zu reinigen und zu glätten. Ich brauchte über ein Jahr, bis ich genügend Platten für meinen Fußboden beisammen hatte.«

»Und wie sind Sie auf dieses Muster gekommen?«

»Der Wind hat es mir gezeigt. Als ich den Fußboden machte, hatte der Nagual mich schon gelehrt, dem Wind keinen Widerstand entgegenzusetzen. Er lehrte mich, dem Wind nachzugeben und mich von ihm führen zu lassen. Er brauchte lange dazu, Jahre über Jahre. Ich war anfangs eine sehr schwierige, alberne alte Frau; das hat er mir selbst gesagt, und er hatte recht. Aber ich habe sehr schnell gelernt. Vielleicht weil ich alt bin und nichts mehr zu verlieren habe. Was die Sache anfangs so schwer machte, war meine Angst. Die bloße Gegenwart des Nagual machte, daß ich stotterte und in Ohnmacht fiel. Diese Wirkung hatte der Nagual auch auf alle anderen. Es war sein Schicksal, daß er so furchtgebietend war.«

Sie unterbrach sich und starrte mich an.

»Der Nagual ist kein Mensch«, sagte sie.
»Wie kommen Sie dazu, so was zu behaupten?«
»Der Nagual ist ein Teufel aus wer weiß wie alter Zeit.«
Ihre Worte jagten mir einen Schauder über den Rücken. Ich spürte mein Herz klopfen. Sie hätte keinen besseren Zuhörer finden können als mich. Ich war von endloser Neugier getrieben. Ich bat sie, mir zu erklären, was sie mit dieser Andeutung meinte.
»Seine Berührung hat die Menschen verändert«, sagte sie. »Du weißt es. Er hat auch deinen Körper verwandelt. Was dich betrifft, so wußtest du nicht einmal, daß er das tat. Aber er bemächtigte sich deines früheren Körpers. Er hat irgend etwas hineingetan. So hat er es auch bei mir gemacht. Er ließ irgend etwas in mir zurück, und dieses Etwas übernahm die Führung. So was kann nur ein Teufel tun. Jetzt bin ich der Nordwind, und ich fürchte nichts und niemand. Aber bevor er mich verwandelte, war ich eine schwache, hilfslose alte Frau, die schon bei der bloßen Erwähnung seines Namens in Ohnmacht fiel. Pablito konnte mir natürlich auch nicht helfen, weil er selbst den Nagual mehr fürchtete als den Tod.
Eines Tages besuchten der Nagual und Genaro mich, als ich allein im Haus war. Ich hörte sie wie Pumas um die Tür schleichen. Ich bekreuzigte mich; für mich waren sie zwei Dämonen, aber ich ging trotzdem hinaus und fragte sie, was ich für sie tun könne. Sie waren hungrig, und ich war froh, daß ich ihnen etwas zu essen machen durfte. Ich hatte zwei stabile Schüsseln, die aus ausgeschnittenen Kalebassen gemacht waren, und ich gab jedem der Männer eine Schüssel Suppe. Der Nagual mochte das Essen anscheinend nicht. Er wollte keine Nahrung zu sich nehmen, die von einer so schwachen Frau zubereitet war, darum fingierte er eine ungeschickte Bewegung und stieß mit dem Arm die Schüssel vom Tisch. Aber statt umzukippen und ihren Inhalt über den Boden zu ergießen, glitt die Schüssel mit dem Schwung, den der Nagual ihr gegeben hatte, vom Tisch und fiel auf meinen Fuß, ohne daß ein Tropfen verschüttet wurde. Wirklich, die Schüssel landete auf meinem Fuß und blieb dort in der Schwebe, bis ich mich bückte und sie aufhob. Ich stellte sie vor ihn auf den Tisch und sagte zu ihm, daß ich zwar eine schwache Frau sei und daß ich mich immer vor ihm gefürchtet hätte, daß aber mein Essen ein gutes Gefühl habe.

Von diesem Moment an war der Nagual mir gegenüber wie umgewandelt. Der Umstand, daß die Suppenschüssel auf meinen Fuß gefallen war, ohne daß ein Tropfen verschüttet wurde, bewies ihm, daß die Kraft mich ausersehen hatte. Damals wußte ich das noch nicht, und ich glaubte, er hätte sein Verhalten mir gegenüber geändert, weil er sich schämte, mein Essen zurückgewiesen zu haben. Ich machte mir über seine verwandelte Haltung nicht viele Gedanken. Ich war noch immer wie versteinert und konnte ihm nicht einmal in die Augen sehen. Er aber wurde immer aufmerksamer. Er brachte mir sogar Geschenke mit: einen Schal, ein Kleid, einen Kamm und andere Dinge. Das war mir furchtbar peinlich. Ich schämte mich, weil ich meinte, er sei ein Mann, der mich als Frau begehrte. Der Nagual hatte doch junge Mädchen. Was wollte er also von einer alten Frau wie mir? Zuerst wollte ich die Sachen nicht anziehen, ja, ich wagte nicht einmal, seine Geschenke anzusehen, aber Pablito drängte mich, und da begann ich, sie zu tragen. Trotzdem fürchtete ich mich immer mehr vor ihm und wollte nicht mit ihm allein sein. Ich wußte, dieser Mann war ein Teufel. Ich wußte, was er mit seiner Frau gemacht hatte.«

Ich mußte sie unterbrechen. Ich sagte ihr, ich hätte nie gewußt, daß es in Don Juans Leben eine Frau gab.

»Du weißt, wen ich meine«, sagte sie.

»Glauben Sie mir, Doña Soledad, ich weiß nichts.«

»Mach mir nichts vor. Du weißt genau, ich spreche von la Gorda.«

Die einzige la Gorda, die ich kannte, war Pablitos Schwester, ein ungeheuer fettes Mädchen, das den Spitznamen Gorda, ›die Dicke‹, trug. Obwohl nie darüber geredet wurde, hatte ich immer das Gefühl gehabt, daß sie nicht wirklich Doña Soledads Tochter war. Ich wollte sie aber nicht weiter ausfragen. Plötzlich erinnerte ich mich, daß das fette Mädchen eines Tages verschwunden war und daß niemand mir sagen wollte oder zu sagen wagte, was mit ihr passiert war.

»Eines Tages war ich allein vor dem Haus«, fuhr Doña Soledad fort. »Ich saß in der Sonne und kämmte mein Haar mit dem Kamm, den der Nagual mir geschenkt hatte. Ich merkte nicht, daß er gekommen war und jetzt hinter mir stand. Plötzlich spürte ich, wie seine Hände sich um mein Kinn legten. Ich hörte, wie er ganz leise sagte, ich solle mich nicht bewegen, weil ich mir sonst das Genick brechen könne. Er bog meinen Kopf nach links. Nicht ganz herum, nur ein wenig. Ich bekam furchtbare Angst und schrie und versuchte, seinen Griff abzuschütteln, aber er hielt meinen Kopf fest – eine lange, lange Zeit.

Als er mein Kinn losließ, fiel ich in Ohnmacht. Ich kann mich nicht erinnern, was dann geschah. Als ich aufwachte, lag ich am Boden, genau hier an der Stelle, wo ich jetzt sitze. Der Nagual war gegangen. Ich schämte mich so sehr, daß ich niemanden sehen wollte, besonders nicht la Gorda. Lange glaubte ich sogar, daß der Nagual in Wirklichkeit nie meinen Hals verdreht hatte und daß das ganze nur ein Alptraum gewesen war.«

Sie machte eine Pause. Ich wartete auf eine Erklärung. Sie wirkte zerstreut, vielleicht nachdenklich.

»Und was geschah wirklich, Doña Soledad?« fragte ich, unfähig mich zu beherrschen. »Hat er etwas mit Ihnen gemacht?«

»Ja, er bog meinen Hals, um meine Blickrichtung zu ändern«, sagte sie und lachte laut über mein verblüfftes Gesicht.

»Ich meine, hat er . . .?«

»Ja, er hat meine Richtung geändert«, fuhr sie fort, ohne auf meine Fragen einzugehen. »Mit dir hat er das gleiche gemacht, und mit allen anderen.«

»Das ist wahr. Mit mir hat er das gemacht. Aber warum, glauben Sie, tat er das?«

»Er mußte es tun. Es ist das Wichtigste.«

Was sie meinte, war eine bestimmte Handlung, die Don Juan damals für absolut notwendig erklärt hatte. Ich hatte noch nie mit irgendwem darüber gesprochen. Ja, ich hatte es beinah vergessen. Es war zu Beginn meiner Lehrzeit, und wir waren in den Bergen Nordmexikos. Er baute zwei Feuerstellen, etwa zwanzig Fuß voneinander entfernt. Er befahl mir, mich abermals zwanzig Fuß davon entfernt aufzustellen und meinen Körper, besonders meinen Kopf, in eine ganz entspannte, natürliche Haltung zu bringen. Dann hieß er mich das eine Feuer ansehen. Nun trat er von hinten an mich heran, bog meinen Hals nach links und richtete meinen Blick, ohne meine Schultern zu drehen, auf das andere Feuer. Stundenlang hielt er meinen Kopf in dieser Stellung, bis das Feuer erloschen war. Die neue Richtung war Südost, oder vielmehr hatte er es so arrangiert, daß die zweite Feuerstelle genau südöst-

lich von mir lag. Damals hatte ich die ganze Sache nur als eine von Don Juans undurchschaubaren Eigenheiten, als eines seiner unsinnigen Rituale aufgefaßt.
»Der Nagual sagt, daß wir alle im Lauf unseres Lebens die Gewohnheit annehmen, in eine bestimmte Richtung zu schauen«, fuhr sie fort. »Dies ist die Richtung unseres geistigen Auges. Aber mit der Zeit nutzt diese Richtung sich ab, sie wird schwach und häßlich, und da wir uns auf diese bestimmte Richtung festgelegt haben, werden wir selbst schwach und häßlich. An dem Tag, als der Nagual meinen Kopf drehte und ihn festhielt, bis ich vor Angst schier in Ohnmacht fiel, gab er mir eine neue Richtung.«
»Welche Richtung gab er Ihnen denn?«
»Warum fragst du mich das?« sagte sie mit übertriebenem Nachdruck. »Glaubst du vielleicht, daß der Nagual mir eine andere Richtung gegeben hat als dir?«
»Ich kann Ihnen sagen, welche Richtung er mir gab«, sagte ich.
»Ach was!« fuhr sie mich an. »Das hat er mir selbst gesagt.«
Sie schien erregt. Sie wechselte ihre Haltung und legte sich auf den Bauch. Mir tat vom vielen Schreiben der Rücken weh. Ich fragte sie, ob ich mich auf den Boden setzen und das Bett als Schreibunterlage benützen dürfe. Sie stand auf und reichte mir die zusammengefaltete Decke als Sitzkissen.
»Und was hat der Nagual noch mit Ihnen gemacht?« fragte ich.
»Nachdem der Nagual meine Richtung geändert hatte, fing er an, mir von der Kraft zu erzählen«, sagte sie, während sie sich am Boden ausstreckte. »Zuerst sprach er ganz beiläufig von diesen Dingen, weil er nicht recht wußte, was er mit mir anfangen sollte. Eines Tages nahm er mich auf eine kurze Wanderung durch die Sierra mit. Ein andermal fuhren wir zusammen in seine Heimat, in die Wüste.«
»Hat er Ihnen jemals Kraftpflanzen eingegeben?«
»Einmal, als wir in der Wüste waren, gab er mir Mescalito. Aber weil ich nur eine leere Frau war, wies Mescalito mich zurück. Ich hatte eine schreckliche Begegnung mit ihm. Damals erkannte der Nagual, daß er mich statt dessen mit dem Wind zusammenführen sollte. Natürlich erst, nachdem er ein Omen gesehen hatte. An diesem Tag sagte er immer wieder, daß er, obwohl er ein Zauberer war und zu *sehen* gelernt hatte, unbedingt ein Omen brauche, weil er sonst nicht weiter wisse. Tagelang hatte er schon wegen

mir auf ein Zeichen gewartet. Aber die Kraft wollte es ihm nicht geben. In seiner Ratlosigkeit, so glaube ich, brachte er mich mit seinem *guaje* zusammen, und ich sah Mescalito.«

Ich unterbrach sie. Ihre Verwendung des Wortes *guaje,* Kalebasse, verwirrte mich. Im Zusammenhang ihrer Erzählung gab das Wort keinen Sinn. Vielleicht, so dachte ich, drückte sie sich metaphorisch aus, oder ›Kalebasse‹ war eine beschönigende Wendung für etwas anderes.

»Was ist ein *guaje,* Doña Soledad?«

Ihr Blick drückte Überraschung aus. Sie wartete lange, bis sie antwortete.

»Mescalito ist das *guaje* des Nagual«, sagte sie schließlich.

Ihre Antwort verwirrte mich noch mehr. Was mich besonders beunruhigte, war die Tatsache, daß sie sich anscheinend wirklich bemühte, sich mir verständlich zu machen. Als ich sie um weitere Erklärungen bat, meinte sie schließlich, ich wisse doch alles selber. Dies war auch Don Juans bevorzugte Taktik, mit der er meinen Fragen begegnete. Ich erzählte ihr, daß Don Juan mir gesagt hatte, Mescalito sei eine Gottheit oder eine Kraft, die in der Peyotepflanze wohne. Die Behauptung, daß Mescalito seine Kalebasse sein sollte, war mir völlig unverständlich.

»Durch seine Kalebasse kann der Nagual dich mit allem vertraut machen«, sagte sie nach einer Weile. »Dies ist der Schlüssel zu seiner Macht. Jeder kann dir Peyote geben, aber nur ein Zauberer kann dich durch seine Kalebasse mit Mescalito zusammenführen.«

Sie schwieg und fixierte mich. Ihre Augen loderten wild.

»Warum verlangst du von mir, daß ich dir wiederhole, was du bereits weißt?« fragte sie wütend.

Dieser plötzliche Umschwung in ihrem Verhalten erschreckte mich. Eben noch war sie beinah sanftmütig gewesen.

»Mach dir nichts aus meinen Stimmungsschwankungen«, sagte sie jetzt wieder lächelnd. »Ich bin der Nordwind. Ich bin sehr ungeduldig. Mein Leben lang wagte ich nicht, meine Meinung zu sagen. Jetzt fürchte ich niemanden mehr. Ich sage, was ich meine. Wenn du mit mir zusammen bist, mußt du stark sein.«

Sie rutschte auf dem Bauch näher an mich heran.

»Ja, der Nagual machte mich mit dem Mescalito bekannt, der aus seiner Kalebasse kam«, fuhr sie fort. »Aber er konnte nicht

ahnen, was mit mir passieren würde. Er hatte erwartet, daß es ähnlich wäre wie bei deiner oder Eligios Begegnung mit Mescalito. In beiden Fällen wußte er nicht weiter mit euch, und da ließ er seine Kalebasse entscheiden, was er als nächstes tun sollte. In beiden Fällen half die Kalebasse ihm. Bei mir war es anders; Mescalito verbot ihm, mich jemals wieder mitzubringen. Der Nagual und ich verließen den Ort in höchster Eile. Statt nach Hause zu gehen, wanderten wir nach Norden. Dann nahmen wir den Bus nach Mexicali, aber mitten in der Wüste stiegen wir aus. Es war spät am Tage. Die Sonne versank hinter den Bergen. Der Nagual wollte die Straße überqueren und zu Fuß nach Süden weitergehen. Wir warteten, um ein paar Autos vorbeizulassen, als er mir plötzlich auf die Schulter schlug und auf die Straße vor uns zeigte. Ich sah eine spiralförmige Staubwolke, ein Windstoß wirbelte am Straßenrand den Staub auf. Wir sahen die Wolke näherkommen. Der Nagual rannte über die Straße, und der Wind hüllte mich ein. Ja, er wirbelte mich ganz sachte herum und dann war er verschwunden. Das war das Omen, auf das der Nagual gewartet hatte. Wenn wir von nun an in die Berge oder in die Wüste gingen, dann mit der Absicht, den Wind zu suchen. Anfangs mochte der Wind noch nicht, weil ich noch mein altes Selbst war. Darum versuchte der Nagual, mich zu ändern. Zuerst hieß er mich dieses Zimmer bauen und diesen Fußboden zu machen. Dann ließ er mich andere Kleider tragen und auf einer Matratze statt auf einer Strohmatte schlafen. Er sagte, ich solle Schuhe tragen und einen Schrank voller Kleider anschaffen. Er zwang mich, Hunderte Meilen zu wandern, und er lehrte mich schweigen. Ich lernte sehr schnell. Auch ließ er mich ohne jede Begründung die seltsamsten Dinge tun.
Eines Tages, als wir bei ihm zu Hause in den Bergen waren, hörte ich zum erstenmal den Wind. Er kam direkt in meinen Uterus. Ich lag auf einem flachen Stein, und der Wind wirbelte um mich her. Am gleichen Tag hatte ich ihn schon durch die Büsche wirbeln sehen, aber jetzt kam er über mich und blieb bei mir. Es fühlte sich an, als sei ein Vogel auf meinem Bauch gelandet. Der Nagual hatte mir befohlen, alle Kleider auszuziehen. Ich war splitternackt, aber ich fror nicht, denn der Wind wärmte mich.«
»Hatten Sie Angst, Doña Soledad?«
»Angst? Ich war wie versteinert. Der Wind war lebendig; er

leckte mich vom Kopf bis zu den Zehenspitzen. Und dann kroch er in meinen Körper. Ich war wie ein Ballon, und der Wind kam aus meinen Ohren und aus meinem Mund und aus anderen Öffnungen – ich will's gar nicht sagen. Ich dachte, jetzt muß ich sterben, und ich wäre davongelaufen, hätte der Nagual mich nicht dort auf dem Stein festgehalten. Er flüsterte mir ins Ohr und beruhigte mich. Ich verhielt mich ganz still und ließ den Wind mit mir machen, was er wollte. Und dann sagte er mir, was ich tun sollte.«

»Tun – womit?«

»Mit meinem Leben, mit meinen Sachen, meinem Zimmer, meinem Gefühl. Das wurde mir nicht gleich klar. Zuerst dachte ich, daß ich es sei, die dies dachte. So geht es uns allen, sagte der Nagual. Aber wenn wir ganz still sind, erkennen wir, daß etwas anderes uns diese Dinge sagt.«

»Hörten Sie eine Stimme?«

»Nein, der Wind bewegt sich im Körper einer Frau. Das ist, weil wir Frauen einen Uterus haben, sagte der Nagual. Sobald der Wind drinnen im Uterus ist, nimmt er dich einfach an und sagt dir alles. Je ruhiger und entspannter die Frau ist, desto besser ist das Resultat. Man könnte sagen, die Frau stellt ganz plötzlich fest, daß sie Dinge tut, von denen sie vorher keine Ahnung hatte.

Von diesem Tag an kam der Wind immer wieder zu mir. Er sprach zu mir in meinem Uterus und sagte mir alles, was ich wissen wollte. Der Nagual hatte von Anfang an gewußt, daß ich der Nordwind bin. Andere Winde sprechen niemals auf diese Weise zu mir, und doch habe ich gelernt, sie zu unterscheiden.«

»Wie viele Arten von Winden gibt es denn?«

»Es gibt vier Winde, wie es vier Himmelsrichtungen gibt. Das gilt natürlich für die Zauberer und für das, was die Zauberer tun. Vier ist für sie eine Zahl der Kraft. Der erste Wind ist die Brise, der Morgen. Er bringt Hoffnung und Licht; er ist der Herold des Tages. Er kommt und geht und schlüpft überall hin. Manchmal ist er sanft und unmerklich; ein andermal ist er aufdringlich.

Ein weiterer Wind ist der starke Wind; er kann heiß oder kalt sein, oder beides. Er ist ein Mittagswind. Er bläst aus voller Kraft, aber auch in voller Blindheit. Er bricht durch Türen und stürzt Wände um. Ein Zauberer muß wahnsinnig stark sein, um es mit dem starken Wind aufzunehmen.

Und dann gibt es den kalten Nachmittagswind. Ein trauriger, quälender Wind. Ein Wind, der dich nie in Frieden läßt. Er macht dich frösteln und bringt dich zum Weinen. Aber es ist solche Tiefe in ihm, sagt der Nagual, daß es reichen Lohn bringt, ihn zu suchen.
Und schließlich gibt es noch den heißen Wind. Er wärmt und schützt und umhüllt alles. Er ist der Nachtwind der Zauberer. Seine Kraft kommt mit der Dunkelheit.
Das sind die vier Winde. Sie sind auch mit den vier Himmelsrichtungen verbunden. Die Brise ist der Osten. Der kalte Wind ist der Westen. Der starke Wind ist der Norden. Der heiße Wind ist der Süden.
Die vier Winde haben auch jeder eine eigne Persönlichkeit. Die Brise ist fröhlich und leichtfertig und wechselhaft. Der kalte Wind ist düster und melancholisch und immer nachdenklich. Der heiße Wind ist glücklich und ausgelassen und lebhaft. Der starke Wind ist energisch und herrschsüchtig und ungeduldig.
Die vier Winde, sagte der Nagual, sind Frauen. Das ist der Grund, warum weibliche Krieger sie aufsuchen. Die Winde und die Frauen sind gleich. Das ist der Grund, warum Frauen besser als Männer sind. Ich meine, Frauen lernen schneller, wenn sie sich an ihren eignen Wind halten.«
»Wie kann eine Frau wissen, welcher Wind ihr eigener ist?«
»Wenn die Frau ganz ruhig wird und nicht zu sich selbst spricht, dann kommt ihr Wind und hebt sie auf – einfach so.«
Sie griff in die Luft.
»Muß sie dabei nackt sein?«
»Das hilft, besonders wenn sie schüchtern ist. Ich war ein fettes altes Weib. Ich hatte mich noch nie im Leben ausgezogen. Ich schlief sogar in den Kleidern, und wenn ich badete, behielt ich den Schlüpfer an. Als ich dem Wind meinen fetten Körper zeigte, kam es mich hart an wie Sterben. Das wußte der Nagual, und es kostete ihn alle Mühe, mich soweit zu bringen. Er wußte natürlich um die Freundschaft zwischen den Frauen und dem Wind, aber er brachte mich mit Mescalito zusammen, weil er bei mir nicht wußte, woran er war.
Nach diesem ersten furchtbaren Tag, als der Nagual meinen Kopf zurecht drehte, war ich ihm ausgeliefert. Er sagte, er wußte nicht, was er mit mir anfangen sollte. Aber eins war sicher: er wollte

nicht, daß diese fette Alte sich weiter durch die Welt schleppte. Bei mir, sagte der Nagual, hatte er ein ähnliches Gefühl wie bei dir. Er wußte nicht, was er von uns halten sollte. Wir beide sollten eigentlich nicht da sein. Du bist kein Indianer, und ich bin nur eine alte Kuh. Genau genommen sind wir beide nutzlos. Und jetzt – schau uns an! Es muß etwas mit uns geschehen sein.
Eine Frau ist natürlich viel fügsamer als ein Mann. Unter dem Einfluß der Kraft eines Zauberers ändert die Frau sich sehr leicht. Besonders wenn es ein Zauberer ist, der solche Kraft hat wie der Nagual. Bei einem männlichen Lehrling, sagt der Nagual, ist es schwieriger. Du zum Beispiel hast dich längst nicht so weit geändert wie la Gorda, und sie begann ihre Lehrzeit lange nach dir. Eine Frau ist weicher und nachgiebiger, und vor allem ist eine Frau wie eine Kalebasse; sie nimmt auf. Aber irgendwie gebietet ein Mann über mehr Kraft. Der Nagual wollte das aber nie wahrhaben. Er meinte, die Frauen seien unerreichbar überlegen. Wenn Männer in meinen Augen besser erscheinen, dann nur deshalb, sagte er, weil ich eine leere Frau bin. Da hat er wohl recht. Ich war so lange leer, daß ich mich nicht mehr erinnern kann, wie es ist, wenn man vollständig ist. Wenn ich jemals vollständig werde, sagt der Nagual, dann werde ich auch darüber meine Meinung ändern. Aber falls er recht hätte, dann hätte seine Gorda ihre Sache ebenso gut gemacht wie Eligio. Aber wie du weißt, hat sie das nicht geschafft.«
Ich konnte ihr nicht mehr folgen, weil sie offenbar unterstellte, ich wisse, wovon sie sprach. Aber in diesem Fall hatte ich keine Ahnung, was Eligio oder la Gorda getan hatten.
»Wieso unterschied la Gorda sich denn von Eligio?« fragte ich.
Sie schaute mich an, als wollte sie irgendwie an mir Maß nehmen. Sie setzte sich auf und zog die Knie vor die Brust.
»Der Nagual hat mir alles erzählt«, sagte sie brüsk. »Der Nagual hatte keine Geheimnisse vor mir. Eligio war der Beste; deshalb ist er auch nicht mehr in dieser Welt. Er ist nicht zurückgekehrt. Ja, er war so gut, daß er nicht mal in den Abgrund springen mußte, als seine Lehrzeit vorüber war. Er war genau wie Genaro. Eines Tages, als er draußen auf dem Feld arbeitete, kam etwas über ihn und führte ihn weg. Er verstand es, loszulassen.«
Ich hätte sie gern gefragt, ob ich wirklich in den Abgrund gesprungen war. Ich überlegte eine Weile, bevor ich die Frage

stellte. Immerhin war ich extra gekommen, um Pablito über diesen Punkt zu befragen. Jede Information, die ich von jemandem, der in Don Juans Welt lebte, zu diesem Thema erfahren konnte, war ein Plus für mich. Sie lachte nur, wie ich erwartet hatte.

»Du behauptest, du wüßtest nicht, was du selbst getan hast?« fragte sie.

»Es ist zu sehr aus der Welt, um wirklich zu sein«, sagte ich.

»Sicher, das ist die Welt des Nagual. Nichts ist darin wirklich. Er selbst hat mir gesagt, ich soll nichts glauben. Trotzdem – die männlichen Lehrlinge müssen springen. Außer, sie sind wirklich hervorragend, wie Eligio.

Der Nagual führte uns, la Gorda und mich, auf diesen Berg, und ließ uns hinunterschauen. Er zeigte sich uns als fliegendes Nagual. Aber nur la Gorda konnte ihm folgen. Sie wollte auch in den Abgrund springen. Aber das, sagte der Nagual, sei zwecklos. Weibliche Krieger, sagte er, müssen viel schmerzhaftere, viel schwierigere Dinge tun. Er sagte uns, daß der Sprung nur etwas für euch vier sei. Und so war es ja auch – ihr vier seid gesprungen.«

Seltsam. Sie hatte gesagt, wir vier seien gesprungen, aber ich wußte nur, daß Pablito und ich gesprungen waren. Nach dem, was sie sagte, waren Don Juan und Don Genaro uns anscheinend gefolgt. Das befremdete mich nicht weiter; es war eher eine angenehme, rührende Vorstellung.

»Was redest du da?« sagte sie, nachdem ich ihr meine Gedanken vorgetragen hatte. »Ich meine dich und die drei Lehrlinge von Genaro. Du, Pablito und Nestor, ihr seid am gleichen Tag gesprungen.«

»Und wer ist der andere Lehrling von Don Genaro? Ich weiß nur von Pablito und Nestor.«

»Willst du etwa behaupten, du wußtest nicht, daß Benigno Genaros Lehrling war?«

»Nein, das wußte ich nicht.«

»Er war Genaros ältester Lehrling. Er sprang vor dir, und er sprang allein.«

Benigno war einer der fünf jungen Indianer, denen ich einmal begegnet war, als ich mit Don Juan durch die Wüste von Sonora streifte. Sie waren auf der Suche nach Kraft-Objekten. Don Juan hatte mir gesagt, daß sie alle die Zauberei lernten. Danach hatte ich Benigno noch mehrmals getroffen und mich mit ihm angefreundet. Er stammte aus dem Süden Mexikos. Ich hatte ihn sehr gern. Aus irgendwelchen, mir unbekannten Gründen schien es ihm Spaß zu machen, sein persönliches Leben mit verwirrender Geheimnistuerei zu umgeben. Nie konnte ich feststellen, wer er war oder was er machte. Jedesmal wenn ich mit ihm sprach, verblüffte er mich durch die entwaffnende Offenheit, mit der er meinen Fragen auswich. Einmal aber erzählte Don Juan von sich aus etwas über Benigno. Er meinte, Benigno habe großes Glück gehabt, einen Lehrer und einen Wohltäter zu finden. Damals hielt ich Don Juans Worte für eine Bemerkung, die nicht viel besagte. Jetzt lüftete Doña Soledad mir ein zehn Jahre altes Geheimnis.

»Warum, glauben Sie wohl, hat Don Juan mir nie etwas über Benigno gesagt?«

»Wer weiß? Er hatte wohl einen Grund. Der Nagual hat nie unüberlegt gehandelt.«

Ich mußte meinen schmerzenden Rücken gegen die Bettkante stützen, bevor ich weiterschreiben konnte.

»Und was geschah mit Benigno?«

»Es geht ihm gut. Wahrscheinlich besser als allen andren. Du wirst ihn ja sehen. Er ist mit Pablito und Nestor zusammen. Zur Zeit sind sie unzertrennlich. Genaros Zeichen verbindet sie. Es ist dasselbe wie bei den Mädchen; sie sind unzertrennlich, weil das Zeichen des Nagual sie verbindet.«

Wieder mußte ich sie unterbrechen und bitten, mir zu erklären, von welchen Mädchen sie sprach.

»Meine Mädchen«, sagte sie.

»Ihre Töchter? Ich meine – Pablitos Schwestern?«

»Sie sind nicht Pablitos Schwestern. Sie sind die Schülerinnen des Nagual.«

Diese Offenbarung schockierte mich. Als ich Pablito vor Jahren kennenlernte, hatte ich allen Grund anzunehmen, daß die vier Mädchen, die bei ihm lebten, seine Schwestern wären. Don Juan selbst hatte es mir gesagt. Auf einmal überfiel mich wieder die Verzweiflung, die mich den ganzen Nachmittag lang bedrückt hatte. Ich konnte Doña Soledad nicht trauen. Sie führte etwas im Schilde. Ich konnte nicht glauben, daß Don Juan mich so plump angelogen hatte.

Doña Soledad musterte mich mit unverhohlener Neugier.
»Der Wind hat mir eben verraten, daß du nicht glaubst, was ich dir sage«, meinte sie lachend.
»Der Wind hat ganz recht«, sagte ich trocken.
»Die Mädchen, die du all die Jahre gekannt hast, gehören zum Nagual. Sie waren seine Lehrlinge. Jetzt, wo der Nagual fort ist, sind sie selbst Nagual. Aber sie sind auch meine Mädchen. Meine!«
»Wollen Sie damit sagen, daß Sie nicht Pablitos Mutter sind, und daß die Mädchen wirklich ihre Töchter sind?«
»Ich sage nur, sie sind meine Mädchen. Der Nagual hat sie mir anvertraut, um für sie zu sorgen. Du bist immer auf der falschen Spur, weil du glaubst, mit Worten alles erklären zu können. Da ich nun Pablitos Mutter bin und du gehört hast, daß sie meine Mädchen sind, hast du einfach geglaubt, sie wären Geschwister. Die Mädchen sind meine wirklichen Kinder. Pablito aber, obwohl er das einzige Kind ist, das aus meinem Leib kam, ist mein Todfeind.«
Meine Reaktion auf ihre Worte war eine Mischung von Abscheu und Ärger. Mir wurde klar, daß sie nicht nur eine verwirrte, sondern auch eine gefährliche Frau war. Ein Teil meiner selbst hatte es gleich gewußt – seit ich angekommen war.
Sie beobachtete mich lange und eindringlich. Um sie nicht ansehen zu müssen, setzte ich mich wieder auf die Bettdecke.
»Der Nagual hat mich gewarnt, was für ein komischer Kauz du bist«, sagte sie plötzlich, »aber ich verstand nicht, was er meinte. Jetzt weiß ich es. Er sagte, ich soll bei dir vorsichtig sein und dich nicht reizen, weil du gewalttätig bist. Tut mir leid, daß ich nicht so vorsichtig war, wie ich's hätte sein sollen. Er sagte auch, daß du, solange du nur schreiben darfst, in die Hölle fallen könntest, ohne es zu merken. Meinetwegen, ich hab nichts dagegen und laß dich in Ruhe. Außerdem sagte er mir, daß du mißtrauisch bist, weil die Wörter dich verwirren. Auch damit hab ich dich in Ruhe gelassen. Ich rede mir den Mund fransig und versuche, dich nicht zu verwirren.«
In ihrer Stimme lag ein unausgesprochener Vorwurf. Irgendwie schämte ich mich, weil ich mich über sie geärgert hatte.
»Was Sie mir da sagen, ist unglaublich«, sagte ich. »Sie oder Don Juan – einer von beiden hat mich furchtbar angelogen.«

»Keiner von uns hat gelogen. Du begreifst nur das, was du begreifen willst. Der Nagual sagt, das kommt daher, weil du leer bist.
Die Mädchen sind Kinder des Nagual, genau wie du und Eligio. Er hat sechs Kinder gemacht, vier Frauen und zwei Männer. Genaro hat drei Männer gemacht. Das sind zusammen neun. Einer davon, Eligio, hat es bereits geschafft. Ihr übrigen acht müßt es noch versuchen.«
»Wohin ist Eligio gegangen?«
»Er ging dorthin, wo der Nagual und Genaro sind.«
»Und wohin sind der Nagual und Genaro gegangen?«
»Du weißt ganz gut, wohin sie gegangen sind. Willst du mich für dumm verkaufen?«
»Aber das ist's ja gerade, Doña Soledad. Ich will Sie keineswegs für dumm verkaufen.«
»Gut, dann will ich es dir sagen, ich kann dir ja nichts abschlagen. Der Nagual und Genaro sind dorthin gegangen, woher sie kamen – in die andere Welt. Als ihre Zeit um war, traten sie einfach in die Dunkelheit hinaus, und da sie nicht wiederkommen wollten, hat die Dunkelheit der Nacht sie verschlungen.«
Mir wurde klar, daß es sinnlos war, weitere Fragen zu stellen. Ich wollte schon das Thema wechseln, aber sie kam mir zuvor.
»Wie du gesprungen bist, da hattest du eine Ahnung von der anderen Welt«, fuhr sie fort. »Aber vielleicht hat der Sprung dich verwirrt. Schade. Kann man nichts machen. Es ist dein Schicksal, daß du ein Mann bist. In dieser Hinsicht sind Frauen besser als Männer. Sie brauchen nicht in den Abgrund zu springen. Die Frauen haben einen eigenen Weg. Sie haben ihren eigenen Abgrund. Die Frauen menstruieren. Dies ist für sie die Pforte zur anderen Welt, sagte der Nagual. Wenn sie ihre Periode haben, verwandeln sie sich in etwas andres. So war es jedenfalls, als er meine Mädchen lehrte. Für mich war es zu spät. Ich bin zu alt, darum weiß ich eigentlich nicht, wie diese Pforte aussieht. Aber der Nagual verlangte, daß die Mädchen auf alles achten, was ihnen während dieser Zeit widerfährt. An diesen Tagen nahm er sie mit in die Berge und blieb dort mit ihnen, bis sie den Spalt zwischen den Welten sahen.
Der Nagual kennt keine Skrupel und keine Furcht. Darum stieß er sie unbarmherzig vorwärts. Sie sollten selbst herausfinden, daß

jede Frau einen Bruch hat – einen Bruch, den sie für gewöhnlich gut verbirgt. Während der Periode aber fällt die Tarnung von ihr ab, ganz gleich wie gut sie gemacht ist, und die Frau ist nackt. Der Nagual stieß meine Mädchen vorwärts, bis sie halbtot waren, damit sie lernten, diesen Spalt aufzutun. Sie haben es geschafft. Er hat sie gezwungen, aber sie brauchten Jahre dazu.«

»Wie kam es, daß sie seine Lehrlinge wurden?«

»Lidia war seine erste Schülerin. Er fand sie, als er eines Morgens bei einer verlassenen Hütte in den Bergen Rast machte. Es war niemand da, und doch hatten ihn die Omen seit dem frühen Morgen gerade zu diesem Haus gelockt. Die Brise hatte ihn geplagt: sobald er versuchte, eine andere Richtung einzuschlagen, konnte er nicht einmal mehr die Augen offenhalten. Als er daher das Haus fand, wußte er, daß es damit etwas Besondres auf sich hatte. Er suchte unter einem Haufen Stroh und Reisig, und da fand er ein Mädchen. Sie war sehr krank. Sie konnte kaum sprechen, aber sie sagte ihm, daß sie von niemandem Hilfe brauche. Sie sagte, sie wolle weiterschlafen, und falls sie nicht mehr aufwachen würde, sei es für niemanden ein Verlust. Dem Nagual gefiel ihre Einstellung, und er redete sie in ihrer Sprache an. Er sagte, er würde sie heilen und für sie sorgen, bis sie wieder zu Kräften käme. Sie weigerte sich. Sie war eine Indianerin, die im Leben nur Mühe und Plage gekannt hatte. Sie erzählte dem Nagual, daß sie schon alle Arzneien probiert habe, die ihre Eltern ihr gaben, und nichts hatte ihr geholfen.

Je mehr sie von sich erzählte, desto besser verstand der Nagual, daß das Omen ihn extra zu ihr geführt hatte. Das Omen war fast wie ein Befehl.

Der Nagual hob das Mädchen auf, er trug sie wie ein Kind auf der Schulter und brachte sie in Genaros Haus. Genaro bereitete eine Medizin für sie. Sie konnte nicht mehr die Augen öffnen. Die Lider waren verklebt. Sie waren geschwollen und von einer gelben Kruste überzogen. Sie eiterten. Der Nagual pflegte sie, bis sie wieder gesund war. Er befahl mir, für sie zu sorgen und für sie zu kochen. Mit meinem Essen habe ich ihr geholfen, wieder gesund zu werden. Sie ist mein erstes Kind. Als sie endlich gesund war, und das dauerte beinah ein Jahr, wollte der Nagual sie zu ihren Eltern zurückbringen, aber sie weigerte sich und ging statt dessen mit ihm. Kurz nachdem der Nagual Lidia gefunden hatte

– sie war noch krank und ich pflegte sie –, traf er dich. Ein Mann, den er nie zuvor gesehen hatte, führte dich zu ihm. Der Nagual *sah*, daß der Tod dieses Mannes über seinem Kopf schwebte, und er fand es sehr seltsam, daß der Mann dich gerade zu einem solchen Zeitpunkt zu ihm führte. Du brachtest den Nagual zum Lachen, und er stellte dich sofort auf die Probe. Er nahm dich nicht einfach an, sondern er sagte, du solltest kommen und ihn suchen. Seither hat er dich geprüft, wie er noch nie jemanden geprüft hat. Das ist dein Weg, sagt er.

Drei Jahre lang hatte er nur zwei Lehrlinge, Lidia und dich. Dann, eines Tages – er war bei seinem Freund Vicente zu Besuch, einem Heiler droben im Norden – brachten die Leute ein verrücktes Mädchen zu ihm, ein Mädchen, das immer nur weinte. Die Leute hatten den Nagual für Vicente gehalten, und sie vertrauten ihm das Mädchen an. Das Mädchen, erzählte Nagual, lief auf ihn zu und klammerte sich an ihn, als kennte sie ihn. Der Nagual sagte zu ihren Eltern, sie müßten das Mädchen bei ihm lassen. Die Eltern machten sich Sorgen wegen der Kosten, aber der Nagual versicherte ihnen, daß es sie nichts kosten würde. Ich glaube, das Mädchen war für sie eine solche Plage, daß sie ganz froh waren, sie loszuwerden.

Der Nagual brachte sie zu mir. Es war die reine Hölle! Sie war wirklich verrückt. Das war Josefina. Der Nagual brauchte Jahre, um sie zu heilen. Und noch heute ist sie verrückt wie eine Fledermaus. Natürlich war sie ganz wild auf den Nagual, und es gab dauernd schreckliche Kämpfe zwischen Lidia und Josefina. Die beiden haßten sich. Ich aber mochte sie beide. Als der Nagual sah, daß sie sich nicht vertrugen, stauchte er sie gehörig zusammen. Du weißt ja, daß der Nagual niemandem böse sein kann. Also beschloß er, ihnen einen gehörigen Schreck einzujagen. Eines Tages bekam Lidia wieder ihren Rappel und verschwand. Sie wollte sich einen Mann zum Heiraten suchen. Unterwegs fand sie ein winziges Küken. Es war eben ausgeschlüpft und hockte verloren auf der Straße. Lidia hob es auf, und da es eine unbewohnte Gegend war, weit und breit kein Haus, dachte sie eben, daß das Küken niemand gehöre. Sie steckte es sich in die Bluse, zwischen ihre Brüste, um es zu wärmen. Dann, so erzählte Lidia, ging sie weiter, und das Küken kroch derweil unter ihre Achsel. Sie wollte es wieder nach vorn schieben, aber sie konnte es nicht erwischen. Das Küken flitzte in ihrer Bluse über ihren Rücken, über ihre Flanken. Anfangs kitzelten die Beinchen des Kükens sie nur, aber mit der Zeit machte es sie wahnsinnig. Als sie merkte, daß sie es nicht mehr loswurde, kam sie – wie von Sinnen schreiend – zu mir zurück und bat mich, ihr das verfluchte Ding aus der Bluse zu holen. Ich zog sie aus – aber umsonst. Da war überhaupt kein Küken, und doch spürte sie seine Beinchen auf der Haut trippeln.

Dann kam der Nagual vorbei und sagte ihr, sie würde das Küken erst loswerden, wenn sie sich von ihrem alten Selbst trennte. Drei Tage und Nächte war Lidia wahnsinnig. Der Nagual befahl mir, sie anzubinden. Ich fütterte sie und wusch sie und gab ihr zu trinken. Am vierten Tag wurde sie ganz friedlich und ruhig. Ich band sie los, und sie zog ihre Kleider an. Und kaum war sie angezogen – genauso wie an dem Tag, als sie fortzulaufen versuchte –, da kam auf einmal das kleine Küken aus ihrer Bluse. Sie nahm es in die Hand und streichelte es und dankte ihm und brachte es an die Stelle zurück, wo sie es gefunden hatte. Ich begleitete sie ein Stück.

Von da an machte Lidia keine Schwierigkeiten mehr. Sie akzeptierte ihr Schicksal. Der Nagual ist ihr Schicksal; ohne ihn wäre sie gestorben. Welchen Zweck hat es also, sich aufzulehnen und Dinge verändern zu wollen, die wir nur akzeptieren können?

Josefina schnappte als nächste über. Sie war zwar erschrocken über das, was mit Lidia passiert war, aber bald hatte sie es vergessen. Als sie an einem Sonntagnachmittag nach Hause kam, hatte sich ein trocknes Blatt in den Maschen ihres Schals verfangen. Ihr Schal war lose gewebt. Sie versuchte das Blättchen abzuzupfen, aber sie fürchtete ihren Schal zu ruinieren. Als sie dann ins Haus kam, versuchte sie gleich, das Blättchen herauszulösen, aber das war unmöglich. Es saß fest. In ihrer Wut knüllte sie den Schal mitsamt dem Blatt zusammen, um es in der Hand zu zerreiben. Sie glaubte anscheinend, die kleinen Stücke ließen sich leichter rauszupfen. Ich hörte einen wahnsinnigen Schrei, und Josefina fiel hin. Ich rannte zu ihr und sah, daß sie die Hand nicht mehr öffnen konnte. Das Blatt hatte ihre Hand zerschnitten – wie eine Rasierklinge. Lidia und ich halfen ihr auf, und dann pflegten wir sie sieben Tage. Josefina war widerspenstig wie keine sonst. Beinah wäre sie gestorben. Schließlich gelang es ihr doch noch, die Hand zu öffnen, aber erst nachdem sie bei sich beschlossen hatte, ihr altes Verhalten aufzugeben. Noch immer spürt sie von Zeit zu Zeit Schmerzen im Körper, besonders in der Hand, weil ihre schlimme Veranlagung immer wieder durchbricht. Der Nagual sagte ihnen ja auch, sie dürften sich nicht auf ihren Sieg verlassen, denn die Überwindung des alten Selbst ist ein lebenslanger Kampf.

Lidia und Josefina haben sich nie wieder gestritten. Ich glaube nicht, daß sie sich lieben, aber immerhin vertragen sie sich. Diese beiden sind mir die liebsten. Sie waren all die Jahre bei mir, und ich weiß, daß sie auch mich lieben.«

»Und was ist mit den beiden anderen Mädchen? Woher kamen sie?«

»Ein Jahr darauf kam Elena. Das ist la Gorda, die Dicke. Ihr Zustand war schlimmer, als du dir vorstellen kannst. Sie wog an die 220 Pfund. Eine ganz hoffnungslose Frau. Pablito gab ihr in seiner Werkstatt Obdach. Ihren Lebensunterhalt verdiente sie sich mit Waschen und Bügeln. Eines Abends kam der Nagual, um Pablito abzuholen, und da sah er dieses dicke Mädchen. Sie tat ihre Arbeit, während ein paar Nachtfalter über ihrem Kopf kreisten. Die Nachtfalter, sagte der Nagual, bildeten einen vollkommenen Kreis. Dadurch weckten sie seine Aufmerksamkeit. Er *sah,* daß der letzte Tag dieser Frau nahe war, und doch waren die Nachtfalter anscheinend voller Zuversicht, da sie ihm ein solches Omen gaben. Der Nagual handelte schnell und nahm sie mit sich.

Einige Zeit ging es gut mit ihr, aber die schlechten Gewohnheiten, die sie gelernt hatte, waren zu tief verwurzelt, und sie konnte nicht davon lassen. Darum schickte der Nagual eines Tages den Wind, um ihr zu helfen. Der Wind sollte ihr helfen – oder ihr den Rest geben. Der Wind wehte immer stärker, bis er sie schließlich aus dem Haus trieb; sie war damals allein, und niemand sah, was dann geschah. Der Wind trieb sie über Berge und Täler, bis sie in eine Erdspalte fiel – ein Loch im Boden, wie ein Grab. Der Wind wehte drei Tage lang. Als der Nagual sie endlich fand, war es ihr gelungen, den Wind anzuhalten, aber sie war zu schwach, um aus eigener Kraft zu gehen.«

»Wie konnten die Mädchen dieses Etwas, das auf sie einwirkte, anhalten?«

»Vor allem eines: dieses Etwas, wie du sagst, war die Kalebasse, die der Nagual am Gürtel trug.«
»Und was ist in der Kalebasse?«
»Die Verbündeten, die der Nagual bei sich trägt. Der Verbündete, so sagte er, wird in die Kalebasse getrichtert. Aber frag mich nicht weiter, denn das ist alles, was ich über den Verbündeten weiß. Ich kann dir nur soviel sagen, daß der Nagual über zwei Verbündete gebietet, die ihm helfen. Bei meinen Mädchen war es so, daß der Verbündete sich zurückzog, als sie bereit waren, sich zu ändern. Für die Mädchen ging es natürlich darum, sich entweder zu ändern oder zu sterben. Aber mehr oder minder geht's für uns alle um das gleiche. Und la Gorda änderte sich mehr als alle andren. Sie war leer, ja sie war noch leerer als ich, aber sie bearbeitete ihren Geist, bis sie reine Kraft war. Ich liebe sie nicht. Ich fürchte mich vor ihr. Sie kennt mich. Sie schlüpft in mich und meine Gefühle hinein, und das macht mir Angst. Aber niemand kann ihr etwas anhaben, weil sie nie ihre Wachsamkeit aufgibt. Nein, sie haßt mich nicht, aber sie hält mich für eine böse Frau. Vielleicht hat sie recht. Ich glaube, sie kennt mich allzu gut, und ich bin nicht so makellos, wie ich gern wäre; aber der Nagual hat mir befohlen, mich nicht um meine Gefühle ihr gegenüber zu kümmern. Sie ist wie Eligio; die Welt kann sie nicht mehr erreichen.«
»Was hat der Nagual denn so besonderes mit ihr gemacht?«
»Er lehrte sie Dinge, die er sonst niemand gelehrt hat. Nein, er schonte sie nicht. Er vertraute ihr. Er weiß alles, über jeden. Bis auf ein paar Einzelheiten hat der Nagual mir alles von ihr erzählt. Das ist auch der Grund, warum ich sie nicht leiden kann. Der Nagual hat ihr aufgetragen, mich zu bewachen. Wo ich auch hingehe – überall treffe ich sie. Sie weiß alles, was ich tu. In diesem Augenblick wäre ich zum Beispiel nicht überrascht, wenn sie plötzlich auftauchte.«
»Glauben Sie, daß wird sie?«
»Ich bezweifle es. Heute ist der Wind auf meiner Seite.«
»Was soll sie denn tun? Hat sie eine besondere Aufgabe?«
»Ich hab dir schon genug von ihr erzählt. Ich fürchte, wenn ich weiter über sie rede, wird sie es merken, ganz gleich wo sie ist, und das will ich nicht.«
»Dann erzählen Sie mir doch von den anderen.«

»Einige Jahre nachdem der Nagual la Gorda gefunden hatte, fand er Eligio. Er war, so hat er mir erzählt, mit dir in seine Heimat gefahren. Eligio kam, um dich zu besuchen, weil er neugierig auf dich war. Der Nagual beachtete ihn nicht weiter. Er hatte ihn ja schon als Kind gekannt. Doch eines Morgens, als der Nagual zu dem Haus ging, wo du auf ihn warten solltest, traf er unterwegs Eligio. Sie gingen ein Stückweit zusammen, und auf einmal klebte eine dürre Klette an Eligios linkem Schuh. Er versuchte sie abzuschütteln, aber ihre Dornen waren wie Nägel, sie waren tief in die Schuhsohle eingedrungen. Dann, so erzählte der Nagual, zeigte Eligio mit dem Finger zum Himmel und schüttelte seinen Fuß, und die Klette flog wie eine Pistolenkugel davon, hoch durch die Luft. Für Eligio war das ganze ein Riesenspaß, und er lachte nur. Aber der Nagual wußte, daß Eligio Kraft besaß, obwohl er es selbst nicht ahnte. Das ist auch der Grund, warum er so ohne alle Mühe der vollkommene, makellose Krieger wurde, der er ist.
Ich hatte das große Glück, ihn kennenzulernen. Der Nagual meinte, wir beide glichen uns in einer Hinsicht: wenn wir uns in etwas verbissen haben, lassen wir nicht mehr los. Das Glück, Eligio zu kennen, war ein Glück, das ich mit keinem anderen teilte. Nicht mal mit la Gorda. Sie begegnete Eligio, aber sie lernte ihn nicht wirklich kennen, genau wie du. Der Nagual wußte von Anfang an, daß Eligio eine Ausnahme war, und darum isolierte er ihn. Er wußte, daß ihr – du und die Mädchen – auf der einen Seite der Münze seid und Eligio ganz allein auf der anderen. Der Nagual und Genaro waren sehr glücklich darüber, ihn getroffen zu haben.

Zum erstenmal begegnete ich ihm, als der Nagual ihn in mein Haus brachte. Eligio vertrug sich nicht mit meinen Mädchen. Sie haßten ihn und fürchteten ihn zugleich. Aber er war völlig anders. Die Welt berührte ihn nicht. Vor allem wollte der Nagual nicht, daß du zuviel mit Eligio zusammen wärst. Der Nagual sagte, du gehörst zu der Sorte Zauberer, der man besser aus dem Weg geht. Deine Berührung, sagte er, tröstet nicht, sondern sie zerstört. Er sagte, daß dein Geist darauf aus ist, Gefangene zu machen. Irgendwie fühlte er sich von dir abgestoßen, und gleichzeitig mochte er dich. Er sagte, daß du, als er dich fand, verrückter warst als Josefina und daß du es noch immer bist.«

Es war ein ungutes Gefühl zu hören, wie jemand andres mir erzählte, was Don Juan von mir hielt. Zuerst versuchte ich nicht weiter auf Doñ Soledads Worte zu achten, aber dann kam es mir doch sehr blöde und unangebracht vor, mein Ego auf diese Weise zu schützen.

»Er gab sich mit dir ab«, fuhr sie fort, »weil die Kraft es ihm befahl. Und er, als makelloser Krieger, der er war, gehorchte seinem Herrn und tat gern, was die Kraft ihm mit dir zu tun befahl.«

Jetzt trat eine Pause ein. Ich brannte ungeduldig darauf, von ihr mehr über Don Juans Gefühle mir gegenüber zu erfahren. Statt dessen befragte ich sie nach ihrem dritten Mädchen.

»Einen Monat nachdem der Nagual Eligio gefunden hatte, fand er Rosa«, sagte sie. »Rosa war die letzte. Als er sie gefunden hatte, wußte er, daß seine Zahl komplett war.«

»Wie fand er sie denn?«

»Das war in Benignos Heimat. Der Nagual wollte Benigno besuchen, und als er sich seinem Haus näherte, tauchte Rosa aus dem Gebüsch am Straßenrand auf. Sie jagte ein Schwein, das sich losgerissen hatte. Das Schwein war schneller als Rosa. Sie stieß mit dem Nagual zusammen und konnte das Schwein nicht erwischen. Da ließ sie ihre Wut am Nagual aus und brüllte ihn an. Er machte eine Gebärde, als wollte er sie packen – und sie war bereit, mit ihm zu kämpfen. Sie beleidigte ihn und forderte ihn heraus, ob er es wagen würde, sie anzufassen. Ihr Geist gefiel dem Nagual sofort – aber da war kein Omen. Der Nagual wartete eine Weile und wollte schließlich schon gehen, aber da kam das Schwein angelaufen und blieb neben ihm stehen. Das war das Omen. Rosa band das Schwein mit einem Seil fest. Der Nagual fragte sie rundheraus, ob sie mit ihrer Arbeit glücklich sei. Nein, sagte sie. Sie war eine Hausmagd. Der Nagual fragte sie, ob sie mit ihm gehen wollte, und sie sagte, falls er es so meinte, wie sie es verstand, müsse sie nein sagen. Der Nagual sagte, es handle sich wirklich um Arbeit, und sie erkundigte sich nach dem Lohn. Er nannte ihr eine Summe, und dann fragte sie, welche Art Arbeit es sei. Der Nagual sagte, sie solle mit ihm auf den Tabakfeldern von Veracruz arbeiten. Da sagte sie ihm, sie hätte ihn nur auf die Probe stellen wollen: hätte er gesagt, er wolle sie als Magd für sich arbeiten lassen, dann hätte sie gewußt, daß er ein Lügner sei.

Denn er sehe so aus, als hätte er nie im Leben ein Zuhause gehabt.
Sie gefiel dem Nagual, und er sagte ihr, daß sie, wenn sie sich aus der Falle befreien wolle, in der sie steckte, bis Mittag zu Benignos Haus kommen solle. Er sagte, er würde nicht länger warten als bis 12 Uhr; falls sie käme, müsse sie sich auf ein schweres Leben und viel Arbeit gefaßt machen. Sie fragte ihn, wie weit es bis zu den Tabakfeldern sei. Drei Tagereisen mit dem Bus, sagte der Nagual. Je weiter, je lieber, sagte Rosa; sie war sofort bereit mitzukommen. Sie sagte, sie müsse nur noch das Schwein in den Stall schaffen.
Und so geschah es. Sie kam her, und alle hatten sie gern. Sie war nie böse oder unverträglich; der Nagual brauchte sie nicht zu zwingen oder sie mit einem Trick zur Vernunft zu bringen. Mich liebt sie überhaupt nicht, und doch sorgt sie besser für mich als alle andren. Ich vertraue ihr, und doch mag ich sie überhaupt nicht, und wenn ich fortgehe, werde ich sie am meisten vermissen. Verstehst du das?«
Ich sah einen Anflug von Trauer in ihren Augen. Ich konnte mein Mißtrauen nicht mehr durchhalten. Sie fuhr sich mit der Hand über die Augen.
An diesem Punkt war eine natürliche Unterbrechung des Gesprächs erreicht. Es wurde inzwischen dunkel, und ich konnte nur noch mit Mühe schreiben; außerdem mußte ich aufs Klo. Sie bestand darauf, daß ich vor ihr den Lokus benutzte, wie es auch der Nagual selbst getan hätte.
Danach brachte sie zwei runde Behälter von der Größe einer Kinderwanne, füllte sie zur Hälfte mit warmem Wasser und tat irgendwelche grünen Blätter hinein, nachdem sie diese gründlich zwischen den Händen zerrieben hatte.
Sie forderte mich auf, mich in der einen Wanne zu waschen, während sie sich in der anderen wusch. Das Wasser duftete aromatisch. Es verursachte ein Prickeln auf der Haut. Es war, als hätte ich Menthol auf Gesicht und Armen verrieben.
Wir gingen wieder in ihr Zimmer. Sie legte ihr Schreibzeug, das ich auf ihrem Bett hatte liegenlassen, auf eine der beiden Kommoden. Die Fenster standen offen, und draußen war es noch hell. Es mochte gegen sieben Uhr sein.
Doña Soledad legte sich auf den Rücken. Sie lächelte mich an. Sie

erschien mir als die Verkörperung freundlicher Wärme. Gleichzeitig aber, und trotz ihres Lächelns, strahlte ihr Blick Rücksichtslosigkeit und unbeugsame Kraft aus.
Ich fragte sie, wie lange sie mit Don Juan zusammen gewesen sei – als seine Frau oder Schülerin. Mein vorsichtiger Versuch, ihren Status zu umschreiben, belustigte sie. Sie antwortete: sieben Jahre. Dann erinnerte sie mich daran, daß ich sie seit fünf Jahren nicht mehr gesehen hatte. Bis dahin war ich nämlich überzeugt gewesen, daß ich sie noch vor zwei Jahren gesehen hatte. Ich versuchte mich an das letzte Mal zu erinnern, aber es gelang mir nicht.
Sie forderte mich auf, mich neben sie zu legen. Ich kniete neben ihr auf dem Bett. Mit sehr sanfter Stimme fragte sie mich, ob ich mich fürchte. Nein, sagte ich, und das entsprach der Wahrheit. Hier in ihrem Zimmer, in diesem Augenblick, beruhigte mich eine altgewohnte Reaktion von mir, die sich schon unzählige Male eingestellt hatte – eine Mischung aus Neugier und selbstmörderischer Gleichgültigkeit.
Sie flüsterte mir zu, sie müsse mir gegenüber makellos aufrichtig sein und mir daher sagen, daß unsere Begegnung von entscheidender Bedeutung für uns beide sei. Der Nagual, sagte sie, hatte ihr direkte, detaillierte Anweisungen gegeben, was sie zu tun habe. Während sie so redete, mußte ich unwillkürlich darüber lachen, wie sehr sie sich anstrengte, Don Juan nachzueifern. Ich lauschte auf ihre Worte und konnte vorhersehen, was sie als nächstes sagen würde.
Plötzlich setzte sie sich auf. Ihr Gesicht war nur Zentimeter von meinem entfernt. Ich sah ihre weißen Zähne im Halbdunkel schimmern. Sie schlang ihre Arme um mich und zog mich zu sich hinab.
Meine Gedanken waren ganz klar, und doch zog irgend etwas mich immer tiefer in einen Sumpf. Ich erlebte mich selbst als etwas, wovon ich keine Vorstellung hatte. Plötzlich wußte ich, daß ich die ganze Zeit irgendwie ihre Gefühle gefühlt hatte. Sie war die Fremde. Sie hatte mich mit Worten hypnotisiert. Sie war eine kalte alte Frau. Trotz ihrer Vitalität und Kraft war weder Jugend noch Leben in ihren Zügen. Da wußte ich, daß Don Juan ihren Kopf nicht in die gleiche Richtung gedreht hatte wie meinen. In jedem anderen Zusammenhang wäre dieser Gedanke

mir abstrus und albern erschienen; in diesem Moment aber kam er mir als wahre Einsicht vor. Ein alarmierendes Schreckgefühl durchfuhr meinen Körper. Ich wollte aus ihrem Bett aufspringen. Aber da war irgendwie eine außerordentliche Kraft um mich her, die mich festhielt; ich konnte mich nicht bewegen. Ich war gelähmt.

Anscheinend spürte sie, was in mir vorging. Plötzlich löste sie das Band, das ihr Haar hielt, und schlang es mir mit einer raschen Bewegung um den Hals. Ich spürte die Spannung des Bandes auf der Haut, aber irgendwie erschien das Ganze mir unwirklich.

Don Juan hatte mir immer gesagt, unser größter Feind sei die Tatsache, daß wir niemals glauben wollen, was uns widerfährt. In dem Moment, als Doña Soledad das Tuch wie eine Schlinge um meinen Hals zuzog, wußte ich, was er damit gemeint hatte. Aber auch nachdem ich diese intellektuelle Überlegung angestellt hatte, reagiert mein Körper nicht. Ich verharrte schlaff, beinah gleichgültig angesichts einer Situation, die mein Tod sein konnte. Wie von fern spürte ich die Anstrengung in ihren Armen und Schultern, während sie das Band um meinen Hals fester zog. Sie würgte mich mit aller Kraft und Sachkenntnis. Ich fing an zu keuchen. Ihre Augen starrten mich mit irrem Glanz an. Jetzt wußte ich: sie hatte vor, mich zu töten.

Don Juan hatte immer gesagt: Wenn wir endlich erkennen, was gespielt wird, ist's meistens zu spät, umzukehren. Und zwar ist es, wie er sagte, immer der Intellekt, der uns hereinlegt, denn er empfängt als erster die Botschaft. Aber statt sie zu glauben und sofort zu handeln, tändelt er damit herum.

Dann hörte ich – oder vielleicht spürte ich – ein Knacken in meiner Halswurzel, direkt hinter dem Kehlkopf. Ich ahnte, sie hatte mir das Genick gebrochen. Erst summte, dann klingelte es in meinen Ohren. Ich hatte die Empfindung, mit außerordentlicher Klarheit zu hören. Ich meinte, jetzt müsse ich sterben. Ich verfluchte meine Unfähigkeit, mich irgendwie zur Wehr zu setzen. Ich konnte keinen Muskel rühren, sonst hätte ich wenigstens versucht, sie zu treten oder zu schlagen. Ich konnte nicht mehr atmen. Mein Körper bebte – und plötzlich stand ich auf und war frei, ihrem tödlichen Griff entronnen. Ich schaute auf das Bett hinab. Mir war, als blickte ich von der Zimmerdecke herab. Ich sah meinen Körper schlaff und reglos auf ihr liegen. Ich sah die

Panik in ihren Augen. Ich wollte, daß sie die Schlinge lockerte. Mich packte die Wut über meine eigne Dummheit, und ich knallte ihr die Faust vor die Stirn. Sie schrie auf und hielt sich den Kopf, und dann fiel sie in Ohnmacht. Vorher aber sah ich – wie am Rande meines Gesichtsfeldes – eine phantastische Szene. Ich sah, wie Doña Soledad durch meinen gewaltigen Schlag aus dem Bett geschleudert wurde. Ich sah sie zur Wand laufen und sich dort wie ein verängstigtes Kind zusammenkauern.

Mein nächster Eindruck war, daß mir das Atmen wahnsinnig schwer fiel. Mein Hals schmerzte. Meine Kehle schien so ausgetrocknet, daß ich nicht mehr schlucken konnte. Es dauerte lange, bis ich genug Kraft gesammelt hatte, um aufzustehen. Dann kümmerte ich mich um Doña Soledad. Sie lag bewußtlos auf dem Bett. Auf der Stirn hatte sie eine riesige rote Beule. Ich holte Wasser und goß es ihr ins Gesicht, wie Don Juan es immer bei mir gemacht hatte. Als sie wieder zu sich kam, ließ ich sie aufstehen und umhergehen, wobei ich sie unter den Achseln stützte. Sie war in Schweiß gebadet. Ich legte ihr ein kaltes nasses Handtuch auf die Stirn. Sie erbrach sich, und war sicher, daß sie eine Gehirnerschütterung hatte. Sie zitterte. Ich häufte Decken und Kleider auf sie, um sie zu wärmen, aber sie schüttelte alles ab und bot ihren nackten Körper dem Wind dar. Sie bat mich, sie allein zu lassen, und sagte, ich solle auf den Wind achten. Falls er seine Richtung änderte, dann wäre dies ein Zeichen dafür, daß es ihr besser ging. Sie ergriff meine Hand – es war wie ein kurzes Händeschütteln – und sagte, es sei das Schicksal, das uns gegeneinanderstellte.

»Ich glaube, einer von uns beiden muß heute nacht sterben«, sagte sie.

»Seien Sie nicht albern! Sie sind noch lange nicht am Ende«, sagte ich. Und ich meinte es wirklich.

Irgend etwas gab mir die Gewißheit, daß sie sich erholen würde. Ich ging hinaus, griff mir einen Stecken und näherte mich meinem Auto. Der Hund knurrte. Er lag noch immer auf dem Fahrersitz. Ich befahl ihm, herauszukommen. Unterwürfig kroch er heraus. Er hatte sich völlig verändert. Ich sah seinem riesigen Schatten nach, der sich im Halbdunkel entfernte. Er lief zu seinem Zwinger. Ich war frei. Ich setzte mich ins Auto und überlegte einen Moment. Nein, ich war nicht frei. Irgend etwas zog mich ins Haus zurück. Ich hatte dort noch etwas zu erledigen. Ich fürchtete mich nicht mehr vor Doña Soledad. Tatsächlich hatte eine unheimliche Gleichgültigkeit von mir Besitz ergriffen. Ich wußte, sie hatte mir – ob absichtlich oder unbewußt – eine ungeheuer wichtige Lehre erteilt. Unter dem furchtbaren Zwang, in den ihr Mordversuch mich versetzte, hatte ich ihr gegenüber tatsächlich auf einer Ebene gehandelt, die mir unter normalen Umständen unvorstellbar erschienen wäre. Immerhin war ich beinah erwürgt worden; irgend etwas in ihrem verwunschenen Zimmer hatte mich hilflos gemacht, und doch hatte ich mich befreien können. Ich konnte mir nicht vorstellen, was eigentlich geschehen war. Vielleicht war es so, wie Don Juan immer sagte, nämlich daß wir alle einen Extra-Vorrat an Kraft haben, etwas das vorhanden ist, das wir aber selten gebrauchen. Als ich diesen Schlag gegen Doña Soledad führte, fand ich mich eigentlich in der Lage eines Phantoms.

Ich holte meine Taschenlampe aus dem Wagen und ging ins Haus zurück. Dort zündete ich alle Petroleumlampen an, die ich finden konnte, und setzte mich im vorderen Zimmer an den Tisch, um an meinen Aufzeichnungen zu schreiben. Die Arbeit entspannte mich.

Als es dämmerte, kam Doña Soledad aus ihrem Zimmer gestolpert. Sie konnte sich kaum auf den Beinen halten. Sie war nackt. Sie übergab sich, dann brach sie neben der Tür zusammen. Ich gab ihr Wasser zu trinken und versuchte sie in ein Laken zu hüllen. Sie wies mich zurück. Ich machte mir Sorgen, sie könnte sich verkühlen. Sie murmelte etwas in dem Sinn, sie müsse nackt sein, damit der Wind sie heilen könne. Sie bereitete ein Pflaster aus zerriebenen Blättern, legte es sich auf die Stirn und befestigte es mit ihrem Kopftuch. Dann hüllte sie sich in ein Laken, kam an den Tisch, wo ich schrieb, und setzte sich mir gegenüber. Ihre Augen waren gerötet. Sie sah wirklich krank aus.

»Da ist noch etwas, das ich dir sagen muß«, meinte sie mit schwacher Stimme. »Der Nagual hat mir befohlen, auf dich zu warten; ich sollte auf dich warten, auch wenn es zwanzig Jahre dauern würde. Er gab mir genaue Anweisungen, wie ich dich verleiten und deine Kraft stehlen sollte. Er wußte ja, daß du früher oder später kommen würdest, um Pablito und Nestor zu sehen. Darum sagte er mir, ich solle die Gelegenheit nutzen, um dich zu behexen und dir alles zu nehmen. Der Nagual sagte, ich müsse ein makelloses Leben führen, dann würde meine Kraft dich

hierher leiten, wenn niemand sonst im Hause wäre. Und das tat meine Kraft. Heute bist du gekommen, als alle andren fort waren. Mein makelloses Leben hat mir geholfen. So brauchte ich nur noch eines tun: dir deine Kraft nehmen und dich töten.«
»Aber warum wollten Sie so was Schreckliches tun?«
»Weil ich deine Kraft für meine Reise brauche. Der Nagual mußte es so anordnen. Und du mußtest es sein; immerhin kenne ich dich gar nicht. Du bedeutest mir nichts. Warum sollte ich nicht etwas, das ich so verzweifelt brauche, von jemand nehmen, der überhaupt nicht zählt? Das waren des Naguals eigene Worte.«
»Aber warum wollte der Nagual mir Schaden zufügen? Sie haben doch selbst gesagt, daß er sich Sorgen um mich machte.«
»Was ich dir heute abend angetan habe, das hat nichts mit seinem Gefühl für dich oder für mich zu tun. Es ist eine Sache, die nur uns beide angeht. Es gibt keine Zeugen für das, was heute zwischen uns geschah, denn wir beide sind selbst Teile des Nagual. Vor allem du hast etwas von ihm empfangen und behalten, das ich nicht habe – etwas das ich verzweifelt brauche, die besondere Kraft, die er dir gab. Der Nagual sagt, er habe jedem seiner Kinder etwas Besondres gegeben. Eligio kann ich nicht erreichen. Von meinen Mädchen kann ich es nicht nehmen, und so bleibst nur du als mein Opfer übrig. Ich ließ die Kraft, die der Nagual mir gab, anwachsen, und indem sie wuchs, veränderte sie meinen Körper. Auch du hast deine Kraft wachsen lassen. Diese Kraft wollte ich von dir, und deshalb mußte ich dich töten. Selbst wenn du nicht gestorben wärst, so sagte der Nagual, würdest du meinem Bann verfallen und lebenslang mein Gefangener bleiben, falls ich dies wollte. Aber wie auch immer – deine Kraft mußte mein werden.«
»Aber was konnte mein Tod Ihnen nutzen?«
»Nicht dein Tod, sondern deine Kraft. Ich habe es getan, weil ich mehr Schwung brauche. Sonst wird meine Reise furchtbar beschwerlich. Ich habe nicht genug Mut. Das ist auch der Grund, warum ich la Gorda nicht leiden kann. Sie ist jung, und sie hat viel Mut. Ich aber bin alt und habe Skrupel und Zweifel. Wenn du die Wahrheit hören willst – der wirkliche Kampf findet zwischen Pablito und mir statt. Er ist mein Todfeind, nicht du. Der Nagual sagte, deine Kraft könnte meine Reise erleichtern und mir helfen zu bekommen, was ich brauche.

»Wie um Himmels willen kann Pablito Ihr Feind sein?«
»Als der Nagual mich änderte, wußte er, was schließlich geschehen würde. Zuerst verbesserte er meine Haltung, so daß meine Augen nach Norden blickten; du und meine Mädchen, ihr seid gleich. Aber ich bin das Gegenteil von euch allen. Ich geh in eine andre Richtung. Pablito, Nestor und Benigno gehören zu euch; die Richtung ihrer Augen ist dieselbe wie bei euch. Ihr alle werdet nach Yucatan gehen.
Pablito ist nicht deshalb mein Feind, weil seine Augen in die entgegengesetzte Richtung blicken, sondern weil er mein Sohn ist. Das war es, was ich dir sagen mußte, auch wenn du vielleicht nicht weißt, wovon ich spreche. Ich muß in die andere Welt eingehen. Dorthin, wo der Nagual jetzt ist. Wo Genaro und Eligio sind. Selbst wenn ich Pablito vernichten muß, um dies zu tun.«
»Was sagen Sie da, Doña Soledad? Sie sind verrückt!«
»Nein, das bin ich nicht. Für uns Lebende gibt es nichts Wichtigeres, als in diese Welt einzugehen. Wenigstens für mich trifft das zu. Um in diese Welt zu gelangen, habe ich gelebt, wie der Nagual es mich lehrte. Ohne diese Hoffnung bin ich nichts, nichts. Ich war eine fette alte Kuh. Jetzt gibt diese Hoffnung mir Führung, eine Richtung; und auch wenn ich mir deine Kraft nicht nehmen kann, so habe ich doch noch mein Ziel.«
Sie bettete ihren Kopf in die auf dem Tisch verschränkten Arme. Die Gewalt ihrer Worte hatte mich betäubt. Ich hatte nicht genau begriffen, was sie meinte, aber ich hatte beinah Verständnis für ihr Anliegen, obgleich es wohl das Stärkste war, was ich an diesem Abend von ihr gehört hatte. Ihr Ziel war das Ziel einer Kriegerin – in Don Juans Art und Terminologie. Ich hatte aber nicht gewußt, daß man, um es zu erreichen, andere vernichten mußte.
Sie hob den Kopf und schaute mich aus halbgeschlossenen Augen an.
»Anfangs lief heute alles ganz gut für mich«, sagte sie. »Als du vorfuhrst, war ich etwas erschrocken. Auf diesen Moment hatte ich jahrelang gewartet. Der Nagual hat mir gesagt, daß du eine Schwäche für Frauen hast. Du bist eine leichte Beute für sie, sagte er, darum wollte ich rasch zur Sache kommen. Ich glaubte, du würdest darauf hereinfallen. Der Nagual hat mir gesagt, wie ich dich in dem Augenblick, wo du am schwächsten bist, packen

sollte. Und zu diesem Augenblick führte ich dich mit meinem Körper hin. Aber du wurdest mißtrauisch. Ich war zu ungeschickt. Ich führte dich in mein Zimmer, wie der Nagual es mir aufgetragen hatte, damit die Linien meines Fußbodens deine Aufmerksamkeit fesseln und dich einlullen sollten. Aber du hast meinen Fußboden überlistet, indem du ihn schön fandst und seine Linien aufmerksam betrachtetest. Solange dein Blick auf diesen Linien ruhte, hatte ich keine Macht über dich. Dein Körper wußte, was er zu tun hatte, und dann erschrecktest du meinen Fußboden durch dein Geschrei. Dergleichen Geräusche, besonders die Stimme eines Zauberers, sind tödlich. Die Macht meines Fußbodens erlosch wie ein Streichholz. Ich wußte es, du aber nicht. Dann wolltest du fort, darum mußte ich dich aufhalten. Der Nagual hatte mir gezeigt, wie ich dich mit der Hand packen sollte. Ich versuchte es, aber meine Kraft war zu gering. Mein Fußboden hatte Angst. Deine Augen hatten seine Linien betäubt. Niemand sonst hat je einen Blick auf sie geworfen. Darum scheiterte mein Versuch, dich beim Genick zu packen. Du entkamst meinem Griff, bevor ich zudrücken konnte. Da wußte ich, daß du mir entkommen würdest, und ich versuchte einen letzten Angriff. Dabei benutzte ich den Schlüssel, der, wie der Nagual sagt, bei dir am meisten ausrichten kann: die Furcht. Mit meinen schrillen Schreien versetzte ich dich in Furcht, und dies gab mir genug Kraft, um dich zu unterwerfen. Ich glaubte dich schon zu haben, aber mein dämlicher Hund kam dazwischen. Er war so blöd und stieß mich von dir fort, als ich schon glaubte, dich in meinem Bann zu haben. Wie ich die Dinge jetzt sehe, war er vielleicht gar nicht so dumm. Vielleicht bemerkte er deinen Doppelgänger und griff ihn an – und stieß statt dessen mich über den Haufen.«

»Sie sagten doch, es sei nicht Ihr Hund?«

»Ich habe gelogen. Das war mein letzter Trumpf. Der Nagual lehrte mich, immer noch einen Trumpf, einen unerwarteten Trick in Reserve zu halten. Irgendwie wußte ich, daß ich meinen Hund vielleicht brauchen würde. Als ich dir meinen Freund zeigen wollte, da meinte ich in Wirklichkeit ihn; der Koyote ist der Freund meiner Mädchen. Ich wollte, daß mein Hund dich beschnuppert. Als du ins Haus ranntest, mußte ich ihn grob anfassen. Ich stieß ihn in dein Auto und packte ihn so hart, daß er vor Schmerz aufheulte. Er ist zu groß und konnte sich kaum über die

Sitzlehne zwängen. Ich wußte: mein Hund brauchte dich nur ernstlich zu verletzen, dann würdest du hilflos sein und ich könnte dich ganz leicht erledigen. Du entkamst wieder, aber du konntest das Haus nicht verlassen. Da wußte ich, daß ich geduldig sein und auf die Dunkelheit warten mußte. Dann schlug der Wind um, und ich war meines Erfolges sicher.
Der Nagual hatte mir gesagt, er wisse ganz gewiß, daß ich dir als Frau gefallen würde. Es kam also nur darauf an, den richtigen Augenblick abzuwarten. Der Nagual sagte, du würdest dich umbringen, falls du bemerktest, daß ich deine Kraft gestohlen hätte. Falls es mir aber nicht gelänge, sie zu stehlen, oder falls du dich nicht umbrächtest, oder falls ich dich nicht als Gefangenen leben lassen wollte, sollte ich dich mit meinem Kopfband erwürgen. Er zeigte mir sogar den Ort, wohin ich deine Leiche schaffen sollte: ein bodenloses Loch, eine Erdspalte in den Bergen, nicht weit von hier, wo immer wieder Ziegen verschwinden. Aber der Nagual hat mir nie etwas von deiner schrecklichen Seite erzählt. Als ich dir sagte, daß einer von uns beiden heute nacht sterben müsse, da wußte ich nicht, daß ich es sein würde. Der Nagual hatte mir das Gefühl gegeben, daß ich gewinnen würde. Wie grausam von ihm, mir nicht alles über dich zu erzählen.«
»Und was ist mit mir, Doña Soledad? Ich wußte noch weniger als Sie.«
»Das ist nicht dasselbe. Der Nagual hat mich jahrelang auf diesen Tag vorbereitet. Ich wußte alle Einzelheiten. Ich hatte dich so gut wie in der Tasche. Der Nagual zeigte mir sogar die Blätter, die ich immer frisch aufbewahren und bereithalten sollte, um dich damit zu betäuben. Ich tat sie in die Wanne, und du glaubtest, es sei nur wegen dem Aroma. Du bemerktest nicht, daß ich in meine Wanne andre Blätter tat. Du tapptest in jede Falle, die ich dir stellte. Und doch gewann deine schreckliche Seite am Ende.«
»Was meinen Sie damit: meine schreckliche Seite?«
»Der Teil von dir, der mich schlug und der mich heute nacht töten wird. Dein grausamer Doppelgänger, der hervortrat, um mich zu erledigen. Das werde ich nie vergessen, und falls ich am Leben bleibe, was ich bezweifle, werde ich nie wieder ich selbst sein.«
»Hat er denn ausgesehen wie ich?«
»Natürlich, das warst du. Aber nicht so, wie du jetzt aussiehst. Ich

kann wirklich nicht sagen, wie er aussah. Wenn ich daran zu denken versuche, wird mir schwindlig.«
Ich erzählte ihr von meiner flüchtigen Wahrnehmung, daß sie unter der Wucht meines Schlages ihren Körper verlassen hatte. Dadurch wollte ich sie anspornen, mehr zu erzählen. Der eigentliche Grund des ganzen Vorfalls schien mir zu sein, daß wir dadurch gezwungen werden sollten, Kräfte einzusetzen, deren Quellen uns sonst verschlossen waren. Ich hatte ihr tatsächlich einen furchtbaren Schlag versetzt. Ich hatte ihr eine erhebliche Verletzung zugefügt, und doch konnte ich selbst es nicht getan haben. Ich wußte zwar, daß ich sie mit der linken Hand geschlagen hatte – die große rote Beule auf ihrer Stirn bestätigte dies; und doch waren weder meine Knöchel geschwollen, noch spürte ich den geringsten Schmerz. Ein so starker Schlag aber hätte mir die Hand brechen können.
Als sie meinen Bericht vernahm, wie ich sie hatte an der Wand kauern sehen, wurde sie tief traurig. Ich fragte sie, ob sie sich erklären könne, was ich da gesehen hatte: ob sie das Gefühl gehabt habe, ihren Körper zu verlassen, oder etwa eine flüchtige Raumwahrnehmung?
»Jetzt weiß ich, daß ich verdammt bin«, sagte sie. »Nur die wenigsten überleben die Berührung des Doppelgängers. Wenn meine Seele mich bereits verlassen hat, werde ich nicht am Leben bleiben. Ich werde immer schwächer werden, bis ich sterbe.«
Ihre Augen loderten wild. Sie erhob sich und schien im Begriff, mich zu schlagen, aber sie ließ sich zurückfallen.
»Du hast mir meine Seele genommen«, sagte sie. »Gewiß hast du sie jetzt in deiner Tasche. Aber warum mußtest du mir das sagen?«
Ich beteuerte ihr, daß es nicht meine Absicht gewesen sei, sie zu verletzen, und daß ich, was immer ich getan haben mochte, nur zu meiner Selbstverteidigung gehandelt hatte und folglich keinen Groll gegen sie hegte.
»Wenn du meine Seele nicht in deiner Tasche hast, dann ist's noch schlimmer«, sagte sie. »Dann streift sie ziellos durch die Gegend. Dann werde ich sie nie wiederbekommen.«
Doña Soledad war anscheinend am Ende ihrer Kräfte. Ihre Stimme wurde immer schwächer. Ich wollte, daß sie sich hinlegte und ausruhte. Sie weigerte sich, vom Tisch aufzustehen.

»Für den Fall, daß ich gänzlich scheitern sollte, hat der Nagual mir aufgetragen, dir seine Botschaft zu übermitteln«, sagte sie. »Ich soll dir sagen, daß er schon vor langer Zeit deinen Körper ausgetauscht hat. Du bist jetzt er selbst.«
»Was meinte er damit?«
»Er ist ein Zauberer. Er schlüpfte in deinen alten Körper und ersetzte seine Leuchtkraft. Jetzt leuchtest du wie der Nagual selbst. Du bist nicht mehr der Sohn deines Vaters. Du bist der Nagual selbst.«
Doña Soledad stand auf. Sie war erledigt. Es schien, als wollte sie noch etwas sagen, aber sie hatte Mühe, die Worte zu bilden. Sie ging auf ihr Zimmer. Ich geleitete sie bis zur Tür. Sie wollte mich nicht eintreten lassen. Sie streifte das Laken ab, in das sie sich eingehüllt hatte, und legte sich aufs Bett. Mit sehr sanfter Stimme bat sie mich, ob ich nicht auf einen Hügel in der Nähe steigen und aufpassen wolle, ob der Wind käme. Ganz beiläufig fügte sie an, ich solle ihren Hund mitnehmen. Aber irgendwie klang ihre Bitte nicht aufrichtig. Ich sagte, ich würde lieber aufs Dach steigen und von dort oben Ausschau halten. Sie drehte mir den Rücken zu und sagte, es sei doch das mindeste, was ich für sie tun könne – nämlich ihren Hund auf diesen Hügel zu führen, damit er den Wind anlocken könne. Ich war einigermaßen verärgert über sie. Ihr im Dunkel liegendes Zimmer vermittelte ein höchst unheimliches Gefühl. Ich ging in die Küche und holte zwei Laternen. Als sie das Licht sah, schrie sie hysterisch auf. Auch ich stieß einen Schrei aus, aber aus anderem Grund. Denn im Lichtschein der Lampen sah ich, daß der Fußboden sich wie ein Kokon um ihr Bett gewölbt hatte. Dieser Eindruck war so flüchtig, daß ich schon im nächsten Moment hätte schwören können, daß dieses unheimliche Bild nur durch die Schutzgitter der Laternen hervorgerufen worden war. Meine phantastische Wahrnehmung brachte mich in Rage. Ich rüttelte sie an den Schultern. Sie weinte wie ein Kind und versprach, von nun an keine Tricks mehr zu probieren. Ich stellte die Laternen auf die Komode, und sie schlief augenblicklich ein.
Am Vormittag schlug der Wind um. Ich spürte eine starke Bö durchs nördliche Fenster hereinfahren. Gegen Mittag tauchte Doña Soledad wieder auf. Sie war noch etwas schwach auf den Beinen. Die Rötung ihrer Augen war verschwunden, und die

Schwellung an ihrer Stirn war zurückgegangen; es war nur noch eine kaum sichtbare Beule übrig.
Ich glaubte, jetzt sei es für mich Zeit, zu gehen. Ich sagte ihr, daß ich Don Juans Botschaft, die sie mir ausgerichtet hatte, zwar aufgeschrieben hätte, daß damit aber für mich nichts geklärt sei.
»Du bist nicht mehr der Sohn deines Vaters. Du bist jetzt der Nagual selbst«, sagte sie.
Mit mir war etwas wahrhaft Unbegreifliches vorgegangen. Noch vor wenigen Stunden war ich hilflos gewesen, und Doña Soledad hatte sogar versucht mich zu töten; aber jetzt, als sie mit mir sprach, hatte ich die Schrecken jenes Augenblicks vergessen. Und doch gab es da einen anderen Teil meiner selbst, der Tage damit hinbringen konnte, über belanglose Auseinandersetzungen hinsichtlich meiner Persönlichkeit oder meiner Arbeit nachzugrübeln. Dieser Teil schien mein wahres Ich zu sein, das ich mein Lebenlang gekannt hatte. Daß ich dagegen in der letzten Nacht eine Begegnung mit dem Tod gehabt und dann tags drauf vergessen hatte, war nicht real. Das war ich, und ich war's doch nicht. Angesichts solcher Ungereimtheiten schienen Don Juans Behauptungen weniger weit hergeholt, aber gleichwohl unannehmbar.
Doña Soledad schien gedankenverloren. Sie lächelte friedlich.
»Oh, da sind sie ja«, sagte sie plötzlich. »Welch ein Glück. Meine Mädchen sind da. Jetzt werden sie auf mich aufpassen.«
Ihr Zustand schien sich verschlimmert zu haben. Sie wirkte starr wie immer, aber ihr Verhalten war eher aufgelöst. Ich machte mir Sorgen. Ich wußte nicht: sollte ich sie hierlassen oder in ein Krankenhaus in der nächsten Stadt bringen, mehrere Hundert Meilen entfernt.
Auf einmal sprang sie auf wie ein kleines Kind. Sie flitzte durch die Haustür und die Einfahrt zur Straße hinab. Der Hund sprang hinterher. Ich stieg rasch ins Auto, um sie einzuholen. Ich mußte den ganzen Weg rückwärts fahren, da es nirgends eine Stelle zum Wenden gab. Als ich zur Straße kam, sah ich durchs Heckfenster, daß Doña Soledad von vier jungen Frauen umringt war.

2 Die Schwesterchen

Doña Soledad schien den vier Frauen, die sich um sie drängten, etwas zu erklären. Sie schwenkte mit dramatischen Gesten die Arme und hielt sich den Kopf. Anscheinend erzählte sie ihnen von mir. Ich fuhr die Einfahrt hinauf zu der Stelle, wo ich vorhin geparkt hatte. Dort wollte ich sie erwarten. Ich überlegte, ob ich im Wagen bleiben oder mich bequem auf den linken Kotflügel setzen sollte. Ich entschloß mich, neben der Wagentür stehenzubleiben – jederzeit bereit, einzusteigen und davonzufahren, falls die Ereignisse des Vortages sich wiederholen sollten.
Ich war sehr müde. Ich hatte seit über 24 Stunden kein Auge zugetan. Ich hatte vorgehabt, den jungen Frauen soviel wie möglich über den Zwischenfall mit Doña Soledad zu erzählen, damit sie das Nötige unternehmen konnten, um ihr zu helfen. Danach wollte ich fahren. Doch ihre Anwesenheit bewirkte eine merkliche Veränderung. Alles schien wie mit neuer Kraft und Energie geladen. Ich hatte diese Veränderung sofort gespürt, als ich Doña Soledad in ihrer Mitte stehen sah.
Doña Soledads Offenbarung, daß sie alle Don Juans Lehrlinge gewesen waren, machte sie für mich so attraktiv, daß ich es kaum erwarten konnte, ihnen zu begegnen. Ich fragte mich, ob sie so wären, wie Doña Soledad sie geschildert hatte. Sie hatte gesagt, daß sie mir ähnlich seien und daß wir in die gleiche Richtung gingen. Dies ließ sich leicht in positivem Sinn verstehen. Jedenfalls wollte ich nichts sehnlicher als dies glauben.
Don Juan hatte sie immer ›las hermanitas‹, die Schwesterchen genannt – ein sehr treffender Name, zumindest für die beiden, die ich bisher kennengelernt hatte: Lidia und Rosa, zwei feingliedrige, elfenhaft bezaubernde junge Mädchen. Ich hatte sie damals, als ich ihnen zum erstenmal begegnete, auf Anfang zwanzig geschätzt, wiewohl Pablito und Nestor Fragen bezüglich ihres Alters stets auswichen. Die anderen beiden, Josefina und Elena, waren mir völlig unbekannt und rätselhaft. Etliche Male hatte ich

ihren Namen erwähnen gehört, und immer in nachteiligem Zusammenhang. Aus Don Juans gelegentlichen Bemerkungen hatte ich entnommen, daß sie irgendwie absonderlich seien – die eine verrückt, die andre an Fettsucht leidend; daher lebten sie völlig zurückgezogen. Einmal war ich mit Josefina zusammengetroffen, als ich mit Don Juan ins Haus kam. Er machte uns bekannt, aber sie schlug die Hände vors Gesicht und rannte fort, bevor ich Zeit fand, sie zu grüßen. Ein andermal überraschte ich Elena beim Wäschewaschen. Sie war ungeheuer dick. Ich meinte damals, sie müsse an einer Drüsenstörung leiden. Ich sagte Hallo, aber sie drehte sich nicht einmal um. Ich hatte nie ihr Gesicht gesehen. Nachdem Doña Soledad sie mir in so vorteilhaftem Licht geschildert hatte, spürte ich den unwiderstehlichen Wunsch, mit den geheimnisvollen ›hermanitas‹ zu sprechen, und gleichzeitig fürchtete ich mich beinah vor ihnen.

Ich machte mich darauf gefaßt, ihnen jeden Moment gegenüberzustehen, und blickte lässig den Fahrweg hinab. Er lag verlassen vor mir. Kein Mensch zu sehen – und erst vor wenigen Sekunden waren sie nicht weiter als dreißig Meter vom Haus entfernt gewesen. Ich kletterte aufs Wagendach, um mich zu vergewissern. Da kam niemand, nicht einmal der Hund. Ich geriet in Panik. Ich glitt hinab und wollte schon ins Auto springen und wegfahren, als ich jemand sagen hörte: »He, sieh mal, wer da ist!«

Ich fuhr herum und sah zwei Mädchen vor der Haustür stehen. Ich folgerte, daß sie auf einem Umweg vorausgeeilt waren und das Haus durch die Hintertür betreten hatte. Ich seufzte erleichtert.

Die beiden Mädchen kamen mir entgegen. Ich mußte mir eingestehen, daß ich sie vorher eigentlich nie beachtet hatte. Sie waren hübsch, von dunklem Teint und sehr schlank, ohne aber mager zu sein. Ihr langes schwarzes Haar war in Zöpfen geflochten. Sie trugen glatte Röcke, blaue Drillichjacken und weiche braune Schuhe mit flachem Absatz. Ihre nackten Beine waren wohlgeformt und muskulös. Beide waren etwa 165 bis 170 cm groß. Sie hatten eine starke körperliche Ausstrahlung; sie bewegten sich mit großer Anmut. Die eine war Lidia, die andre Rosa.

Ich begrüßte sie, und sie streckten mir gleichzeitig die Hand entgegen. Dann nahmen sie mich in die Mitte. Sie sahen gesund und kräftig aus. Ich bat sie, mir zu helfen, die Pakete aus dem

Kofferraum zu holen. Als wir sie ins Haus trugen, hörte ich ein dumpfes Knurren – so tief und nah, daß es mir eher wie das Gebrüll eines Löwen vorkam.
»Was war das?« fragte ich Lidia.
»Das weißt du nicht?« fragte sie ungläubig.
»Es muß wohl der Hund sein«, sagte Rosa, während sie ins Haus rannten und mich praktisch mitschleiften.
Wir stellten die Pakete auf den Tisch und setzten uns auf zwei Bänke. Die Mädchen saßen mir gegenüber. Ich erzählte ihnen, daß Doña Soledad sehr krank sei und daß ich sie in die Stadt, ins Krankenhaus hatte fahren wollen, da ich ihr sonst nicht zu helfen wisse.
Noch während ich sprach, wurde mir klar, daß ich mich auf schwankendem Boden bewegte. Ich wußte nicht, wieviel ich ihnen über den wahren Verlauf meiner Auseinandersetzung mit Doña Soledad mitteilen durfte. Ich versuchte es mit Andeutungen. Wenn ich sie aufmerksam beobachtete, so meinte ich, würde ihr Gesichtsausdruck mir schon verraten, was sie wußten. Aber sie schwiegen und überließen das Reden ganz mir. Ich bezweifelte schon, ob ich von mir aus überhaupt etwas erzählen sollte. In meinem hektischen Bemühen, mir über meine Taktik klar zu werden und nur ja keinen Schnitzer zu machen, redete ich schließlich nichts als Unsinn.
Lidia schnitt mir das Wort ab. Sie stellte trocken fest, ich solle mir keine Sorgen um Doña Soledads Gesundheit machen, denn sie hätten bereits das Nötige getan, um ihr zu helfen. Jetzt war ich gezwungen, sie zu fragen, ob sie wüßte, was es mit Doña Soledads Leiden auf sich hatte.
»Du hast ihre Seele genommen«, sagte sie anklagend.
Meine erste Reaktion war, mich zu verteidigen. Ich redete wild drauflos, verwickelte mich aber schließlich in Widersprüche. Sie starrten mich an. Ich konnte mich nicht verständlich machen. Ich versuchte es noch einmal und erzählte den ganzen Vorgang andersherum. Ich war so erschöpft, daß ich nur mühsam meine Gedanken ordnen konnte. Schließlich gab ich es auf.
»Wo sind Pablito und Nestor?« fragte ich nach langer Pause.
»Sie werden gleich hier sein«, sagte Lidia barsch.
»Wart ihr mit ihnen zusammen?« fragte ich.
»Nein!« rief sie und starrte mich böse an.

»Wir sind nie zusammen«, erklärte Rosa. »Diese Knallköpfe sind anders als wir.«
Lidia machte mit dem Fuß eine herrische Bewegung, um sie zum Schweigen zu bringen. Offenbar war sie es, die die Befehle gab. Beim Anblick ihrer Fußbewegung kam mir ein seltsamer Aspekt meiner Beziehung mit Don Juan zu Bewußtsein. Auf unseren zahllosen Streifzügen durch Wüsten und Berge hatte er mich, ohne es eigentlich zu beabsichtigen, ein System der Geheimkommunikation gelehrt, dessen Code aus gewissen Fußbewegungen bestand. Jetzt sah ich, wie Lidia Rosa das Zeichen für ›schrecklich‹ gab – ein Zeichen, das jemand gibt, wenn das, was er gerade sieht, ihm unangenehm oder gefährlich erscheint. In diesem Fall war ich gemeint. Ich mußte lachen. Mir fiel ein, daß Don Juan mir dieses Zeichen gegeben hatte, als ich zum erstenmal Don Genaro begegnete.
Ich tat so, als merkte ich nicht, was gespielt wurde, denn ich wollte mal sehen, ob ich alle ihre Zeichen entschlüsseln konnte.
Jetzt machte Rosa ein Zeichen, das besagte, daß sie mir einen Tritt geben wollte. Lidia antwortete gebieterisch mit dem Zeichen für ›Nein‹.
Von Don Juan wußte ich, daß Lidia sehr begabt war. Seiner Meinung nach war sie sensibler und geschickter als Pablito, Nestor oder ich. Es war mir aber nie gelungen, mich mit ihr anzufreunden. Sie war zurückhaltend und sehr schnippisch. Sie hatte riesige, lebhafte schwarze Augen, die einen niemals gerade anblickten, hohe Backenknochen, eine fein gemeißelte Nase, die nach der Stirn hin breit und flach wurde. Ich erinnerte mich, daß sie immer gerötete, entzündete Augenlider hatte und daß alle sie deswegen gehänselt hatten. Die Rötung ihrer Lider war jetzt verschwunden, aber sie rieb sich noch immer die Augen und blinzelte ständig. Von all den Mädchen hatte ich in den Jahren meiner Bekanntschaft mit Don Juan und Don Genaro Lidia am häufigsten gesehen, aber wir hatten wahrscheinlich kaum mehr als ein Dutzend Worte miteinander gewechselt. Pablito hielt sie für äußerst gefährlich. Mir selbst kam es immer so vor, als sei sie sehr schüchtern.
Rosa dagegen war sehr ausgelassen und lustig. Ich hielt sie für die Jüngste. Sie hatte einen offenen strahlenden Blick. Sie war nie schlechter Laune, aber sie hatte ein aufbrausendes Temperament.

Mit Rosa hatte ich mehr als mit allen anderen gesprochen. Sie war freundlich, sehr keck und lustig.
»Wo sind die anderen?« fragte ich Rosa. »Kommen sie denn nicht?«
»Sie werden gleich da sein«, antwortete Lidia.
Ich konnte es von ihren Gesichtern ablesen, daß sie nichts Gutes im Sinn hatten. Nach ihren geheimen Fußbotschaften zu urteilen, waren sie ebenso gefährlich wie Doña Soledad, und dennoch saß ich da, schaute sie an und fand sie überwältigend schön. Ich empfand herzliche Zuneigung zu ihnen. Ja, je länger sie mir in die Augen blickten, desto heftiger wurde dieses Gefühl. Einen Moment empfand ich reine Leidenschaft für sie. Sie waren so anziehend, daß ich stundenlang hätte dasitzen und sie einfach anschauen können; doch ein ernüchternder Gedanke ließ mich aufstehen. Ich wollte meine Torheiten vom letzten Abend nicht wiederholen. Ich kam zu dem Schluß, daß es die beste Verteidigung sei, meine Karten offen auf den Tisch zu legen. Mit fester Stimme erklärte ich ihnen, daß Don Juan offenbar eine Art Prüfung für mich arrangiert und dabei Doña Soledad als Mittel benutzt habe – oder umgekehrt. Es sei sehr wahrscheinlich, fuhr ich fort, daß er ihnen die gleiche Rolle zugedacht hatte und daß wir uns in so was wie einem Kampf gegenüberstünden, der leicht zum Schaden eines von uns ausgehen könne. Ich appellierte daher an ihre Kriegergesinnung. Falls sie würdige Erben des Don Juan waren, so sagte ich, müßten sie makellos aufrichtig mit mir sein und ihre Absichten offenbaren, nicht aber sich wie gewöhnliche, hinterlistige Menschen benehmen.
Ich wandte mich an Rosa und fragte sie, warum sie mich vorhin hatte treten wollen. Sie schien einen Moment überrascht, dann wurde sie wütend. Ihre Augen sprühten vor Wut; ihr kleiner Mund verzog sich zu einem Strich.
Lidia meinte sehr überzeugend, ich hätte nichts von ihnen zu befürchten, und Rosa sei nur deshalb böse auf mich, weil ich Doña Soledad verletzt hatte. Ihre Gefühle seien lediglich eine persönliche Reaktion.
Ich sagte ihnen, daß es für mich Zeit sei zu gehen. Ich stand auf. Lidia machte eine Gebärde, als wollte sie mich zurückhalten. Sie schien erschrocken oder echt besorgt. Sie fing an zu protestieren, als ein Geräusch vor der Tür meine Aufmerksamkeit ablenkte.

Die beiden Mädchen sprangen neben mich. Irgendein schweres Gewicht lehnte oder stemmte sich gegen die Tür. Ich bemerkte, daß die Mädchen sie mit der massiven Eisenstange gesichert hatten. Ich war angewidert. Jetzt ging die ganze Sache von vorn los, und dabei war ich es wirklich leid.
Die Mädchen wechselten einen raschen Blick, dann schauten sie mich an, dann wieder einander.
Ich hörte die pfeifenden, schweren Atemzüge eines großen Tiers vor dem Haus. Es mochte der Hund sein. Ich war so erschöpft, daß es mir egal war. Ich rannte zur Tür, riß den schweren Eisenriegel zur Seite und wollte sie öffnen. Lidia warf sich gegen die Tür und schloß sie wieder.
»Der Nagual hatte recht«, sagte sie atemlos. »Du denkst und denkst. Du bist dümmer, als ich dachte.«
Sie zerrte mich zum Tisch zurück. In Gedanken legte ich mir die geeigneten Worte zurecht, um ihnen ein für allemal zu sagen, daß ich genug hatte. Rosa saß neben mir und berührte mich leicht. Ich spürte, wie sie ihr Bein aufgeregt gegen meines rieb. Lidia stand mir gegenüber und fixierte mich eindringlich. Ihre lodernden schwarzen Augen schienen etwas sagen zu wollen, was ich nicht verstand. Ich fing an zu sprechen, konnte aber den Satz nicht beenden. Mein Körper nahm einen grünlichen, phosphorisierenden Lichtschimmer vor dem Haus wahr. Ich sah und hörte nichts. Ich war mir einfach dieses Lichtschimmers bewußt – so als wäre ich plötzlich eingeschlafen und als verwandelten meine Gedanken sich in Bilder, die die alltägliche Welt überlagerten. Das Licht bewegte sich mit hoher Geschwindigkeit. Ich spürte es förmlich im Magen. Ich folgte ihm, oder vielmehr, ich konnte einen Augenblick meine Aufmerksamkeit darauf konzentrieren, während es sich umher bewegte. Aus dieser konzentrierten Wahrnehmung des Lichtscheins ergab sich eine große Klarheit des Denkens. Ich wußte auf einmal, daß es falsch und gefährlich war, sich in diesem Haus, in Gegenwart dieser Menschen, wie ein unschuldiger Besucher zu benehmen.
»Hast du keine Angst?« fragte Rosa und wies nach der Tür.
Ihre Stimme unterbrach meine Konzentration.
Ich mußte zugeben, daß die Erscheinung dort draußen – was immer es sein mochte – mich im tiefsten Innern erschreckte – genug jedenfalls, um mich vor Angst beinah sterben zu lassen.

Ich wollte noch mehr sagen, aber auf einmal überfiel mich eine Woge des Zorns, und ich wollte auf der Stelle Doña Soledad sehen und mit ihr sprechen. Ich mißtraute ihr. Ich ging direkt in ihr Zimmer. Sie war nicht da. Ich rief sie, brüllte ihren Namen. In dem Haus gab es noch ein weiteres Zimmer. Ich stieß die Tür auf und stürzte hinein. Dort drin war niemand. Meine Wut steigerte sich in gleichem Maß wie meine Furcht. Ich ging zur Hintertür hinaus und schlich mich nach vorn. Nichts, nicht einmal der Hund war zu sehen. Ich polterte wie wild gegen die Vordertür. Lidia machte mir auf. Ich trat ein. Ich brüllte sie an, sie müsse mir sagen, wo alle anderen steckten. Sie senkte den Blick und antwortete nicht. Sie wollte die Tür schließen, aber ich ließ es nicht zu. Da wandte sie sich rasch ab und ging ins andere Zimmer.
Ich setzte mich wieder an den Tisch. Rosa hatte sich derweil nicht bewegt. Sie schien auf dem Fleck erstarrt.
»Wir sind gleich«, sagte sie plötzlich. »Der Nagual hat es uns gesagt.«
»Dann sag mir doch, was da draußen ums Haus geschlichen ist.«
»Der Verbündete.«
»Wo ist er jetzt?«
»Er ist noch immer da. Ich würde nicht hinausgehen. In dem Moment, wo du schwach bist, zermalmt er dich. Aber wir beide können dir nichts sagen.«
»Wer kann mir also was sagen?«
»La Gorda!« rief Rosa und riß die Augen weit auf. »Sie ist die einzige. Sie weiß alles.«
Rosa fragte mich, ob sie die Tür schließen dürfe, nur zur Sicherheit. Ohne die Antwort abzuwarten, schlich sie sich auf Zehenspitzen zur Tür und schlug sie zu.
»Es bleibt uns nichts andres übrig, als zu warten, bis alle hier sind«, sagte sie.
Lidia kam ins Zimmer zurück und brachte ein Paket mit – einen in ein dunkelgrünes Tuch eingeschlagenen Gegenstand. Sie wirkte ganz entspannt. Mir fiel auf, daß sie sehr gelassen und überlegen war. Irgendwie teilte sich ihre Stimmung auch Rose und mir mit.
»Weißt du, was ich hier habe?« fragte sie mich.
Ich hatte nicht die leiseste Ahnung. Sie fing an, das Bündel umständlich auszupacken. Sie ließ sich Zeit. Dann hielt sie inne

und schaute mich an. Sie zögerte. Sie lächelte, als erlaube ihre Schüchternheit ihr nicht, mir zu zeigen, was sich in dem Bündel befand.
»Dieses Paket hat der Nagual für dich dagelassen«, murmelte sie. »Aber ich glaube, wir warten lieber auf la Gorda.«
Ich beharrte darauf, sie solle es auspacken. Sie warf mir einen grimmigen Blick zu und verließ wortlos das Zimmer.
Lidias Spiel belustigte mich. Sie hatte etwas gemacht, das ganz den Lehren des Don Juan entsprach. Sie hatte mir vorgeführt, wie man aus einer alltäglichen Situation den besten Nutzen ziehen kann. Indem sie mir das Paket brachte und so tat, als wolle sie es öffnen – nicht ohne mir anzuvertrauen, daß Don Juan es für mich dagelassen hatte –, war es ihr gelungen, eine beinah unerträglich geheimnisvolle Spannung zu erzeugen. Sie wußte, daß ich jetzt bleiben mußte, wenn ich herausfinden wollte, was sich in dem Paket befand. Ich stellte mir vor, was es enthalten mochte: vielleicht die Pfeife, die Don Juan benutzt hatte, wenn er psychotropische Pilze rauchte. Er hatte einmal angedeutet, daß er mir diese Pfeife hinterlassen würde. Oder vielleicht war es sein Messer, sein Lederbeutel oder sogar seine Kraftobjekte eines Zauberers? Andrerseits war es vielleicht nur ein schlauer Trick von Lidia; Don Juan war zu weltläufig, zu rational eingestellt, um mir ein solches Andenken zu vermachen.
Ich sagte zu Rosa, ich sei zum Umfallen müde und schwach vor Hunger. Ich hatte die Absicht, in die Stadt zu fahren, mich ein paar Tage auszuruhen und dann wiederzukommen, um Pablito und Nestor zu sehen. Bei dieser Gelegenheit, so sagte ich mir, würde ich vielleicht sogar die beiden anderen Mädchen treffen.
Lidia kehrte zurück, und Rosa unterrichtete sie von meinen Plänen.
»Der Nagual hat uns befohlen, für dich zu sorgen, als wärst du er selber«, sagte Lidia. »Wir alle sind jetzt selbst Nagual, aber du bist es noch mehr – aus irgendeinem Grund, den niemand begreift.«
Die beiden redeten gleichzeitig auf mich ein und versicherten mir immer wieder, daß keine von beiden vorhatte, mir irgendwelchen Schaden zuzufügen, wie Doña Soledad es getan hatte. Sie blickten mich mit so unwiderstehlicher Aufrichtigkeit an, daß mein Körper überwältigt war. Ich vertraute ihnen.

»Du mußt bleiben, bis la Gorda zurückkehrt«, sagte Lidia.
»Der Nagual hat gesagt, du sollst in seinem Bett schlafen«, fügte Rosa hinzu.
Ich fühlte mich in einem seltsamen Dilemma gefangen und begann im Zimmer auf und ab zu laufen. Einerseits wollte ich gern bleiben und mich ausruhen; in ihrer Gegenwart fühlte ich mich körperlich glücklich – was ich tags zuvor bei Doña Soledad nicht empfunden hatte. Andererseits war meine Vernunft keineswegs besiegt. Auf dieser Ebene war ich wachsam wie zuvor. Gewiß, ich hatte Anwandlungen blinder Verzweiflung gehabt und ein paar tollkühne Aktionen unternommen, aber nachdem der Schwung dieser Aktionen verpufft war, war ich verletztlich wie je.
Ich rannte wie ein Verrückter durchs Zimmer, während ich das Innerste meiner Seele zu ergründen suchte. Die beiden Mädchen schwiegen und schauten mich neugierig an. Da, auf einmal, war das Rätsel gelöst: ich wußte, daß etwas in mir nur so tat, als hätte ich Angst. Ich hatte mir nämlich dereinst angewöhnt, in Don Juans Gegenwart so zu reagieren. In all den Jahren unserer Verbindung hatte ich mich stets darauf verlassen, daß er mir die geeigneten Beschwichtigungen für meine Angst lieferte. Meine Abhängigkeit von ihm hatte mir Trost und Sicherheit geboten. Diese Haltung war jetzt nicht mehr möglich. Don Juan war nicht mehr da. Seine Lehrlinge verfügten nicht über seine Geduld, seine weitläufige Bildung oder seine schiere menschliche Überlegenheit. Von ihnen Trost und Zuspruch zu erwarten, war reine Dummheit.
Die Mädchen führten mich ins andere Zimmer. Das Fenster ging nach Südosten; das Bett, das aus einer dicken Matte bestand, war in gleicher Richtung angeordnet. Ein Dickes, zwei Fuß langes Stück von einem Maguey-Stengel war so zurechtgeschnitzt, daß das porose Material als Kissen oder Kopfstütze dienen konnte. In der Mitte war eine leichte Vertiefung. Die Oberfläche des Maguey war sehr glatt. Sie schien von Hand poliert. Ich probierte Bett und Kissen aus. Sofort erlebte ich eine ungewöhnliche Ruhe und körperliche Zufriedenheit. Hier in Don Juans Bett fühlte ich mich sicher und erlöst. Unvergleichlicher Friede überflutete meinen Körper. Nur einmal zuvor hatte ich ein ähnliches Gefühl gehabt – damals, als Don Juan mir auf einem Hügel in der Wüste Nordmexikos ein Bett aus Laub gemacht hatte. Ich schlief ein.

Am frühen Abend wachte ich auf. Lidia und Rosa lagen neben, beinah auf mir und schliefen fest. Ich verharrte ein paar Sekunden reglos, dann wachten sie beide gleichzeitig auf.
Lidia gähnte und meinte, es sei nötig gewesen, daß sie neben mir schliefen, um mich zu schützen und mir Ruhe zu geben. Ich war wie ausgehungert. Lidia schickte Rosa in die Küche, damit sie uns etwas zu essen machte. Sie selbst steckte inzwischen alle Laternen im Haus an. Als das Essen fertig war, setzten wir uns an den Tisch. Mir war, als wäre ich schon mein Leben lang mit ihnen zusammen. Wir aßen schweigend.
Als Rosa den Tisch abräumte, fragte ich Lidia, ob sie alle im Bett des Nagual schliefen; es war nämlich außer Doña Soledads Bett das einzige im Haus. Lidia erzählte wie beiläufig, daß sie schon vor Jahren ausgezogen waren und in der Nähe ein eigenes Haus bewohnten. Und daß Pablito damals ebenfalls ausgezogen war und seither bei Nestor und Benigno lebte.
»Aber was ist denn mit euch passiert?« fragte ich. »Ich dachte, ihr seid immer beisammen.«
»Nein, nicht mehr«, entgegenete Lidia. »Seit der Nagual fort ist, haben wir getrennte Aufgaben. Der Nagual hat uns zusammengeführt, und der Nagual hat uns getrennt.«
»Und wo ist der Nagual jetzt?« fragte ich in bemüht gleichgültigem Ton.
Die beiden schauten mich an, dann wechselten sie einen raschen Blick.
»Ach, das wissen wir nicht«, sagte Lidia. »Er und Genaro sind gegangen.«
Offenbar sagte sie die Wahrheit, aber ich bedrängte sie weiter, mir alles zu sagen, was sie wußten.
»Wirklich, wir wissen nichts«, fuhr Lidia mich an; anscheinend waren meine Fragen ihr lästig. »Sie sind in eine andere Gegend gezogen. Aber du solltest la Gorda fragen. Sie hat dir etwas zu sagen. Sie hat gestern erfahren, daß du gekommen bist, und wir sind die ganze Nacht hindurch hierher geeilt. Wir fürchteten schon, du könntest gestorben sein. Der Nagual hat uns gesagt, daß du der einzige bist, dem wir helfen und vertrauen sollen. Er sagte, du bist er selbst.«
Sie bedeckte ihr Gesicht mit den Händen und kicherte und meinte dann, wie wenn es ihr nachträglich eingefallen wäre:

»Aber das ist schwer zu glauben.«
»Wir kennen dich nicht«, sagte Rosa. »Das ist das Problem. Wir vier empfinden es ganz ähnlich: erst fürchteten wir, du wärst gestorben, und als wir dich dann sahen, wurden wir wütend auf dich, weil du nicht tot warst. Soledad ist für uns wie eine Mutter; vielleicht mehr als eine Mutter.«
Sie warfen sich verschwörerische Blicke zu. Ich verstand dies sofort als unheilverkündendes Zeichen. Sie führten nichts Gutes im Schilde. Lidia bemerkte mein plötzliches Mißtrauen, das mir anscheinend ins Gesicht geschrieben stand. Sie reagierte darauf mit Beteuerungen, wie sehr sie beide mir helfen wollten. Ich hatte eigentlich keinen Grund, ihre Aufrichtigkeit zu bezweifeln. Hätten sie mir Schaden zufügen wollen, dann hätten sie es tun können, während ich schlief. Lidias Worte klangen so ernst und aufrichtig, daß ich mir kleinlich vorkam. Ich entschloß mich, die Geschenke zu verteilen, die ich ihnen mitgebracht hatte. Ich sagte, daß es nur wertloser Schmuck sei und daß sie selbst aussuchen sollten, was ihnen gefiel. Lidia meinte aber, sie hätten es lieber, wenn ich selbst die Geschenke verteilte. Ausgesucht höflich setzte sie hinzu, daß sie beide sehr dankbar wären, wenn ich auch Doña Soledad heilen wollte.
»Wie, glaubt ihr denn, soll ich sie heilen?« fragte ich nach längerem Schweigen.
»Setze deinen Doppelgänger ein«, sagte sie wie selbstverständlich.
Ich ging noch einmal sorgfältig den Hergang der Ereignisse durch: Doña Soledad hatte mich beinah ermordet, und ich hatte nur dank irgendeines Etwas in meinem Innern überlebt, das nichts mit meiner Geschicklichkeit oder meinem Wissen zu tun hatte. Was mich betraf, so war dieses unbestimmte Etwas, das anscheinend den Schlag gegen sie geführt hatte, für mich zwar real, aber unbegreiflich. Kurz, ich hätte eher auf dem Mond spazierengehen als Doña Soledad helfen können.
Sie hörten mir aufmerksam zu; sie schwiegen, waren aber noch immer sichtlich erregt.
»Wo ist Doña Soledad jetzt überhaupt?« fragte ich Lidia.
»Sie ist bei la Gorda«, sagte sie mit seltsamem Nachdruck.
»La Gorda hat sie weggebracht und versucht sie zu heilen, aber wir wissen wirklich nicht, wo sie jetzt sind. Das ist die Wahrheit.«

»Und wo ist Josefina?«
»Sie ging den Zeugen holen. Er ist der einzige, der Soledad heilen kann. Rosa glaubt zwar, daß du mehr weißt als der Zeuge, aber da du auf Soledad böse bist, willst du wahrscheinlich ihren Tod. Wir können es dir nicht verdenken.«
Ich beteuerte, daß ich ihr keineswegs böse sei, daß ich vor allem ihren Tod nicht wolle.
»Dann heile sie«, sagte Rosa mit wütender, schriller Stimme. »Der Zeuge hat uns gesagt, daß du immer weißt, was zu tun ist, und der Zeuge kann sich nicht irren.«
»Und wer zum Teufel ist der Zeuge?«
»Nestor ist der Zeuge.«
Mir kam es so vor, als ob Lidia zögerte, seinen Namen auszusprechen. »Du weißt es doch. Du mußt es wissen.«
Da erinnerte ich mich, daß Don Genaro bei unserer letzten Begegnung Nestor den Zeugen genannt hatte. Damals hatte ich geglaubt, diese Anrede sei scherzhaft gemeint oder Bestandteil einer List, die Don Juan bewußt einsetzte, um die unerträgliche Spannung dieser letzten Minute zu mildern.
»Das war kein Scherz«, sagte Lidia mit Bestimmtheit. »Genaro und der Nagual haben beim Zeugen einen anderen Weg eingeschlagen. Sie nahmen ihn überall mit, wohin sie auch gingen. Überall, sage ich! Der Zeuge kann alles bezeugen, was es zu bezeugen gibt.«
Offenbar bestand zwischen uns ein furchtbares Mißverständnis. Ich gab mir alle Mühe, ihnen zu erklären, daß ich für sie doch praktisch ein Fremder war. Don Juan hatte mich von ihnen allen, auch von Pablito und Nestor ferngehalten. Abgesehen von flüchtigen Begrüßungen, wie wir sie in all den Jahren austauschten, hatten wir kaum je ein Wort miteinander gewechselt. Ich kannte sie alle vorwiegend aus Don Juans Schilderungen. Obwohl ich Josefina einmal begegnet war, konnte ich mich nicht an ihr Gesicht erinnern, und das einzige, was ich je von la Gorda gesehen hatte, war ihr gewaltiges Hinterteil. Ja, bis zu diesem Tag, so sagte ich ihnen, hatte ich nicht mal gewußt, daß sie alle vier Don Juans Lehrlinge waren und daß auch Benigno zur Gruppe gehörte.
Sie warfen sich verstohlene Blicke zu. Rosa bewegte die Lippen, als wollte sie etwas sagen, aber Lidia gab ihr mit dem Fuß ein

Zeichen. Nach meiner langen, aufrichtigen Erklärung, so fand ich, hatten sie es nicht mehr nötig, sich mit Geheimbotschaften zu verständigen. Meine Nerven waren so überreizt, daß ihre konspirativen Fußzeichen gerade das Richtige waren, um mich in Wut zu bringen. Ich brüllte sie aus Leibeskräften an und donnerte mit der Faust auf den Tisch. Rosa sprang mit unglaublicher Behendigkeit auf, und mein Körper – ich glaube, es geschah als Reaktion auf ihre plötzliche Bewegung – fuhr ganz automatisch, ohne daß mein Verstand es bemerkte, einen Schritt zurück; gerade noch rechtzeitig, um haarscharf einem dicken Prügel oder sonst einem schweren Gegenstand auszuweichen, den Rosa mit der linken Hand auf mich niedersausen ließ. Donnernd krachte er auf den Tisch.
Und wieder hörte ich, wie schon am letzten Abend, als Doña Soledad mich würgte, ein ganz seltenes, geheimnisvolles Geräusch, ein trockenes Knacken, wie wenn ein Rohr bricht, genau hinter meinem Kehlkopf, in meiner Halswurzel. In meinen Ohren klingelte es, und mit blitzartiger Geschwindigkeit fuhr mein linker Arm auf Rosas Knüppel nieder und zerschmetterte ihn. Während der ganzen Szene sah ich mich selbst wie in einem Film.
Rosa schrie auf, und jetzt erkannte ich, daß ich mit meinem ganzen Gewicht vorgeschnellt war und ihr mit der linken Faust auf den Handrücken geschlagen hatte. Ich war entsetzt. Was hier mit mir vorging, war nicht real. Rosa schrie und schrie. Lidia führte sie in Don Juans Zimmer. Ich hörte noch eine Weile ihre Schmerzensschreie, dann hörten sie auf. Ich setzte mich an den Tisch. Meine Gedanken waren zerfasert und zusammenhanglos.
Das merkwürdige Geräusch in meiner Halswurzel kam mir irgendwie bekannt vor. Don Juan hatte es mir beschrieben und gesagt, es sei das Geräusch, das in dem Augenblick geschieht, wo man sein Tempo wechselt. Ich konnte mich schwach daran erinnern, daß ich es einmal in seiner Gegenwart erlebt hatte. Obwohl ich es schon in der letzten Nacht an mir bemerkt hatte, hatte ich es in vollem Umfang erst jetzt, bei diesem Zwischenfall mit Rosa, erkannt. Jetzt bemerkte ich auch, daß das Geräusch ein besonderes Hitzegefühl an meinem Gaumendach und in meinen Ohren verursachte. Die Lautstärke und der trockene Klang des Geräuschs erinnerten mich an den Schlag einer großen, gesprungenen Glocke.

Kurz darauf kehrte Lidia zurück. Sie wirkte ruhig und gesammelt. Sie lächelte sogar. Ich bat sie inständig, mir das Rätsel zu erklären und mir zu sagen, was geschehen war. Nach langem Zögern fand sie sich bereit: Als ich losgebrüllt und mit der Faust auf den Tisch gedroschen hatte, war Rosa nervös geworden, und da sie fürchtete, ich würde ihnen etwas antun, hatte sie versucht, mich mit ihrer ›Traumhand‹ zu schlagen. Ich war ihrem Hieb ausgewichen und hatte sie auf die Hand geschlagen, ähnlich wie ich Doña Soledad geschlagen hatte. Lidia meinte, Rosa würde ihre Hand nicht mehr gebrauchen können, wenn ich kein Mittel fände, ihr zu helfen.
Daraufhin kam Rosa ins Zimmer. Ihr Arm war mit einem Stück Stoff umwickelt. Sie schaute mich an. Ihre Augen waren wie die Augen eines Kindes. In meinen Gefühlen herrschte höchster Aufruhr. Ein Teil von mir fühlte sich niederträchtig und schuldig. Ein anderer Teil aber blieb ungerührt. Immerhin verdankte ich es diesem Teil, daß ich Doña Soledads Angriff und Rosas vernichtenden Hieb überlebt hatte.
Nach längerem Schweigen erklärte ich ihnen, es täte mir leid, daß ich mich über ihre Fußbotschaften so sehr aufgeregt hatte; andrerseits stand das, was Rosa getan hatte, in keinem Verhältnis zu meinem Geschrei und meinem Faustschlag auf den Tisch. In Anbetracht der Tatsache, daß ich mit ihren Gepflogenheiten nicht vertraut war, hätte sie mir mit ihrem Hieb leicht den Arm brechen können.
In einschüchterndem Ton verlangte ich ihre Hand zu sehen. Widerwillig wickelte sie das Tuch ab. Die Hand war rot und geschwollen. Ich war ohne jeden Zweifel davon überzeugt, daß diese Leute mich irgendeiner Prüfung unterzogen, die Don Juan für mich arrangiert hatte. Die Auseinandersetzung mit ihnen versetzte mich in einen Bereich, den ich mit Hilfe meiner Vernunft nicht mehr begreifen oder akzeptieren konnte. Don Juan hatte immer wieder gesagt, daß meine Vernunft nur einen sehr kleinen Teil dessen erfassen könne, was er die Ganzheit des Selbst nannte. Unter der Einwirkung der unbekannten und doch ganz realen Gefahr physischer Vernichtung mußte mein Körper auf seine verborgenen Reserven zurückgreifen – oder ich war des Todes. Der Trick bestand anscheinend darin, allen Ernstes die Möglichkeit zu akzeptieren, daß diese Reserven existierten und erschlossen werden konnten. All die Jahre des Lernens waren nur

Schritte hin zum Akzeptieren dieser Tatsache gewesen. Getreu seinem Prinzip, niemals Kompromisse zu schließen, hatte Don Juan alles auf totalen Sieg oder totale Niederlage angelegt. Falls es mir nun trotz jahrelangen Trainings nicht gelungen wäre, diese verborgenen Reserven zu erschließen, dann hätte die Prüfung dies an den Tag gebracht, und ich hätte kaum etwas dagegen unternehmen können. Wie Don Juan zu Doña Soledad gesagt hatte, hätte ich mich wohl umgebracht. Als gründlicher Kenner der menschlichen Natur hatte er damit wahrscheinlich recht.

Jetzt war es Zeit, meine Taktik zu ändern. Lidia hatte gesagt, ich könne Rosa und Doña Soledad helfen, indem ich die gleiche Kraft einsetzte, durch die ich sie verletzt hatte. Es ging also darum, die richtige Reihenfolge von Gefühlen und Gedanken, oder was immer, zu finden, die meinen Körper dahin gebracht hatte, diese Kraft zu entfesseln. Ich nahm Rosas Hand und streichelte sie. Ich hatte nur den einen Wunsch, sie möge wieder gesund werden. Ich wollte nur das Beste für sie. Ich liebkoste ihre Hand und wiegte sie im Arm. Ich strich ihr über den Kopf, und sie schlief an meiner Schulter ein. Aber die Rötung und Schwellung der Hand gingen nicht zurück.

Lidia beobachtete mich wortlos. Sie lächelte mir zu. Ich wollte ihr sagen, daß ich als Heiler offenbar ein Versager sei, aber ihr Blick schien meine Gedanken einzufangen und festzuhalten, bis sie allmählich erstarben.

Rosa wollte zu Bett gehen. Sie war todmüde. Oder vielleicht war ihr übel. Was es nun war, wollte ich nicht herausfinden. Ich trug sie zu Don Juans Bett und legte sie sachte nieder. Lidia deckte sie zu. Im Zimmer war es ganz dunkel. Ich schaute aus dem Fenster und sah einen wolkenlosen Sternenhimmel. Bis dahin hatte ich nicht weiter auf die Tatsache geachtet, daß wir uns in großer Höhe befanden.

Als ich zum Himmel hinaufblickte, erfaßte mich eine Welle optimistischer Gefühle. Irgendwie vermittelte dieser Sternenhimmel mir ein festliches Bild. Ja wirklich, der Südosten war eine wunderbare Richtung.

Auf einmal hatte ich das unbezähmbare Bedürfnis, mich zu überzeugen, wie anders der Himmel vor Doña Soledads Fenster aussah, das nach Norden hinausging. Ich nahm Lidia bei der Hand und beabsichtigte, sie dorthin zu führen, aber eine seltsame

Empfindung, ein Jucken oben an meiner Schädeldecke, hielt mich davon ab. Es fuhr wie in Wellen über meinen Rücken und zu den Hüften hinab, und von dort ging es in meine Magengrube. Ich setzte mich auf die Matte. Ich strengte mich an, mir über meine Gefühle Klarheit zu verschaffen. Anscheinend war es so, daß in dem Moment, als ich das Kitzeln an der Schädeldecke spürte, die Intensität meines Denkens nachgelassen hatte. Wie sehr ich es auch versuchte – es wollte mir nicht gelingen, in den gewohnten geistigen Prozeß einzutauchen, den ich als Denken zu bezeichnen gewohnt war.

Über diesen Betrachtungen hatte ich Lidia ganz vergessen. Sie kniete vor mir am Boden, und mir wurde auf einmal bewußt, daß ihre riesigen Augen mich aus wenigen Zentimetern Entfernung musterten. Ganz automatisch griff ich nach ihrer Hand und wandte mich zu Soledads Zimmer. Als wir die Tür erreichten, spürte ich, wie Lidia am ganzen Körper erstarrte. Ich mußte sie förmlich weiterzerren. Ich wollte eben über die Schwelle treten, als mein Blick auf die unförmige dunkle Masse eines menschlichen Körpers fiel, der an der Wand gegenüber kauerte. Der Anblick war so unerwartet, daß ich keuchend nach Luft schnappte und Lidias Hand losließ. Es war Doña Soledad. Sie saß und stütze den Kopf gegen die Wand. Ich drehte mich nach Lidia um. Sie war ein paar Schritte zurückgewichen. Ich wollte ihr zuflüstern, daß Doña Soledad zurückgekehrt sei, aber es kamen keine Töne aus meinem Mund, obwohl ich sicher war, daß ich die Wörter geformt hatte. Ich hätte es noch einmal versucht, aber da war ein seltsamer Drang zu handeln. Mir war, als seien alle Wörter Zeitverschwendung und brächten mir wenig ein. Ich trat also ins Zimmer und ging auf Doña Soledad zu. Anscheinend litt sie große Schmerzen. Ich hockte mich neben sie, und statt irgendwelche Fragen zu stellen, faßte ich sie unters Kinn und hob ihr Gesicht in die Höhe. Da war etwas auf ihrer Stirn; es sah aus wie das Pflaster, das sie sich aus Blättern bereitet hatte. Es war dunkel und fühlte sich klebrig-flüssig an. Ich spürte den unwiderstehlichen Drang, es ihr von der Stirn zu wischen. Ganz kühn packte ich ihren Kopf, bog ihn zurück und riß das Pflaster ab. Es fühlte sich an wie klebriger Gummi. Sie rührte sich nicht und gab auch keinen Schmerzlaut von sich. Unter dem Pflaster kam eine gelblich-grüne Beule zum Vorschein. Sie bewegte sich, als ob sie lebendig oder voll Energie wäre. Ich betrachtete sie eine Weile und war unfähig, etwas zu tun. Dann berührte ich sie mit dem Finger, und sie klebte wie Leim. Ich empfand keine Furcht, wie es sonst meine Art war; das Zeug war mir sogar irgendwie angenehm. Ich strich mit den Fingerspitzen darüber hin, und es löste sich ganz von ihrer Stirn. Ich stand auf. Die schleimige Substanz fühlte sich warm an. Eine Weile war sie wie eine klebrige Paste, und dann trocknete sie zwischen meinen Fingern und auf meiner Handfläche. Jetzt überfiel mich wieder eine Ahnung, und ich rannte in Don Juans Zimmer. Ich packte Rosas Arm und wischte die gleiche phosphorisierende, gelblich-grüne Masse, die ich von Doña Soledads Stirn abgewischt hatte, von ihrer Hand.

Mein Herz klopfte so stark, daß ich mich kaum auf den Beinen halten konnte. Ich wollte mich hinlegen, aber irgend etwas in mir trieb mich zum Fenster und zwang mich, auf der Stelle zu traben.

Ich weiß nicht mehr, wie lange ich dort trabte. Plötzlich spürte ich, daß jemand meinen Hals und meine Schultern abtrocknete. Da wurde mir bewußt, daß ich fast nackt war und heftig schwitzte. Lidia hatte mir ein Tuch über die Schultern gelegt und rieb mir den Schweiß vom Gesicht. Sofort kehrte mein normales Denken zurück. Ich sah mich im Zimmer um. Rosa schlief tief und fest. Ich rannte in Doña Soledads Zimmer. Ich hatte erwartet, auch sie schlafend vorzufinden, aber es war niemand da. Lidia war hinter mir hergekommen. Ich erzählte ihr, was geschehen war. Sie eilte zu Rosa hinaus und weckte sie, während ich mich anzog. Rosa wollte nicht aufwachen. Lidia packte ihre verletzte Hand und drückte sie fest. Mit einem einzigen Sprung stand Rosa aufrecht und war hellwach.

Jetzt rannten sie durchs Haus und löschten sämtliche Laternen. Anscheinend waren sie im Begriff, die Flucht zu ergreifen. Ich wollte sie fragen, warum sie sich so beeilten, und da bemerkte ich, daß ich mich selbst in größter Hast angezogen hatte. Zusammen eilten wir hinaus; und nicht nur dies – sie schienen direkt meine Befehle zu erwarten.

So liefen wir aus dem Haus, wobei wir alle Pakete mitschleppten, die ich für sie mitgebracht hatte. Lidia hatte mir geraten, keines zurückzulassen; ich hatte sie noch nicht überreicht, daher gehörten sie noch immer mir. Ich warf sie auf den Rücksitz, und die

beiden Mädchen drängen sich neben mich auf den Beifahrersitz. Ich ließ den Motor an und fuhr im Rückwärtsgang langsam und vorsichtig durch die Dunkelheit.
Kaum hatten wir die Straße erreicht, da wurde ich vor ein schwieriges Problem gestellt. Die beiden erklärten nämlich einstimmig, ich sei der Führer. Sie seien ganz von meinen Entscheidungen abhängig. Ich sei der Nagual. Nun könnten wir nicht einfach aus dem Haus rennen und ziellos davonfahren. Ich mußte sie führen. Doch die Wahrheit war, daß ich keine Ahnung hatte, wohin fahren oder was tun. Ich schaute sie unauffällig von der Seite an. Dic Scheinwerfer strahlten einen Lichtschimmer in den Wagen zurück, der sich in ihren Augen wie in Spiegeln brach. Wie ich mich erinnerte, hatten auch Don Juans Augen das Licht auf diese Weise reflektiert; sie reflektierten das Licht stärker als die Augen jedes gewöhnlichen Menschen.
Ich wußte, daß die Mädchen mein Dilemma bemerkt hatten. Statt mich mit einem Witz darüber hinwegzusetzen oder mein Versagen zu verheimlichen, legte ich die Entscheidung ganz in ihre Hände. Ich sagte, daß ich als Nagual keine Übung hätte und froh wäre, wenn sie mir einen Vorschlag machten oder einen Hinweis gäben, wohin wir fahren sollten. Anscheinend verachteten sie mich. Sie schnalzten mit der Zunge und schüttelten den Kopf. Ich ging im Geiste alle vorstellbaren Möglichkeiten durch, wie etwa, sie in die Stadt zu fahren, zu Nestor zu bringen oder gar nach Mexico City mitzunehmen.
Ich hielt an. Bislang waren wir in Richtung der nächsten Stadt gefahren. Mehr als alles in der Welt wünschte ich mir ein offenes Gespräch mit den Mädchen. Ich machte schon den Mund auf, aber sie wandten sich von mir ab. Sie steckten die Köpfe zusammen und faßten einander um die Schultern. Anscheinend wollten sie mir damit zu verstehen geben, daß sie sich gegen mich abschließen und nicht zuhören wollten.
Ich war ungeheuer frustriert. Wie sehnte ich mich in diesem Augenblick nach Don Juans meisterhafter Überlegenheit in jeder Situation, nach seiner kameradschaftlichen Haltung, seinem Humor. Statt dessen befand ich mich in Gesellschaft von zwei einfältigen Gänsen.
Ich bemerkte einen Anflug von Depression in Lidias Zügen, und dies bremste meine Sturzflut von Selbstmitleid. Zum erstenmal

wurde mir eindeutig klar, daß wir uns wechselseitig endlos enttäuschen mußten. Anscheinend waren auch sie, wenn auch in anderer Weise, an Don Juans Überlegenheit in jeder Situation gewöhnt. Welch eine Katastrophe mochte es in ihren Augen sein, daß jetzt nicht mehr er, sondern ich der Nagual war.

Lange blieb ich bei laufendem Motor sitzen. Und dann fuhr wieder dieses Beben durch meinen Körper, das oben an der Schädeldecke als Jucken begann – und jetzt wußte ich, was vorhin geschehen war, als ich Doña Soledads Zimmer betrat. Ich hatte sie nicht im üblichen Sinn gesehen. Was ich für die gegen die Wand gekauerte Doña Soledad hielt, war in Wirklichkeit meine Erinnerung an den Augenblick, als sie, nachdem ich sie geschlagen hatte, ihren Körper verließ. Jetzt wußte ich auch, daß ich, als ich diese schleimige, phosphorisierende Substanz berührte, sie geheilt hatte, und daß das, was meine Schläge an ihrer Stirn und auch an Rosas Hand hinterlassen hatten, eine Form von Energie war.

Dann stand das Bild einer bestimmten Schlucht vor meinem inneren Auge. Ich war fest davon überzeugt, daß Doña Soledad und la Gorda dort waren. Dieses Wissen war keine bloße Vermutung, sondern eine Wahrheit, die keines Beweises bedurfte. La Gorda hatte Doña Soledad in diese Schlucht geführt und versuchte im gleichen Moment, sie zu heilen. Ich wollte ihr sagen, daß es falsch sei, die Beule an Doña Soledads Stirn zu behandeln und daß es nicht mehr nötig war, dort in der Schlucht zu bleiben.

Ich schilderte den Mädchen meine Vision. Beide sagten mir im gleichen Ton, wie Don Juan es immer getan hatte, ich solle mich nicht gehenlassen. Bei ihm war eine solche Reaktion ganz selbstverständlich. Ich hatte mich nie gegen seine Kritik oder seinen Spott aufgelehnt, aber die beiden Mädchen standen denn doch auf einer anderen Stufe. Ich war beleidigt.

»Ich bring euch nach Hause«, sagte ich. »Wo wohnt ihr?«

Lidia fuhr zu mir herum und sagte in heller Empörung, sie beide wären jetzt meine Schützlinge und ich müsse sie in Sicherheit bringen, denn sie hätten auf Geheiß des Nagual ihre Handlungsfreiheit aufgegeben, nur um mir zu helfen.

An diesem Punkt bekam ich einen Wutanfall. Ich wollte die beiden ohrfeigen, aber wieder lief dieses seltsame Beben durch meinen Körper. Es fing wieder als Jucken an meiner Schädeldek-

ke an, dann lief es über meinen Rücken bis hinab zum Unterleib – und jetzt wußte ich, wo sie wohnten. Das Jucken war wie ein Bildschirm, wie ein weicher warmer Film. Ich fühlte das Bild geradezu körperlich. Es bedeckte die Fläche zwischen meiner Scham und den unteren Rippen. Meine Wut ließ nach, und an ihre Stelle trat eine seltsame Nüchternheit, eine innere Gelöstheit, und zugleich das Bedürfnis zu lachen. Plötzlich hatte ich eine transzendentale Einsicht. Unter dem Einfluß der Taten von Doña Soledad und der Schwesterchen hatte mein Körper meine rationale Urteilskraft aufgegeben und sich selbst an ihre Stelle gesetzt; ich hatte, um es mit Don Juans Worten zu sagen, die Welt angehalten. Ich hatte zwei getrennte Empfindungen verschmolzen: das Jucken an meiner Schädeldecke und den trockenen knackenden Laut an meiner Halswurzel. Zwischen beiden lag das Mittel, das diese Aufhebung der Urteilskraft bewirkt hatte.
Hier im Auto, mit diesen beiden Frauen, am Rand einer verlassenen Bergstraße, wußte ich als reale Tatsache, daß ich zum erstenmal bei vollem Bewußtsein die Welt angehalten hatte. Dieses Gefühl brachte mir die Erinnerung an eine Gelegenheit zurück, als ich vor Jahren eine ähnliche, erstmalige körperliche Bewußtheit erlebt hatte. Auch damals war das Jucken oben an der Schädeldecke beteiligt gewesen. Don Juan hatte gesagt, ein Zauberer müsse eine solche Empfindung geduldig entwickeln, und er hatte sie mir ausführlich geschildert. Nach seinen Worten war es eine Art Juckreiz, weder angenehm noch schmerzhaft, der von der Mitte der Schädeldecke ausging. Um dieses mir auf intellektueller Ebene bewußt zu machen, schilderte und analysierte er es mit allen Merkmalen, und dann versuchte er es mir von der praktischen Seite vorzuführen und leitete mich an, die notwendige körperliche Bewußtheit und die Erinnerung an dieses Gefühl zu entwickeln, indem er mich unter Ästen oder Felsvorsprüngen hindurchlaufen ließ, die sich waagerecht, wenige Zentimeter über meinem Kopf befanden.
Jahrelang hatte ich versucht, seine Anleitung zu befolgen, aber einerseits begriff ich nicht, was er mit seiner Beschreibung meinte, und andrerseits gelang es mir nicht, meinem Körper durch Anleitung seiner praktischen Anweisungen die richtige Erinnerung zu vermitteln. So oft ich unter den Ästen und Felsen hindurchlief, die er für seine Demonstration ausgewählt hatte

– ich spürte nichts. Eines Tages aber entdeckte mein Körper ganz von selbst die betreffende Empfindung, während ich einen Lastwagen mit hohem Aufbau in ein dreistöckiges Parkhaus steuerte. Und zwar fuhr ich den Laster mit dem gleichen Tempo durch die Einfahrt, wie ich es sonst mit meinem kleinen, zweitürigen Coupé gewohnt war; die Folge war, daß ich den Betonbalken der Dachkonstruktion auf meinen Kopf zurasen sah. Ich konnte nicht mehr rechtzeitig bremsen, und ich hatte das Gefühl, daß der Betonbalken mich buchstäblich skalpieren würde. Noch nie hatte ich ein Fahrzeug von der Höhe dieses Lastwagens gefahren, und daher konnte ich die Entfernungen nicht richtig abschätzen. Der kleine Zwischenraum zwischen dem Dach des Lasters und der Decke des Parkhauses schien für mich nicht existent. Ich spürte den Balken förmlich an meiner Kopfhaut.

An diesem Tag fuhr ich dann stundenlang kreuz und quer durch das Parkhaus und gab dadurch meinem Körper Gelegenheit, dieses Kitzelgefühl zu speichern.

Ich wandte mich zu den beiden Mädchen um und wollte ihnen erzählen, daß ich eben herausgefunden hatte, wo sie lebten. Ich ließ es aber. Wie sollte ich ihnen beschreiben, daß das Kitzelgefühl mich an Bemerkungen Don Juans erinnerte, die dieser einmal gemacht hatte, als wir, unterwegs zu Pablito, an einem bestimmten Haus vorbeifuhren. Damals hatte er gesagt, dieses Haus sei ein idealer Platz der Ruhe, aber kein Platz des Verweilens. Ich fuhr sie dorthin.

Ihr Haus war ziemlich groß. Es war, wie Doña Soledads Haus, ein ziegelgedeckter Bau aus Lehmziegeln. Vorne gab es einen langen Raum, hinter dem Haus eine überdachte, nach den Seiten offene Küche, neben der Küche einen großen Patio, und hinter dem Patio ein Hühnergehege. Der größte Teil des Hauses aber bestand aus einem abgeschlossenen Zimmer mit zwei Türen; die eine führte zum vorderen Raum, die andere hinten ins Freie hinaus. Lidia sagte, sie hätten das Zimmer selbst gebaut. Ich wollte es sehen, aber beide meinten, es sei nicht der geeignete Zeitpunkt, daß Josefina und la Gorda nicht da wären, um mir die ihnen gehörenden Teile des Zimmers zu zeigen.

In einer Ecke des Vorderzimmers befand sich eine feste, aus Ziegeln gemauerte Plattform. Sie war etwa 50 cm hoch und wie ein mit dem Kopfende zur Wand stehendes Bett gebaut. Lidia

breitete ein paar dicke Strohmatten darauf, dann forderte sie mich auf, mich hinzulegen und zu schlafen, während die beiden mich bewachen wollten.
Rosa hatte derweil eine Laterne entzündet und an einem Nagel überm Bett aufgehängt. Es war hell genug, um zu schreiben. Ich erklärte ihnen, daß das Schreiben meine innere Spannung lockern würde, und fragte, ob sie etwas dagegen hätten.
»Warum mußt du fragen?« erwiderte Lidia. »Tu's doch einfach!«
Irgendwie war ich zu oberflächlichen Erklärungen aufgelegt, und so erzählte ich ihnen, daß ich stets gewisse Dinge – wie etwa das Notizenmachen – getan hatte, die Don Juan und Don Genaro befremdeten und ihnen beiden daher erst recht seltsam vorkommen müßten.
»Wir alle tun seltsame Dinge«, sagte Lidia trocken.
Ich setzte mich, mit dem Rücken zur Wand, unter die Laterne aufs Bett. Sie legten sich zu beiden Seiten neben mich. Rosa hüllte sich in eine Decke und schlief so schnell ein, als sei dazu nur nötig, daß sie sich hinlegte. Lidia sagte, jetzt sei der geeignete Zeitpunkt und Ort, um miteinander zu reden; allerdings wollte sie, daß ich das Licht löschte, weil es sie schläfrig machte.
Unser Gespräch im dunklen Zimmer drehte sich um den Aufenthalt der beiden anderen Mädchen. Sie sagte, sie habe nicht die leiseste Ahnung, wo la Gorda steckte, aber Josefina sei zweifellos in den Bergen, auf der Suche nach Nestor, auch wenn es dunkel sei. Josefina, so erklärte sie mir, könne sich in schwierigen Situationen – etwa draußen in der Wildnis von der Dunkelheit überrascht zu werden – zurechtfinden, und daher habe la Gorda gerade ihr diesen Auftrag gegeben.
Ich sagte, wenn ich sie so über la Gorda reden hörte, hätte ich den Eindruck, sie sei gewissermaßen der Boss. Lidia erwiderte, daß la Gorda tatsächlich die Verantwortliche sei und daß der Nagual selbst ihr die Führung übertragen hatte. Auch wenn er es nicht getan hätte, so fügte sie hinzu, hätte la Gorda früher oder später die Führung übernommen, denn sie sei eben die Beste.
An diesem Punkt konnte ich nicht anders, ich mußte wieder die Laterne anzünden, um mitschreiben zu können. Lidia klagte, das Licht mache es ihr unmöglich, wachzubleiben; aber ich setzte meinen Willen durch.
»Woher kommt es, daß la Gorda die Beste ist?«

»Sie hat mehr persönliche Kraft«, sagte sie. »Sie weiß alles. Außerdem hat der Nagual sie belehrt, Menschen zu beherrschen.«
»Beneidest du la Gorda, weil sie die Beste ist?«
»Früher ja. Aber jetzt nicht mehr.«
»Wieso hast du deine Einstellung geändert?«
»Ich habe schließlich mein Schicksal akzeptiert, wie der Nagual mir auftrug.
Mein Schicksal ist, die Brise zu sein. Eine Träumerin zu sein. Mein Schicksal ist, eine Kriegerin zu sein.«
»Beneiden Rosa oder Josefina die Gorda?«
»Nein, das nicht. Wir alle haben unser Schicksal akzeptiert. Der Nagual sagte, daß die Kraft nur kommt, wenn wir unser Schicksal ohne Bedauern akzeptieren. Ich habe immer viel gejammert, und es ging mir schlecht, weil ich den Nagual liebte. Ich bin doch eine Frau, dachte ich. Aber er hat mir gezeigt, daß ich es nicht bin. Er zeigte mir, daß ich eine Kriegerin bin. Bevor ich ihm begegnete, war mein Leben vorbei. Dieser Körper, den du hier siehst, ist neu. Dasselbe geschah mit uns allen. Vielleicht ist es dir anders ergangen als uns, aber für uns bedeutete der Nagual ein neues Leben.
Als er uns sagte, daß er fortgehen würde, weil er andere Dinge zu tun hätte, glaubten wir, wir müßten sterben. Aber schau uns an! Wir sind lebendig. Und weißt du warum? Weil der Nagual uns gezeigt hat, daß wir er selbst sind. Er ist hier bei uns. Er wird immer hier sein. Wir sind sein Körper und sein Geist.«
»Empfindet ihr alle vier es ebenso?«
»Wir sind nicht vier. Wir sind eine. Das ist unser Schicksal. Wir müssen einander tragen. Und du bist uns gleich. Wir alle sind gleich. Sogar Soledad ist gleich, obwohl sie in eine andere Richtung geht.«
»Und Pablito, Nestor und Benigno? Wohin gehören sie?«
»Das wissen wir nicht. Wir lieben sie nicht. Besonders Pablito. Er ist ein Feigling. Er hat sein Schicksal nicht akzeptiert und will sich vor ihm drücken. Er will seine Chance als Zauberer fahren lassen und ein gewöhnliches Leben führen. Das wäre ein großes Glück für Soledad. Aber der Nagual hat uns befohlen, ihm zu helfen. Allerdings sind wir's leid, ihm zu helfen. Vielleicht wird la Gorda ihn eines Tages für immer aus dem Weg räumen.«

»Kann sie das?«
»Ob sie kann?! Natürlich kann sie! Sie hat mehr vom Nagual als wir anderen. Vielleicht sogar mehr als du.«
»Warum glaubst du, hat der Nagual mir nie gesagt, daß ihr seine Lehrlinge wart?«
»Weil du leer bist.«
»Hat er gesagt, daß ich leer bin?«
»Jeder weiß, daß du leer bist. Das ist dir auf den Körper geschrieben.«
»Wie kannst du das sagen?«
»In deiner Körpermitte gibt es ein Loch.«
»In meiner Körpermitte? Wo?«
Ganz sachte berührte sie eine Stelle rechts auf meinem Bauch. Sie zeichnete mit dem Finger einen Kreis, so als folge sie dem Rand eines unsichtbaren Loches im Durchmesser von etwa 10 cm.
»Bist du auch leer, Lidia?«
»Machst du Witze? Ich bin vollständig. *Siehst* du es nicht?«
Ihre Antworten auf meine Fragen nahmen eine Wendung, die ich nicht erwartet hatte. Ich wollte sie nicht durch meine Unwissenheit verärgern. Ich nickte bestätigend mit dem Kopf.
»Wieso glaubst du, ich hätte hier ein Loch, das mich leer macht?« fragte ich sie, nachdem ich lange überlegt hatte, wie ich's am harmlosesten ausdrücken könnte.
Sie antwortete nicht. Sie wandte mir den Rücken zu und beschwerte sich, weil das Licht sie in den Augen schmerzte. Ich beharrte auf einer Antwort. Sie schaute mich trotzig an.
»Ich will nicht mehr mit dir reden«, sagte sie. »Du bist blöd. Nicht mal Pablito ist so blöde wie du, und er ist der Schlimmste.«
Ich wollte nicht schon wieder in eine Sackgasse laufen und so tun, als wisse ich, wovon sie sprach; daher fragte ich sie nochmals, was denn meine Leere verursache. Ich bedrängte sie, doch etwas zu sagen, und setzte ihr lang und breit auseinander, daß Don Juan es immer vermieden habe, mir diese Vorstellung zu erklären. Manchmal nämlich hatte er zu mir gesagt, daß ich leer sei, aber ich hatte ihn stets so verstanden, wie jeder Mensch der westlichen Zivilisation diese Feststellung auffassen würde. Ich glaubte, er meine, daß es irgendwie an Entschlossenheit, Willen, Zielstrebigkeit oder Intelligenz fehle. Über ein Loch in meinem Körper hatte er nie etwas zu mir gesagt.

»Da ist aber ein Loch, auf der rechten Seite«, sagte sie unbeirrt. »Ein Loch, das eine Frau gemacht hat, als sie dich ausleerte.«

»Weißt du etwa auch, wer die Frau ist?«

»Das kannst nur du selbst wissen. Der Nagual sagte zwar, daß Männer meist nicht wissen, wer sie ausgeleert hat. Frauen sind da glücklicher dran. Sie wissen ganz genau, wer sie ausleert.

»Sind deine Schwestern leer, so wie ich?«

»Sei nicht blöd. Wie könnten sie leer sein.«

»Doña Soledad hat gesagt, sie selbst sei leer. Sieht sie aus wie ich?«

»Nein, das Loch in ihrem Bauch war gewaltig. Es war auf beiden Seiten, und das bedeutet, daß ein Mann und eine Frau sie ausgeleert haben.«

»Was hatte Doña Soledad mit einer Frau und einem Mann zu tun?«

»Sie hat ihnen ihre Vollständigkeit geschenkt.«

Ich zögerte eine Weile, bevor ich die nächste Frage stellte. Ich wollte mir über alle Konsequenzen ihrer Feststellung klar werden.

»La Gorda war aber noch schlimmer dran als Soledad«, fuhr Lidia fort. »Sie war von zwei Frauen ausgeleert worden. Das Loch in ihrem Bauch war wie eine Höhle. Aber jetzt hat sie es geschlossen. Jetzt ist sie wieder vollständig.«

»Erzähl mir etwas über diese beiden Frauen.«

»Mehr darf ich dir nicht erzählen«, sagte sie gebieterisch. »Nur la Gorda selbst kann mit dir über diese Dinge sprechen. Warte, bis sie kommt.«

»Warum nur la Gorda?«

»Weil sie alles weiß.«

»Ist sie die einzige, die alles weiß?«

»Der Zeuge weiß ebenso viel, vielleicht noch mehr, aber er ist Genaro selbst, und das macht den Umgang mit ihm schwierig. Wir lieben ihn nicht.«

»Warum liebt ihr ihn nicht?«

»Diese drei Knallköpfe sind schrecklich. Sie sind genauso verrückt wie Genaro. Ja, sie sind halt Genaro selbst. Sie streiten dauernd mit uns, denn damals hatten sie solche Angst vor dem Nagual, und jetzt rächen sie sich an uns. Das sagt jedenfalls la Gorda.«

»Und wieso sagt la Gorda das?«

»Der Nagual hat ihr Dinge gesagt, die er uns anderen nicht sagte. Sie *sieht.* Der Nagual sagte, daß du ebenfalls *siehst.* Josefina, Rosa und ich *sehen* nicht, und doch sind wir fünf das gleiche. Wir sind gleich.«

Die Wendung ›Wir sind gleich‹, die ich schon von Doña Soledad gehört hatte, entfesselte bei mir eine Sturzflut von Gedanken und Befürchtungen. Ich legte mein Schreibzeug weg. Ich schaute mich um. Hier war ich in einer fremden Welt und lag in einem fremden Bett, zwischen zwei jungen Frauen, die mir fremd waren. Und doch fühlte ich mich hier wohl. Mein Körper empfand Leichtigkeit und Ausgeglichenheit. Ich vertraute ihnen.

»Wirst du hier schlafen?« fragte ich.

»Wo denn sonst?«

»Und was ist mit eurem Zimmer?«

»Wir dürfen dich nicht allein lassen. Wir empfinden genau wie du; abgesehen davon, daß wir dir helfen sollen, bist du für uns ein Fremder. La Gorda sagte, wir müssen auf dich aufpassen, ganz gleich wie blöd du dich aufführst. Sie sagte, wir müssen mit dir im gleichen Bett schlafen, als wärst du der Nagual selbst.«

Lidia löschte die Lampe. Ich blieb mit dem Rücken zur Wand sitzen. Ich schloß die Augen um nachzudenken, und war im gleichen Moment eingeschlafen.

Lidia, Rosa und ich saßen seit beinah zwei Stunden, seit acht Uhr morgens, auf dem ebenen Vorplatz vor der Tür. Ich hatte versucht, sie in ein Gespräch zu ziehen, aber sie hatten sich geweigert zu sprechen. Sie wirkten sehr entspannt, beinah schläfrig. Ihre gelassene Stimmung teilte sich mir nicht mit. Dieses Herumsitzen in erzwungenem Schweigen hatte mich in eine seltsame Stimmung versetzt. Das Haus lag am Gipfel eines kleinen Hügels; die vordere Tür ging nach Osten. Von dort, wo ich saß, überblickte ich beinah das ganze schmale Tal, das sich von Osten nach Westen erstreckte. Ich konnte die Stadt selbst nicht sehen, aber ich sah die grünen Flächen der Felder im Talgrund. Gegenüber, zu beiden Seiten des Tales, erhoben sich riesige runde, verkarstete Hügel. Höhere Berge gab es in der Nachbarschaft dieses Tales nicht, sondern nur diese gewaltigen, von Erosion zerklüfteten runden Kuppen, deren Anblick bei mir eine starke Beklemmung hervorrief. Ich hatte den Eindruck, diese Hügel wären geeignet, mich in eine andere Zeit zu versetzen.

Plötzlich redete Lidia mich an, und ihre Stimme unterbrach meine düstere Träumerei. Sie zupfte mich am Ärmel.
»Da kommt Josefina«, sagte sie.
Ich schaute den gewundenen Pfad hinab, der vom Tal zum Haus führte. Da sah ich eine Frau, etwa 50 Meter entfernt, die langsam den Weg hinaufschritt. Sofort fiel mir auf, wie sehr viel älter diese Frau war als Lidia und Rosa. Wieder schaute ich zu ihr hin. Ich hätte nie gedacht, daß Josefina so alt war. Nach ihrem schleppenden Gang und ihrer ganzen Haltung zu urteilen, schien sie eine Frau von Mitte fünfzig zu sein. Sie war mager, in einen langen dunklen Rock gekleidet, und trug auf dem Rücken einen Packen Brennholz. An der Hüfte schleppte sie ein Bündel, das aussah wie ein Kind im Tragetuch. Anscheinend stillte sie es im Gehen. Ihr mühsamer Gang wirkte beinah hinfällig. Mit knapper Not schaffte sie den letzten steilen Anstieg zum Haus. Als sie schließlich, wenige Meter entfernt, vor uns stand, keuchte sie so schwer, daß ich versuchte, ihr beim Hinsetzen behilflich zu sein. Sie machte eine ungeduldige Handbewegung, die wohl besagen sollte, daß ihr nichts fehle.
Ich hörte Lidia und Rosa kichern. Ich schaute mich nicht nach ihnen um, denn was ich sah, fesselte meine Aufmerksamkeit und verschlug mir die Sprache. Die Frau vor mir war das absolut widerlichste, fieseste Geschöpf, das ich je gesehen hatte. Sie warf den Packen Brennholz ab, und die Scheite fielen mit lautem Krach zu Boden. Ich sprang unwillkürlich auf: einmal vor Schreck über den Lärm, zum anderen deshalb, weil die Frau – vom Schwung der Holzscheite mitgerissen – mir beinah auf den Schoß fiel.
Sie schaute mich einen Moment an, dann wandte sie sich ab – anscheinend verlegen über ihre Unbeholfenheit. Sie streckte sich und seufzte sichtlich erleichtert. Offenbar war die Last für ihren gebrechlichen Körper doch zu schwer gewesen.
Als sie die Arme hochreckte, löste sich ihr Haar. Sie trug ein schmutziges Stirnband um den Kopf. Ihr Haar war lang und ergraut; es wirkte dreckig und verfilzt. Die weißen Strähnen hoben sich gegen das Dunkelbraun des Stirnbandes ab. Sie lächelte mir zu und deutete ein Kopfnicken an. Anscheinend fehlten ihr sämtliche Zähne; ich blickte in das schwarze Loch ihres zahnlosen Mundes. Sie schlug die Hand vors Gesicht und lachte. Dann zog

sie ihre Sandalen aus und ging ins Haus, ohne mir die Zeit zu lassen, noch etwas zu sagen. Rosa ging ihr nach.
Ich war wie betäubt. Doña Soledad hatte angedeutet, daß Josefina etwa im gleichen Alter wie Lidia und Rosa sei. Ich wandte mich an Lidia. Sie betrachtete mich neugierig.
»Ich hatte ja keine Ahnung, daß sie so alt ist.«
»Jaja, sie ist ziemlich alt«, bestätigte sie knapp.
»Hat sie ein Kind?« fragte ich.
»Ja, und sie nimmt es überall mit. Sie läßt es nie bei uns. Sie hat Angst, wir könnten es aufessen.«
»Ist es ein Junge?«
»Ein Junge.«
»Wie alt ist er?«
»Sie hat das Kind schon einige Zeit, aber ich weiß nicht, wie alt es ist. Wir dachten, eigentlich sollte sie in ihrem Alter kein Kind mehr haben. Aber sie wollte nicht auf uns hören.«
»Wessen Kind ist es?«
»Josefinas, natürlich!«
»Ich meine, wer ist der Vater?«
»Der Nagual, wer denn sonst?«
Die Sache kam mir immer toller und unglaublicher vor.
»In der Welt des Nagual, schätze ich, ist wohl alles möglich«, meinte ich; das war allerdings eher laut vor mich hingedacht als zu Lidia gesprochen.
»Da kannst du dich drauf verlassen!« lachte sie.
Der bedrückende Eindruck dieser verkarsteten Hügel wurde unerträglich. Die ganze Gegend hier hatte etwas Unheimliches, und Josefina hatte mir jetzt den letzten Schlag versetzt. Sie war nicht nur häßlich, alt, stinkig und zahnlos, sondern sie schien auch an einer Art Gesichtslähmung zu leiden. Anscheinend waren die Muskeln ihrer linken Gesichtshälfte davon betroffen – ein Zustand, der eine abstoßende Verzerrung ihres linken Auges und ihres linken Mundwinkels bewirkte. Meine Beklemmung wurde geradezu schmerzhaft. Einen Moment spielte ich mit dem mir schon vertrauten Gedanken, mich ins Auto zu setzen und wegzufahren. Ich beklagte mich bei Lidia, mir sei übel. Sie lachte und sagte, Josefina müsse mir wohl einen rechten Schreck eingejagt haben.
»So wirkt sie eben auf Menschen«, sagte sie. »Allen ist ihre

dreiste Art zuwider. Sie ist niederträchtig wie eine Küchenschabe.«

»Ich kann mich erinnern, sie einmal gesehen zu haben«, sagte ich. »Aber da war sie jung.«

»Die Dinge verändern sich eben«, meinte Lidia philosophisch. »So oder anders. Sieh dir nur Soledad an. Welch eine Veränderung, was? Und du selbst hast dich ja auch verändert. Du wirkst kräftiger und schwerer, als ich dich in Erinnerung habe. Du gleichst immer mehr dem Nagual.«

Ich wollte ihr sagen, wie entsetzt ich über Josefinas Veränderung war, aber ich unterließ es, weil ich fürchtete, sie könnte es mithören. Mein Blick wanderte über das Tal, zu den verkarsteten Hügeln hin. Ich hatte nicht übel Lust zu fliehen.

»Der Nagual hat uns dies Haus gegeben«, sagte sie, »aber es ist kein Haus zum Bleiben. Vorher hatten wir ein anderes Haus, und das war wirklich schön. Aber in diesem Haus wird man wahnsinnig. Die Berge da drüben – das ist einfach zuviel.«

Ich staunte, wie genau sie mein Gefühl erraten hatte. Ich wußte nicht, was ich sagen sollte.

»Wir alle sind von Natur aus faul«, fuhr sie fort. »Wir strengen uns nicht gern an. Das wußte der Nagual, und anscheinend dachte er sich, dieser Platz hier würde uns dazu bringen, senkrecht die Wand hochzugehen.«

Sie stand unvermittelt auf und meinte, sie wolle etwas essen. Wir gingen zur Küche, einem halboffenen Raum mit nur zwei Wänden. An der offenen Seite, rechts von der Tür, befand sich eine Feuerstelle. Auf der anderen, wo die beiden Wände im rechten Winkel zusammenstießen, gab es einen langen Tisch und drei Bänke. Der Boden war mit glatten Flußkieseln gepflastert. Das flache Dach war etwa drei Meter hoch und ruhte auf den beiden Wänden und an den offenen Seiten auf massiven Stützbalken.

Aus einem Kessel, der auf kleiner Flamme brodelte, schöpfte Lidia mir eine Portion Bohnen mit Fleisch in die Schüssel. Dann wärmte sie ein paar Tortillas über dem Feuer auf. Rosa kam aus dem Haus, setzte sich neben mich und bat Lidia, ihr zu essen zu geben.

Ich beobachtete gebannt, wie Lidia mit einer Kelle Bohnen und Fleisch aus dem Kessel schöpfte. Anscheinend hatte sie ein exaktes Augenmaß für die Menge. Sie bemerkte, daß ich bewundernd ihren Bewegungen folgte, denn jetzt nahm sie zwei oder drei Bohnen aus Rosas Schüssel und tat sie in den Topf zurück. Aus dem Augenwinkel sah ich, daß Josefina in die Küche kam. Ich schaute sie aber nicht an. Sie setzte sich mir gegenüber an den Tisch. Ich hatte ein flaues Gefühl im Magen. In Gegenwart dieser Frau würde ich keinen Bissen herunterbringen, dachte ich. Um mich abzulenken, sagte ich scherzend zu Lidia, es seien noch immer zwei Bohnen zuviel in Rosas Schüssel, die sie übersehen hätte. Mit einer Präzision, über die ich nur staunen konnte, angelte sie die zwei Bohnen aus der Schüssel. Ich lachte nervös auf, denn ich wußte, sobald Lidia sich hinsetzte, mußte ich den Blick vom Herd abwenden, und dann konnte ich Josefinas Anwesenheit nicht mehr leugnen.

Schließlich blickte ich widerwillig über den Tisch zu Josefina hin. Es herrschte Totenstille. Ich starrte sie ungläubig an. Mein Kinn klappte runter. Dann hörte ich Lidia und Rosa schallend lachen. Ich brauchte eine Ewigkeit, um meine Gedanken und Gefühle irgendwie zu ordnen. Mir gegenüber saß nicht die Josefina, die ich vorhin gesehen hatte – sondern ein sehr schönes Mädchen. Sie hatte nicht die indianischen Gesichtszüge von Lidia und Rosa. Sie schien eher spanischer als indianischer Abstammung zu sein. Sie hatte einen hell olivbraunen Teint, einen sehr kleinen Mund, eine fein geschwungene Nase, kleine weiße Zähne und kurzes schwarzes Lockenhaar. An der linken Wange hatte sie ein Grübchen, das ihr einen schelmischen Anflug gab, wenn sie lächelte.

Das war das Mädchen, dem ich vor Jahren kurz begegnet war. Ungerührt hielt sie meinem prüfenden Blick stand. Ihre Augen strahlten freundlich. Dennoch befiel mich eine allmählich wachsende, unkontrollierbare Nervosität. Schließlich machte ich meiner Verblüffung in albernen Clownerien Luft.

Sie lachten ausgelassen wie Kinder. Nachdem sie sich beruhigt hatten, wollte ich wissen, was Josefina mit dieser schauspielerischen Verstellung bezweckte.

»Sie praktiziert die Kunst des Pirschens«, sagte Lidia. »Der Nagual lehrte uns, die Menschen zu täuschen, damit sie uns nicht beachten. Josefina ist sehr schön, und wenn sie allein durch die Nacht wandert, macht sie sich so häßlich und widerwärtig, damit niemand ihr etwas antut. Ginge sie so, wie sie wirklich ist – naja, du kannst dir ja vorstellen, was passieren würde.«

Josefina nickte bestätigend und verzog ihr Gesicht zur allerhäßlichsten Grimasse.
»Diese Fratze kann sie den ganzen Tag halten«, sagte Lidia.
Ich wandte ein, daß ich, falls ich hier in der Gegend lebte, Josefina in ihrer Tarnung eher bemerken würde, als wenn sie ungetarnt ginge.
»Diese Tarnung war nur für dich bestimmt«, sagte Lidia. Alle drei lachten. »Und siehst du, wie sie dich getäuscht hat. Du hast sogar mehr auf ihr Kind geachtet als auf sie selbst.«
Lidia ging auf ihr Zimmer und brachte ein Bündel Lumpen herbei, das wie ein Wickelkind aussah. Sie warf es vor mir auf den Tisch. Ich fiel brüllend in das Gelächter der Mädchen ein.
»Habt ihr denn alle solche Tarnungen?« fragte ich.
»Nein, nur Josefina. Niemand hier in der Gegend kennt sie, wie sie wirklich ist«, antwortete Lidia.
Josefina nickte und lächelte mir zu, aber sie schwieg. Ich hatte sie unheimlich gern. Sie hatte soviel Unschuld und Anmut.
»Sag doch was, Josefina«, sagte ich und drückte ihren Arm.
Sie starrte mich erschrocken an und fuhr zurück. Vielleicht, so meinte ich, hatte ich sie im Überschwang der Begeisterung zu fest angepackt. Ich ließ ihren Arm los. Sie saß kerzengerade. Sie verzerrte ihren kleinen Mund und stieß ein paar groteske Schreie und Grunzlaute aus. Auf einmal veränderte sich ihr Gesicht. Scheußliche Krämpfe entstellten ihre noch eben so friedlichen Züge. Ich starrte sie erschrocken an. Lidia zupfte mich am Ärmel.
»Warum mußt du sie auch erschrecken, du Dummkopf!« flüsterte sie. »Weißt du denn nicht, daß sie stumm ist und nicht sprechen kann?«
Josefina hatte sie offenbar verstanden und wollte protestieren. Sie drohte Lidia mit der Faust und stieß erneut diese lauten, gepeinigten Schreie aus. Dann fing sie an zu würgen und zu husten. Rosa klopfte ihr den Rücken. Lidia wollte das gleiche tun, aber Josefina drohte, ihr mit der Faust ins Gesicht zu schlagen.
Lidia setzte sich neben mich und deutete eine Gebärde der Ohnmacht an. Sie zuckte mit den Schultern.
»So ist sie eben«, flüsterte Lidia mir zu.
Josefina fuhr zu ihr herum. Ihr Gesicht war zu einer häßlichen Zorngrimasse verzerrt. Sie riß den Mund auf und stieß in höchster Tonlage ihre beängstigenden gutturalen Schreie hervor.

Lidia glitt von der Bank und verließ unauffällig die Küche.
Rosa hielt Josefina am Arm fest. Josefina schien außer sich vor Wut. Ihr Mund schnappte, ihr Gesicht verzerrte sich. Binnen Sekunden war nichts mehr von der Schönheit und Unschuld übrig, die mich so sehr bezaubert hatten. Ich wußte nicht, was ich tun sollte. Ich versuchte mich zu entschuldigen, aber Josefinas unmenschliche Schreie übertönten meine Worte. Schließlich führte Rosa sie ins Haus.
Lidia kehrte zurück und setzte sich zu mir an den Tisch.
»Sie ist hier oben nicht ganz richtig«, sagte sie und tippte sich an die Stirn.
»Wann ist das passiert?«
»Schon vor langer Zeit. Der Nagual muß etwas mit ihr gemacht haben, denn ganz plötzlich verlor sie die Sprache.«
Lidia schien traurig. Ich hatte den Eindruck, als zeigte sie ihre Traurigkeit nur widerwillig. Fast wollte ich sie schon auffordern, sich nicht so anzustrengen, ihre Gefühle zu verbergen.
»Wie verständigt sich Josefina mit euch? Schreibt sie auf, was sie sagen will?«
»Ach geh, sei nicht albern. Sie schreibt nicht – sie ist ja nicht du. Sie gebraucht Hände und Füße, um uns damit zu sagen, was sie will.«
Josefina und Rosa kamen in die Küche zurück. Sie blieben neben mir stehen. Wieder erschien Josefina mir als Bild der Unschuld und Aufrichtigkeit. Ihr beseligter Gesichtsausdruck ließ nicht im entferntesten ahnen, daß er so rasch solcher Häßlichkeit weichen konnte. Als ich sie anschaute, ging mir plötzlich auf, daß ihre fabelhafte Begabung für Verstellungen und Gebärden zweifellos mit ihrer Aphasie zusammenhing. Nur ein Mensch, der seine Sprache verloren hat, so überlegte ich, konnte so geschickt in der Mimikry sein.
Rosa beugte sich zu mir und sagte, Josefina habe ihr anvertraut, sie bedauere es sehr, nicht sprechen zu können, weil sie mich sehr gern habe.
»Bevor du kamst, war sie zufrieden, so wie sie war!« sagte Lidia hart.
Josefina nickte zustimmend, wie im Lidias Worte zu bestätigen, und dann folgte wieder ein leichterer Ausbruch dieser schrecklichen Kehllaute.

»Ich wollte, la Gorda wäre hier«, sagte Rosa. »Lidia macht Josefina immer wütend.«
»Aber das will ich nicht!« protestierte Lidia.
Josefina lächelte sie an und streckte die Hand aus, um sie zu streicheln. Es schien, als wollte sie sich entschuldigen. Lidia stieß ihre Hand beseite. »Laß das, du stummes Trampel!« murmelte sie.
Josefina wurde nicht mal wütend. Sie schaute einfach weg. In ihren Augen lag soviel Traurigkeit, daß ich sie gar nicht ansehen konnte. Ich fühlte mich verpflichtet, vermittelnd einzugreifen.
»Sie glaubt, sie ist die einzige auf der Welt, die Probleme hat«, fuhr Lidia mich an. »Der Nagual hat uns gesagt, wir sollen sie hart und unbarmherzig anpacken, bis sie kein Selbstmitleid mehr hat.«
Rosa schaute mich an und bestätigte nickend Lidias Worte.
Lidia wandte sich an Rosa und befahl ihr, von Josefina wegzurükken. Rosa stand folgsam auf und setzte sich zu mir auf die Bank.
»Der Nagual sagt, daß sie irgendwann wieder sprechen wird«, sagte Lidia zu mir.
»Heh«, sagte Rosa und zupfte mich am Ärmel. »Vielleicht bist du es, der sie zum Reden bringt?«
»Ja!« entfuhr es Lidia, als hätte sie den gleichen Gedanken gehabt. »Vielleicht ist das der Grund, warum wir auf dich warten sollten.«
»Ach, jetzt wird es mir klar!« fügte Rosa hinzu und machte ein Gesicht, als habe sie eine Erleuchtung gehabt. Beide sprangen auf und umarmten Josefina.
»Du wirst wieder sprechen können!« rief Rosa und rüttelte Josefina an den Schultern.
Josefina riß die Augen auf und rollte sie wild. Diesmal fing der Anfall mit leisem Seufzen und Schluchzen an – und schließlich rannte sie umher und brüllte wie ein Tier. Ihre Erregung war so stark, daß sie anscheinend eine Kiefersperre bekam. Ich glaubte ehrlich, sie stünde am Rand eines Nervenzusammenbruchs. Lidia und Rosa eilten zu ihr und halfen ihr, den Mund zu schließen. Aber sie versuchten nicht, sie zu beruhigen.
»Du wirst sie wieder zum Reden bringen! Du wirst sie wieder zum Reden bringen!« riefen sie.
Josefina schluchzte und heulte in Tönen, die mir ein Frösteln über den Rücken jagten.

Ich war völlig verwirrt. Ich versuchte vernünftig mit ihnen zu reden. Ich appellierte an ihre Vernunft, aber dann wurde mir klar, daß sie – nach meinen Maßstäben – nur wenig davon hatten. Ich stapfte vor ihnen auf und ab und versuchte mir darüber klarzuwerden, was ich jetzt tun sollte.

»Du wirst ihr doch helfen, nicht wahr?« verlangte Lidia.

»Bitte, ach ja, bitte«, bestürmte Rosa mich.

Ich sagte ihnen, daß ich sie für verrückt hielt, daß ich keine Ahnung hätte, was ich unternehmen sollte. Und doch merkte ich, noch während ich redete, daß ich irgendwo im Innern eine seltsam optimistische Gewißheit empfand. Anfangs wollte ich dieses Gefühl leugnen, aber es erfaßte mich immer stärker. Schon früher einmal hatte ich ein ähnliches Gefühl in bezug auf eine liebe Freundin gehabt, die unheilbar krank war. Ich hatte geglaubt, ich könne sie gesund machen und sie würde tatsächlich die Klinik verlassen, wo sie auf den Tod lag. Ich hatte sogar Don Juan deshalb befragt.

»Sicher, du kannst sie gesund machen und sie dazu bringen, sich aus dieser Todesfalle zu befreien«, sagte er.

»Wie?« fragte ich ihn.

»Es ist ganz einfach«, sagte er. »Du brauchst sie nur daran zu erinnern, daß sie eine unheilbare Krankheit hat. Da sie eine Todeskandidatin ist, hat sie Kraft. Sie hat nichts mehr zu verlieren. Sie hat bereits alles verloren. Wenn man nichts zu verlieren hat, wird man mutig. Schwach sind wir nur, solange wir uns noch an etwas klammern können.«

»Aber genügt es, sie einfach daran zu erinnern?«

»Nein, aber das wird ihr den Schwung geben, den sie braucht. Dann muß sie die Krankheit mit der linken Hand wegschieben. Sie muß den Arm nach vorn schieben und dabei die Hand krümmen, als packte sie einen Türknauf. Sie muß schieben und schieben und dabei sagen: raus, raus, raus! Sag ihr, sie soll, da sie ja sonst nichts zu tun hat, jede Sekunde des ihr bleibenden Lebens nutzen, um diese Bewegung auszuführen. Ich versichere dir, sie wird aufstehen und fortgehen, wenn sie es will.«

»Das klingt so einfach«, sagte ich.

Don Juan lachte vor sich hin.

»Es erscheint einfach«, sagte er, »aber das ist es nicht. Um das zu tun, braucht deine Freundin einen makellosen Geist.«

Er blickte mich lange an. Er schien das Maß meiner Sorge und Trauer um meine Freundin abzuschätzen.
»Natürlich«, fügte er hinzu, »wenn deine Freundin einen makellosen Geist hätte, wäre sie erst gar nicht da hineingeraten.«
Ich erzählte meiner Freundin, was Don Juan mir gesagt hatte. Aber sie war schon zu schwach, um diese Armbewegung auch nur zu versuchen.
In Josefinas Fall beruhte meine heimliche Zuversicht auf der Tatsache, daß sie eine Kriegerin mit makellosem Geist war. Wäre es denn nicht möglich, so fragte ich mich insgeheim, die gleiche Handbewegung bei ihr anzuwenden?
Ich erzählte Josefina, ihre Unfähigkeit zu sprechen sei durch irgendeine Hemmung bedingt.
»Jaja, es ist eine Hemmung«, wiederholten Rosa und Lidia. Dann erklärte ich Josefina die Armbewegung und sagte ihr, sie solle diese Hemmung fortschieben, indem sie den Arm auf diese Weise bewegte.
Josefinas Augen blickten starr geradeaus. Sie schien in Trance zu sein. Sie bewegte den Mund und stieß kaum vernehmbare Laute aus. Sie versuchte den Arm zu bewegen, aber ihre Erregung war so stark, daß sie nur unkoordiniert herumfuchteln konnte. Ich versuchte ihre Bewegungen zu führen, aber sie schien so von Sinnen, daß sie nicht einmal hörte, was ich sagte. Ihre Augen glitten aus der Parallaxe, und ich wußte, gleich würde sie in Ohnmacht fallen. Auch Rosa hatte offenbar erkannt, was los war. Sie sprang auf, griff nach einem Becher Wasser und schüttete es Josefina ins Gesicht. Josefinas Augen verdrehten sich, bis nur noch das Weiße sichtbar war. Sie blinzelte eine Weile, bis sie wieder ihre Augen ausrichten konnte. Sie bewegte den Mund, brachte aber keinen Ton hervor.
»Berühre ihre Kehle!« schrie Rosa mich an.
»Nein, nein!« schrie Lidia dazwischen. »Berühre ihren Kopf! Es sitzt doch im Kopf, du Dumme!«
Sie packte meine Hand und ich ließ widerstrebend zu, daß sie sie auf Josefinas Kopf legte.
Josefina zitterte und ließ eine Reihe schwacher Laute hören. Irgendwie schienen sie mir melodischer als die unmenschlichen Schreie von vorhin.
Auch Rosa mußte den Unterschied bemerkt haben.

»Hast du das gehört? Hast du das gehört?« fragte sie mich flüsternd.

Mag sein, daß ein Unterschied dagewesen war; aber jetzt stieß Josefina eine Folge von Schreien aus, die noch grauenhafter und grotesker waren als zuvor. Nachdem sie sich beruhigt hatte, schluchzte sie noch eine Weile, und dann geriet sie in einen euphorischen Zustand. Lidia und Rose gelang es schließlich, sie zu beruhigen. Sichtlich erschöpft ließ sie sich auf die Bank fallen. Sie konnte kaum die Augenlider heben, um mich anzusehen. Sie lächelte matt.

»Es tut mir ja so leid«, sagte ich und streckte die Hand aus.

Sie bebte am ganzen Körper. Sie senkte den Kopf und fing wieder an zu weinen. Ich verging in tiefem Mitgefühl für sie. In diesem Augenblick hätte ich mein Leben gegeben, um ihr zu helfen.

Sie schluchzte hemmungslos, während sie versuchte, mir etwas zu sagen. Lidia und Rosa waren anscheinend so sehr von dem Drama mitgenommen, daß ihre Lippen die gleichen Laute formten.

»Um Himmels willen, so tu doch etwas!« schrie Rosa mit beschwörender Stimme.

Ich verspürte unerträgliche Angst. Josefina stand auf und umarmte mich; oder vielmehr, sie umklammerte ungestüm meinen Hals und schob mich vom Tisch fort. Im gleichen Moment packten Lidia und Rosa mich – mit erstaunlicher Gewandtheit und raschen, kontrollierten Bewegungen – mit beiden Händen an den Schultern und zogen mir mit einer Hebelbewegung ihrer Füße die Beine unterm Leib weg. Josefinas Gewicht und ihr klammernder Griff an meinem Hals, die Schnelligkeit von Lidias und Rosas raffiniertem Angriff machten mich hilflos. Sie agierten in völliger Übereinstimmung, und bevor ich wußte, wie mir geschah, lag ich auf dem Boden und Josefina auf mir. Ich spürte ihr Herz klopfen. Sie hielt mich aus Leibeskräften fest. Ihr Herzschlag hallte in meinen Ohren wider. Ich spürte ihn in meiner eignen Brust. Ich wollte sie wegstoßen, aber sie klammerte sich fest. Rosa und Lidia drückten mich mit ihrem vollen Gewicht an Armen und Beinen auf die Erde. Rosa kicherte wie irre und fing an, meine Flanke zu benagen. Ihre kleinen scharfen Zähne klapperten, während ihre Kiefer in nervösem Krampf zuschnappten.

Auf einmal hatte ich eine ungeheure Empfindung, gemischt aus Schmerz, physischem Abscheu und Entsetzen. Ich konnte nicht mehr atmen. Ich konnte meinen Blick nicht mehr zentrieren. Ich wußte, daß ich das Bewußtsein verlor. Dann hörte ich das trockene Knacken in meiner Halswurzel, wie das Brechen einer Holzröhre, und darauf spürte ich das Kitzeln an meiner Schädeldecke, das sich wie ein Frösteln über meinen ganzen Körper verbreitete. Als nächstes wußte ich nur, daß ich die drei Mädchen von der andren Seite der Küche her anschaute. Sie lagen am Boden und starrten mich an.
»Was tut ihr denn hier?« hörte ich jemand mit lauter, rauh kommandierender Stimme sagen.
Dann hatte ich eine unvorstellbare Empfindung. Ich spürte, wie Josefina mich losließ und aufstand. Ich lag am Boden, und doch stand ich auch in einiger Entfernung von ihnen und sah eine Frau an, die ich noch nie gesehen hatte. Sie stand neben der Tür. Jetzt kam sie zu mir, blieb aber sechs oder sieben Schritte entfernt stehen. Sie betrachtete mich eine Weile. Ich wußte sofort, das war la Gorda. Sie wollte wissen, was hier eigentlich vorging.
»Wir haben ihm nur einen kleinen Streich gespielt«, sagte Josefina und räusperte sich. »Ich hab so getan, als sei ich stumm.«
Die drei Mädchen steckten die Köpfe zusammen und fingen an zu lachen. La Gorda blieb gelassen und musterte mich.
Sie hatten mich reingelegt! Ich fand meine Dummheit und Gutgläubigkeit so ungeheuerlich, daß ich in hemmungsloses hysterisches Gelächter ausbrach. Ich zitterte am ganzen Leib.
Ich wußte, daß Josefina nicht nur geschauspielert hatte, wie sie jetzt vorgab. Die drei hatten es ernst gemeint. Ich hatte Josefinas Körper wirklich als eine Kraft gespürt, die in meinen Körper eindrang. Rosas Bisse in meine Flanke, die zweifellos eine List waren, um meine Aufmerksamkeit abzulenken, hatten sich mit meinem Gefühl vermischt, daß Josefinas Herz in meinem Brustkorb schlug.
Ich hörte, wie la Gorda mich aufforderte, mich doch zu beruhigen.
Ich spürte ein nervöses Beben im Bauch, und dann überkam mich eine stumme kalte Wut. Ich verabscheute diese Frauen. Ich hatte genug von ihnen. Ich hätte meine Jacke und mein Schreibzeug genommen und wäre aus dem Haus gerannt, wäre da nicht der

Umstand gewesen, daß ich noch nicht ganz ich selbst war. Mir war irgendwie schwindlig, und meine Sinne waren eindeutig gestört. Als ich die Mädchen vom anderen Ende der Küche angeschaut hatte, da war mir gewesen, als sähe ich sie von irgendwo über mir, knapp unter der Decke. Was mich aber noch mehr beunruhigte, war meine klare Wahrnehmung, daß es das Kitzeln an meiner Schädeldecke gewesen war, das mich aus Josefinas Armen befreit hatte. Es war nicht so, als ob etwas aus meiner Schädeldecke hervorgekommen wäre; es kam tatsächlich etwas aus meiner Schädeldecke heraus.

Vor Jahren hatten Don Juan und Don Genaro einmal meine Wahrnehmung manipuliert und ich hatte eine unmögliche Doppelgänger-Empfindung gehabt: ich hatte das Gefühl, daß Don Juan auf mir lag und mich an den Boden preßte, während ich gleichzeitig spürte, daß ich immer noch aufrecht stand. Ich war tatsächlich an beiden Orten gleichzeitig. In der Sprache der Zauberer könnte ich sagen, daß mein Körper die Erinnerung an diese Doppelgänger-Empfindung gespeichert und sie anscheinend reproduziert hatte. Diesmal aber waren zwei Dinge zu meiner körperlichen Erinnerung hinzugekommen. Zum einen war das Kitzelgefühl, das mir im Verlauf meiner Zusammenstöße mit diesen Frauen so bewußt geworden war, das Vehikel, das mich zu jener Doppelgänger-Wahrnehmung geführt hatte; und zum andern setzte das Geräusch an meiner Halswurzel irgend etwas in mir frei, das durch meine Schädeldecke hervortreten konnte.

Nach ein paar Minuten hatte ich eindeutig das Gefühl, als schwebte ich von der Zimmerdecke herab, bis ich schließlich am Boden stand. Ich brauchte einige Zeit, um meinen Blick auf meine gewohnte Augenhöhe einzurichten.

Als ich jetzt die vier Frauen anschaute, fühlte ich mich nackt und verletzbar. Dann erlebte ich einen Moment der Spaltung oder eine Unterbrechung in der Kontinuität meiner Wahrnehmungen. Es war, als hätte ich die Augen geschlossen und irgendeine Kraft wirbelte mich ein paarmal herum. Als ich die Augen wieder aufschlug, starrten die Mädchen mich offenen Mundes an. Aber irgendwie spürte ich, daß ich wieder ich selbst war.

3 La Gorda

Das erste, was mir an la Gorda auffiel, waren ihre Augen: sie waren sehr dunkel und ruhig. Sie schien mich von Kopf bis Fuß zu mustern. Sie ließ ihren Blick prüfend über meinen Körper gleiten, genau wie Don Juan es zu tun pflegte. Tatsächlich hatten ihre Augen die gleiche Ruhe und Eindringlichkeit. Ich wußte, warum sie die Beste war. Mir kam der Gedanke in den Sinn, daß Don Juan ihr seine Augen vermacht haben mußte.

Sie war etwas größer als die drei anderen. Sie war schlank, dunkelhäutig und hatte einen prächtigen Rücken. Mir fiel die anmutige Linie ihrer breiten Schultern auf, als sie ihren Oberkörper halb ins Profil drehte, um die drei Mädchen anzusehen.

Sie gab ihnen einen mir unverständlichen Befehl, und die drei setzten sich direkt hinter ihr auf eine Bank. Sie schirmte sie geradezu mit ihrem Körper gegen mich ab.

Jetzt wandte sie sich wieder zu mir. Ihr Gesichtsausdruck war sehr ernst, aber ohne eine Spur von Schwermut oder Betrübtheit. Sie lächelte nicht, und doch wirkte sie freundlich. Sie hatte sehr angenehme Gesichtszüge; ein wohlgeformtes Gesicht, weder rund noch eckig; einen kleinen Mund mit feinen Lippen; eine breite Nase; hohe Backenknochen; und langes, jettschwarzes Haar.

Ich mußte immer wieder ihre schönen muskulösen Hände ansehen, die sie vor sich, über der Nabelgegend, verschränkt hatte. Ihre Handflächen waren mir zugekehrt. Ich sah, wie ihre Muskeln sich rhythmisch zusammenzogen, wenn sie die Handflächen gegeneinander drückte.

Sie trug ein langes, blaßrosa Baumwollkleid mit langen Ärmeln und einen braunen Schal. Es ging eine ungeheure Wirkung von Ruhe und Bestimmtheit von ihr aus. Ich spürte die Gegenwart Don Juans. Mein Körper entspannte sich.

»Setz dich, setz dich«, sagte sie in einschmeichelndem Ton.

Sie wies mir einen Platz, blieb aber selbst stehen.

Jetzt lächelte sie zum erstenmal, und ihre Augen glänzten sanft. Sie war nicht so hübsch wie Josefina, und doch war sie die Schönste von allen.
Wir schwiegen eine Weile. Dann erklärte sie mir, daß sie alle in den Jahren, seit der Nagual fort war, ihr Bestes getan hätten und daß sie sich hingebungsvoll der Aufgabe gewidmet hätten, die der Nagual ihnen aufgetragen hatte.
Ich verstand nicht recht, wovon sie sprach, aber während sie sprach, spürte ich Don Juans Gegenwart stärker denn je. Nicht daß sie sein Verhalten oder seinen Tonfall imitiert hätte: sie verfügte über eine innere Beherrschung, die sie ganz wie Don Juan handeln ließ. Ihre Ähnlichkeit mit ihm kam von innen.
Ich sagte ihr, ich sei gekommen, weil ich Pablitos und Nestors Hilfe brauchte. Ich sagte, obwohl ich etwas langsam, vielleicht sogar zu dumm sei den Weg der Zauberer zu verstehen, wolle ich mich aufrichtig bemühen. Trotzdem seien sie alle mir mit Bosheit und Tücke begegnet.
Sie wollte etwas zur Entschuldigung sagen, aber ich ließ sie nicht ausreden. Ich nahm meine Sachen und ging durch die Vordertür hinaus. Sie lief mir nach. Sie versuchte mich nicht zu halten, vielmehr redete sie sehr schnell, als müsse sie soviel wie möglich sagen, bevor ich meinen Wagen erreichte.
Sie sagte, ich müsse sie unbedingt anhören. Sie sei sogar bereit, mit mir zu fahren, bis sie mir alles gesagt hätte, was der Nagual ihr aufgetragen hatte, mir zu sagen.
»Ich fahre nach Mexico City«, sagte ich.
»Wenn es nötig ist, fahre ich mit dir bis nach Los Angeles«, sagte sie. Ich wußte, daß sie es ernst meinte.
»Meinetwegen«, sagte ich, nur um sie auf die Probe zu stellen. »Steig ein.«
Sie zögerte einen Moment, dann stand sie schweigend da und blickte zu ihrem Haus hinauf. Sie hielt ihre gefalteten Hände knapp unter der Nabelgegend. Sie drehte sich um und betrachtete das Tal, wobei sie mit den Händen die gleiche Bewegung ausführte.
Ich wußte, was sie tat. Sie sagte ihrem Haus und den düsteren Hügeln der Umgebung Lebewohl.
Don Juan hatte mich vor Jahren diese Abschiedsgeste gelehrt. Er hatte betont, es sei eine ungemein starke Geste, und ein Krieger

müsse sie sparsam einsetzen. Ich hatte nur ein paarmal Gelegenheit gehabt, sie selbst auszuführen.
Die Abschiedsgeste, die la Gorda jetzt ausführte, wich etwas von jener ab, die Don Juan mich gelehrt hatte. Er sagte, die Hände müßten wie zum Gebet gefaltet werden, entweder sachte oder sehr schnell und fest, sogar mit einem leichten Händeklatschen. Das Händefalten, wie immer ausgeführt, dient dem Zweck, das Gefühl einzusperren, das der Krieger nicht zurücklassen will. Sobald die Hände das Gefühl ergreifen und festhalten, werden sie kraftvoll vor die Brust, in Höhe des Herzens gehoben. Dort verwandelt das Gefühl sich in einen Dolch, und der Krieger sticht sich den Dolch in die Brust, wobei er ihn gleichsam mit beiden Händen hält.
Don Juan hatte mir gesagt, daß ein Krieger nur dann auf diese Weise Lebewohl sagt, wenn er Grund hat anzunehmen, daß er vielleicht nicht wiederkehren wird.
La Gordas Lebewohl schlug mich in seinen Bann.
»Sagst du Lebewohl?« fragte ich neugierig.
»Ja«, sagte sie trocken.
»Führst du die Hände denn nicht vor die Brust?« fragte ich.
»Das tun nur Männer. Die Frauen haben einen Uterus. Dort speichern sie ihre Gefühle.«
»Soll man denn nicht nur dann auf diese Weise Lebewohl sagen, wenn man glaubt, daß man nicht zurückkehren wird?« fragte ich.
»Gut möglich, daß ich nicht zurückkehre«, antwortete sie. »Ich fahre mit dir.«
Mich befiel eine unbegründete Traurigkeit – unbegründet insofern, als ich diese Frau ja gar nicht kannte. Ich hegte nur Zweifel und Mißtrauen gegen sie. Aber als ich in ihre klaren Augen blickte, hatte ich das Gefühl tiefer Verwandtschaft mit ihr. Ich wurde milde gestimmt. Meine Wut war verraucht und einer seltsamen Traurigkeit gewichen. Ich blickte mich um, und mir war, als ob diese geheimnisvollen, gigantischen runden Kuppen mich in Stücke rissen.
»Diese Hügel da sind lebendig«, sagte sie, als ob sie meine Gedanken gelesen hätte.
Ich drehte mich zu ihr um und sagte, daß dieser Ort und die Frauen mich auf einer sehr tiefen Ebene berührt hätten – einer Ebene meines Wesens, die mir für gewöhnlich nicht zugänglich

sei. Ich wußte nicht, was verheerender auf mich gewirkt hatte: der Ort oder die Frauen. Die Angriffe der Frauen waren direkt und beängstigend, der Effekt dieser Hügel aber war eine dauernde bohrende Beklemmung, ein Verlangen, vor ihnen zu fliehen. Darauf erwiderte la Gorda, ich hätte die Wirkung dieses Ortes ganz richtig erkannt, denn der Nagual habe sie gerade wegen dieser Wirkung hierher gebracht; ich aber solle niemandem Vorwürfe wegen des Vorgefallenen machen, denn der Nagual selbst habe den Frauen den Auftrag erteilt, diesen Anschlag gegen mich auszuführen.

»Hat er auch dir einen solchen Auftrag gegeben?« fragte ich.

»Nein, mir nicht. Ich bin anders als sie«, sagte sie. »Sie sind Schwestern. Sie sind gleich. Genau gleich. Ähnlich, wie auch Pablito, Nestor und Benigno genau gleich sind. Nur du und ich, wir können genau gleich sein. Wir sind es jetzt noch nicht, weil du noch unvollkommen bist, aber eines Tages wirst du gleich sein, genau gleich.«

»Ich habe gehört, daß du als einzige weißt, wo der Nagual und Genaro jetzt sind«, sagte ich.

Sie schaute mich eindringlich an und nickte bestätigend.

»Das ist richtig«, sagte sie. »Ich weiß, wo sie sind. Der Nagual sagte mir, ich soll dich hinführen, wenn ich es kann.«

Ich sagte ihr, sie solle mit diesen vagen Andeutungen aufhören und mir sofort verraten, wo sie sich aufhielten. Meine Forderung stürzte sie anscheinend in einen chaotischen Konflikt. Sie entschuldigte sich und versicherte, daß sie mir später, wenn wir erst unterwegs wären, alles offenbaren wolle. Sie bat mich, sie einstweilen nicht mehr nach den beiden zu fragen, denn sie habe strikte Anweisung, mir nichts zu sagen, bis der richtige Moment gekommen wäre.

Lidia und Josefina tauchten in der Tür auf und starrten mich an. Ich stieg rasch ins Auto. La Gorda stieg nach mir ein, und dabei fiel mir auf, daß sie sich mit dem Kopf voran ins Auto schob, ähnlich wie man in eine Röhre kriecht. Das hatte auch Don Juan stets getan. Einmal, nachdem ich es unzählige Male bei ihm gesehen hatte, meinte ich scherzhaft, es sei doch praktischer, so einzusteigen, wie ich es tat. Ich glaubte nämlich, daß seine seltsame Art einzusteigen vielleicht durch seine mangelnde Vertrautheit mit Autos bedingt sei. Er aber erklärte mir, ein Auto sei eine

Höhle, und Höhlen müsse man auf diese Weise betreten, wenn man sie benutzen wolle. In jeder Höhle, egal ob natürlich oder von Menschen gemacht, wohne nämlich ein eigener Geist, und diesem Geist müsse man sich mit Respekt nähern. Das Hineinkriechen sei die einzige Art, diesen Respekt zu bekunden.

Ich überlegte: sollte ich la Gorda fragen, ob Don Juan sie über solche Details unterrichtet hatte? Aber sie sprach zuerst. Sie sagte, der Nagual habe ihr bestimmte Anweisungen gegeben, was zu tun sei, falls ich die Angriffe der Doña Soledad und der drei Mädchen überlebte. Beiläufig fügte sie hinzu, daß wir, bevor ich nach Mexico City fuhr, einen bestimmten Ort in den Bergen aufsuchen müßten, wohin Don Juan und ich immer gegangen waren, und daß sie mir dort alle Informationen geben würde, die der Nagual mir immer vorenthalten hatte.

Ich war eine Weile unentschlossen, und dann befahl mir irgend etwas in mir – jedenfalls nicht meine Vernunft –, in die Berge aufzubrechen. Wir fuhren in völligem Schweigen. Ich versuchte mehrmals, im günstigen Augenblick ein Gespräch anzufangen, aber sie wies mich jedesmal mit energischem Kopfschütteln ab. Schließlich war sie wohl mein dauerndes Drängen leid, denn sie sagte mit allem Nachdruck, was sie mir zu sagen habe, erfordere einen Platz der Kraft, und solange wir nicht dort wären, müßten wir es vermeiden, uns durch nutzloses Geschwätz zu erschöpfen.

Nach einer langen Fahrt und einem beschwerlichen Fußmarsch erreichten wir endlich unser Ziel. Es war später Nachmittag. Wir befanden uns in einem tiefen Cañon. Der Talgrund lag bereits im Dunkel, während die Berggipfel noch von der Sonne beschienen waren. Wir gingen weiter, bis wir zu einer kleinen Höhle kamen, die sich ein paar Meter hoch in der Nordflanke des von Ost nach West verlaufenden Cañons öffnete. Hier war ich oft mit Don Juan gewesen.

Bevor wir in die Höhle eintraten, fegte la Gorda den Boden sorgfältig mit einem Reisigbund – wie Don Juan es immer getan hatte –, um ihn von Zecken und anderen Parasiten zu befreien. Dann schnitt sie von den Büschen in der Nähe eine Menge kleiner Zweige mit weichem Laub und breitete sie wie eine Matte über den Boden. Sie forderte mich auf, hereinzukommen. Ich hatte, als Zeichen der Ehrerbietung, immer Don Juan zuerst eintreten lassen. Bei ihr wollte ich es ebenso halten, aber das ließ sie nicht

zu. Sie sagte, ich sei der Nagual. Also kroch ich in die Höhle, in ähnlicher Weise, wie sie in mein Auto gekrochen war. Ich mußte über meine Inkonsequenz lachen. Es war mir nie möglich gewesen, mein Auto als Höhle anzusehen.
Sie lud mich ein, mich zu entspannen und es mir bequem zu machen.
»Weißt du, der Nagual konnte dir nicht alle seine Absichten offenbaren, weil du unvollständig warst«, sagte la Gorda lächelnd. »Du bist es immer noch, aber jetzt, nach diesen Kraftproben mit Soledad und den Schwesterchen bist du stärker als vorher.«
»Was bedeutet es eigentlich, unvollständig zu sein? Alle haben mir das gesagt, aber du bist die einzige, die es mir erklären kann«, sagte ich.
»Das ist ganz einfach«, sagte sie. »Ein vollständiger Mensch ist jemand, er keine Kinder hat.«
Sie machte eine Pause, wie um mir zu erlauben, das Gesagte aufzuschreiben. Ich blickte von meinem Notizblock auf. Sic bcobachtete mich, als wollte sie die Wirkung ihrer Worte abschätzen.
»Ich weiß, daß der Nagual dir genau dasselbe gesagt hat«, fuhr sie fort. »Du hast ihm aber nicht zugehört, und wahrscheinlich hast du mir jetzt auch nicht zugehört.«
Ich las von meinem Notizblock ab, was sie gesagt hatte. Sie kicherte.
»Der Nagual sagte, ein unvollständiger Mensch ist jemand, der Kinder gehabt hat«, sagte sie in einem Tonfall, als diktiere sie mir den Satz.
Sie sah mich prüfend an; offenbar wartete sie auf eine Frage oder eine Bemerkung. Mir fiel nichts ein.
»Jetzt habe ich dir alles über das Vollständigsein und das Unvollständigsein gesagt«, sagte sie. »Und ich habe dir gesagt, was der Nagual mir gesagt hat. Damals hatte es keine Bedeutung für mich, und jetzt hat es auch für dich keine Bedeutung.«
Ich mußte lachen, wie treffend sie doch Don Juan nachahmte.
»Ein unvollständiger Mensch hat im Bauch ein Loch«, fuhr sie fort. »Ein Zauberer kann das so klar *sehen,* wie du meinen Kopf siehst. Wenn das Loch sich auf der linken Seite befindet, dann ist das Kind, das dieses Loch verursachte, vom gleichen Geschlecht wie du selbst. Ist es auf der rechten Seite, dann ist das Kind vom

anderen Geschlecht. Das Loch auf der linken Seite ist schwarz, das auf der rechten Seite ist dunkelbraun.«

»Sieht man das Loch bei jedem, der Kinder gehabt hat?«

»Sicher. Es gibt zwei Möglichkeiten, es zu *sehen.* Ein Zauberer kann es *sehen,* indem er *träumt* oder indem er den Betreffenden direkt anschaut. Einem Zauberer, der *sieht,* fällt es nicht schwer, das leuchtende Wesen zu erkennen, um herauszufinden, ob da im Leuchten des Körpers eine Lücke ist. Aber selbst wenn der Zauberer nicht *sehen* kann, ist es ihm möglich, die dunkle Färbung der Lücke durch die Kleidung hindurch zu erkennen.«

Sie sprach nicht weiter. Ich drängte sie, fortzufahren.

»Der Nagual hat mir erzählt, daß du schreibst und schreibst und dann nicht mehr weißt, was du geschrieben hast«, sagte sie vorwurfsvoll.

Ich versuchte mich zu rechtfertigen, wußte aber nicht, was ich sagen sollte. Trotzdem – sie hatte die Wahrheit gesagt. Don Juans Worte hatten immer eine doppelte Wirkung auf mich gehabt: einmal, wenn ich zum erstenmal hörte, was er sagte, und dann wieder, wenn ich zu Hause nachlas, was ich aufgeschrieben und inzwischen vergessen hatte.

Mit la Gorda zu sprechen aber war etwas ganz andres. Don Juans Lehrlinge übten bei weitem nicht die gleiche überwältigende Wirkung auf mich aus wie er. Ihre Offenbarungen waren, obwohl außergewöhnlich, für mich nur fehlende Stücke eines Puzzles. Das eigenartige an diesen Stücken war, daß sie das Gesamtbild nicht deutlicher machten, sondern daß es immer komplizierter wurde.

»Du hattest ein braunes Loch an der rechten Körperseite«, fuhr sie fort. »Das bedeutet, daß eine Frau dich ausgeleert hat. Du hast ein weibliches Kind gemacht.

Ich selbst, sagte der Nagual, hatte ein riesiges schwarzes Loch, denn ich habe zwei Frauen gemacht. Ich habe das Loch nie gesehen, aber ich habe andere Menschen mit einem ähnlichen Loch wie dem meinen gesehen.«

»Du sagst, ich *hatte* ein Loch; habe ich es nicht mehr?«

»Nein, es ist geflickt. Der Nagual half dir, es zu flicken. Ohne seine Hilfe wärst du noch leerer, als du es sowieso bist.«

»Was ist das für ein Fleck?«

»Ein Fleck in deiner Leuchtkraft. Man kann es nicht anders

ausdrücken. Der Nagual sagte, ein Zauberer wie er kann das Loch jederzeit auffüllen. Aber ohne diese Leuchtkraft ist es nur ein Fleck ohne Leuchten. Jeder der *sieht* oder das *Träumen* übt, kann dir sagen, daß es aussieht wie ein anthrazitfarbener Fleck im gelben Leuchten des übrigen Körpers.
Und so hat der Nagual dich und mich und Soledad geflickt. Aber er hat es uns selbst überlassen, den Schimmer, die Leuchtkraft zu ergänzen.«
»Wie hat er uns denn geflickt?«
»Er ist ein Zauberer. Er tut etwas in unseren Körper. Er hat uns ausgewechselt. Wir sind nicht mehr die gleichen wie zuvor. Der Fleck ist das, was er selbst dorthin getan hat.«
»Aber wie hat er dieses Etwas da reingetan, und was ist das überhaupt?«
»Was er in unseren Körper tat, das war sein eigenes Leuchten. Und er tat es mit seiner Hand. Er griff einfach in unseren Körper und ließ seine Fasern dort zurück. Genauso machte er es bei allen seinen sechs Kindern, und auch bei Soledad. Sie alle sind gleich. Außer Soledad; sie ist etwas andres.«
La Gorda schien abgeneigt, weiter zu erzählen. Sie zögerte und fing beinah an zu stottern.
»Was ist mit Doña Soledad?« wollte ich wissen.
»Das ist schwer zu sagen«, erwiderte sie nach langem Drängen. »Sie ist das gleiche wie du und ich, und doch ist sie anders. Sie hat das gleiche Leuchten, aber sie ist nicht mit uns zusammen. Sie geht in die entgegengesetzte Richtung. Jetzt gerade ist sie wie du. Ihr beide habt einen Flecken, der wie Graphit aussieht. Bei mir ist er verschwunden, und ich bin wieder ein vollständiges leuchtendes Ei. Dies ist auch der Grund, warum ich sagte, daß du und ich eines Tages, wenn du wieder vollständig bist, genau gleich sein werden. Was uns schon jetzt beinah gleich macht, das ist das Leuchten des Nagual und die Tatsache, daß wir beide in die gleiche Richtung gehen und daß wir früher leer waren.«
»Wie sieht ein vollständiger Mensch für den Zauberer aus?« fragte ich.
»Wie ein leuchtendes Ei, das aus Fasern besteht«, sagte sie. »Alle Fasern sind vollständig; sie sehen aus wie straff gespannte Seile. Es sieht aus wie die straffen Schnüre an einer gespannten Trommel.

Bei einem leeren Menschen dagegen sind die Fasern an den Rändern der Lücke eingeschrumpft. Wenn er viele Kinder gehabt hat, dann sehen die Fasern nicht mehr wie Fasern aus. Diese Menschen sehen aus wie zwei Klumpen leuchtender Masse, getrennt durch Schwärze. Es ist ein gräßlicher Anblick. Der Nagual ließ mich einmal, als wir im Park in der Stadt waren, solche Leute *sehen.*«

»Warum, glaubst du, hat der Nagual mir all dies nie erzählt?«

»Er hat dir alles erzählt, aber du hast ihn nie richtig verstanden. Sobald er merkte, daß du ihn nicht verstandst, sah er sich gezwungen, das Thema zu wechseln. Deine Leere hinderte dich am Verstehen. Der Nagual sagte, es sei für dich ganz natürlich, nicht zu verstehen. Wenn ein Mensch unvollständig wird, dann ist er tatsächlich leer wie ein ausgehöhlter Kürbis. Der Nagual hat dir immer wieder gesagt, daß du leer bist, aber du hast dich nicht darum geschert. Es half auch nichts, als er es dir erklärte. Du wußtest nie, was er meinte. Schlimmer noch, du wolltest es nicht wissen.«

La Gorda bewegte sich auf für mich gefährlichem Grund. Ich versuchte ihr mit einer weiteren Frage zuvorzukommen, aber sie ließ mich abblitzen.

»Du liebst einen kleinen Jungen, und du willst nicht verstehen, was der Nagual dir sagen wollte«, sagte sie vorwurfsvoll. »Der Nagual sagte mir, du hast eine Tochter, die du nie gesehen hast, und du liebst diesen kleinen Jungen. Die eine nahm dir die Schneid, der andere nagelte dich fest. Du hast sie zusammengeschmiedet.«

Ich konnte nicht weiterschreiben. Ich kroch aus der Höhle und richtete mich auf. Ich schickte mich an, die Steilböschung zum Grund der Schlucht hinabzusteigen. La Gorda folgte mir. Sie fragte, ob ihre Direktheit mir peinlich gewesen sei. Ich wollte nicht lügen und gab es zu.

»Was glaubst denn du?« fragte ich.

»Du bist spaßig!« rief sie und lachte mit einer Ausgelassenheit, wie ich sie nur bei Don Juan und Don Genaro beobachtet hatte. Sie schien ihr Gleichgewicht zu verlieren und griff nach meinem linken Arm. Ich umfaßte ihre Taille, um ihr zum Grund der Schlucht hinab zu helfen. Sie wog keine hundert Pfund, wie mir schien. Sie spitzte die Lippen, ähnlich wie Don Genaro es immer getan hatte, und meinte, sie wiege genau 115 Pfund. Wir mußten gleichzeitig lachen. Es war ein Augenblick der unmittelbaren totalen Verständigung.

»Warum liegt dir so viel daran, über diese Dinge zu reden?« fragte sie.

Ich erzählte ihr, daß ich einmal einen kleinen Jungen hatte, den ich sehr liebte. Ich spürte einen Zwang, la Gorda von ihm zu erzählen. Es war ein unmäßiges, mir unbegreifliches Bedürfnis, mich dieser Frau zu eröffnen, die mir doch völlig fremd war.

Als ich von diesem kleinen Jungen zu erzählen begann, überkam mich eine Welle schwermütiger Sehnsucht; vielleicht lag es an diesem Ort, oder an der Situation, oder an der Tageszeit. Irgendwie vermischte sich bei mir die Erinnerung an diesen kleinen Jungen mit der Erinnerung an Don Juan, und zum erstenmal seit all der Zeit, die ich ihn nicht gesehen hatte, vermißte ich Don Juan schmerzlich. Lidia hatte gemeint, die Frauen vermißten ihn nie, weil er immer bei ihnen sei; er sei in ihrem Körper und in ihrem Geist. Ich hatte unmittelbar verstanden, was sie meinte. Ich empfand es ganz ähnlich. In dieser Schlucht aber überwältigte mich ein unbekanntes Gefühl. Ich erzählte la Gorda, daß mir Don Juan bis zu diesem Augenblick nie eigentlich gefehlt hatte. Sie antwortete nicht. Sie schaute weg.

Möglicherweise hatte meine Sehnsucht nach diesen beiden Menschen etwas mit der Tatsache zu tun, daß sie beide in meinem Leben eine Katharsis, eine Krise der Erneuerung bewirkt hatten. Und beide waren jetzt fort. Bis zu diesem Moment hatte ich mir nicht klargemacht, wie endgültig diese Trennung war. Ich sagte zu la Gorda, dieser Junge habe mir mehr als alles andre bedeutet: Er war mein Freund – aber eines Tages war er von Kräften, über die ich nichts vermochte, hinweggeführt worden. Dies war vielleicht einer der schwersten Schläge, die ich im Leben erhalten hatte. Ich hatte sogar Don Juan aufgesucht und ihn um Hilfe gebeten. Dies war das einzige Mal, da ich ihn direkt um Hilfe bat. Er hörte mich an und brach dann in dröhnendes Gelächter aus. Diese Reaktion kam für mich so unerwartet, daß ich nicht einmal böse werden konnte. Ich machte lediglich eine Bemerkung über seine, wie ich glaubte, mangelnde Sensibilität.

»Was erwartest du denn von mir?« fragte er.

Darauf erwiderte ich, daß er als Zauberer mir vielleicht helfen

könne, meinen kleinen Freund zurückzuholen – um mich zu trösten.
»Du irrst dich. Einem Krieger kommt es nicht darauf an, getröstet zu werden«, sagte er in einem Ton, der keine Widerrede duldete. Und dann begann er meine Argumente zu zerpflücken. Er sagte, daß ein Krieger nie etwas dem Zufall überlassen dürfe, daß ein Krieger den Gang der Ereignisse durch die Kraft seines Bewußtseins und seiner unbeugsamen Absicht beeinflussen könne. Hätte ich die unbeugsame Absicht gehabt, dieses Kind zu behalten und ihm zu helfen, so sagte er, dann hätte ich die geeigneten Schritte unternommen und dafür gesorgt, daß er bei mir blieb. Aber so wie die Dinge lagen, sagte er, sei meine Liebe nur ein Wort, ein nutzloser Gefühlsausbruch eines leeren Menschen. Und dann erzählte er mir etwas über Leere und Vollständigkeit; ich aber wollte nichts davon hören. Ich empfand nichts als meinen schmerzlichen Verlust, und die Leere, von der er sprach, bezog sich, wie ich meinte, auf das Gefühl, jemanden unwiederbringlich verloren zu haben.
»Du hast ihn geliebt, du hast seinen Geist geehrt, du wünschtest ihm Gutes, und jetzt mußt du ihn vergessen«, sagte er.
Das aber konnte ich nicht. Meine Gefühle, auch wenn die Zeit sie abgeschwächt hatte, waren noch immer schmerzhaft lebendig. Irgendwann glaubte ich schon, ich hätte ihn vergessen, aber ein Erlebnis, das ich eines Abends hatte, löste in meinen Gefühlen den tiefsten Aufruhr aus. Damals war ich gerade unterwegs in mein Büro, als eine junge Mexikanerin mir in den Weg trat. Sie hatte auf einer Bank gesessen und auf den Bus gewartet. Jetzt fragte sie, ob dieser Bus zu einer bestimmten Kinderklinik fuhr. Ich wußte es nicht. Wie sie mir erklärte, litt ihr kleiner Sohn seit langem an Fieber, und sie machte sich Sorgen, weil sie kein Geld für den Arzt hatte. Ich trat näher und schaute den kleinen Jungen an. Er stand auf der Bank und hielt sich mit den Händen an der Lehne fest. Er trug ein Jäckchen, kurze Hosen und eine Mütze. Er war bestimmt nicht älter als zwei Jahre. Er hatte mich wohl gesehen, denn er kam zum Ende der Bank getrippelt und schmiegte seinen Kopf gegen mein Bein.
»Köpfchen tut weh«, sagte er auf Spanisch zu mir.
Er hatte ein so winziges Stimmchen und blickte so traurig aus seinen schwarzen Augen, daß ein unbezähmbarer Schmerz in mir

aufstieg. Ich nahm ihn in die Arme, und dann fuhr ich ihn und seine Mutter ins nächste Krankenhaus. Dort setzte ich sie ab und gab der Mutter genügend Geld, um die Arztrechnung zu bezahlen. Aber ich wollte nicht bleiben, ich wollte nicht mehr über den Kleinen erfahren. Ich wollte glauben, daß ich ihm geholfen hatte und daß ich damit etwas an den Menschengeist zurückgezahlt hatte.

Die magische Handlung des ›Zurückzahlens an den Menschengeist‹ hatte ich von Don Juan gelernt. Einmal – überwältigt durch die Einsicht, daß ich nie wieder an ihm würde gutmachen können, was er alles für mich getan hatte – fragte ich ihn, ob es irgend etwas auf der Welt gäbe, das ich tun könnte, um meine Schuld abzutragen. Wir kamen gerade aus der Schalterhalle einer Bank, wo ich mexikanisches Geld eingewechselt hatte.

»Du brauchst mir nichts zurückzuzahlen«, sagte er, »aber wenn du doch etwas zurückzahlen willst, dann tu's aufs Konto des Menschengeistes. Das ist immer nur ein sehr kleines Konto, und was immer man darauf einzahlt, ist mehr als genug.«

Indem ich diesem kranken Kind half, zahlte ich lediglich etwas an den Menschengeist zurück – für all die Hilfe, die mein kleiner Junge auf seinem Weg vielleicht von Fremden erhielt.

Meine Liebe zu ihm, so sagte ich zu la Gorda, würde lebendig bleiben, solange ich lebte, auch wenn ich ihn nie wiedersehen würde. Ich wollte fortfahren und ihr erzählen, daß meine Erinnerung an ihn so tief in mir vergraben lag, daß nichts sie erreichen konnte; aber ich ließ es bleiben. Ich spürte, es war überflüssig, noch mehr darüber zu sagen. Außerdem wurde es dunkel, und ich wollte fort aus dieser Schlucht.

»Gehen wir lieber«, sagte ich. »Ich werde dich nach Hause fahren. Vielleicht können wir ein andermal wieder über diese Dinge reden.« Sie lachte – es klang, wie wenn Don Juan mich auslachte. Anscheinend hatte ich etwas furchtbar Komisches gesagt.

»Warum lachst du, Gorda?« fragte ich.

»Weil du doch selber weißt, daß wir diesen Ort nicht so einfach verlassen können«, sagte sie. »Du hast eine Verabredung mit der Kraft. Und ich auch.«

Sie kehrte zur Höhle zurück und ging hinein.

»Komm rein!« rief sie von drinnen. »Es ist ganz unmöglich, daß wir jetzt gehen.«

Ich befand mich in einem Zwiespalt. Ich kroch hinein und setzte mich wieder neben sie. Es war klar, daß auch sie mich überlistet hatte. Ich hatte nicht die Absicht gehabt, mich hier auf neue Konfrontationen einzulassen. Eigentlich hätte ich wütend werden sollen. Statt dessen war ich gleichgültig. Ich konnte mir doch nicht vorlügen, daß ich auf dem Weg nach Mexico City einfach hier Rast machte. Ich war hergekommen, gezwungen von etwas, das ich nicht verstand.

Sie reichte mir mein Notizbuch und ermunterte mich zum Schreiben. Mein Schreiben, so sagte sie, würde nicht nur mich selbst, sondern auch sie entspannen.

»Was ist diese Verabredung mit der Kraft?« fragte ich.

»Der Nagual sagte, daß wir, du und ich, eine Verabredung mit irgend etwas hier draußen haben. Du hattest zuerst eine Verabredung mit Soledad, und dann eine mit den Schwesterchen. Sie sollten dich vernichten. Falls du ihre Angriffe überleben würdest, so sagte der Nagual, sollte ich dich hierher bringen, damit wir gemeinsam die dritte Verabredung einhalten können.«

»Was für eine Verabredung ist es denn?«

»Wirklich, ich weiß es nicht. Wie alles andre ist es von uns selbst abhängig. Jetzt, da draußen, sind Wesen, die auf dich warten. Ich sage, sie warten auf *dich,* denn ich selbst komme immer wieder hierher, und nie geschieht etwas. Aber heute nacht ist es anders. Du bist da, und diese Wesen werden kommen.«

»Warum will der Nagual mich vernichten?« fragte ich.

»Er will niemand vernichten!« protestierte la Gorda. »Du bist sein Kind. Jetzt will er, daß du er selbst bist. Mehr noch er selbst als einer von uns. Aber um ein echter Nagual zu sein, mußte du deine Kraft fordern. Sonst hätte er Soledad und die Schwesterchen nicht so sorgfältig darauf vorbereitet, dich anzupirschen. Siehst du, er lehrte Soledad, ihre Gestalt zu verändern und sich zu verjüngen. Er ließ sie einen teuflischen Fußboden in ihrem Zimmer bauen. Ein Fußboden, dem niemand widerstehen kann. Und siehst du, Soledad ist leer. Darum hat der Nagual sie darauf vorbereitet, etwas Gigantisches zu tun. Er gab ihr eine Aufgabe, eine sehr schwierige und gefährliche Aufgabe, aber die einzige, die für sie geeignet war – und das war: dich zu erledigen. Er sagte ihr, daß es nichts Schwierigeres für einen Zauberer gibt, als einen anderen Zauberer zu töten. Ein gewöhnlicher Mensch kann leichter einen Zauberer töten, oder ein Zauberer einen gewöhnlichen Menschen. Aber zwei Zauberer, das geht schlecht zusammen. Der Nagual sagte, sie hätte die beste Chance, wenn sie dich überraschen und erschrecken könnte. Und das tat sie. Der Nagual machte sie zu einer begehrenswerten Frau, damit sie dich in ihr Zimmer locken konnte, und dort sollte ihr Fußboden dich behexen, denn wie ich schon sagte, niemand, nein, niemand kann diesem Fußboden widerstehen. Dieser Boden war das Meisterstück des Nagual für Soledad. Aber du hast mit ihrem Fußboden etwas gemacht, und Soledad mußte getreu den Anweisungen des Nagual ihre Taktik ändern. Er hatte ihr nämlich gesagt, daß sie, falls die Sache mit ihrem Fußboden scheiterte und sie dich nicht erschrecken und überraschen könnte, mit dir reden und dir alles erzählen sollte, was du wissen wolltest. Als letztes Mittel hat der Nagual sie nämlich gelehrt, sehr gewandt zu reden. Aber nicht einmal damit konnte Soledad dich überwältigen.«

»Warum ist es so wichtig, daß ich überwältigt werde?«

Sie machte eine Pause und schaute mich an. Sie räusperte sich und setzte sich aufrecht. Dann blickte sie zur niedrigen Höhlendecke hinauf und atmete geräuschvoll durch die Nase aus.

»Soledad ist eine Frau wie ich«, sagte sie. »Ich will dir etwas über mein Leben erzählen. Vielleicht verstehst du sie dann besser:

Ich hatte einmal einen Mann. Er schwängerte mich, als ich noch sehr jung war, und ich hatte mit ihm zwei Töchter. Eine nach der andren. Mein Leben war die Hölle. Der Mann war ein Säufer und prügelte mich Tag und Nacht. Ich haßte ihn, und er haßte mich. Und ich wurde fett wie ein Schwein. Eines Tages kam ein anderer Mann daher und erzählte mir, daß er mich liebe; ich sollte mit ihm in die Stadt gehen und dort als Dienstmagd arbeiten. Er wußte, daß ich eine tüchtige Arbeiterin war, und wollte mich nur ausbeuten. Aber mein Leben damals war so elendig, daß ich gern einwilligte und mit ihm ging. Er war noch schlimmer als der erste Mann. Gemein und widerlich. Schon nach einer Woche hatte er mich satt. Und er prügelte mich, schlimmer als du dir vorstellen kannst. Ich glaubte, er würde mich umbringen – er war nicht einmal besoffen –, und alles nur deswegen, weil ich keine Arbeit gefunden hatte. Dann schickte er mich mit einem kranken Baby im Arm zum Betteln auf die Straße. Er bezahlte der Mutter des Kindes einen Teil von dem Geld, das ich heimbrachte. Und dann schlug er mich immer, wenn ich nicht genug zusammenbetteln konnte. Das Kind wurde immer kränker, und ich wußte, der Mann würde mich totschlagen, falls das Kind sterben sollte, während ich mit ihm beim Betteln unterwegs war. Eines Tages, als ich wußte, daß er nicht zu Hause war, ging ich zu dieser Mutter und gab ihr das Baby zurück. Und auch einen Teil des Geldes, das ich an diesem Tag bekommen hatte. Ich hatte Glück gehabt; eine fremde Frau hatte mir fünfzig Pesos gegeben, damit ich Medizin für das Baby kaufen sollte.

Mit diesem furchtbaren Mann war ich drei Monate zusammen, aber mir kam es vor wie zwanzig Jahre. Ich nahm den Rest des Geldes, um in meine Heimatstadt zu fahren. Ich war wieder schwanger. Der Mann hatte gewollt, daß ich mit einem eignen Kind zum Betteln ging, damit er nicht für das andere zahlen mußte. Als ich nach Hause kam, wollte ich hingehen und meine Kinder sehen, aber die Familie des Vaters hatte sie zu sich genommen. Die ganze Familie versammelte sich, angeblich um mit mir zu reden, aber statt dessen führten sie mich an einen verlassenen Ort und schlugen mich mit Knüppeln und Steinen zusammen, und als sie glaubten, ich sei tot, ließen sie mich liegen.«

La Gorda zeigte mir die vielen Narben auf ihrer Kopfhaut.

»Noch heute weiß ich nicht, wie ich den Rückweg zur Stadt geschafft habe. Ich verlor sogar das Kind, das ich im Leib trug. Ich ging zu einer Tante, die noch am Leben war; meine Eltern waren beide gestorben. Sie gab mir Obdach und pflegte mich. Sie fütterte mich zwei Monate lang, die gute Seele, bis ich wieder aufstehen konnte.

Dann sagte meine Tante mir eines Tages, daß dieser Mann wiedergekommen war und mich suchte. Er war zur Polizei gegangen und hatte erzählt, er habe mir einen Vorschuß für meine Arbeit gegeben, nachdem ich das Kind einer anderen Frau getötet hätte. Ich wußte, das war mein Ende. Aber ich hatte noch einmal Glück, denn ein Amerikaner nahm mich in seinem Lastwagen mit. Ich sah den Lastwagen auf der Straße kommen und hob in meiner Verzweiflung die Arme, und der Mann hielt an und ließ mich einsteigen. Er nahm mich den ganzen Weg bis in diese Gegend Mexikos mit. In der Stadt ließ er mich aussteigen. Ich kannte dort keine Seele. Tagelang rannte ich wie ein streunender

Hund durch die Straßen und aß die Abfälle aus den Müllkästen. Und dann hatte ich noch einmal Glück.
Ich traf Pablito, und bei ihm habe ich eine Schuld, die ich nie werde abtragen können. Pablito nahm mich in seine Schreinerwerkstatt mit, und dort konnte ich in einem Winkel mein Bett aufschlagen. Das tat er, weil ich ihm leid tat. Er hatte mich auf dem Markt aufgelesen, nachdem er gestolpert und buchstäblich auf mich draufgefallen war. Ich saß dort und bettelte. Pablito ging vorbei, und ein Falter oder eine Biene flog ihm ins Auge. Er drehte sich auf dem Absatz um, stolperte und fiel auf mich. Ich glaubte schon, er würde wütend werden und mich schlagen, aber statt dessen gab er mir etwas Geld. Ich fragte ihn, ob er nicht Arbeit für mich wüßte. So kam es, daß er mich in seine Werkstatt mitnahm und mir ein Bügeleisen und ein Bügelbrett besorgte, damit ich für die Leute Wäsche waschen konnte.
Da ging es mir sehr gut. Nur daß ich immer dicker wurde, weil die Leute, für die ich die Wäsche machte, mich mit den Resten ihrer Mahlzeiten fütterten. Manchmal aß ich sechzehnmal am Tag. Ich tat nichts anderes als essen. Die Kinder rannten mir auf der Straße nach und neckten mich und stellten mir ein Bein, und dann stieß einer mich von hinten, und ich fiel hin. Oft habe ich über die grausamen Späßte dieser Kinder geweint, besonders wenn sie mir absichtlich die Wäsche schmutzig machten.
Eines Tages, am Spätnachmittag, kam ein unheimlicher alter Mann und wollte Pablito besuchen. Ich hatte diesen Mann nie vorher gesehen. Ich hätte nie geglaubt, daß Pablito mit einem so furchtbaren Mann etwas zu schaffen hatte. Ich wandte ihm den Rücken und arbeitete weiter. Ich war allein in der Werkstatt. Plötzlich spürte ich die Hände dieses Mannes an meinem Hals. Mein Herz setzte aus. Ich konnte nicht schreien, ich konnte nicht einmal atmen. Ich fiel hin, und dieser gräßliche Mann hielt meinen Kopf fest, vielleicht eine Stunde lang. Dann ging er fort. Ich war so verängstigt, daß ich bis zum nächsten Morgen an der Stelle liegenblieb, wo ich hingefallen war. So fand mich Pablito; er lachte und sagte, ich könne stolz und glücklich sein, denn dieser alte Mann sei ein mächtiger Zauberer, und er sei einer seiner Lehrer. Ich war wie betäubt; ich konnte nicht glauben, daß Pablito ein Zauberer war. Er erzählte, sein Lehrer habe gesehen, wie ein paar Nachtfalter über meinem Kopf schwebten und einen

perfekten Kreis bildeten. Das sei der Grund gewesen, warum er blitzschnell handelte und meine Blickrichtung änderte. Pablito sagte, daß der Nagual mir die Hand aufgelegt und in meinen Körper gefaßt habe und daß ich mich bald ändern würde. Ich hatte keine Ahnung, wovon er sprach. Ich hatte auch keine Ahnung, was der verrückte alte Mann mit mir gemacht hatte. Aber es war mir auch egal. Ich kam mir wie ein Hund vor, den jeder herumstoßen konnte. Pablito war der einzige, der freundlich zu mir gewesen war. Zuerst hatte ich geglaubt, er wolle mich als Frau benutzen. Aber ich war zu häßlich und fett und stinkig. Er wollte einfach gut zu mir sein.

Eines Abends dann kam der verrückte alte Mann zurück, und wieder packte er mich von hinten am Hals. Er tat mir furchtbar weh. Ich schrie und weinte. Ich wußte nicht, was er da machte. Er sprach nie ein Wort mir mir. Ich fürchtete ihn wie den Tod. Später aber fing er an, mit mir zu reden, und da sagte er mir, was ich mit meinem Leben anfangen solle. Was er sagte, gefiel mir. Er nahm mich überall mit. Aber meine Leere war mein schlimmster Feind. Ich konnte seine Art nicht akzeptieren, darum hatte er es eines Tages satt, mich dauernd zu verwöhnen, und er schickte den Wind nach mir. Ich hielt mich an diesem Tag hinter Soledads Haus auf, und ich spürte wie der Wind immer stärker wurde. Er blies durch den Zaun. Er fuhr mir in die Augen. Ich wollte mich ins Haus flüchten, aber mein Körper hatte Angst, und statt durch die Tür zu gehen, ging ich durch das Tor im Zaun. Der Wind stieß mich voran und wirbelte mich herum. Ich strebte zum Haus zurück, aber das war zwecklos. Ich konnte mich nicht gegen die Gewalt des Windes stemmen. Er trieb mich über die Berge und weit fort von der Landstraße, und schließlich landete ich in einem tiefen Loch – ein Loch wic ein Grab. Dort hielt der Wind mich tagelang fest, bis ich beschloß, mich zu ändern und mein Schicksal ohne Bedauern zu akzeptieren. Dann ließ der Wind nach, und der Nagual fand mich und führte mich ins Haus zurück. Er sagte mir, daß ich von nun an geben müsse, was ich nicht hatte: nämlich Liebe und Zuneigung; und daß ich für die Schwestern, Lidia und Josefina, sorgen müsse – besser als für mich selbst. Da verstand ich auf einmal, was der Nagual mir seit Jahren gesagt hatte. Mein Leben war schon lange vorbei. Er hatte mir ein neues Leben gegeben, und dieses Leben mußte ein vollkommen neues sein. Ich

durfte nicht meine häßlichen alten Gewohnheiten in dieses neue Leben mitbringen. Am ersten Abend, als er mir begegnete, hatten die Nachtfalter mich ihm gezeigt; es stand mir nicht an, mich gegen mein Schicksal aufzulehnen.
Ich begann meine Veränderung damit, daß ich für Lidia und Josefina sorgte, besser als für mich selbst. Ich tat alles, was der Nagual mir auftrug, und eines Nachts fand ich in dieser Schlucht, ja in dieser Höhle, meine Vollständigkeit. Ich war hier an dieser Stelle eingeschlafen, und dann wurde ich durch ein Geräusch geweckt. Ich blickte auf und sah mich, wie ich einmal gewesen war – schlank, jung, frisch. Es war mein Geist, der zu mir zurückgekehrt war. Zuerst wollte er sich nicht nähern, denn ich sah noch immer ziemlich fürchterlich aus. Aber dann konnte er nicht anders – er kam zu mir. Und dann wußte ich auf einmal, was der Nagual mir all die Jahre so mühsam beizubringen versucht hatte. Er hatte gesagt, wenn man ein Kind hat, dann nimmt dieses Kind unserem Geist den Schneid. Wenn eine Frau ein Mädchen hat, dann bedeutet dies, daß es mit ihrem Schneid zu Ende ist. Zwei Mädchen zu haben, wie ich, das bedeutete mein Ende. Meine besten Kräfte und Träume gingen auf diese Mädchen über. Sie stahlen mir meinen Schneid, sagte der Nagual, genau wie ich ihn von meinen Eltern gestohlen hatte. Das ist unser Schicksal. Ein Knabe stiehlt seinem Vater den größten Teil seines Schneids, genau wie ein Mädchen von seiner Mutter. Leute, die Kinder haben, so sagte der Nagual, wissen – wenn sie nicht so borniert sind wie du –, daß ihnen etwas fehlt. Irgendeine Verrücktheit, eine Nervosität, eine Kraft, die sie vorher hatten, ist jetzt weg. Sie hatten sie einmal – aber wo ist sie jetzt? Der Nagual sagte, sie steckt in dem kleinen Kind, das voll Energie, voll Illusionen durchs Haus springt. Mit anderen Worten: es ist vollständig. Wenn wir die Kinder beobachten, so sagte er, können wir sehen, daß sie mutig und schneidig sind; sie bewegen sich in Sprüngen. Wenn wir ihre Eltern beobachten, dann sehen wir, daß sie vorsichtig und ängstlich sind. Sie springen nicht mehr. Dies erklären wir uns, so sagte der Nagual, indem wir behaupten, daß die Eltern erwachsen sind und Verantwortung tragen. Aber das ist nicht wahr. Die Wahrheit ist, daß sie ihren Schneid verloren haben.«
Ich fragte la Gorda, was der Nagual wohl gesagt haben würde,

wenn ich ihm erzählt hätte, daß ich Eltern kannte, die viel mehr Geist und Schneid hatten als ihre Kinder.

Sie lachte und bedeckte verschämt ihr Gesicht.

»Du kannst ja mich fragen«, sagte sie kichernd. »Willst du meine Meinung hören?«

»Natürlich will ich das!«

»Diese Leute haben keineswegs mehr Geist; sie hatten nur von Anfang an mehr Energie und haben ihre Kinder dazu abgerichtet, folgsam und schwächlich zu sein. Sie machen ihren Kindern lebenslang Angst. Das ist alles.«

Ich schilderte ihr den Fall eines Mannes, den ich mal gekannt hatte; er war Vater von vier Kindern und hatte im Alter von 53 Jahren sein Leben völlig geändert. Dazu gehörte auch, daß er nach fünfundzwanzigjähriger Karriere als Geschäftsmann und Familienvater seine Frau verließ und seinen Führungsposten in einer großen Firma aufgab. Das alles warf er mutig hinter sich und lebte fortan auf einer Insel im Pazifik.

»Was, ging er ganz allein auf die Insel?« fragte la Gorda überrascht.

Damit hatte sie mein Argument zerpflückt. Ich mußte zugeben, daß der Mann jetzt mit seiner dreiundzwanzigjährigen Braut lebte.

»Die zweifellos vollständig ist«, fügte la Gorda hinzu.

Wieder mußte ich ihr recht geben.

»Ein leerer Mann nutzt immer die Vollständigkeit einer Frau aus«, sagte sie. »Eine vollständige Frau ist in ihrer Vollständigkeit gefährlich – mehr noch als ein Mann. Sie ist unzuverlässig, schwankend, nervös, aber sie ist auch zu großen Änderungen fähig. Solche Frauen können sich eines Tages aufraffen und gehen, wohin sie wollen. Vielleicht fangen sie dort nichts Besonderes an, aber das ist nur, weil sie von Anfang an nichts vorhatten. Leere Menschen dagegen können nicht mehr so durch die Gegend springen. Dafür sind sie zuverlässiger. Leere Menschen, so sagte der Nagual, sind wie Würmer, die sich ängstlich umschauen, bevor sie ein Stückchen weiterkriechen, und dann ziehen sie sich zurück, und dann kriechen sie wieder ein Stückchen weiter. Vollständige Menschen springen und schlagen Purzelbäume, und meistens landen sie auf dem Arsch, aber das macht ihnen nichts aus.

Um in die andere Welt einzugehen, sagte der Nagual, muß man vollständig sein. Um ein Zauberer zu sein, muß man seine ganze Leuchtkraft haben: keine Löcher, keine Flicken; und der ganze Schneid des Geistes muß da sein. Daher muß ein Zauberer, der leer ist, seine Vollständigkeit wiedererlangen. Ob Mann oder Frau – sie alle müssen vollständig werden, um in diese Welt dort draußen zu gehen, diese Ewigkeit, wo der Nagual und Genaro jetzt auf uns warten.«

Sie unterbrach sich und blickte mich lange an. Es gab kaum noch genügend Licht, um zu schreiben.

»Aber wie hast du deine Vollständigkeit wiedererlangt?« fragte ich.

Beim Klang meiner Stimme fuhr sie auf. Ich wiederholte meine Frage. Sie starrte zur Wölbung der Höhle hinauf, bevor sie mir antwortete.

»Ich mußte meine beiden Mädchen ablehnen«, sagte sie. »Der Nagual hat dir einmal erzählt, wie man das macht, aber du wolltest nichts davon wissen. Seiner Meinung nach müssen wir diesen Schneid erneut stehlen, um ihn wiederzuerlangen. Wir haben ihn einstmals auf die harte Art bekommen, indem wir ihn von unseren Eltern stahlen, und jetzt müssen wir ihn genauso, auf die harte Art, wiedererlangen.

Dies lehrte er mich, und als erstes brachte er mich dazu, meine Liebe zu den beiden Kindern abzulehnen. Dies mußte ich durchs *Träumen* tun. Nach und nach lernte ich, sie nicht zu lieben, aber der Nagual sagte, dies sei zwecklos; es komme nicht darauf an, nicht zu lieben, sondern man müsse lernen, sich nicht mehr zu kümmern. Immer wenn ich glaubte, daß diese Mädchen mir nichts mehr bedeuteten, mußte ich sie wiedersehen, sie ansehen und anfassen. Ich mußte ihnen liebevoll den Kopf streicheln, und derweil entzog meine linke Seite ihnen den Schneid.«

»Was geschah mit ihnen?«

»Nichts. Sie spürten nie etwas davon. Sie gingen ruhig nach Hause, und heute sind sie zwei normale Erwachsene. Leer wie die meisten Menschen um sie her. Sie sind nicht gern in Gesellschaft von Kindern, weil sie nichts mit ihnen anzufangen wissen. Um so besser für sie, meine ich. Ich habe ihnen die Verrücktheit genommen. Sie brauchten sie nicht. Ich aber brauchte sie. Ich wußte nicht, was ich tat, als ich sie ihnen gab. Außerdem haben sie ja noch immer den Schneid, den sie ihrem Vater stahlen. Der Nagual hatte recht: niemand bemerkte ihren Verlust, aber ich spürte meinen Gewinn. Als ich meinen Kopf aus dieser Höhle streckte, sah ich meine Illusionen in Reih und Glied wie Soldaten vor mir. Die Welt war wieder strahlend und neu. Die Schwere meines Körpers und meines Geistes war von mir genommen, und ich war wirklich ein neues Wesen.«

»Weißt du, wie du es machtest, den Schneid von deinen Kindern zu nehmen?«

»Sie sind nicht meine Kinder. Ich habe nie welche gehabt. Sieh mich an!«

Sie kroch aus der Höhle, hob den Rock und zeigte mir ihren nackten Körper. Vor allem fiel mir auf, wie schlank und muskulös sie war.

Sie forderte mich auf, näherzukommen und sie zu untersuchen. Ihr Leib war so sehnig und fest, daß ich meinte, sie könne unmöglich Kinder geboren haben. Sie stützte ihren rechten Fuß auf einen hohen Stein und zeigte mir ihre Vagina. Ihr Bemühen, mir ihre Veränderung zu beweisen, war so ungestüm, daß ich lachen mußte, um meine Nervosität zu verbergen. Ich sagte, daß ich doch kein Arzt sei und es daher nicht beurteilen könne, daß sie aber sicherlich recht habe.

»Natürlich habe ich recht«, sagte sie und kroch in die Höhle zurück. »Aus diesem meinem Leib ist nie ein Kind gekommen.«

Nach einer Weile beantwortete sie meine Frage, die ich, als sie sich vor mir entblößte, ganz vergessen hatte.

»Meine linke Seite holte meinen Schneid zurück«, sagte sie. »Ich tat nichts andres als hingehen und die Mädchen besuchen. Ich ging vier oder fünfmal hin, damit sie sich an mich gewöhnten. Sie waren schon groß und gingen zur Schule. Ich hatte geglaubt, es würde mir schwerfallen, sie nicht gernzuhaben, aber der Nagual sagte, darauf käme es gar nicht an; ich sollte sie ruhig gernhaben, wenn ich wollte. Also hatte ich sie gern. Aber mein Gernhaben war nichts anderes, als wenn man einen Fremden gernhat. Ich hatte mich entschlossen, und ich verfolgte unbeirrt meine Absicht. Ich will, noch während ich lebe, in diese andere Welt eingehen, von der der Nagual mir erzählt hat, und dazu brauche ich allen Schneid meines Geistes. Ich brauche meine Vollständigkeit. Nichts kann mich von dieser anderen Welt abbringen!

Nichts!«
Sie schaute mich trotzig an.
»Wenn du deine Vollständigkeit suchst, mußt du beide ablehnen: die Frau, die dich ausgeleert hat, und den kleinen Jungen, der deine Liebe besitzt. Die Frau kannst du leicht ablehnen. Bei dem kleinen Jungen ist's etwas andres. Ist diese sinnlose Zuneigung zu diesem Kind dir denn so viel wert, daß sie dich davon abhalten kann, in jenes Reich einzutreten?«
Ich wußte keine Antwort. Nicht daß ich den Wunsch gehabt hätte, mir die Frage zu überlegen. Vielmehr war ich völlig verwirrt.
»Soledad muß ihren Schneid von Pablito zurückfordern, wenn sie ins Nagual eingehen will«, fuhr sie fort. »Wie zum Teufel aber soll sie das tun? Ganz gleich wie schwach Pablito sein mag – er ist immerhin ein Zauberer. Aber der Nagual gab Soledad eine einzigartige Chance. Er sagte, ihr Augenblick sei gekommen, wenn du ihr Haus beträtest, und für diesen Augenblick befahl er uns nicht nur, in ein andres Haus zu ziehen, sondern er half ihr auch, die Zufahrt zu ihrem Haus zu erweitern, damit du mit dem Auto bis vor die Tür fahren könntest. Er sagte ihr, sie müsse ein makelloses Leben führen, dann könne sie dich einsacken und alle deine Leuchtkraft in sich aufnehmen – nämlich die Kraft, die der Nagual in deinem Körper hinterlassen hat. Das sollte ihr nicht schwerfallen. Da sie in die entgegengesetzte Richtung geht, könnte sie dich im Nu aussaugen. Ihre große Chance lag darin, dich für einen Augenblick zur Hilflosigkeit zu verführen.
Hätte sie dich getötet, dann hätte deine Leuchtkraft sofort ihre Kraft vermehrt, und sie hätte sich auf uns gestürzt. Ich war die einzige, die das wußte. Lidia, Rosa und Josefina lieben sie. Ich nicht. Ich habe ihre Absichten gekannt. Sie hätte uns, einen nach dem andern, gepackt und verschlungen, ganz wie es ihr paßte, denn sie hatte nichts zu verlieren und alles zu gewinnen. Es gab keinen anderen Weg für sie. Das hat mir der Nagual gesagt. Er vertraute mir die Mädchen an und sagte mir, was ich tun solle, falls Soledad dich töten und danach unsere Leuchtkraft begehren würde. Er meinte, ich hätte vielleicht eine Chance, mich selbst und eine von den drei Schwestern zu retten. Siehst du, Soledad ist gar keine böse Frau. Sie tut nur das, was ein makelloser Krieger zu tun hat. Die Schwesterchen lieben sie mehr als ihre eignen

Mütter. Sie ist eine wirkliche Mutter für sie. Und darin, sagte der Nagual, lag ihr Vorteil. Ich kann die Schwesterchen nicht von ihr fortlocken, egal wie ich es anstelle. Also hätte sie, falls es ihr gelungen wäre, dich zu töten, anschließend mindestens zwei dieser vertrauensvollen Seelen verschlungen. Pablito ist ohne dich ein Nichts. Soledad hätte ihn zerquetscht wie eine Laus. Und dann wäre sie in all ihrer Vollständigkeit und Kraft in jene andre Welt dort draußen eingegangen. Ich an ihrer Stelle hätte es genauso versucht wie sie.

Denn siehst du, für sie ging es um Alles oder Nichts. Als du eintrafst, waren alle anderen fort. Alles sah danach aus, als wär's das Ende für dich und für einige von uns. Schließlich aber war es ein Fehlschlag für sie und eine Chance für die Schwesterchen. In dem Augenblick, als ich wußte, daß du gesiegt hattest, sagte ich den drei Mädchen, daß sie jetzt an der Reihe wären. Der Nagual hatte gesagt, sie sollten bis zum Morgen warten, um dich nichtsahnend zu überraschen. Der frühe Morgen, sagte er, sei keine gute Zeit für dich. Er befahl mir, mich fernzuhalten und die Schwestern bei ihrem Tun nicht zu stören; ich sollte nur eingreifen, falls du versuchen würdest, ihre Leuchtkraft zu verletzen.«

»Sollten auch sie mich töten?«

»Aber ja! Du bist die männliche Seite ihrer Leuchtkraft. Ihre Vollständigkeit bringt ihnen manchmal Schaden. Der Nagual führte sie mit eiserner Hand und hielt sie im Gleichgewicht, aber jetzt, wo er fort ist, gibt es nichts, was sie stützt. Dazu hätten sie deine Leuchtkraft gebraucht.«

»Aber wie ist es mit dir, Gorda? Sollst auch du mich vernichten?«

»Ich hab dir schon gesagt, daß ich anders bin. Ich bin ausgeglichen. Meine Leere, die einst mein Nachteil war, ist jetzt mein Vorteil. Sobald ein Zauberer seine Vollständigkeit wiedererlangt, ist er ausgeglichen, während ein Zauberer, der immer schon vollständig war, immer ein wenig daneben ist. So wie Genaro daneben war. Der Nagual aber war ausgeglichen, weil er einmal unvollständig war, wie du und ich – ja noch unvollständiger als du und ich. Er hatte drei Söhne und eine Tochter.

Die Schwesterchen sind wie Genaro, ein bißchen daneben. Und meistens sind sie so unter Spannung, daß sie kein Maß kennen.«

»Und wie ist es mit mir, Gorda? Muß ich auch sie verfolgen?«
»Nein. Nur sie hätten einen Nutzen davon gehabt, deine Leuchtkraft aufzusaugen. Du aber hast keinen Nutzen von irgend jemandes Tod. Der Nagual hinterließ dir eine besondere Kraft, eine Art Gleichgewicht, das keiner von uns hat.«
»Können sie dieses Gleichgewicht denn nicht lernen?«
»Sicher können sie das. Aber das hat nichts mit der Aufgabe zu tun, die die Schwesterchen erfüllen mußten. Es war ihre Aufgabe, deine Kraft zu stehlen. Zu diesem Zweck vereinigten sie sich so sehr, daß sie jetzt wie ein einziges Wesen sind. Sie hatten sich geübt und vorbereitet, dich auszuschlürfen wie ein Glas Limonade. Der Nagual hat sie zu Verstellungskünstlern höchsten Grades gemacht; besonders Josefina. Ihre Schau war unvergleichlich. Verglichen mit ihrer Kunst, sind Soledads Bemühungen bloße Kinderei. Sie ist eine einfache Frau. Die Schwesterchen aber sind wahre Zauberinnen. Zwei von ihnen gewannen dein Vertrauen, während die dritte dich erschreckte und hilflos machte. Wie sie ihre Karten ausspielten, das war perfekt. Du bist auf alles reingefallen und wärst beinah unterlegen. Die einzige Panne war, daß du am Vorabend Rosas Leuchtkraft verletzt und dann wieder geheilt hattest. Das machte sie hupfig. Hätte sie dich in ihrer Nervosität nicht so fest gebissen, dann wärst du jetzt vielleicht nicht hier. Ich hab das alles von der Tür her mit angesehen. Ich kam genau in dem Moment, als du im Begriff warst, sie zu vernichten.«
»Aber was hätte ich tun können, um sie zu vernichten?«
»Woher soll ich das wissen? Ich bin nicht du.«
»Ich meine: was sahst du mich denn tun?«
»Ich sah, wie dein Doppelgänger aus dir rauskam.«
»Wie sah er denn aus?«
»Er sah aus wie du. Wie denn sonst? Er war sehr groß und bedrohlich. Dein Doppelgänger hätte sie umgebracht. Darum kam ich und griff ein. Ich brauchte alle meine Kraft, um dich zur Ruhe zu bringen. Die Schwestern boten mir keine Hilfe. Sie waren verloren. Und du warst wild und gewalttätig. Du verändertest genau vor meinen Augen zweimal deine Farbe. Die eine Farbe war so gewalttätig, daß ich fürchtete, du würdest auch mich töten.«
»Was für eine Farbe war das, Gorda?«

»Weiß. Was denn sonst? Der Doppelgänger ist weiß; gelblichweiß, wie die Sonne.«
Ich starrte sie an. Dieser Vergleich war mir ganz neu.
»Ja«, fuhr sie fort. »Wir sind Teile der Sonne. Das ist's, warum wir leuchtende Wesen sind. Aber unsere Augen können dieses Leuchten nicht sehen, weil es sehr schwach ist. Nur die Augen eines Zauberers können es *sehen*, und das geschieht erst nach lebenslangem Bemühen.«
Ihre Enthüllung überraschte mich ganz und gar. Ich versuchte meine Gedanken zu ordnen, um eine passende Frage zu stellen.
»Hat der Nagual dir jemals etwas über die Sonne erzählt?« fragte ich.
»Ja. Wir sind wie die Sonne, aber sehr, sehr schwach. Unser Licht ist zu schwach, aber jedenfalls ist es Licht.«
»Aber hat er vielleicht gesagt, daß die Sonne das Nagual ist?« insistierte ich verzweifelt.
La Gorda antwortete nicht. Sie machte ein paar reflexartige Schmatzlaute. Anscheinend überlegte sie, was sie mir sagen sollte. Ich wartete, bereit, ihre Antwort niederzuschreiben. Nach langer Pause kroch sie aus der Höhle hinaus. »Ich werde dir mein schwaches Licht zeigen«, sagte sie wie selbstverständlich.
Sie ging zur Mitte der engen Talsohle und hockte sich nieder. Von meinem Standort konnte ich nicht sehen, was sie da machte, darum mußte ich ebenfalls aus der Höhle kriechen. Drei bis vier Meter von ihr entfernt bleib ich stehen. Immer noch in der Hocke, schob sie ihre Hände unter den Rock. Plötzlich stand sie auf. Ihre Hände waren locker zu Fäusten geballt; sie hob sie über den Kopf und schnickte die Finger auf. Ich hörte ein kurzes Knistern, und dann sah ich von ihren Fingerspitzen Funken aufsteigen. Wieder ballte sie die Fäuste, und als sie die Finger spreizte, flog wieder eine Salve, diesmal viel größerer Funken davon. Und wieder ging sie in die Hocke und griff unter ihren Rock. Sie schien etwas aus ihrem Schoß zu ziehen. Sie warf die Hände über den Kopf und wiederholte die schnickende Fingerbewegung, und ich sah einen Sprühnebel langer, leuchtender Fasern von ihren Fingern aufsteigen. Ich mußte den Kopf zurücklegen, um sie vor dem schon dunklen Himmel zu sehen. Es waren offenbar lange, feine rötliche Lichtfäden. Nach einer Weile verblaßten sie und verschwanden.

Sie hockte sich noch einmal hin, und als sie die Finger spreizte, ging das erstaunlichste Lichterschauspiel los. Der ganze Himmel war erfüllt von dicken Lichtstrahlen. Es war ein faszinierender Anblick. Ich verlor mich gänzlich darin. Meine Augen blickten starr. Ich achtete nicht weiter auf la Gorda, ich schaute nur auf die Lichter. Plötzlich hörte ich einen Schrei, der mich zwang, nach ihr hinzuschauen – rechtzeitig, um zu sehen, wie sie eine der von ihr erzeugten Lichtfasern packte und sich zum Rand der Schlucht hinaufschwang. Dort schwebte sie einen Augenblick als riesiger dunkler Schatten vor dem Himmel, und dann glitt sie ruckartig, oder jedenfalls in kurzen Sprüngen, oder als ob sie auf einem Treppengeländer herabrutschte, zum Grund der Schlucht zurück.

Plötzlich erkannte ich, daß sie über mir stand. Ich hatte überhaupt nicht bemerkt, daß ich auf den Hintern gefallen war. Ich stand auf. Sie war in Schweiß gebadet und rang keuchend nach Luft. Lange konnte sie nicht sprechen. Sie fing an, auf der Stelle zu traben. Ich wagte nicht, sie zu berühren. Schließlich schien sie sich genügend beruhigt zu haben, um in die Höhle zurückzukriechen. Sie ruhte sich ein paar Minuten aus.

All dies war so schnell gegangen, daß ich kaum feststellen konnte, was eigentlich geschehen war. Im Augenblick ihrer erstaunlichen Darbietung spürte ich ein unerträglich schmerzhaftes Jucken unterhalb meines Nabels. Ich hatte mich körperlich nicht angestrengt, und doch keuchte ich schwer.

»Ich glaube, es ist Zeit, daß wir zu unserer Verabredung gehen«, sagte sie atemlos. »Mein Fliegen hat uns beide geöffnet. Du hast mein Fliegen in deinem Bauch gespürt. Das bedeutet, daß du jetzt offen und bereit bist, den vier Mächten zu begegnen.«

»Welche vier Mächte meinst du?«

»Die Verbündeten des Naguals und Genaros. Du hast sie gesehen. Sie sind furchterregend. Jetzt sind sie aus den Kalebassen Genaros und des Naguals befreit. Einen von ihnen hast du gestern abend vor Soledads Haus gehört. Sie warten auf dich. Sobald die Dunkelheit des Tages einsetzt, sind sie unbezähmbar. Einer von ihnen hat dich sogar am Tage bei Soledads Haus verfolgt. Diese Verbündeten gehören jetzt dir und mir. Jeder von uns wird zwei von ihnen annehmen. Welche, das weiß ich nicht. Und ich weiß auch nicht, wie es geschehen wird. Der Nagual hat mir nur gesagt, daß du und ich es selbst mit ihnen aufnehmen müssen.«

»Warte, warte!« rief ich.
Sie ließ mich nicht zu Wort kommen. Sie legte mir sachte die Hand auf den Mund. Ich spürte einen schmerzhaften Schock in der Magengrube. Schon früher war ich mit jenen unerklärlichen Phänomenen zusammengestoßen, die Don Juan und Don Genaro als ihre Verbündeten bezeichneten. Sie waren vier an der Zahl, und es waren Wesen, so real wie nur etwas auf der Welt. Ihre Erscheinung war so fremdartig, daß sie mich, jedesmal wenn ich sie erlebte, in einen unbeschreiblichen Angstzustand versetzten. Der erste, dem ich begegnete, war Don Juans Verbündeter; es war eine dunkle, rechteckige Masse, an die drei Meter hoch und knapp zwei Meter breit. Sie bewegte sich mit der alles zermalmenden Wucht eines riesigen Felsblocks und atmete so schwer, daß es mich an das Geräusch eines Blasebalgs erinnerte. Ich war ihm stets in der Nacht, in der Dunkelheit begegnet. Mir kam es so vor, als sei es eine Tür, die sich schwankend von einer Ecke über die andre wälzte.
Der zweite Verbündete, mit dem ich es zu tun bekam, gehörte zu Don Genaro. Er war ein düsterer, ungewöhnlich großer, glatzköpfiger Mann mit länglichem Gesicht, mit dicken Lippen und riesigen trüben Augen. Er trug immer Hosen, die für seine langen dürren Beine zu kurz waren.
Diese beiden Verbündeten hatte ich viele Male gesehen, wenn ich mit Don Juan und Don Genaro zusammen war. Ihr Anblick löste bei mir stets eine unüberbrückbare Spaltung zwischen Vernunft und Wahrnehmung aus. Einerseits hatte ich keinen vernünftigen Grund zur Annahme, daß das, was mir widerfuhr, auch tatsächlich stattfand; andererseits war es völlig unmöglich, die Echtheit meiner Wahrnehmung anzuzweifeln.
Da sie immer dann auftauchten, wenn Don Juan und Don Genaro in der Nähe waren, begriff ich sie als Produkte des mächtigen Einflusses, den diese beiden Männer auf meine für Suggestion anfällige Persönlichkeit ausübten. Soviel ich verstand, mußte es sich entweder so verhalten, oder aber Don Juan und Don Genaro verfügten über Mächte, die sie als ihre Verbündeten bezeichneten – Mächte, die imstande waren, sich mir als diese furchterregenden Wesen zu offenbaren.
Ein besonderes Merkmal der Verbündeten war, daß sie mir nie erlaubten, sie gründlich in Augenschein zu nehmen. Ich hatte

mehrfach versucht, meine ungeteilte Aufmerksamkeit auf sie zu konzentrieren, aber jedesmal wurde mir schwindlig, und es trat eine Art Bewußtseinsspaltung ein.

Die beiden anderen Verbündeten waren flüchtiger Natur. Ich hatte sie nur einmal gesehen: einen riesigen schwarzen Jaguar mit glühenden gelben Augen, und einen gewaltigen, raubgierigen Koyoten. Die beiden Bestien waren äußerst aggressiv und überwältigend. Der Jaguar gehörte zu Don Genaro, und der Koyote zu Don Juan.

La Gorda kroch aus der Höhle. Ich folgte ihr. Sie ging voran. Wir verließen die Schlucht und erreichten eine langgestreckte steinige Ebene. Sie blieb stehen und ließ mich vorausgehen. Ich sagte ihr, daß ich, falls sie mir die Führung überließ, versuchen wollte, mein Auto zu finden. Sie nickte zustimmend und klammerte sich an mich. Ich spürte ihre feuchtkalte Haut. Sie befand sich offenbar in einem Zustand höchster Erregung. Wir waren etwa zwei Meilen von der Stelle entfernt, wo wir den Wagen zurückgelassen hatten, und um dorthin zu gelangen, mußten wir diese öde felsige Ebene überqueren. Don Juan hatte mir früher einmal einen verborgenen Pfad gezeigt, der zwischen hohen Felsblöcken knapp am Fuß des Berges entlang führte, der die Ebene nach Osten begrenzte. Einem unerklärlichen Zwang gehorchend, schlug ich diesen Pfad ein; sonst hätte ich den gleichen Weg genommen, auf dem wir zuvor die Ebene überquert hatten.

La Gorda schien etwas Schreckliches zu ahnen. Sie klammerte sich an mich. Ihre Augen blickten gehetzt.

»Sind wir auf dem richtigen Weg?« fragte ich.

Sie antwortete nicht. Sie riß ihren Schal herunter und drehte daraus ein langes festes Seil. Dieses schlang sie um meine Hüften, führte die Enden überkreuz und verknotete sie hinter ihrem Rücken. Damit waren wir durch eine Schleife in Form einer ›8‹ miteinander verbunden.

»Warum hast du das gemacht?« fragte ich.

Sie schüttelte den Kopf. Ihre Zähne klapperten, aber sie konnte kein Wort herausbringen. Ihre Angst schien sich ins Extreme zu steigern. Sie stieß mich vorwärts und wir gingen weiter. Ich wunderte mich nur, warum ich nicht selbst starr vor Angst war.

Als wir den über die Bergflanke führenden Hochpfad erreichten, machte die körperliche Anstrengung sich bei mir bemerkbar. Ich keuchte und mußte durch den Mund atmen. Schattenhaft sah ich die Umrisse der großen Felsblöcke. Es schien kein Mond, aber der Himmel war so klar, daß es hell genug war, um die verschiedenen Formationen zu unterscheiden. Hinter mir hörte ich la Gorda keuchen.

Ich mußte stehenbleiben, um mich zu verschnaufen, aber sie stieß mich sanft vorwärts und schüttelte verneinend den Kopf. Ich wollte mit einem Scherz die Spannung mildern – aber da hörte ich ein seltsames Stampfen. Mein Kopf schnellte unwillkürlich nach rechts, so daß ich mit dem linken Ohr in die Dunkelheit vor mir lauschte. Ich hielt den Atem an, und da hörte ich ganz deutlich, daß irgend etwas – es waren bestimmt nicht la Gorda oder ich – schwer atmete. Ich horchte noch einmal, um ganz sicher zu sein, bevor ich es ihr sagte. Kein Zweifel, dort vorn, zwischen den Felsen, erhob sich diese wuchtige schwarze Gestalt. Im Weitergehen legte ich la Gorda die Hand auf den Mund und bedeutete ihr, den Atem anzuhalten. Ich spürte, daß die wuchtige Gestalt sehr nah war. Anscheinend suchte sie sich so leise wie möglich heranzuschieben. Sie keuchte leise.

La Gorda war entsetzt. Sie ging in die Hocke und zog mich an dem um meine Hüften geschlungenen Schal zu sich herunter. Sie steckte einen Moment die Hände unter den Rock und stand auf. Ihre Hände waren zu Fäusten geballt, und als sie die Finger spreizte, sandten sie einen Funkenregen aus.

»Piß in deine Hände!« flüsterte mir la Gorda durch zusammengebissene Zähne zu.

»Eh?« machte ich, denn ich begriff nicht, was sie von mir verlangte.

Drei oder viermal, und immer dringlicher, flüsterte sie mir ihren Befehl ins Ohr. Dann merkte sie anscheinend, daß ich nicht begriff, was sie wollte, denn sie hockte sich wieder hin und urinierte demonstrativ in die Hände. Ich starrte sie verblüfft an, während sie ihren Urin als roten Funkenregen in die Luft schleuderte.

Mein Verstand setzte aus. Ich wußte nicht, was mich mehr fesselte: der Anblick der Lichter, die la Gorda mit ihrem Urin erzeugte, oder das Keuchen des sich nähernden Wesens. Ich konnte mich nicht entscheiden, auf welche der beiden Sensationen ich achten sollte; beide schlugen mich gänzlich in ihren Bann.

»Schnell! Mach in die Hände!« stieß la Gorda zwischen den Zähnen hervor.
Ich hörte sie wohl, aber meine Aufmerksamkeit war abgelenkt. La Gorda beschwor mich mit flehender Stimme; sie sagte, meine Funken würden das sich annähernde Wesen, was immer es sein mochte, zum Rückzug bewegen. Sie fing an zu schluchzen, und ich wurde von Verzweiflung überwältigt. Nicht nur hörte ich das heranrückende Wesen, sondern ich spürte es mit meinem ganzen Körper. Ich versuchte in die Hände zu urinieren; ich strengte mich umsonst an. Ich war zu verlegen und zu nervös. La Gordas Erregung steckte mich an. Wie rasend mühte ich mich, etwas Urin rauszuquetschen, und endlich schaffte ich es. Ich spreizte drei oder viermal die Finger in die Luft, aber es flogen keine Funken auf.
»Tu's nochmal!« sagte la Gorda. »Es dauerte einige Zeit, bis Funken entstehen.«
Ich sagte ihr, ich hätte all meinen Urin verbraucht. Aus ihren Augen schaute die blanke Verzweiflung.
In diesem Moment sah ich, wie die wuchtige rechteckige Gestalt sich an uns heranschob. Mir selbst kam sie eigentlich gar nicht bedrohlich vor, aber la Gorda fiel beinah vor Angst in Ohnmacht.
Plötzlich löste sie ihren Schal, der uns verbunden hatte, sprang hinter mir auf einen Stein und schlang ihre Arme um mich, wobei sie ihr Kinn auf meinen Kopf stützte. Offenbar war sie auf meine Schultern geklettert. Kaum hatte sie diese Stellung eingenommen, da unterbrach die unheimliche Gestalt ihren Vormarsch. Schnaufend blieb sie etwa zwanzig Meter vor uns stehen.
Ich empfand eine ungeheure Spannung, die sich in meinem Bauch zu konzentrieren schien. Nach einer Weile wußte ich ohne jeden Zweifel, daß wir, falls wir in dieser Stellung verharrten, alle unsere Energie erschöpfen und dem heranschleichenden Wesen – was es auch sein mochte – zum Opfer fallen würden.
Ich flüsterte, wir müßten um unser Leben laufen. Sie schüttelte verneinend den Kopf. Anscheinend hatte sie ihre Fassung wiedergefunden. Sie sagte, wir müßten uns hinlegen, den Kopf zwischen den Armen verstecken und die Knie zum Bauch anziehen. Vor Jahren einmal, so erinnerte ich mich, hatte Don Juan mich die gleiche Stellung einnehmen lassen, als ich in

einer Wüste im Norden Mexikos von einer ähnlich unheimlichen und doch für meine Sinne ähnlich realen Erscheinung gefangengenommen war. Damals hatte Don Juan gesagt, daß Flucht zwecklos sei und daß man nur eines tun könne, nämlich in der Haltung, die la Gorda mir eben befohlen hatte, an der Stelle zu bleiben.

Schon wollte ich mich hinknien, als mich plötzlich die Gewißheit befiel, daß wir einen furchtbaren Fehler gemacht hatten, als wir die Höhle verließen. Wir mußten um jeden Preis zu ihr zurückkehren.

Ich schlang mir la Gordas Schal über die Schultern und unter den Armen hindurch über den Rücken. Die Enden hielt ich über meinen Kopf und sagte zu la Gorda, sie solle sich auf meine Schultern stellen und versuchen, sich im Gleichgewicht zu halten, indem sie den Schal wie einen Zügel packte. Vor Jahren einmal hatte Don Juan mir gesagt, man müsse unheimlichen Erscheinungen wie jener rechteckigen Gestalt vor uns mit überraschenden Handlungen begegnen. In diesem Zusammenhang erzählte er mir, wie er einmal im Wald einem Reh begegnet war, das zu ihm ›sprach‹, und wie er sich während der ganzen Erscheinung auf den Kopf gestellt und dadurch sein Leben gerettet hatte.

Jetzt hatte ich die Absicht, mit der auf meinen Schultern stehenden la Gorda an der rechteckigen Gestalt vorbei zur Höhle zu gehen.

»Die Höhle kommt nicht in Frage«, flüsterte sie. »Der Nagual hat gesagt, dort dürfen wir keinesfalls bleiben!«

Ich reichte ihr die Enden des Schals und beteuerte, mein Körper habe die Gewißheit, daß wir, einmal in der Höhle, in Sicherheit wären.

»Das mag wohl sein«, sagte sie, »und vielleicht könnten wir es schaffen. Aber trotzdem haben wir keine Mittel, um diese Kräfte zu kontrollieren. Was wir brauchen, ist ein besonderer Behälter, eine Kalebasse, wie Genaro und der Nagual sie am Gürtel trugen.«

Sie zog ihre Schuhe aus und kletterte auf meine Schultern. Ich stützte mit den Händen ihre Knie und spürte den Zug des Schals unter meinen Achseln, als sie die Enden straff zog und im Gleichgewicht stand. Mit 115 Pfund auf den Schultern durch die Dunkelheit zu gehen, das war nicht eben leicht. Ich ging sehr langsam. Ich zählte dreiundzwanzig Schritte, dann mußte ich sie absetzen. Meine Schultern schmerzten unerträglich. Ich sagte ihr, sie sei zwar schlank, aber ihr Gewicht könne mir leicht das Schlüsselbein brechen.

Das Erstaunliche war aber, daß die rechteckige Gestalt verschwunden war. Unsere Taktik hatte also gewirkt. Jetzt schlug la Gorda vor, mich ein Stück weit auf den Schultern zu tragen. Ich fand die Vorstellung absurd: mein Gewicht war für ihren zierlichen Körper einfach zuviel. So beschlossen wir, weiterzugehen und abzuwarten, was geschehen würde.

Um uns her war Totenstille. Wir gingen langsam und stützten einander. Wir waren kaum ein paar Meter weiter, als ich wieder unheimliche Atemlaute hörte – ein leises, gedehntes Zischen, wie das Fauchen einer Katze. Rasch half ich la Gorda auf meine Schultern hinauf und ging zehn Schritte weiter.

Ich wußte, wir mußten die Taktik des unerwarteten Verhaltens beibehalten, wenn wir diesen Ort heil und lebend verlassen wollten. Ich überlegte gerade, welche überraschenden Aktionen wir noch bringen konnten, außer daß la Gorda sich auf meine Schultern stellte – da zog sie plötzlich ihr Kleid aus. Eine Bewegung, und sie war nackt. Sie kroch am Boden herum und suchte anscheinend etwas. Ich hörte ein Knacken, dann stand sie auf. Sie hielt einen Zweig in der Hand, den sie von einem Busch abgebrochen hatte. Sie warf mir den Schal über Schultern und Nacken und verknotete ihn zu einer Art Tragegurt, in dem sie – wie ein Huckepack reitendes Kind – sitzen konnte, während sie ihre Beine um meine Hüften schlang. Dann streifte sie ihr Kleid über den Ast und hielt ihn hoch in die Luft. Sie schwenkte den Ast hin und her, so daß das Kleid in einem seltsamen Rhythmus durch die Luft tanzte. Sie unterstrich den Effekt noch durch Pfiffe, die den eigentümlichen Schrei der Nachteule nachahmten.

Nach etwa hundert Metern hörte ich die gleichen Geräusche hinter uns und von beiden Seiten. La Gorda versuchte es mit einem durchdringenden Schrei, ähnlich dem eines Pfaus. Nach einigen Minuten kam das Echo dieses Vogelrufes von allen Seiten zurück.

Schon vor Jahren einmal hatte ich mit Don Juan zusammen ein ähnliches Erlebnis gehabt, bei dem meine Vogelrufe auf unheimliche Art beantwortet wurden. Damals hatte ich geglaubt, daß

Don Juan sich in der Nähe versteckte und diese Schreie ausstieß; oder daß es vielleicht ein Mitverschwörer wie Don Genaro war, der ihm half, mich in einen unerträglichen Angstzustand zu versetzen – ein Angstzustand, der mich befähigte, in völliger Dunkelheit zu rennen, ohne ein einziges Mal zu stolpern. Diese besondere Art, durch die Dunkelheit zu rennen, nannte Don Juan die ›Gangart der Kraft‹.

Ich fragte la Gorda, ob sie die ›Gangart der Kraft‹ kenne. Ja, sagte sie. Ich schlug vor, wir sollten es damit versuchen, auch wenn ich keineswegs sicher war, ob es mir diesmal gelingen würde. Sie aber sagte, es sei weder der Ort noch die Zeit für solche Experimente, und wies nach vorne: Mein Herz, das ohnehin schon heftig klopfte, fing an zu rasen. Genau vor uns, vielleicht drei Meter entfernt, mitten auf dem Weg, stand einer von Don Genaros Verbündeten, der unheimliche düstere Mann mit dem länglichen Gesicht und der Glatze. Ich erstarrte auf dem Fleck. Wie aus weiter Ferne vernahm ich la Gordas Schrei. Wie wild bearbeitete sie meine Flanken mit den Fäusten. So gelang es ihr, meine starre Fixierung auf diesen Mann zu brechen. Sie drehte meinen Kopf nach links, dann nach rechts. Zu meiner Linken – beinah an mein Bein geschmiegt – sah ich den schwarzen Umriß einer riesigen Katze mit lodernden gelben Augen. Zu meiner Rechten sah ich einen gigantischen phosphorisierenden Koyoten. Hinter uns – und beinah la Gordas Rücken streifend – stand der rechteckige dunkle Schatten.

Der Mann kehrte uns den Rücken und begann auf dem Weg voranzuschreiten. Auch ich setzte mich in Bewegung. La Gorda schrie und schluchzte ununterbrochen. Der rechteckige Schatten war drauf und dran, sie von hinten zu packen. Ich hörte, wie er sich mit splitterndem Stampfen vorwärts bewegte. Das Echo seiner Schritte hallte von den umliegenden Bergen wider. Ich spürte seinen kalten Atem im Nacken. Ich wußte, la Gorda war nah dran, den Verstand zu verlieren. Ich übrigens auch. Die Katze und der Koyote streiften fast meine Beine. Ich hörte ihr Fauchen und Knurren, das immer lauter wurde. In diesem Moment kam mir das irrationale Bedürfnis, einen gewissen Laut auszustoßen, den Don Juan mich gelehrt hatte. Die Verbündeten antworteten. Immer wieder schrie ich in hektischer Panik, und sie antworteten. Nun ließ allmählich die Spannung nach, und bevor

wir die Straße erreicht hatten, wurde mir bewußt, daß ich da an einem recht seltsamen Schauspiel mitwirkte: la Gorda ritt auf mir Huckepack und schwenkte fröhlich, als sei nichts geschehen, im Rhythmus meiner Schreie ihr Kleid durch die Luft, während die vier außerweltlichen Geschöpfe mir antworteten und – uns von allen vier Seiten flankierend – im Gleichschritt mitmarschierten.
So erreichten wir die Straße. Aber ich wollte noch nicht losfahren. Es fehlte noch etwas. So blieb ich, mit la Gorda auf dem Rücken, reglos stehen und machte ein ganz besondres tuckerndes Geräusch, das Don Juan mich gelehrt hatte. Das war der Ruf der Nachtfalter, wie er es nannte. Es wurde mit den gegen die Innenkante der Hand gepreßten Lippen erzeugt.
Kaum ließ ich dieses Geräusch erschallen, da löste sich alles in ruhigen Frieden auf. Die vier Wesen antworteten mir, und im gleichen Moment wußte ich, welche zwei mit mir gehen würden.
Dann ging ich zum Wagen und ließ la Gorda vom Rücken auf den Fahrersitz gleiten. Von dort schob ich sie auf den Beifahrersitz. Wir fuhren wortlos davon. Irgend etwas hatte mich irgendwo angerührt, und mein Denken war wie ausgeschaltet.
La Gorda schlug vor, wir sollten nicht zu ihr nach Hause, sondern zu Genaros Haus fahren. Dort lebten jetzt, sagte sie, Benigno, Nestor und Pablito, aber die seien gerade irgendwo unterwegs. Ihr Vorschlag gefiel mir.
Kaum waren wir angelangt, entzündete la Gorda eine Laterne. Das Haus sah noch genauso aus wie damals, als ich Don Genaro zum letztenmal besuchte. Wir setzten uns auf den Boden. Ich zog eine Bank heran, auf die ich mein Schreibzeug legte. Ich war noch nicht müde und wollte schreiben. Aber ich konnte nicht. Ich konnte kein Wort niederschreiben.
»Was hat der Nagual dir über die Verbündeten erzählt?« fragte ich.
Meine Frage schien sie zu überraschen. Sie wußte keine Antwort.
»Ich kann nicht denken«, sagte sie endlich.
Anscheinend hatte sie noch nie diesen Zustand erlebt. Sie ging vor mir hin und her. An ihren Nasenflügeln und auf ihrer Oberlippe standen winzige Schweißperlen.
Plötzlich packte sie mich bei der Hand und riß mich buchstäblich aus dem Haus. Sie führte mich zu einem Graben hinter dem Haus, und dort übergab sie sich.

Ich hatte ein flaues Gefühl im Magen. Der Sog der Verbündeten, sagte sie, sei zu stark gewesen und ich müsse versuchen, mich zu erbrechen. Ich schaute sie an und wartete auf weitere Erklärungen. Da nahm sie meinen Kopf zwischen beide Hände, steckte mir – mit dem sicheren Griff einer gelernten Säuglingsschwester – einen Finger in den Hals und brachte mich tatsächlich dazu, daß ich kotzte.
Menschliche Wesen, so erklärte sie mir, haben ein ganz schwaches Leuchten in der Magengegend. Und dieses Leuchten wird von allen Geschöpfen und Wesen der Umgebung angezogen. Manchmal, wenn der Sog zu stark wird, wie etwa bei einer Begegnung mit den Verbündeten, aber auch bei der Begegnung mit sehr starken Menschen, wird das Leuchten unruhig, es verändert seine Farbe oder verblaßt sogar. In solchen Fällen, sagte sie, bleibe einem nichts andres übrig als sich zu übergeben.
Jetzt fühlte ich mich besser, aber ich war noch immer nicht ganz ich selbst. Ich hatte ein Gefühl der Schwere und Müdigkeit um die Augen. Wir gingen zum Haus zurück. Als wir vor der Tür standen, schnupperte la Gorda wie ein Hund in der Luft und sagte, sie wisse jetzt, welche Verbündeten zu mir gehörten. Ihre Worte, die normalerweise für mich keine andre Bedeutung gehabt hätten als die von ihr beabsichtigte oder die von mir hineingelesene, lösten bei mir eine reinigende Krise aus. Ich explodierte förmlich in lauter Gedanken. Auf einmal setzten meine gewohnten Denkprozesse wieder ein. Ich fühlte mich in die Luft gehoben, als ob meine Gedanken eigene Energie besäßen.
Als erstes schoß mir der Gedanke durch den Kopf, daß die Verbündeten wirkliche Wesen waren, wie ich es, ohne es mir eingestehen zu wollen, vermutet hatte. Ich hatte sie gesehen und gespürt und mit ihnen kommuniziert. Ich wurde ganz euphorisch. Ich umarmte la Gorda und versuchte ihr mein intellektuelles Dilemma zu erklären. Ich hatte die Verbündeten gesehen, und zwar ohne die Hilfe Don Juans oder Don Genaros – und dieser Unterschied bedeutete mir sehr viel. Ich erzählte la Gorda, wie Don Juan, als ich ihm einmal erzählte, ich hätte einen der Verbündeten gesehen, nur gelacht und mich aufgefordert hatte, mich selbst nicht so wichtig zu nehmen und zu vergessen, was ich gesehen hatte.
Ich wollte nicht glauben, daß ich nur eine Halluzination gehabt

hatte, aber die andere Möglichkeit, daß die Verbündeten tatsächlich existierten, wollte ich auch nicht akzeptieren. Meine rationale Schulung ließ sich nicht so einfach beiseite schieben. Ich konnte die Kluft nicht überbrücken. Diesmal aber war alles anders, und der Gedanke, daß es auf Erden tatsächlich Wesen gab, die einer andren Welt angehörten und sich doch in dieser Welt bewegten, war mehr, als ich ertragen konnte. Halb scherzend meinte ich zu la Gorda, ich gäbe viel darum zu wissen, daß ich verrückt war. Dies hätte einen Teil meiner Person von der Verpflichtung entbunden, mich um ein neues Verständnis der Welt zu bemühen. Die Ironie lag aber darin, daß ich nur allzu bereit war, mein Verständnis der Welt neu zu formulieren – allerdings nur auf intellektueller Ebene. Das aber genügte nicht. Es hatte niemals genügt. Denn dies war schon immer mein unüberwindliches Hindernis, meine tödliche Schwäche gewesen. Ich war gern bereit gewesen, mich mit halber Überzeugung in Don Juans Welt zu tummeln; daher war ich nur ein Quasi-Zauberer gewesen. All mein Bemühen war nicht mehr gewesen als das nichtige Bedürfnis, mit meinem Intellekt Schattenboxen zu spielen – als ginge es hier um ein akademisches Seminar, wo man von acht bis siebzehn Uhr seine Pflicht tut und dann rechtschaffen müde nach Hause geht. Diesen Vergleich hatte Don Juan mir immer spöttisch vorgehalten und gesagt, daß der Gelehrte, nachdem er eine wunderbare Welt der Aufklärung aufgebaut hat, um fünf Uhr Feierabend macht, um seine herrliche Schöpfung zu vergessen.

Während la Gorda uns etwas zu essen machte, arbeitete ich fieberhaft an meinen Notizen. Nach dem Essen war mir viel wohler. La Gorda war bester Laune. Sie witzelte und verspottete mich, wie Don Genaro es immer getan hatte.

»Was weißt du über die Verbündeten, Gorda?« fragte ich.

»Nur was der Nagual mir erzählt hat«, erwiderte sie. »Er sagte, die Verbündeten sind Kräfte, die ein Zauberer zu beherrschen lernt. Er hatte zwei von ihnen in seiner Kalebasse, und Genaro ebenfalls.«

»Wie konnten sie sie in der Kalebasse halten?«

»Das weiß niemand. Der Nagual wußte nur, daß man eine winzige, aber vollkommen geformte Kalebasse mit gestrecktem Hals finden muß, bevor man die Verbündeten bändigen kann.«

»Und wo findet man so eine Kalebasse?«

»Überall. Der Nagual hat mir anvertraut, daß wir, falls wir den Angriff der Verbündeten überleben, sogleich anfangen sollen, nach der vollkommenen Kalebasse zu suchen; sie muß von der Größe des linken Daumens sein. Das war die Größe der Kalebasse, die der Nagual hatte.«
»Hast du seine Kalebasse je gesehen?«
»Nein, nie. Der Nagual sagte, daß eine solche Kalebasse nicht zur Welt der Menschen gehört. Sie ist wie ein kleiner Beutel, den man am Gürtel eines Zauberers erkennen kann. Aber wenn man absichtlich hinschaut, sieht man nichts.
Hat man die Kalebasse gefunden, dann muß man sie mit großer Sorgfalt herrichten. Solche Kalebassen finden die Zauberer meist an Kletterranken im Wald. Sie pflücken sie ab und trocknen sie und höhlen sie dann aus. Danach polieren und glätten sie sie. Sobald ein Zauberer seine Kalebasse gefunden hat, muß er sie den Verbündeten anbieten und sie locken, darin zu wohnen. Wenn die Verbündeten zustimmen, dann verschwindet die Kalebasse aus der Welt der Menschen, und die Verbündeten werden Gehilfen des Zauberers. Der Nagual und Genaro konnten ihren Verbündeten befehlen, was sie wollten; Dinge, die sie selbst nicht tun konnten. So schickten sie zum Beispiel den Wind, der mich jagte, oder das Küken, das in Lidias Bluse herumtrippelte.«
Ich hörte ein seltsames, gedehntes Zischen vor der Tür. Es war genau das gleiche Geräusch, das ich vor zwei Tagen in Doña Soledads Haus gehört hatte. Diesmal wußte ich, daß es der Jaguar war. Doch das Geräusch erschreckte mich nicht. Ja, ich wäre sogar hinausgegangen, um mir den Jaguar anzusehen, hätte la Gorda mich nicht aufgehalten.
»Du bist noch immer unvollständig«, sagte sie. »Die Verbündeten werden sich auf dich stürzen, falls du allein hinausgehst. Vor allem der tückische, der da ums Haus schleicht.«
»Aber mein Körper fühlt sich ganz sicher«, protestierte ich.
Sie klopfte mir den Rücken und drückte mich auf die Bank hinunter, auf der ich schrieb.
»Du bist noch kein vollständiger Zauberer«, sagte sie. »Du hast einen riesigen Fleck in deiner Körpermitte, und den würde die Macht der Verbündeten wegreißen. Das ist kein Witz!«
»Was soll man denn tun, wenn ein Verbündeter sich einem auf diese Weise nähert?«

»Was mich betrifft – ich lasse sie in Ruhe, aber ich laufe auch nicht vor ihnen davon. Der Nagual hat mich gelehrt, ausgeglichen zu sein und nichts erzwingen zu wollen. Heute nacht wußte ich zum Beispiel, welche Verbündeten mit dir gehen werden, falls du je eine Kalebasse finden und sie herrichten kannst. Vielleicht bist du schon ungeduldig, die Verbündeten zu besitzen. Ich jedenfalls nicht. Kann gut sein, daß ich sie nie besitzen werde. Sie sind eine rechte Plage.«

»Wieso denn?«

»Weil sie Mächte sind, und als solche können sie dich im Nu verschlingen. Der Nagual sagt, man ist besser dran, wenn man nichts außer seinem Ziel und seiner Freiheit hat. Eines Tages, wenn du vollständig bist, müssen wir vielleicht entscheiden, ob wir sie behalten wollen oder nicht.«

Ich erzählte ihr, daß ich persönlich den Jaguar ganz gern mochte, auch wenn er etwas ungemein Beherrschendes an sich hatte.

Sie starrte mich an. Ihr Blick drückte Überraschung und Verlegenheit aus.

»Wirklich, der Bursche gefällt mir«, sagte ich.

»Sag mal, was hast du eigentlich gesehen?« fragte sie.

Da erst wurde mir bewußt, daß ich automatisch angenommen hatte, sie habe die gleichen Erscheinungen gesehen wie ich. Ich schilderte ihr also ausführlich die vier Verbündeten, wie ich sie gesehen hatte. Sie lauschte mehr als aufmerksam; meine Schilderung schien sie zu faszinieren.

»Die Verbündeten haben keine feste Form«, sagte sie, als ich geendet hatte. »Sie sind wie ein Geist, wie ein Wind, wie ein Leuchten. Der erste, dem wir heute nacht begegneten, das war eine Schwärze, die in meinen Körper kommen wollte. Darum habe ich geschrien. Ich spürte, wie er nach meinen Beinen griff. Die anderen waren einfach Farben. Aber sie leuchteten so stark, daß der Weg taghell erleuchtet war.«

Ihre Worte verblüfften mich. Ich hatte endlich – nach jahrelangem Bemühen und letztlich aufgrund der Begegnung heute nacht – akzeptiert, daß die Verbündeten eine feste Form hatten, eine Substanz, die jedermann mit seinen Sinnen gleichermaßen wahrnehmen konnte.

Scherzhaft wandte ich ein, in meinen Notizen stünde schwarz auf weiß, daß die Verbündeten Geschöpfe mit fester Form seien.

»Und was soll ich jetzt tun?« fragte ich ironisch.
»Ganz einfach«, sagte sie. »Schreib hin, daß sie es nicht sind.«
Ich fand, daß sie völlig recht hatte.
»Aber warum sehe ich sie als Ungeheuer?«
»Das ist nicht weiter geheimnisvoll«, sagte sie. »Du hast deine menschliche Form noch nicht verloren. Mir ging es ebenso. Ich sah die Verbündeten als Menschen; für mich waren sie alle Indianer mit fürchterlichen Gesichtern und bösem Blick. Sie lauerten mir an verlassenen Orten auf. Ich glaubte, sie hätten es auf mich als Frau abgesehen. Der Nagual lachte mich wegen meiner Befürchtungen aus. Trotzdem war ich halbtot vor Angst. Einer von ihnen kam immer und setzte sich auf mein Bett und rüttelte es, bis ich aufwachte. Den Schrecken, den dieser Verbündete mir einjagte, will ich nicht noch einmal erleben – selbst jetzt, wo ich verwandelt bin. Heute nacht, glaube ich, fürchtete ich mich vor den Verbündeten wie eh und je.«
»Du meinst also, du siehst sie nicht mehr als Menschen?«
»Nein. Nicht mehr. Der Nagual sagte dir doch, daß ein Verbündeter formlos ist. Er hat recht. Der Verbündete ist nur eine Erscheinung, ein Helfer, der ein Nichts ist, und doch ist er so real wie du und ich.«
»Haben die Schwesterchen die Verbündeten gesehen?«
»Jede von ihnen hat sie dann und wann gesehen.«
»Sind die Verbündeten auch für sie nur Mächte?«
»Nein. Sie sind genau wie du; sie haben noch nicht ihre menschliche Form verloren. Keine von ihnen. Für sie alle, für die Schwesterchen, für die Genaros und für Soledad sind die Verbündeten ein Greuel; für sie sind die Verbündeten böswillige furchtbare Wesen der Nacht. Man braucht die Verbündeten nur zu erwähnen, um Lidia und Josefina und Pablito in den Wahnsinn zu treiben. Rosa und Nestor haben weniger Angst vor ihnen, aber auch sie wollen nichts mit ihnen zu schaffen haben. Benigno geht seinen eigenen Weg, darum kümmert er sich nicht um sie. Und sie kümmern sich nicht um ihn – um mich übrigens auch nicht. Aber die anderen sind für die Verbündeten eine leichte Beute; besonders jetzt, wo die Verbündeten aus Genaros und des Naguals Kalebassen entwichen sind. Dauernd sind sie hinter uns her.
Solange man noch der menschlichen Form verhaftet ist, sagte der Nagual, spiegelt man nur diese Form wieder, und da die Verbün-

deten sich von unserer Lebenskraft nähren, die in der Körpermitte sitzt, machen sie uns meist krank, und dann sehen wir sie als häßliche, bedrohliche Kreaturen.«

»Können wir denn nichts tun, um uns zu schützen oder um die Gestalt dieser Kreaturen zu verändern?«

»Was du vor allem tun mußt, ist, deine menschliche Form zu verlieren.«

»Was meinst du damit?«

Meine Frage schien ihr unverständlich. Sie starrte mich unverwandt an, als warte sie darauf, daß ich das eben Gesagte weiter erläutere. Sie schloß für einen Moment die Augen.

»Ja, weißt du denn nichts über die menschliche Form und die menschliche Gestalt?« fragte sie.

Ich schaute sie verständnislos an.

»Ich habe eben *gesehen,* daß du nichts davon weißt«, sagte sie lächelnd.

»Du hast ganz recht«, sagte ich.

»Die menschliche Form, so sagte der Nagual, ist eine Kraft«, erklärte sie. »Und die menschliche Gestalt ist . . . naja . . . eine Gestalt. Alles, sagte er, hat eine besondere Gestalt. Pflanzen haben Gestalt, Tiere haben Gestalt, Würmer haben Gestalt. Bist du sicher, daß der Nagual dir nie die menschliche Gestalt gezeigt hat?«

Ich erzählte ihr, daß er mir einmal, allerdings ganz kurz, diesen Begriff erläutert hatte; und zwar, als er mir einen Traum erklären wollte, den ich geträumt hatte. In diesem Traum hatte ich einen Mann gesehen, der sich im Dunkel einer engen Schlucht zu verbergen schien. Ihm dort zu begegnen, erschreckte mich. Ich schaute ihn einen Moment an, dann trat der Mann vor und zeigte sich mir. Er war nackt und sein Körper leuchtete. Er war feingliedrig gebaut, beinah schwächlich. Seine Augen gefielen mir. Sie blickten freundlich und eindringlich. Ich fand, sie waren sehr sanft. Dann aber trat er ins Dunkel der Schlucht zurück, und seine Augen wurden wie zwei Spiegel, wie die Augen einer wilden Bestie.

Don Juan erklärte mir daraufhin, ich sei beim ›Träumen‹ der menschlichen Gestalt begegnet. Er erklärte mir, daß die Zauberer einen Weg des ›Träumens‹ kennen, der sie zu dieser Gestalt führt; er sagte, daß die Gestalt eindeutig eine Wesenheit sei – eine

Wesenheit, die manche von uns zu gewissen Zeiten sehen können, wenn sie von Kraft erfüllt sind, und die wir alle natürlich im Augenblick unseres Todes sehen. Er schilderte die menschliche Gestalt als die Quelle, den eigentlichen Ursprung des Menschen, denn ohne diese Gestalt, die die Lebenskraft zusammenhält, sei es dieser Kraft unmöglich, sich in Gestalt des Menschen zu sammeln.

Meinen Traum deutete er als kurze und außerordentlich vereinfachte Ahnung dieser Gestalt. Er meinte, mein Traum bestätige einmal mehr die Tatsache, daß ich ein einfältiger und sehr irdischer Mensch sei.

La Gorda lachte und sagte, das finde sie auch. Die Gestalt als einen gewöhnlichen nackten Mann und dann als Tier zu sehen – das sei tatsächlich eine sehr einfältige Auffassung von der Gestalt.

»Vielleicht war es nur ein gewöhnlicher dummer Traum«, versuchte ich mich zu rechtfertigen.

»Nein«, sagte sie mit breitem Grinsen. »Siehst du, die menschliche Gestalt leuchtet, und sie findet sich immer in Wasserlöchern und engen Schluchten.«

»Warum in Wasserlöchern und Schluchten?« fragte ich.

»Sie lebt vom Wasser. Ohne Wasser gibt es keine menschliche Gestalt«, erwiderte sie. »Ich weiß, der Nagual hat dich immer wieder zu Wasserlöchern geführt, in der Hoffnung, dir die menschliche Gestalt zu zeigen. Aber deine Leere hinderte dich daran, etwas zu sehen. Mir ging es übrigens genauso. Einmal befahl mir der Nagual, mich nackt auf einen Felsen im Mittelpunkt eines bestimmten trockenen Wasserloches zu legen, aber ich spürte nur die Gegenwart von etwas, das mir heillose Angst machte.«

»Warum hindert die Leere einen daran, die Gestalt zu sehen?«

»Alles in dieser Welt, so sagte der Nagual, ist Kraft, die uns anzieht oder abstößt. Um uns ziehen oder stoßen zu lassen, müssen wir wie ein Segel, wie ein Flugdrachen im Wind sein. Wenn wir aber in der Mitte unseres leuchtenden Körpers ein Loch haben, dann geht die Kraft durch uns hindurch und kann nicht auf uns einwirken.

Der Nagual erzählte mir, daß Genaro dich sehr gern hatte und oft versuchte, dich auf das Loch in deiner Körpermitte aufmerksam zu machen. Er trieb seinen Spaß mit dir und ließ seinen Sombrero wie einen Drachen fliegen; er zog dich sogar an dieser Öffnung, bis du Durchfall bekamst, aber du hast nie gemerkt, was er eigentlich machte.«

»Warum haben die beiden es mir nicht in einfachen Worten erklärt, so wie du eben?«

»Das taten sie, aber du hast nicht auf ihre Worte geachtet.«

Was sie mir da sagte, war einfach unglaublich. Ich konnte mich unmöglich mit der Vorstellung abfinden, daß sie es mir gesagt hatten und daß ich es gar nicht gemerkt hatte.

»Hast du jemals die Gestalt gesehen, Gorda?« fragte ich.

»Gewiß! Als ich wieder vollständig wurde. Eines Tages ging ich allein zu diesem trockenen Wasserloch, und da war sie. Sie war ein hell strahlendes leuchtendes Wesen. Ich konnte sie nicht anschauen. Sie blendete mich. Aber es genügte mir schon, in ihrer Gegenwart zu sein. Ich fühlte mich glücklich und stark. Nichts andres zählte daneben, nichts. Einfach da sein, das war alles, was ich wollte. Der Nagual sagte, daß wir manchmal, wenn wir genug persönliche Kraft haben, eine Ahnung von der menschlichen Gestalt erhaschen können, auch wenn wir keine Zauberer sind; wenn dies geschieht, dann sagen wir, wir haben Gott gesehen. Wenn wir es Gott nennen, sagte er, so ist dies die Wahrheit: die Gestalt ist – Gott.

Mir fiel es unglaublich schwer, dem Nagual in diesen Dingen zu folgen, denn ich war eine sehr religiöse Frau. Außer meiner Religion hatte ich nichts auf der Welt. Wenn ich daher den Nagual solche Sachen sagen hörte, schauderte mir. Aber dann wurde ich vollständig, und die Mächte der Welt begannen mich zu ziehen, und da wußte ich, daß der Nagual recht hatte. Die Gestalt ist Gott. Was hältst du davon?«

»An dem Tag, wo ich sie sehe, werde ich's dir sagen, Gorda.«

Sie lachte, und dann erzählte sie, der Nagual habe sich gern über mich lustig gemacht und gesagt, ich würde an dem Tag, da ich die menschliche Gestalt sähe, wahrscheinlich in ein Franziskanerkloster eintreten, weil ich im innersten eine religiöse Seele sei.

»War die Gestalt, die du sahst, ein Mann oder eine Frau?« fragte ich.

»Weder noch. Sie war einfach ein leuchtendes menschliches Wesen. Der Nagual sagte, ich hätte mir etwas ausbitten können. Denn dies sei eine Chance, die ein Krieger nicht versäumen darf.

Aber mir fiel nichts ein, was ich hätte erbitten können. So war es auch besser. Ich habe die schönste Erinnerung daran. Der Nagual sagte, daß ein Krieger, wenn er genügend Kraft hat, die menschliche Gestalt viele, viele Male *sehen* kann. Welch ein großes Glück muß das sein!«

»Wenn aber die menschliche Gestalt das ist, was uns zusammenfügt – was ist dann die menschliche Form?«

»Ein klebriges Etwas, eine zähe Kraft, die uns Menschen zu dem macht, was wir sind. Der Nagual sagte, daß die menschliche Form formlos ist. Ähnlich wie die Verbündeten, die er in seiner Kalebasse trug, ist sie alles mögliche, aber obwohl sie formlos ist, hält sie uns unser Leben lang gefangen und verläßt uns nicht, bis wir sterben. Ich habe die menschliche Form nie gesehen, aber ich habe sie in meinem Körper gespürt.«

Dann schilderte sie mir eine Reihe höchst komplexer Empfindungen, die sie im Lauf der Jahre gehabt hatte und die in einer schweren Krankheit gipfelten; der tiefste Punkt dieser Krankheit war ein körperlicher Zustand, der mich an Schilderungen einer schweren Herzattacke erinnerte, die ich gelesen hatte. Sie sagte, daß die menschliche Form – diese Kraft – ihren Körper nach schwerem inneren Kampf verlassen habe; und dieser Kampf äußerte sich als Krankheit.

»Es hört sich so an, als ob du einen Herzanfall hattest«, sagte ich.

»Vielleicht war es das«, sagte sie, »aber eins weiß ich gewiß: An dem Tag, als ich diesen Anfall hatte, verlor ich meine menschliche Form. Ich wurde so schwach, daß ich tagelang im Bett bleiben mußte. Seit diesem Tag hatte ich nicht mehr die Energie, mein altes Selbst zu sein. Von Zeit zu Zeit habe ich's wieder versucht, meine alten Gewohnheiten anzunehmen, aber ich hatte nicht die Kraft, sie wie einst zu genießen. Schließlich verzichtete ich auch darauf, es zu versuchen.«

»Warum ist es so wichtig, daß man seine Form verliert?«

»Ein Krieger muß seine menschliche Form loslassen, um sich zu verändern, um sich wirklich zu verändern. Sonst ist es nur ein leeres Gerede von Veränderung – wie in deinem Fall. Der Nagual sagte, es sei nutzlos zu glauben oder zu hoffen, man könne seine alten Gewohnheiten ändern. Man kann kein Jota daran ändern, solange man an seiner menschlichen Form festhält. Ein Krieger weiß, daß er sich nicht ändern kann, und doch, so sagte der

Nagual, macht er es sich zur Aufgabe, diese Änderung zu versuchen, auch wenn er weiß, daß sie ihm nicht gelingen wird. Dies ist das einzige, was ein Krieger den gewöhnlichen Menschen voraus hat. Ein Krieger ist niemals enttäuscht, wenn es ihm nicht gelingt, sich zu ändern.«

»Aber du bist doch noch immer du selbst, Gorda, nicht wahr?«

»Nein, nicht mehr. Das einzige, was dich glauben läßt, du seist noch du selbst, ist die menschliche Form. Sobald sie dich verläßt, bist du nichts.«

»Aber du sprichst und denkst und fühlst doch noch genauso wie früher, oder nicht?«

»Keineswegs. Ich bin neu.«

Sie lachte und drückte mich an sich, als ob sie ein Kind trösten wollte.

»Nur Eligio und ich haben unsere Form verloren«, fuhr sie fort. »Wir hatten das große Glück, sie zu verlieren, während der Nagual noch unter uns war. Ihr anderen werdet es furchtbar schwer haben. Das ist unser Schicksal. Derjenige, der sie als nächster verliert, wird nur mich als Begleiter haben. Wer es auch sein mag – er tut mir jetzt schon leid.«

»Was spürtest du noch, Gorda, als du deine Form verlorst – außer daß du nicht mehr genug Energie hattest?«

»Der Nagual sagte mir, daß ein Krieger, wenn er seine Form verloren hat, anfängt, ein Auge zu sehen. Immer wenn ich die Augen schloß, sah ich ein Auge vor mir. Es wurde so schlimm, daß ich es nicht mehr aushalten konnte; das Auge folgte mir, wohin ich auch ging. Ich wurde beinah verrückt. Schließlich gewöhnte ich mich daran. Jetzt bemerke ich's nicht einmal mehr, weil es ein Teil von mir geworden ist.

Der formlose Krieger benutzt dieses Auge, um das *Träumen* einzuleiten. Wenn du keine Form mehr hast, brauchst du nicht erst einzuschlafen, um zu *träumen.* Das Auge vor dir zieht dich an sich, so oft du willst.«

»Wo genau ist dieses Auge, Gorda?«

Sie schloß die Augen und bewegte die Hand vor ihrem Gesicht hin und her.

»Manchmal ist das Auge ganz klein, dann wieder ist es riesig«, fuhr sie fort. »Wenn es klein ist, dann ist dein *Träumen* präzise. Wenn es groß ist, dann ist dein *Träumen* wie Fliegen hoch über den Bergen, wobei du nicht viel siehst. Ich habe das *Träumen* noch nicht genug geübt, aber der Nagual sagte mir, daß dieses Auge mein Trumpf ist. Eines Tages, wenn ich wirklich formlos sein werde, werde ich das Auge nicht mehr sehen. Das Auge wird sein wie ich, ein Nichts, und doch wird es da sein, genau wie die Verbündeten. Der Nagual sagte, alles muß durch unsere menschliche Form gefiltert werden. Wenn wir keine Form haben, dann hat nichts mehr für uns Form, und doch ist alles gegenwärtig. Damals verstand ich noch nicht, was er damit meinte, aber heute sehe ich, daß er völlig recht hatte. Die Verbündeten sind reine Gegenwart, und so wird's wohl auch mit dem Auge sein. Zur Zeit ist dieses Auge für mich alles. Eigentlich sollte ich, da ich dieses Auge habe, nichts andres brauchen, um mein *Träumen* auch im Wachzustand in Gang zu setzen. Dies ist mir bisher noch nicht gelungen. Vielleicht bin ich ähnlich wie du, ein bißchen halsstarrig und träge.«

»Wie hast du es gemacht, als du heute nacht geflogen bist?«

»Der Nagual lehrte mich, wie ich mit Hilfe meines Körpers Lichter erzeugen kann – weil wir ohnehin Licht sind; ich mache also Funken und Lichter, und diese ziehen die Linien der Welt an. Sobald ich eine *sehe*, ist es ganz leicht, mich an sie anzuhängen.«

»Wie hängst du dich da an?«

»Ich packe sie.«

Sie machte mit den Händen eine Greifbewegung. Sie krümmte die Finger und rückte die Handgelenke zusammen, so daß ihre Handflächen eine Schale bildeten, wobei die gekrümmten Finger nach oben wiesen.

»Du mußt die Linie packen, wie ein Jaguar«, fuhr sie fort, »und du darfst die Handgelenke nicht auseinander nehmen. Tust du es doch, dann stürzt du ab und brichst dir den Hals.«

Sie machte eine Pause und zwang mich dadurch, sie anzusehen. Ich wartete auf weitere Erklärungen.

»Du glaubst mir nicht, oder?« fragte sie.

Ohne mir Zeit für eine Antwort zu lassen, hockte sie sich hin und fing wieder an, ihr Funkenspiel zu produzieren. Ich war ganz ruhig und gefaßt und konnte ihr Tun mit ungeteilter Aufmerksamkeit verfolgen. Als sie die Finger aufschnickte, schienen alle Fasern ihrer Muskeln gleichzeitig angespannt. Diese Spannung schien sich in ihren Fingerspitzen zu konzentrieren und strahlte in

Form von Lichtbündeln ab. Die Feuchtigkeit an ihren Fingerspitzen wirkte wie ein Leiter, der den von ihrem Körper ausgehenden Energiestrom transportierte.

»Wie hast du das gemacht, Gorda?« fragte ich voll echter Bewunderung.

»Wirklich, ich weiß es nicht«, sagte sie. »Ich mach es einfach. Ich habe es unzählige Male gemacht, und doch weiß ich nicht, wie ich es mache. Wenn ich einen dieser Strahlen packe, dann spüre ich, daß irgend etwas mich zieht. Ich tu wirklich nichts andres, als mich von den Linien, die ich gepackt habe, ziehen zu lassen. Wenn ich wieder zurückkehren will, dann habe ich das Gefühl, daß die Linie mich nicht loslassen will, und ich gerate ein Panik. Das ist meine schlimmste Eigenschaft, sagte der Nagual immer. Ich fürchte mich so sehr, daß ich mich noch eines Tages ernstlich verletzen werde. Aber ich glaube auch, daß ich eines Tages noch formloser sein und mich dann nicht mehr fürchten werde; wenn ich nur bis zu diesem Tag aushalte, dann ist alles gut.«

»Dann sag mir doch, Gorda, wie läßt du dich von den Linien ziehen?«

»Da sind wir wieder am Ausgangspunkt. Ich weiß es nicht. Der Nagual hat mich vor dir gewarnt. Du willst alles mögliche wissen, was wir nicht wissen können.«

Ich suchte ihr klarzumachen, daß ich nur wissen wollte, wie sie bei ihren erstaunlichen Taten zu Werke ging. Tatsächlich hatte ich es längst aufgegeben, von ihnen allen Erklärungen zu erwarten, denn ihre Erklärungen erklärten mir nichts. Etwas ganz andres war es, mir die äußeren Schritte schildern zu lassen, die sie im einzelnen befolgten.

»Wie hast du gelernt, deinen Körper an den Linien der Welt sich festhalten zu lassen?« fragte ich.

»Das habe ich beim *Träumen* gelernt«, sagte sie, »aber wie, das weiß ich wirklich nicht. Für eine Kriegerin beginnt alles mit dem Träumen. Der Nagual hat mir – genau wie dir – aufgetragen, in meinen Träumen zuerst nach meinen Händen zu suchen. Ich konnte sie nie finden. In meinen Träumen hatte ich keine Hände. Jahrelang habe ich immer wieder versucht, sie zu finden. Jeden Abend gab ich mir den Befehl, meine Hände zu finden, aber es war zwecklos. In meinen Träumen fand ich nie etwas. Der Nagual trieb mich erbarmungslos an. Er sagte, ich müsse sie finden oder

zugrunde gehen. Darum log ich ihm vor, ich hätte im Traum meine Hände gefunden. Der Nagual sagte kein Wort, aber Genaro warf seinen Hut auf die Erde und tanzte darauf herum. Er streichelte mir den Kopf und sagte, ich sei wirklich eine große Kriegerin. Je mehr er mich lobte, desto schlechter fühlte ich mich. Ich war schon bereit, dem Nagual die Wahrheit zu sagen, als der verrückte Genaro mir seinen Hintern entgegenreckte und den lautesten und längsten Furz ließ, den ich je gehört habe. Tatsächlich, er warf mich buchstäblich um. Es war wie ein heißer, fauliger Wind, ekelhaft und stinkig wie ich selbst. Der Nagual erstickte fast vor Lachen.
Ich rannte ins Haus und versteckte mich. Damals war ich sehr fett. Ich aß sehr viel und hatte immer starke Blähungen. Darum beschloß ich, eine Weile nichts zu essen. Lidia und Josefina halfen mir. Ich habe dreiundzwanzig Tage nichts gegessen, und dann, eines Nachts, fand ich im Traum meine Hände. Sie waren alt und häßlich und grünlich, aber es waren meine Hände. Das war der Anfang. Der Rest war ganz leicht.«
»Und was war der Rest, Gorda?«
»Als nächstes verlangte der Nagual von mir, ich solle versuchen, im Traum Häuser oder andre Gebäude zu finden und sie anzuschauen, ohne daß die Bilder verschwammen. Die Kunst des Träumers, sagte er, besteht darin, im Traum das Bild, das er sieht, festzuhalten. Denn das ist's, was wir ohnehin unser Leben lang tun.«
»Was meinte er damit?«
»Unsere Kunst als gewöhnliche Menschen besteht darin, daß wir das Bild dessen, war wir betrachten, festzuhalten wissen. Dies tun wir, sagte der Nagual, aber wir wissen nicht, wie. Wir tun es einfach; das heißt, unser Körper tut es. Beim Träumen müssen wir das gleiche tun, nur daß wir beim Träumen lernen müssen, wie wir es tun. Wir müssen uns bemühen, nicht direkt hinzuschauen, sondern das Bild nur mit einem flüchtigen Blick zu streifen und doch festzuhalten.«
»Der Nagual befahl mir, ich solle in meinen Träumen eine Stütze für meinen Nabel finden. Ich brauchte dazu sehr lange, weil ich nicht verstand, was er meinte. Beim Träumen, so sagte er, richten wir unsere Aufmerksamkeit mit dem Nabel aus; daher müssen wir ihn schützen. Wir brauchen Wärme oder das Gefühl, daß

etwas gegen den Nabel drückt, damit wir in unseren Träumen die Bilder festhalten können.

Ich fand im Traum einen Kiesel, der genau in meinen Nabel paßte, und der Nagual ließ mich Tag für Tag in Wasserlöchern und Schluchten nach diesem Kiesel suchen, bis ich ihn fand. Ich fertigte mir dafür einen Gürtel und den trage ich noch immer bei Tag und Nacht. Wenn ich ihn trage, fällt es mir leichter, in meinen Träumen die Bilder festzuhalten.

Dann gab der Nagual mir auf, beim *Träumen* bestimmte Orte aufzusuchen. Ich machte meine Aufgabe wirklich gut, aber um jene Zeit verlor ich meine Form, und ich begann das Auge vor mir zu sehen. Das Auge, sagte der Nagual, hatte alles für mich verändert, und er befahl mir, dieses Auge zu nutzen, um mich fortziehen zu lassen. Er sagte, daß ich nicht die Zeit haben würde, beim *Träumen* meinen Doppelgänger zu finden, daß aber das Auge viel besser sei. Ich fühlte mich betrogen. Heute ist es mir egal. Ich habe das Auge benutzt, so gut ich konnte. Ich ließ mich beim *Träumen* von ihm ziehen. Ich schließe die Augen und schlafe im Nu ein, überall und sogar am Tag. Das Auge zieht mich, ich gehe in eine andere Welt. Meistens wandere ich nur darin umher. Der Nagual hat den Schwesterchen und mir gesagt, daß das *Träumen* während der Menstruation zu Kraft wird. Ja, ich werde in dieser Zeit ein bißchen verrückt. Ich werde tollkühn. Und, wie der Nagual uns zeigte, öffnet sich an diesen Tagen vor uns ein Spalt. Du bist keine Frau, darum wirst du das nicht verstehen, aber eine Frau kann zwei Tage vor ihrer Periode diesen Spalt öffnen und in eine andere Welt hinausgehen.«

Sie zeichnete mit der linken Hand eine unsichtbare Linie nach, die auf Armeslänge senkrecht vor ihr zu verlaufen schien.

»Während dieser Zeit kann eine Frau, wenn sie will, die Bilder der Welt loslassen«, fuhr la Gorda fort. »Das ist der Spalt zwischen den Welten, und wie der Nagual sagte, tut er sich vor jeder Frau auf.

Der Nagual meint, Frauen sind bessere Zauberer als Männer, und zwar deshalb, weil sie diesen Spalt immer vor sich haben, während ein Mann ihn erst schaffen muß.

Ja, während der Periode habe ich gelernt, beim *Träumen* mit Hilfe der Linien der Welt zu fliegen. Ich habe gelernt, mit meinem Körper Funken zu erzeugen, um diese Linien anzuziehen, und dann habe ich gelernt, sie zu packen. Das ist alles, was ich bisher beim Träumen gelernt habe.«

Lachend sagte ich ihr, ich hätte, im Gegensatz zu ihr, aus all den Jahren meines ›Träumens‹ nichts vorzuweisen.

»Du hast gelernt, beim *Träumen* die Verbündeten zu rufen«, versicherte sie mir mit Nachdruck.

Ich sagte ihr, es sei vielmehr Don Juan gewesen, der mich dieses Geräusch – den Ruf der Nachtfalter – zu machen gelehrt habe. Sie schien mir nicht zu glauben.

»Dann kommen die Verbündeten anscheinend zu dir, weil sie *sein* Leuchten suchen, das Leuchten, das er dir hinterlassen hat. Jeder Zauberer, sagte er mir, hat nur eine gewisse Menge Leuchtkraft zu verschenken. Darum verteilte er sie in Portionen an alle seine Kinder, und zwar nach einer Rangordnung, die ihm aus der unermeßlichen Weite dort draußen vermittelt wurde. In deinem Fall hat er dir sogar seinen eigenen Ruf geschenkt.«

Sie schnalzte mit der Zunge und blinzelte mir zu.

»Falls du mir nicht glaubst«, fuhr sie fort, »warum machst du nicht einfach mal das Geräusch, das der Nagual dich gelehrt hat? Dann siehst du ja, ob die Verbündeten zu dir kommen.«

Ich zögerte. Nicht weil ich geglaubt hätte, das Geräusch würde irgend etwas bewirken, sondern weil ich sie nicht zum Narren halten wollte.

Sie wartete einen Augenblick, und als sie sicher war, daß ich es nicht versuchen würde, legte sie die Hand an den Mund und imitierte perfekt mein tuckerndes Geräusch. Das machte sie fünf oder sechs Minuten lang und unterbrach sich nur, um Luft zu holen.

»Siehst du, was ich meine?« fragte sie lächelnd. »Die Verbündeten scheren sich nicht um mein Rufen, ganz gleich wie nahe es deinem kommt. Und jetzt versuch du es.«

Ich versuchte es. Nach wenigen Sekunden vernahm ich die Antwort auf meinen Ruf. La Gorda sprang auf. Ich hatte den Eindruck, daß sie eindeutig noch überraschter war als ich selbst. Hastig gebot sie mir Einhalt, löschte die Laterne und raffte meine Notizen zusammen.

Sie schickte sich an, die Haustür zu öffnen, da aber fuhr sie zurück; von draußen ertönte ein sehr beängstigender Laut. Er kam mir vor wie ein dumpfes Knurren. Es war so fürchterlich und

unheilvoll, daß wir beide von der Tür zurücksprangen. Mein körperlicher Schreck war so heftig, daß ich die Flucht ergriffen hätte, wenn ich nur gewußt hätte wohin.
Ein schweres Gewicht drückte gegen die Tür. Die Tür knarrte. Ich schaute la Gorda an. Sie schien noch mehr erschrocken als ich. Sie stand reglos, mit ausgestrecktem Arm, als ob sie die Tür öffnen wollte. Ihr Mund stand offen. Sie schien mitten in der Bewegung erstarrt.
Die Tür konnte jeden Moment aufspringen. Da waren aber keinerlei Stöße gegen die Tür, sondern ein furchtbarer lautloser Druck, und zwar nicht nur gegen die Tür, sondern gegen das ganze Haus.
La Gorda gab sich einen Ruck und befahl mir, sie rasch von hinten zu umarmen, wobei ich meine Hände über ihrem Nabel verschränken mußte. Dann führte sie mit ihren Händen eine seltsame Bewegung aus. Es war, als ob sie ein Handtuch schwenkte, das sie in Augenhöhe hielt. Dies machte sie viermal. Dann machte sie eine weitere geheimnisvolle Bewegung. Sie hielt ihre Hände vor die Brust, und zwar mit nach oben gerichteten Handflächen und ohne daß sie einander berührten. Die Ellbogen streckte sie seitlich ab. Jetzt schloß sie die Hände, als ob sie plötzlich zwei unsichtbare Hebel packen wollte. Langsam drehte sie die Hände, bis die Handflächen nach unten wiesen, und dann führte sie eine sehr schöne, kraftvolle Bewegung aus – eine Bewegung, an der jeder Muskel ihres Körpers beteiligt zu sein schien. Es war, als ob sie – gegen starken Widerstand – eine schwere Schiebetür öffnete. Vor Anstrengung zitterte sie am ganzen Körper. Ihre Arme bewegten sich langsam, als öffne sie eine sehr, sehr schwere Tür, bis sie waagerecht voll durchgestreckt waren.
Ich hatte den deutlichen Eindruck, daß ein heftiger Windstoß hereinfuhr, kaum daß diese imaginäre Tür geöffnet war. Der Wind erfaßte uns und riß uns buchstäblich durch die Wand hinaus. Oder vielmehr, die Wände des Hauses gingen durch uns hindurch – oder vielleicht fuhren wir drei, la Gorda, das Haus und ich, durch die Tür, die sie geöffnet hatte. Plötzlich befand ich mich im Freien, auf einem offenen Feld. Ich sah die dunklen Umrisse von Bergen und Bäumen. Ich hielt nicht mehr la Gordas Taille umschlungen. Ein Geräusch veranlaßte mich aufzublicken,

und ich sah la Gorda – als schwarzen Schatten eines riesigen Flugdrachens – etwa vier Meter über mir schweben. Ich spürte ein furchtbares Jucken im Nabel, dann stürzte la Gorda in höchstem Tempo zu Boden. Aber statt aufzuschlagen, bremste sie ganz weich ab.

Im gleichen Moment, als la Gorda landete, steigerte sich das Jucken in meiner Nabelgegend zu einem schwächenden Nervenschmerz. Es war, als zöge ihre Landung mein Innerstes nach außen. Vor Schmerz schrie ich laut auf.

Dann stand la Gorda neben mir; sie rang verzweifelt nach Atem. Ich setzte mich hin. Wir waren wieder in Don Genaros Haus, im gleichen Zimmer, wo wir vorhin gewesen waren.

Noch immer keuchte la Gorda atemlos. Sie war in Schweiß gebadet.

»Laß uns lieber von hier verschwinden«, murmelte sie.

Nach kurzer Fahrt erreichten wir das Haus der Schwesterchen. Keine von ihnen war da. La Gorda zündete eine Laterne an und führte mich direkt zur offenen Küche hinter dem Haus. Dort zog sie sich aus und bat mich, sie wie ein Pferd zu waschen, das heißt, sie eimerweise mit Wasser zu begießen. Ich holte einen kleinen Eimer Wasser und fing an, es über ihren Rücken rieseln zu lassen, aber sie verlangte, ich müsse sie in vollem Schwall begießen.

Sie erklärte, daß ein Kontakt mit den Verbündeten, wie wir ihn vorhin hatten, einen sehr schädlichen Schweiß auf die Haut treibt, der sofort abgewaschen werden müsse. Sie hieß auch mich meine Kleider ausziehen und übergoß mich mit eiskaltem Wasser. Dann reichte sie mir ein frisches Tuch, und wir trockneten uns ab, während wir ins Haus zurückkehrten. Nachdem sie die Laterne an die Wand gehängt hatte, setzte sie sich auf das große Bett im vorderen Zimmer. Sie hatte die Knie vor die Brust gezogen, und ich konnte jede Stelle ihres Körpers sehen. Ich zog ihren nackten Körper an mich, und dann wurde mir klar, was Doña Soledad gemeint hatte, als sie sagte, la Gorda sei die Frau des Nagual. Sie war formlos wie Don Juan. Es war mir unmöglich, sie mir als Frau vorzustellen.

Ich fing an mich wieder anzuziehen. Sie nahm mir die Kleider weg. Sie sagte, wir könnten sie erst wieder anziehen, nachdem wir sie in die Sonne gelegt hätten. Sie legte mir eine Decke über die Schultern und nahm sich selbst eine.

»Dieser Angriff der Verbündeten war wirklich furchtbar«, sagte sie, als wir uns wieder aufs Bett setzten. »Wir hatten wirklich Glück, daß wir ihrem Griff entronnen sind. Ich hatte keine Ahnung, warum der Nagual mir aufgetragen hat, mit dir zu Genaros Haus zu gehen. Jetzt weiß ich es. Dieses Haus ist der Ort, wo die Verbündeten am stärksten sind. Sie haben uns um Haaresbreite verfehlt. Glücklicherweise wußte ich, wie ich uns da herausholen konnte.«

»Wie hast du das gemacht, Gorda?«

»Ich weiß es wirklich nicht«, sagte sie. »Ich habe es einfach gemacht. Mein Körper wußte es, glaube ich, aber wenn ich mir vorstellen will, wie ich es machte, dann kann ich das nicht.

Dies war für uns beide eine große Prüfung. Bis heute abend wußte ich nicht, daß ich das Auge öffnen kann. Aber siehst du – ich hab's getan. Ich habe tatsächlich das Auge geöffnet. Und der Nagual sagte, daß ich es könnte. Aber bevor du gekommen bist, habe ich es nie gekonnt. Ich habe es versucht, aber es gelang mir nie. Diesmal aber half mir die Angst vor diesen Verbündeten, das Auge zu packen, wie der Nagual es mich lehrte, und es viermal in seine vier Richtungen zu schütteln. Er sagte, ich solle es schütteln wie ein Bettlaken und es dann in der Mitte ergreifen und wie eine Tür öffnen. Alles andere war ganz einfach. Sobald die Tür offen war, spürte ich einen starken Wind, der mich zog – statt mich wegzublasen. Die Schwierigkeit aber – wie der Nagual sagte – ist das Wiederkehren. Dazu muß man sehr stark sein. Der Nagual und Genaro und auch Eligio konnten wie nichts in das Auge hinein und wieder hinausgehen. Für sie war das Auge nicht einmal ein Auge; sie sagten, es sei ein orangenes Licht, wie die Sonne. So waren auch Genaro und der Nagual, wenn sie flogen, orangenes Licht. Ich selbst bin im Vergleich dazu noch sehr unbeholfen. Der Nagual sagte, daß ich mich beim Fliegen ausbreite und wie ein riesiger Kuhfladen durch die Luft segle. Ich habe kein Licht. Deshalb ist auch das Zurückkehren für mich so furchtbar schwer. Heute nacht hast du mir zweimal geholfen und mich zurückgezogen. Heute nacht habe ich dir mein Fliegen vorgeführt, weil der Nagual mir befahl, es dich *sehen* zu lassen, ganz egal wie schwierig oder unvollkommen es sein mag. Mit meinem Fliegen sollte ich dir helfen, genau wie du mir helfen solltest, als du mir deinen Doppelgänger zeigtest. Ich stand an der

Tür und *sah* dein ganzes Manöver. Du warst so emsig damit beschäftigt, Josefina zu bemitleiden, daß dein Körper meine Anwesenheit nicht bemerkte. Ich sah, wie dein Doppelgänger aus deiner Schädeldecke kam. Er schlängelte sich heraus wie ein Wurm. Ich *sah* ein Zittern, das in deinen Füßen begann und durch deinen ganzen Körper lief, und dann kam dein Doppelgänger heraus. Er war genau wie du, aber ganz durchsichtig. Er war wie der Nagual selbst. Das ist auch der Grund, warum die Schwesterchen wie versteinert waren. Ich wußte, daß sie glaubten, es sei der Nagual selbst. Aber ich konnte nicht alles *sehen.* Das Geräusch ist mir entgangen, weil ich keine Aufmerksamkeit dafür habe.«
»Wie bitte?«
»Der Doppelgänger braucht ungeheuer viel Aufmerksamkeit. Diese Aufmerksamkeit hat der Nagual dir, aber nicht mir gegeben. Er sagte, seine Zeit sei zu knapp.«
Dann erzählte sie noch irgendwas über eine bestimmte Art Aufmerksamkeit, aber ich war sehr müde. Ich schlief so plötzlich ein, daß ich nicht einmal mehr meine Notizen weglegen konnte.

4 Die Genaros

Am nächsten Morgen erwachte ich gegen acht Uhr und stellte fest, daß la Gorda meine Kleider in die Sonne gelegt hatte und das Frühstück bereitet hatte. Wir aßen in der Küche, am Eßtisch. Als wir fertig waren, fragte ich sie nach Lidia, Rosa und Josefina. Sie schienen das Haus verlassen zu haben.
»Sie helfen Soledad«, sagte sie. »Sie macht sich bereit für die Reise.«
»Wohin geht sie?«
»Irgendwohin, weit weg. Sie hat keinen Grund mehr zu bleiben. Sie hat nur auf dich gewartet, und jetzt bist du gekommen.«
»Gehen die Schwesterchen mit ihr?«
»Nein, sie wollen nur heute nicht hier sein. Anscheinend ist heute für sie hier kein guter Tag.«
»Warum ist es kein guter Tag für sie?«
»Die Genaros wollen heute kommen, um dich zu besuchen, und die Mädchen vertragen sich nicht mit ihnen. Wenn sie mal zufällig zusammentreffen, gibt es immer den furchtbarsten Streit. Das letzte Mal hätten sie sich beinah gegenseitig umgebracht.«
»Werden sie richtig handgreiflich?«
»Darauf kannst du dich verlassen. Sie sind alle sehr stark, und keiner will hinter dem andern zurückbleiben. Der Nagual hat mir gesagt, daß es so kommen würde, aber ich habe nicht die Kraft, es mit ihnen aufzunehmen. Und nicht nur dies – ich muß sogar Partei ergreifen; ein grauenhafter Zustand.«
»Woher weißt du, daß die Genaros heute kommen werden?«
»Ich habe nicht mit ihnen gesprochen. Ich weiß nur, daß sie heute hier sein werden. Das ist alles.«
»Weißt du es deshalb, weil du *siehst*, Gorda?«
»Richtig. Ich *sehe* sie kommen. Und einer von ihnen kommt direkt zu dir, weil du ihn anziehst.«
Ich versicherte ihr, daß ich keinen von ihnen besonders anzog, ja, daß ich keinem von ihnen den Zweck meiner Reise verraten

hatte, daß es mir aber um ein paar Fragen ging, die ich mit Pablito und Nestor besprechen wollte.
Sie lächelte verlegen und meinte, daß das Schicksal eben Pablito und mich zusammengeführt habe, daß wir uns sehr ähnlich seien und daß zweifellos er mich als erster aufsuchen würde. Alles was einem Krieger passiert, fuhr sie fort, könne als Omen gedeutet werden; so seien meine Begegnungen mit Soledad ein Omen dafür, was ich bei meinem Besuch herausfinden würde. Ich bat sie, sich deutlicher zu erklären.
»Die Männer werden dir diesmal sehr wenig geben«, sagte sie. »Die Frauen sind's, die dich in Stücke reißen werden, wie Soledad es getan hat. Das jedenfalls würde ich sagen, wenn ich das Omen richtig verstehe. Du wartest auf die Genaros, aber sie sind Männer wie du. Und sieh mal, da gibt es noch ein weiteres Omen; sie sind ein wenig zurück. Ich meine, sie sind ein paar Tage zurück. Das ist euer Schicksal als Männer, deines wie ihres, daß ihr immer ein paar Tage zurück seid.
»Hinter was zurück, Gorda?«
»Hinter allem. Hinter uns Frauen zum Beispiel.« Sie lachte und strich mir über den Kopf.
»Stell dich meinetwegen noch so stur«, sagte sie, »du mußt zugeben, daß ich recht habe. Warte nur, und du wirst sehen.«
»Hat der Nagual dir gesagt, daß Männer hinter den Frauen zurück sind?« fragte ich.
»Gewiß, das hat er gesagt«, erwiderte sie. »Und du brauchst dich nur umzusehen.«
»Das tu ich ja, Gorda, aber ich sehe nichts dergleichen. Die Frauen sind immer zurück. Sie sind von den Männern abhängig.«
Sie lachte. Ihr Lachen war ganz frei von Hohn oder Bitterkeit; es war ein klarer Ausdruck von Fröhlichkeit.
»Mag sein, du kennst die Welt der Menschen besser als ich«, sagte sie mit Nachdruck. »Aber sieh mich an: ich bin formlos, und du bist es nicht. Und ich sage dir, Frauen sind bessere Zauberer, weil wir vor unseren Augen den Spalt haben, und ihr habt ihn nicht.«
Sie schien nicht verärgert, aber trotzdem fühlte ich mich verpflichtet, ihr zu erklären, daß ich nicht deshalb solche Fragen stellte und Bemerkungen machte, weil ich einen bestimmten Standpunkt angreifen oder verteidigen wollte, sondern weil ich

mit ihr reden wollte. Sie sagte, sie hätte seit dem Augenblick meiner Ankunft nichts andres getan als mit mir reden – und der Nagual habe sie im Reden geschult, denn ihre Aufgabe sei die gleiche wie meine: nämlich in der Welt der Menschen zu sein.
»Alles, was wir sagen«, fuhr sie fort, »ist eine Spiegelung der Welt der Menschen. Noch bevor dein Besuch zu Ende ist, wirst du herausfinden, daß du so redest und handelst, wie du's tust, weil du dich an die menschliche Form klammerst, genau wie die Genaros und die Schwesterchen sich an die menschliche Form klammern, wenn sie streiten und sich gegenseitig halb umbringen.«
»Aber solltet ihr alle nicht eigentlich mit Pablito, Nestor und Benigno zusammenarbeiten?«
»Genaro und der Nagual haben uns aufgetragen, harmonisch zusammenzuleben und einander zu helfen und zu beschützen, weil wir allein in der Welt stehen. Pablito wurde die Verantwortung für uns vier Frauen übertragen, aber er ist ein Feigling. Wenn es nach ihm ginge – er würde uns verrecken lassen wie junge Hunde. Ja, als der Nagual noch bei uns war, da war Pablito sehr nett und sorgte gut für uns. Alle hänselten ihn und machten Witze, weil er für uns sorgte, als ob wir seine Frauen wären. Kurz bevor Genaro und der Nagual uns verließen, sagten sie ihm, er habe eine echte Chance, eines Tages der Nagual zu sein, weil wir seine vier Winde, seine vier Ecken der Welt werden könnten. Pablito faßte dies als seine Aufgabe auf, und von dem Tag an veränderte er sich. Er wurde unleidlich. Er fing an uns herumzukommandieren, als ob wir wirklich seine Frauen wären.
Ich fragte den Nagual, wie es nun mit Pablitos Chance sei, und er sagte mir, daß in der Welt eines Kriegers alles von persönlicher Kraft abhängig ist. Und persönliche Kraft beruht auf ›Makellosigkeit‹. Wäre Pablito makellos, dann hätte er eine Chance. Als ich das hörte, mußte ich lachen. Weißt du, ich kenne Pablito sehr gut. Aber der Nagual erklärte mir, ich dürfe das nicht so leicht nehmen. Ein Krieger, sagte er, hat immer eine Chance, und mag sie noch so gering sein. Er ließ mich erkennen, daß ich selbst eine Kriegerin war und daher Pablito nicht mit meinen Gedanken behindern durfte. Er sagte, ich müsse diese Gedanken abstellen und Pablito in Ruhe lassen; ich müsse selbst makellos sein und Pablito helfen, trotz allem, was ich über ihn wußte.
Ich verstand, was der Nagual meinte. Außerdem stand ich noch

immer in Pablitos Schuld, und ich freute mich über die Gelegenheit, ihm zu helfen. Aber ich wußte auch, daß er scheitern würde, mochte ich ihm noch so viel helfen. Ich weiß schon lange, daß er nicht das hat, was man braucht, um der Nagual zu sein. Pablito ist sehr kindisch, und er will seine Niederlage nicht akzeptieren. Er fühlt sich elend, weil er nicht makellos ist, und doch versucht er in seinen Gedanken noch immer wie der Nagual zu sein.«

»Wie kam es, daß er scheiterte?«

»Der Nagual hatte uns eben verlassen, da hatte Pablito einen tödlichen Zusammenstoß mit Lidia. Vor Jahren hatte der Nagual ihm aufgetragen, nach außen hin Lidias Ehemann zu spielen – nur zum Schein. Die Leute hier in der Gegend glaubten, sie sei seine Frau. Lidia gefiel das gar nicht. Sie ist sehr hart und selbstbewußt. Um die Wahrheit zu sagen, Pablito hatte immer höllische Angst vor ihr. Sie kamen nicht miteinander aus, und sie duldeten einander nur, weil der Nagual da war. Aber als er fort war, wurde Pablito noch verrückter, als er sowieso schon war, und setzte sich in den Kopf, er habe genügend persönliche Kraft, um uns als Frauen zu nehmen. Die drei Genaros setzten sich zusammen und beratschlagten, was Pablito tun könne, und da kamen sie zu dem Schluß, daß Pablito die selbstbewußteste Frau zuerst nehmen solle, nämlich Lidia. Sie warteten, bis sie allein im Haus war, und dann sürzten sie sich zu dritt auf sie, packten sie an den Armen und warfen sie aufs Bett. Pablito stürzte sich auf sie. Zuerst glaubte sie, daß die Genaros nur scherzten. Als sie aber erkannte, daß sie es ernst meinten, rammte sie ihren Kopf gegen Pablitos Stirn und brachte ihn beinah um. Die Genaros ergriffen die Flucht, und Nestor mußte monatelang Pablitos Wunde pflegen.«

»Kann ich denn etwas für sie tun, damit sie besser verstehen?«

»Nein. Das Verstehen ist unglücklicherweise nicht ihr Problem. Alle sechs verstehen sehr gut. Die eigentliche Schwierigkeit ist etwas andres, etwas sehr Häßliches, womit keiner von ihnen fertig wird. Sie lassen sich gehen, denn sie versuchen nicht, sich zu ändern. Da sie wissen, daß sie es nicht schaffen werden, sich zu ändern, egal wie sehr sie's versuchen, selber wollen oder sogar nötig haben, verzichten sie überhaupt darauf, es auch nur zu versuchen. Sie sind so sehr im Irrtum, daß sie sogar über unser Scheitern enttäuscht sind. Der Nagual hat jedem von ihnen gesagt, daß Krieger – egal ob Männer oder Frauen – makellos sein müssen in ihrem Bemühen, sich zu ändern, um die menschliche Form zu schrecken und sie abzuschütteln. Nach Jahren des makellosen Lebens, so sagte der Nagual, erreicht man einen Punkt, wo die Form es nicht länger aushält und einen verläßt, genau wie sie mich verlassen hat. Natürlich verletzt sie dabei den Körper und kann einen sogar töten, aber ein makelloser Krieger überlebt immer.«

Ein unverhofftes Klopfen an der Tür unterbrach sie. La Gorda stand auf und schob den Riegel zurück. Es war Lidia. Sie begrüßte mich sehr förmlich und bat la Gorda, mit ihr hinauszugehen. Sie gingen zusammen fort.

Ich war froh, allein zu sein. Ein paar Stunden arbeitete ich an meinen Notizen. Die Eßecke im Freien war angenehm kühl und hell.

Gegen Mittag kehrte la Gorda zurück. Sie fragte mich, ob ich etwas essen wolle. Ich war nicht hungrig, aber sie bestand darauf, daß ich etwas zu mir nähme. Sie sagte, daß der Kontakt mit den Verbündeten sehr kraftraubend sei und daß sie selbst sich sehr schwach fühle.

Nach dem Essen setzte ich mich neben la Gorda und schickte mich an, sie nach dem ›Träumen‹ auszufragen, als die Haustür laut aufschlug und Pablito hereinkam. Er keuchte atemlos. Offenbar war er den ganzen Weg her gerannt und befand sich in einem Zustand starker Erregung. Er blieb einen Moment in der Tür stehen und verschnaufte. Er hatte sich nicht sehr verändert. Er wirkte etwas älter oder schwerer oder vielleicht nur muskulöser. Trotzdem war er immer noch sehr schlank und drahtig. Sein Gesicht war blaß, als sei er lange nicht an der Sonne gewesen. Der intensive Blick seiner braunen Augen wurde durch einen Anflug von Müdigkeit in seinem Gesicht noch unterstrichen. Ich erinnerte mich daran, daß Pablito immer ein so gewinnendes Lächeln gehabt hatte; als er jetzt vor mir stand und mich anschaute, war sein Lächeln so bezaubernd wie je. Er kam auf mich zu gerannt und packte mich wortlos an den Armen. Ich stand auf. Er schüttelte mich sanft und umarmte mich. Ich freute mich sehr, ihn zu sehen. In kindlicher Ausgelassenheit tanzte ich mit ihm umher. Ich wußte nicht, was ich sagen sollte. Schließlich brach er das Schweigen.

»Maestro«, sagte er leise und deutete mit leichtem Kopfnicken eine Verbeugung an.
Der Titel ›Maestro‹, Lehrer, überraschte mich. Ich drehte mich, als ob ich nach jemandem suchte, der hinter mir stand. Ich übertrieb diese Geste absichtlich, um ihm zu verstehen zu geben, daß ich verwundert war. Er lächelte, und mir fiel nichts andres ein, als ihn zu fragen, woher er wußte, daß ich da sei.
Er sagte, daß Nestor, Benigno und er eine ganz seltsame Ahnung gehabt hätten, die sie umzukehren gezwungen habe. Sie seien Tag und Nacht ohne Rast gelaufen. Nestor sei zu ihnen nach Hause gegangen, um nachzusehen, ob es dort etwas gab, das dieses merkwürdige Gefühl, das sie befallen hatte, erklären konnte. Benigno sei zu Soledad gelaufen und er selbst sei hierher, zum Haus der Mädchen gekommen.
»Du hast ins Schwarze getroffen, Pablito«, sagte la Gorda lachend.
Pablito antwortete nicht. Er starrte sie finster an.
»Ich wette, du überlegst schon, wie du mich rauswerfen kannst«, sagte er mit kaum verhohlener Wut.
»Streite nicht mit mir, Pablito«, sagte la Gorda ungerührt.
Pablito wandte sich wieder zu mir und entschuldigte sich. Mit sehr lauter Stimme – so als wollte er, daß noch ein andrer im Haus mithöre – erklärte er, er habe seinen eigenen Stuhl mitgebracht, und den könne er hinstellen wo es ihm beliebe.
»Hier ist sonst niemand außer uns«, sagte la Gorda leise und kicherte.
»Jedenfalls werde ich meinen Stuhl hereinbringen«, sagte Pablito. »Du hast doch nichts dagegen, Maestro?«
La Gorda gab mir ein kaum wahrnehmbares Fußzeichen, das soviel besagte wie ›Mach schon‹!
»Bring ihn rein, bring alles, was du willst!« sagte ich.
Pablito ging hinaus.
»So sind sie immer«, sagte la Gorda. »Alle drei.«
Im nächsten Moment kam Pablito zurück; er trug einen seltsam geformten Stuhl auf den Schultern. Der Stuhl war der Wölbung seines Rückens angepaßt, und wenn er ihn auf den Schultern trug, sah er aus wie ein Rucksack.
»Darf ich ihn hinstellen?« fragte er mich.
»Selbstverständlich«, erwiderte ich und rückte meine Bank beiseite, um ihm Platz zu machen.

Er lachte mit übertriebener Unbefangenheit.
»Du bist doch der Nagual?« fragte er mich. Dann schaute er la Gorda an und fügte hinzu: »Oder wartest du noch auf Befehle?«
»Ich bin der Nagual«, sagte ich in scherzhaftem Ton, um auf seine Ironie einzugehen.
Ich spürte, daß er bereit war, jeden Moment einen Streit mit la Gorda anzufangen; sie mußte es auch gespürt haben, denn sie entschuldigte sich und ging hinters Haus.
Pablito stellte seinen Stuhl ab und umkreiste mich langsam, als wolle er meine Figur mustern. Dann griff er mit einer Hand nach seinem niedrigen, leichten Stuhl, drehte ihn herum und setzte sich rittlings drauf. Er verschränkte die Arme über der Lehne, die ihm in dieser Sitzhaltung größte Bequemlichkeit bot. Ich setzte mich ihm gegenüber. Seine Stimmung hatte sich in dem Augenblick, als la Gorda hinausging, völlig verändert.
»Ich muß dich um Vergebung bitten, wie ich mich benommen habe«, sagte er lächelnd. »Aber ich mußte diese Hexe loswerden.«
»Ist sie denn so schlimm, Pablito?«
»Darauf kannst du dich verlassen«, erwiderte er.
Um das Thema zu wechseln, sagte ich ihm, er sähe sehr gut und wohlhabend aus.
»Auch die siehst sehr gut aus, Maestro«, sagte er.
»Was soll dieser Unsinn, daß du mich Mastro nennst?« fragte ich in scherzhaftem Ton.
»Die Dinge sind nicht mehr so, wie sie waren«, erwiderte er. »Wir sind jetzt in einem neuen Reich, und der Zeuge sagt, daß du jetzt der Maestro bist, und der Zeuge kann sich nicht irren. Aber er wird dir die ganze Geschichte selbst erzählen. Er wird gleich hier sein, und er wird sich freuen, dich wiederzusehen. Ich glaube, er hat inzwischen gespürt, daß du hier bist. Als wir umkehrten, hatten wir alle das Gefühl, daß du vielleicht unterwegs wärst, aber keiner von uns hat gespürt, daß du schon da bist.«
Dann sagte ich ihm, daß ich nur mit der Absicht gekommen sei, ihn und Nestor zu sehen, daß sie die beiden einzigen Menschen auf der Welt seien, mit denen ich über unser letztes Zusammensein mit Don Juan und Don Genaro sprechen konnte und daß mir alles daran gelegen sei, gewisse Zweifel aufzuklären, die diese letzte Begegnung bei mir hinterlassen hatte.

»Wir sind miteinander verbunden«, sagte er. »Ich will tun, was ich kann, um dir zu helfen. Das weißt du. Aber ich muß dich warnen, denn ich bin nicht so stark, wie du mich vielleicht haben willst. Vielleicht wäre es besser, wir würden überhaupt nicht sprechen. Andererseits werden wir, wenn wir nicht sprechen, nie etwas verstehen.«

Nach sorgfältigster Überlegung stellte ich ihm eine Frage. Alle meine rationalen Zweifel, so erklärte ich ihm, kreisten um ein Problem:

»Sag mir, Pablito, sind wir wirklich, ich meine körperlich, in den Abgrund gesprungen?«

»Ich weiß nicht«, sagte er, »ich weiß es wirklich nicht.«

»Aber du warst doch bei mir.«

»Das ist es ja: war ich wirklich da?«

Ich war über seine rätselhaften Antworten verärgert. Ich hatte das Gefühl, ich müsse ihn stoßen oder rütteln, um irgend etwas in ihm freizusetzen. Es war mir klar, daß er mir absichtlich etwas sehr Wichtiges vorenthielt. Protestierend beschwor ich ihn, er dürfe nicht so geheimnisvoll tun, falls uns wirklich ein Band völligen Vertrauens verbinde. Pablito schüttelte den Kopf, wie um schweigend meine Vorwürfe abzuwehren.

Ich bat ihn, mir sein ganzes Erlebnis zu erzählen, angefangen bei jenem Augenblick vor dem Sprung, als Don Juan und Don Genaro uns gemeinsam auf den letzten Angriff vorbereiteten.

Pablitos Bericht war wirr und zusammenhanglos. Über die letzten Sekunden vor dem Sprung wußte er nur noch, daß ihn die Kräfte verließen, gleich nachdem Don Juan und Don Genaro uns Lebewohl gesagt hatten; dann, so sagte er, sei er vornüber gefallen, ich aber hätte ihn am Arm gehalten und zum Rand des Abgrunds geschleppt, wo er ohnmächtig geworden sei.

»Was geschah, nachdem du ohnmächtig wurdest, Pablito?«

»Ich weiß nicht.«

»Hattest du Träume oder Visionen? Sahst du etwas?«

»Soviel ich weiß, hatte ich keine Visionen. Und falls ich welche hatte, achtete ich nicht darauf. Mir fehlt es an Makellosigkeit, darum kann ich mich nicht daran erinnern.«

»Und was geschah dann?«

»Ich erwachte in Genaros früherem Haus. Ich weiß nicht, wie ich dort hingekommen war.«

Er schwieg, während ich in Gedanken krampfhaft nach einer Frage, einer Bemerkung, einem kritischen Einwand oder dergleichen suchte, um ihn zu weiteren Aussagen zu veranlassen. Bislang enthielt Pablitos Bericht nichts, was geeignet gewesen wäre, meine Erlebnisse zu bestätigen. Ich fühlte mich betrogen. Fast wurde ich wütend auf ihn. Meine Gefühle waren eine Mischung aus Mitleid für Pablito, Selbstmitleid und schwerer Enttäuschung.
»Es tut mir leid, daß ich so ein Reinfall für dich bin«, sagte Pablito.
Meine erste Reaktion auf seine Wort war, daß ich mich verstellte und ihm versicherte, ich sei überhaupt nicht enttäuscht.
»Ich bin ein Zauberer«, sagte er lachend, »vielleicht ein armseliger, aber immerhin genug um zu wissen, was mein Körper mir sagt. Und er sagt mir eben, daß du böse auf mich bist.«
»Ich bin dir nicht böse, Pablito!« rief ich.
»Das sagt dein Verstand, nicht aber dein Körper«, meinte er. »Dein Körper ist mir böse. Dein Verstand dagegen findet keinen Grund, auf mich wütend zu sein. Daher bist du in der Zwickmühle. Eines wenigstens kann ich für dich tun, nämlich dir diese Verwirrung erklären. Dein Körper ist böse, weil er weiß, daß ich nicht makellos bin und daß nur ein makelloser Krieger dir helfen kann. Dein Körper ist böse, weil er spürt, daß ich mich verplempere. Das alles wußte ich schon, als ich durch die Tür trat.«
Darauf wußte ich nichts zu sagen. Auf einmal kam mir eine wahre Flut nachträglicher Erkenntnisse. Vielleicht hatte er recht, wenn er sagte, daß mein Körper all dies wisse. Jedenfalls hatte seine Direktheit, mit der er meine Gefühle ansprach, meinem Ärger die Schärfe genommen. Ich überlegte allmählich, ob Pablito nicht nur ein Spiel mit mir spielte. Ich hielt ihm vor, er könne doch unmöglich so schwach sein, wie er sich mir darstellte, wenn er andrerseits so direkt und mutig zu mir sprechen könne.
»Meine Schwäche liegt darin, daß ich zur Sehnsucht veranlagt bin«, sagte er beinah flüsternd. »Ich bin schon fast so weit, wo ich mich nach meinem früheren Leben als gewöhnlicher Mensch sehne. Kannst du das glauben?«
»Das meinst du nicht ernst, Pablito!« rief ich.
»Doch«, erwiderte er. »Ich sehne mich nach dem großen Privileg, als gewöhnlicher Mann, ohne diese furchtbare Bürde, über das Antlitz der Erde zu wandern.«

Ich fand seinen Standpunkt einfach grotesk und rief immer wieder aus, er könne so was doch nicht allen Ernstes sagen. Pablito sah mich an und seufzte. Auf einmal fühlte ich mich ihm gegenüber befangen. Er schien im Begriff, in Tränen auszubrechen. Meine Befangenheit wich einem tiefen Mitgefühl. Keiner von uns konnte dem anderen helfen.
In diesem Moment kam la Gorda in die Küche zurück. Pablito schien sofort zu neuem Leben erwacht. Er sprang auf und stampfte mit dem Fuß auf.
»Was zum Teufel hast du hier verloren?« schrie er mit schriller, nervöser Stimme. »Was schnüffelst du hier herum?«
La Gorda wandte sich an mich, als ob er gar nicht existierte. In höflichem Ton sagte sie, sie habe die Absicht, zu Doña Soledad zu gehen.
»Was zum Teufel kümmert es uns, wohin du gehst!« brüllte er. »Meinethalben geh zur Hölle!«
Wie ein unartige Kind stampfte er auf den Boden, während la Gorda lachend dabei stand.
»Laß uns aus diesem Haus verschwinden, Maestro«, sagte er laut.
Sein plötzlicher Stimmungswandel von tiefer Traurigkeit zu diesem Wutausbruch faszinierte mich. Ich überließ mich ganz dem Eindruck und beobachtete ihn. Eine Eigenschaft, die ich immer an ihm bewundert hatte, war seine physische Gewandtheit. Selbst wenn er, wie jetzt, trotzig auf den Boden stampfte, waren seine Bewegungen sehr anmutig.
Plötzlich langte er über den Tisch und versuchte mir meinen Schreibblock aus der Hand zu reißen. Er packte ihn nur mit Daumen und Zeigefinger seiner linken Hand. Ich dagegen mußte ihn mit beiden Händen festhalten und alle Kraft aufbieten. Sein Griff war so außerordentlich kraftvoll, daß er mir den Block, wenn er nur wollte, leicht hätte entreißen können. Aber er ließ ihn los, und als er die Hand zurückzog, sah ich – als flüchtige Erscheinung – eine Verlängerung dieser Hand. Es geschah so rasch, daß ich mir den Vorgang als eigne Wahrnehmungsstörung hätte erklären können: als Folge der ruckartigen Bewegung, mit der ich, gezogen von seinem kraftvollen Griff, halb aufgestanden war. Aber ich hatte schon gelernt, daß mein gewohntes Verhalten diesen Menschen gegenüber fehl am Platze war; auch konnte ich

die Geschehnisse nicht auf meine gewohnte Weise erklären. Also versuchte ich es diesmal erst gar nicht.
»Was ist das da an deiner Hand, Pablito?« fragte ich.
Er fuhr überrascht zurück und versteckte seine Hand hinter dem Rücken. Er machte ein nichtssagendes Gesicht und murmelte, er wolle dieses Haus verlassen, weil ihm schwindlig sei.
La Gorda lachte laut auf und meinte, Pablito sei ein ebenso guter, vielleicht gar ein besserer Schauspieler als Josefina; und wenn ich ihn weiter bedrängte, mir zu sagen, was da an seiner Hand sei, würde er noch in Ohnmacht fallen, und Nestor müßte ihn dann monatelang gesundpflegen.
Pablito bekam einen würgenden Hustenanfall. Sein Gesicht wurde purpurrot. La Gorda sagte wie beiläufig, er solle mit seiner Schauspielerei aufhören, weil doch kein Publikum da sei; sie selbst wolle gleich gehen, und ich hätte nicht soviel Geduld. Zu mir gewandt, befahl sie mir in gebieterischem Ton, nur ja hierzubleiben und nicht zum Haus der Genaros zu gehen.
»Warum denn nicht, zum Teufel?« brüllte Pablito und sprang ihr in den Weg, als wolle er sie am Gehen hindern. »Was für eine Frechheit! Dem Maestro zu sagen, was er tun soll!«
»Wir hatten gestern abend in eurem Haus einen Zusammenstoß mit den Verbündeten«, teilte la Gorda Pablito sachlich mit. »Der Nagual und ich sind noch davon geschwächt. Ich an deiner Stelle, Pablito, würde meine Aufmerksamkeit auf die Arbeit konzentrieren. Die Dinge haben sich nämlich geändert. Alles hat sich geändert, seit er gekommen ist.«
La Gorda ging durch die Vordertür hinaus. Mir wurde auf einmal bewußt, daß sie tatsächlich sehr müde aussah. Anscheinend waren ihre Schuhe zu eng, oder vielleicht war sie auch so schwach, daß sie im Gehen die Füße nachzog. Sie wirkte klein und zerbrechlich.
Wahrscheinlich sah ich genauso müde aus, überlegte ich. Da es im Haus keinen Spiegel gab, wollte ich hinausgehen und mich im Rückspiegel meines Autos betrachten. Vielleicht hätte ich es getan, aber Pablito hinderte mich daran. Er bat mich in allem Ernst, nur ja kein Wort zu glauben von dem, was sie über ihn und seine Schauspielerei gesagt hatte. Ich versicherte ihm, er könne ganz unbesorgt sein.
»Du kannst la Gorda überhaupt nicht leiden?« fragte ich.

»Das kannst du laut sagen!« erwiderte er mit wildem Blick. »Du weißt besser als jeder andere, was für Ungeheuer diese Frauen sind. Der Nagual hat uns gesagt, daß du eines Tages kommen würdest, nur um ihnen in die Falle zu gehen. Er bat uns, wachsam zu sein und dich vor ihren Schlichen zu warnen. Der Nagual meinte, du hast eine von vier Möglichkeiten: Falls deine Kraft groß wäre, könnten wir Männer selbst dich herbringen und dich warnen und retten. Falls deine Kraft gering wäre, würden wir nur noch rechtzeitig kommen, um dich als Leiche zu sehen. Die dritte Möglichkeit wäre, dich als Sklave dieser Hexe Soledad oder gar als Sklave dieser ekelhaften Mannweiber vorzufinden. Die vierte und geringste Chance wäre, dich wohlauf und lebendig vorzufinden.

Und dann sagte der Nagual uns, daß du, falls du am Leben bleiben solltest, der Nagual sein würdest; dann sollten wir dir vertrauen, weil nur du uns helfen könntest.«

»Ich würde alles für dich tun, Pablito. Das weißt du.«

»Nicht nur für mich. Ich bin nicht allein. Der Zeuge und Benigno sind mit mir zusammen. Wir gehören zusammen, und du mußt uns allen helfen.«

»Natürlich, Pablito, das versteht sich von selbst.«

»Die Leute hier haben uns nie belästigt. Schwierigkeiten haben wir nur mit diesen häßlichen Mannweib-Monstern. Wir wissen nicht, was wir mit ihnen anfangen sollen. Der Nagual hat uns befohlen, bei ihnen zu bleiben, egal was kommen mag. Er gab mir sogar eine persönliche Aufgabe, aber ich habe versagt. Vorher war ich sehr glücklich. Du erinnerst dich doch. Jetzt finde ich mich im Leben nicht mehr zurecht.«

»Was ist denn passiert, Pablito?«

»Diese Hexen haben mich aus meinem Haus vertrieben. Sie haben sich breitgemacht und mich wie einen Haufen Müll hinausgekehrt. Jetzt lebe ich mit Nestor und Pablito in Genaros Haus. Wir müssen sogar selbst unser Essen kochen. Der Nagual wußte, daß es so kommen könnte, und darum trug er la Gorda auf, zwischen uns und diesen drei Hexen zu vermitteln. Aber la Gorda ist immer noch, wie der Nagual zu sagen pflegte, der alte Zweihundertzwanzig-Pfund-Arsch. Das war jahrelang ihr Spitzname, weil sie glatte zweihundertzwanzig Pfund auf die Waage brachte.«

Bei dieser Erinnerung an la Gorda lachte Pablito in sich hinein.

»Sie war das fetteste, stinkigste Ekelstück, das du je gesehen hast«, fuhr er fort. »Heute hat sie nur noch die Hälfte ihrer wahren Leibesfülle, aber im Kopf oben ist sie noch immer das gleiche fette, lahme, träge Weib, das sie war, und sie kann nichts für uns tun. Aber jetzt bist du ja gekommen, Maestro, und unsere Sorgen sind vorbei. Jetzt sind wir vier gegen vier.«
Ich wollte eine Bemerkung einwerfen, aber er ließ mich nicht zu Wort kommen.
»Laß mich ausreden, was ich dir zu sagen habe – bevor diese Hexe zurückkommt und mich rauswirft«, sagte er und blickte nervös zur Tür.
»Ich weiß, diese Frauen haben dir erzählt, daß ihr fünf angeblich gleich seid, weil ihr die Kinder des Nagual seid. Das ist eine Lüge! Du bist auch wie wir Genaros, denn Genaro hat mitgeholfen, deine Leuchtkraft wiederherzustellen. Also bist du auch einer von uns. Siehst du, was ich meine? Glaub also nicht, was sie dir sagen. Du gehörst auch zu uns. Die Hexen wissen nicht, daß der Nagual uns alles verraten hat. Sie glauben, sie wären die einzigen, die wissen. Es brauchte zwei Tolteken, um uns zu machen. Wir sind die Kinder der beiden. Diese Hexen . . .«
»Warte, warte, Pablito«, sagte ich und legte ihm die Hand auf den Mund.
Er stand auf, offenbar erschrocken über meine plötzliche Bewegung.
»Was meinst du damit: es brauchte zwei Tolteken, um uns zu machen?«
»Der Nagual hat uns gesagt, daß wir Tolteken sind. Wir alle sind Tolteken. Ein Tolteke, sagte er, ist der Empfänger und Wahrer von Geheimnissen. Der Nagual und Genaro sind Tolteken. Sie haben uns ihre besondere Leuchtkraft und ihre Geheimnisse geschenkt. Wir haben ihre Geheimnisse empfangen, und jetzt bewahren wir sie.«
Der Sinn, in dem er den Namen ›Tolteken‹ verwendete, verblüffte mich. Ich kannte nur die anthropologische Bedeutung, und da bezeichnet ›Tolteken‹ die Kultur eines Nahuatl sprechenden Volkes in Zentral- und Südmexiko, die zur Zeit der Conquista bereits erloschen war.
»Warum nannte er uns Tolteken?« fragte ich, da mir sonst nichts einfiel.

»Weil wir das sind. Statt uns Zauberer oder Hexen zu nennen, sagte er, wir sind Tolteken.«
»Wenn es sich so verhält, warum nennst du die Schwesterchen also Hexen?«
»Weil ich sie hasse. Das hat aber nichts damit zu tun, was wir sind.«
»Hat der Nagual dies allen gesagt?«
»Ja, gewiß. Wir alle wissen es.«
»Mir hat er es aber nie gesagt.«
»Oh, das ist nur, weil du ein sehr gebildeter Mann bist und über lauter verrücktes Zeug diskutierst.«
Er lachte mit erzwungen schriller Stimme und klopfte mir den Rücken.
»Hat der Nagual dir zufällig mal erzählt, daß die Tolteken ein altes Volk waren, das in diesem Teil Mexikos lebte?«
»Da siehst du wieder, wie es mit dir ist. Und deshalb hat er dir nichts davon erzählt. Der alte Krähenvogel wußte wahrscheinlich nicht mal, daß die Tolteken ein altes Volk waren.«
Er schaukelte auf seinem Stuhl hin und her und lachte. Sein Lachen klang angenehm und sehr ansteckend.
»Wir sind Tolteken, Maestro«, sagte er. »Finde dich damit ab, daß wir's sind. Mehr kann ich dir nicht sagen. Aber du kannst ja den Zeugen fragen. Er weiß es. Ich habe schon lange kein Interesse mehr an diesen Dingen.«
Er stand auf und ging zum Herd hinüber. Ich folgte ihm. Er guckte in einen Kochtopf, der dort auf kleiner Flamme dampfte. Er fragte mich, ob ich wisse, wer dies Essen zubereitet hatte. Ich war ziemlich sicher, daß es la Gorda war, aber ich tat so, als wisse ich es nicht. Er schnupperte ein paarmal – mit kurzen Atemzügen, wie ein Hund. Dann verkündete er, seine Nase habe ihm gesagt, daß la Gorda dies Essen gekocht hatte. Er fragte mich, ob ich etwas davon gegessen hätte, und als ich ihm erzählte, daß ich eben, bevor er kam, meine Mahlzeit beendet hatte, nahm er eine Schüssel aus dem Regal und legte sich eine Riesenportion auf. Eindringlich empfahl er mir, nur von la Gorda gekochte Speisen zu essen und dabei nur ihre Schüssel zu benutzen, wie auch er es tat. Ich sagte ihm, daß la Gorda und die Schwesterchen mir mein Essen ein paarmal in einer dunklen Schale serviert hätten, die sie getrennt von der übrigen im Regal aufbewahrten. Diese Schale, sagte er, gehörte dem Nagual.

Dann ging er zum Tisch zurück. Er aß langsam und bedächtig und sprach kein Wort. Seine völlige Versenkung beim Essen brachte mir zu Bewußtsein, daß sie alle die gleiche Eigenschaft hatten: sie aßen in völligem Schweigen.
»La Gorda ist eine großartige Köchin«, sagte er, als er seine Mahlzeit beendet hatte. »Früher kochte sie immer für mich. Das war vor Zeiten, bevor sie anfing mich zu hassen, bevor sie eine Hexe, will sagen eine Toltekin wurde.«
Er blickte mich aus funkelnden Augen an und blinzelte.
Ich fühlte mich verpflichtet einzuwenden, daß la Gorda mir eigentlich nicht den Eindruck machte, als könne sie überhaupt jemand hassen. Ich fragte ihn, ob er wisse, daß sie ihre Form verloren hatte.
»Das ist lauter Unsinn!« rief er.
Er starrte mich an, als wollte er sich an meinem überraschten Gesicht weiden. Dann schlug er den Ellbogen vor die Augen und kicherte wie ein ertapptes Kind.
»Naja, das hat sie wohl«, sagte er. »Sie ist einfach großartig.«
»Aber warum verachtest du sie dann?«
»Ich will dir was sagen, Maestro, weil ich dir vertraue. Ich verachte sie überhaupt nicht. Sie ist die Beste von allen. Sie ist die Frau des Nagual. Ich benehme mich so zu ihr, weil es mir Spaß macht, mich nachsichtig zu behandeln. Und das tut sie. Sie wird nie böse auf mich. Ich kann machen, was ich will. Manchmal laß ich mich hinreißen, ich stürze mich auf sie und will sie schlagen. Dann springt sie einfach auf die Seite, wie der Nagual es zu tun pflegte. Eine Minute später kann sie sich nicht einmal mehr erinnern, was ich getan habe. Das ist eine wahrhaft formlose Kriegerin, das sag ich dir. Und so macht sie es mit jedem. Aber wir anderen sind eine traurige Bande. Wir sind wirklich böse. Diese drei Hexen hassen uns, und wir hassen sie wieder.«
»Ihr seid doch Zauberer, Pablito! Könnt ihr denn nicht mit diesem Hickhack aufhören?«
»Sicher können wir, aber wir wollen nicht. Was erwartest du denn von uns. Sollen wir wie Brüder und Schwestern sein?«
Ich wußte nicht, was ich sagen sollte.
»Sie waren die Frauen des Nagual«, fuhr er fort, »und doch erwarteten alle von mir, ich solle sie nehmen. Wie um Gottes willen soll ich das schaffen? Bei einer hab ich's versucht, und statt

mir zu helfen, hat diese miese Hexe mich beinah umgebracht. Und jetzt sind alle diese Weiber hinter mir her, als hätte ich ein Verbrechen begangen. Dabei habe ich nur die Befehle des Nagual befolgt. Er sagte mir, ich müsse mit jeder von ihnen intim werden – eine nach der anderen, bis ich sie alle gleichzeitig haben könnte. Aber ich konnte nicht einmal mit einer intim sein.«

Ich wollte mich nach seiner Mutter, der Doña Soledad, erkundigen, aber an diesem Punkt sah ich keine Möglichkeit, das Gespräch auf sie zu lenken. Wir schwiegen eine Weile.

»Haßt du sie für das, was sie dir angetan haben?« fragte er ganz unvermittelt. Ich sah meine Chance.

»Ganz und gar nicht«, sagte ich. »La Gorda hat mir ihre Gründe erklärt. Aber Doña Soledads Angriff war furchtbar. Siehst du sie denn noch oft?«

Er antwortete nicht. Er blickte zur Decke hinauf. Ich wiederholte meine Frage. Dann bemerkte ich, daß ihm Tränen in den Augen standen. Er zitterte am ganzen Leib. Er wurde von lautlosem Schluchzen geschüttelt. Er sagte, er habe einmal eine wunderbare Mama gehabt, an die ich mich zweifellos erinnern könne. Sie hieß Manuelita, eine heiligmäßige Frau, die zwei Kinder aufgezogen und wie ein Pferd gearbeitet hatte, um sie zu ernähren. Für diese Mutter, die ihn geliebt und aufgezogen hatte, empfand er die tiefste Verehrung. Aber eines furchtbaren Tages, so erzählte er weiter, erfüllte sich sein Schicksal und er begegnete unglücklicherweise dem Nagual und Genaro, und diese beiden zerstörten sein Leben. Mit aufgewühlter Stimme sagte Pablito, diese beiden Teufel hätten seine Seele und die Seele seiner Mutter geraubt. Sie hätten seine liebe Manuelita getötet und diese grauenhafte Hexe Soledad zurückgelassen.

Aus tränenverschleierten Augen blickte er mich an und sagte, daß diese widerliche Frau gar nicht seine Mutter sei. Sie könne unmöglich seine Manuelita sein.

Er schluchzte hemmunglos. Ich wußte nicht, was ich sagen sollte. Sein Gefühlsausbruch war so echt, und seine Behauptungen klangen so wahr, daß mich tiefes Mitgefühl für ihn erfaßte. Vom Standpunkt eines durchschnittlichen zivilisierten Menschen mußte ich ihm beipflichten. Es sah tatsächlich so aus, als sei es ein großes Unglück für Pablito, daß er Don Juan und Don Genaro begegnet war.

Ich legte ihm den Arm um die Schultern und fing beinah selbst an zu weinen. Nach langem Schweigen stand er auf und ging hinters Haus. Ich hörte, wie er sich schneuzte und sich in einem Eimer das Gesicht wusch. Als er zurückkehrte, hatte er sich etwas beruhigt. Er lächelte sogar.

»Versteh mich nicht falsch, Maestro«, sagte er. »Ich mache niemand verantwortlich für das, was mir widerfahren ist. Es war mein Schicksal. Genaro und der Nagual handelten als die makellosen Krieger, die sie waren. Ich bin einfach schwach, das ist alles. Und ich bin an meiner Aufgabe gescheitert. Der Nagual sagte, ich hätte nur dann eine Chance, dem Angriff dieser furchtbaren Hexe zu entrinnen, wenn es mir gelänge, die vier Winde zu bändigen und sie zu meinen vier Ecken der Welt zu machen. Das ist mir nicht gelungen. Diese Frauen steckten mit der Hexe Soledad unter einer Decke und wollten mir nicht helfen. Sie wollten meinen Tod.

Falls ich scheitern sollte, sagte der Nagual, hättest auch du keine Chance. Und falls sie dich töten sollte, müßte ich fliehen und um mein Leben laufen. Aber der Nagual bezweifelte, ob ich überhaupt bis zur Straße kommen würde. Er sagte, daß diese Hexe mit deiner Kraft und mit allem, was sie bereits weiß, ganz unüberwindlich sein würde. Als es mir daher nicht gelang, die vier Winde zu bändigen, betrachtete ich mich als tot. Und natürlich habe ich diese Frauen gehaßt. Aber heute bringst du mir neue Hoffnung.«

Ich sagte ihm, wie tief ich seine Gefühle für seine Mutter nachempfinden könne. Ich war wirklich erschrocken über all das, was ihm widerfahren war, aber ich bezweifelte stark, ob ich ihm irgendwelche Hoffnung bringen konnte.

»Doch, das hast du!« rief er mit großer Überzeugung. »Du ahnst nicht, wie furchtbar ich mich all die Zeit gefühlt habe. Wenn die eigene Mutter mit der Axt auf dich losgeht, dann hast du keinen Grund, glücklich zu sein. Aber jetzt ist sie aus dem Weg – dank dir, was immer du getan hast.

Diese Frauen hassen mich, weil sie davon überzeugt sind, daß ich ein Feigling bin. Es will ihnen einfach nicht in ihren sturen Kopf, daß wir anders sind. Du und diese vier Frauen, ihr seid in einer wichtigen Hinsicht anders als ich und der Zeuge und Benigno. Ihr fünf wart alle ziemlich tot, bevor der Nagual euch traf. Er hat uns gesagt, daß du sogar einmal versucht hast dich umzubringen. Bei uns aber war es anders. Wir waren froh und lebendig und glücklich. Wir sind das Gegenteil von euch. Ihr seid verzweifelte Menschen; wir nicht. Wäre ich nicht Genaro über den Weg gelaufen, dann wäre ich heute ein glücklicher Zimmermann. Oder vielleicht wäre ich auch schon gestorben. Ist ja egal. Ich hätte auf jeden Fall mein Bestes getan, und alles wäre gut gewesen.«

Seine Worte stürzten mich in eine seltsame Stimmung. Ich mußte zugeben, daß er insofern recht hatte, als wir, diese Frauen und ich, tatsächlich verzweifelte Menschen waren. Wäre ich nicht Don Juan begegnet, dann wäre ich zweifellos schon tot, aber ich konnte nicht – wie Pablito – behaupten, daß es so oder anders gut für mich gewesen wäre. Don Juan hatte meinem Körper Leben und Kraft und meinem Geist Freiheit gegeben.

Pablitos Erzählung brachte mir etwas in Erinnerung, das Don Juan mir einmal gesagt hatte, als wir über einen alten Mann, einen Freund von mir, sprachen. Don Juan hatte damals mit allem Nachdruck festgestellt, daß Leben oder Tod dieses alten Mannes keinerlei Bedeutung hätten. Ich war ein wenig verärgert über diese, wie mir schien, überflüssige Behauptung Don Juans. Ich erwiderte ihm, es verstünde sich doch von selbst, daß Leben oder Tod des Alten bedeutungslos seien, denn für jeden von uns habe eben nur das Bedeutung, was uns persönlich betrifft.

»Du sagst es!« rief Don Juan lachend. »Genau das meine ich. Leben und Tod dieses alten Mannes haben für ihn persönlich keine Bedeutung. Er hätte 1929 oder 1950 sterben oder bis 1995 leben können. Das ist egal. Alles ist ihm trostlos egal.«

Aber so war auch mein Leben gewesen, bevor ich Don Juan getroffen hatte. Nichts hatte mir je etwas bedeutet. Natürlich tat ich so, als beträfen mich manche Dinge, aber dies war nur eine kalkulierte List, um als sensibler Mensch dazustehen.

Pablito sprach mich an und unterbrach meine Gedanken. Er wollte wissen, ob er meine Gefühle verletzt habe. Keineswegs, versicherte ich ihm. Um das Gespräch wieder in Gang zu bringen, fragte ich ihn, wo er Don Genaro getroffen habe.

»Mein Schicksal war, daß mein Meister krank wurde. So mußte ich statt seiner auf den Markt in der Stadt gehen, um ein paar neue Verkaufsbuden zu bauen. Zwei Monate arbeitete ich dort. Während meines Aufenthalts in der Stadt lernte ich die Tochter

des Besitzers einer der Buden kennen. Wir verliebten uns. Ich baute den Stand ihres Vaters ein wenig größer als die übrigen, damit wir uns unter der Theke lieben konnten, während ihre Schwester die Kunden bediente.
Eines Tages kam Genaro und brachte einen Sack voll Heilkräutern zu einem Händler, der gegenüber seinen Stand hatte, und während sie miteinander sprachen, bemerkte er, daß unsre Marktbude wackelte. Er betrachtete den Stand aufmerksam, aber er sah nur die Schwester, die schläfrig auf einem Stuhl saß. Der Kräuterhändler erzählte Genaro, daß der Stand jeden Tag um diese Zeit wackelte. Am nächsten Tag brachte Genaro den Nagual mit, um ihm den wackelnden Marktstand zu zeigen, und natürlich wackelte er auch an diesem Tag. Auch am nächsten Tag kamen sie wieder, und wieder wackelte er. Sie warteten also, bis ich herauskam. An diesem Tag machte ich ihre Bekanntschaft, und bald darauf erzählte Genaro mir, daß er ein Kräuterkundiger sei, und er bot mir an, mir einen Trank zu brauen, dem keine Frau widerstehen könne. Ich liebte die Frauen, also ging ich darauf ein. Natürlich hat er mir den Trank gebraut, aber es dauerte zehn Jahre. Inzwischen lernte ich ihn sehr gut kennen, und schließlich liebte ich ihn mehr als einen Bruder. Und jetzt vermisse ich ihn so schmerzlich. Du siehst also, wie er mich reingelegt hat. Manchmal bin ich froh, daß er es tat. Meistens aber bin ich darüber unglücklich.«
»Don Juan hat mir erzählt, daß die Zauberer auf ein Omen warten, bevor sie einen als Schüler wählen. Gab es bei dir so etwas, Pablito?«
»Ja. Genaro erzählte mir, er sei neugierig geworden, als er die Marktbude wackeln sah, und dann habe er *gesehen,* wie zwei Menschen sich unter der Theke liebten. Da setzte er sich hin um zu warten, bis die beiden herauskämen; er wollte sehen, wer es wohl sei. Nach einer Weile tauchte das Mädchen hinter dem Stand auf, mich aber verpaßte er. Es kam ihm sehr merkwürdig vor, daß er mich verpaßt hatte, nachdem er doch so fest entschlossen war, mich in Augenschein zu nehmen. Am nächsten Tag kam er mit dem Nagual wieder. Auch dieser *sah,* daß da zwei Leute Liebe machten, aber als sie sich anschickten, mich zu erwischen, verpaßten sie mich wieder. So kamen sie am nächsten Tag noch einmal. Genaro stellte sich hinter die Bude, während der Nagual

vorn blieb. Als ich hinauskroch, stieß ich direkt mit Genaro zusammen. Ich meinte aber, er habe mich nicht gesehen, weil ich mich noch hinter der Stoffbahn befand, die ich als Tarnung vor der kleinen viereckigen Öffnung in der Rückwand angebracht hatte. Ich fing also an zu bellen, damit er glauben sollte, es sei nur ein kleiner Hund, was sich da hinter dem Vorhang bewegte. Er knurrte und bellte zurück, und ich glaubte tatsächlich, daß da draußen ein großer böser Hund sei. Da bekam ich es so mit der Angst zu tun, daß ich schleunigst auf der andren Seite hinausschlüpfte – und direkt mit dem Nagual zusammenstieß. Wäre er ein gewöhnlicher Mensch gewesen, dann hätte ich ihn, schnell wie ich war, über den Haufen gerannt; so aber hob er mich wie ein Kind in die Luft. Ich war völlig verwirrt. Für einen so alten Mann war er wirklich stark. Einen so starken Mann, glaubte ich, könnte ich gut als Gehilfen brauchen. Er konnte Holz für mich schleppen. Außerdem wollte ich, nachdem er mich so unter der Theke hatte herausschlüpfen sehen, nicht das Gesicht vor ihm verlieren. Also fragte ich ihn, ob er Lust hätte, für mich zu arbeiten. Er sagte ja. Noch am gleichen Tag kam er mit in die Werkstatt und fing an, als mein Gehilfe zu arbeiten. Er arbeitete Tag für Tag, zwei Monate lang. Gegen diese beiden Teufel hatte ich keine Chance.«

Die ungewöhnliche Vorstellung, wie Don Juan da für Pablito schuftete, kam mir sehr spaßig vor. Pablito ahmte Don Juan nach, wie er Baumstämme auf der Schulter astete. Ich mußte la Gorda recht geben – Pablito war ein ebenso guter Schauspieler wie Josefina.

»Warum aber machten sie sich all die Mühe, Pablito?«

»Sie mußten mich durch einen Trick gewinnen. Du glaubst doch nicht etwa, ich wäre einfach so mit ihnen gegangen? Ich hatte mein Leben lang diese Geschichten über Zauberer und Heiler und Hexen und Geister gehört, und ich glaubte kein Wort davon. Leute, die solche Sachen erzählten, waren für mich einfach Dummköpfe. Hätte Genaro mir gesagt, daß er und sein Freund Zauberer waren, dann hätte ich mich nicht weiter um sie gekümmert. Aber sie waren zu schlau für mich. Die beiden alten Füchse waren wirklich schlau. Sie hatten es nicht eilig. Genaro sagte, er hätte auf mich gewartet, auch wenn es zwanzig Jahre dauern sollte. Das ist auch der Grund, warum der Nagual für mich

arbeitete. Ich hatte ihn ja darum gebeten, also war eigentlich ich es, der ihnen den Schlüssel in die Hand gab.
Der Nagual war ein geschickter Arbeiter. Ich war damals ein ziemlicher Schuft, und ich glaubte, ich könne ihn ausnutzen. Ich hielt den Nagual einfach für einen dummen alten Indianer, darum sagte ich ihm, ich würde dem Meister erzählen, er sei mein Großvater, denn sonst würde er ihn nicht einstellen; aber er müßte mir schon ein paar Prozent von seinem Lohn geben. Der Nagual hatte nichts dagegen. So gab er mir von den wenigen Pesos, die er Tag für Tag verdiente, noch einen Teil ab.
Mein Meister war sehr beeindruckt von meinem Großpapa, weil er ein so tüchtiger Arbeiter war. Aber die anderen Burschen verspotteten ihn. Du weißt ja, er hatte diese Gewohnheit, ab und zu alle seine Gelenke knacken zu lassen. In der Werkstatt ließ er sie jedesmal knacken, wenn er ein schweres Stück schulterte. Die Leute glaubten natürlich, er sei so alt, daß seine Knochen, wenn er eine schwere Last trug, halb aus den Fugen gingen.
Ich habe mich gegenüber dem Nagual, als meinem Opa, ziemlich schäbig benommen. Aber um diese Zeit hatte Genaro mich schon bei meiner habsüchtigen Seite gepackt. Er hatte mir nämlich erzählt, daß er den Nagual mit einem bestimmten Kräuterelixier versorge und daß dieses ihn stark wie einen Stier mache. Jeden Tag brachte er eine kleine Portion von einer Paste aus zerriebenen Blättern und gab sie ihm zu essen. Genaro sagte, sein Freund sei ohne dieses Gebräu ein Nichts, und um mir dies zu beweisen, gab er ihm zwei Tage lang nichts davon. Ohne das grüne Zeug schien der Nagual nur ein gewöhnlicher schwacher, alter Mann zu sein. Genaro sagte, ich solle auch mal diesen Trank versuchen, dann würden die Frauen mich lieben. Ich war ganz scharf darauf, und er meinte, wir könnten Partner werden, wenn ich ihm helfen wolle, das Elixier herzustellen und seinem Freund einzugeben. Eines Tages zeigte er mir ein paar amerikanische Dollarnoten und sagte, er habe zum erstenmal eine Dosis an einen Amerikaner verkauft. Mit diesem Trick fing er mich ein, und ich wurde sein Partner.
Mein Partner Genaro und ich, wir hatten große Pläne. Er fand, ich sollte meine einge Werkstatt haben, weil ich mir doch mit dem Geld, das wir durch seinen Kräutertrank verdienten, alles leisten könne. Ich kaufte also eine Werkstatt, und mein Partner bezahlte

sie. Das überzeugte mich restlos. Ich merkte, daß mein Partner es ernst meinte, und so stürzte ich mich in die Arbeit und fing an, dieses grüne Zeug für ihn herzustellen.«

An diesem Punkt war ich zu der festen Überzeugung gelangt, daß Don Genaro bei der Herstellung seiner Kräutermischung psychotrope Pflanzen verwendet hatte. Er mußte wohl, so überlegte ich, Pablito dazu überredet haben, sie einzunehmen, um ihn willfährig zu machen.

»Hat er dir Kraftpflanzen gegeben, Pablito?« fragte ich.

»Aber sicher«, erwiderte er. »Er gab mir das grüne Zeug. Ich fraß es zentnerweise.«

Mit anschaulichen Gebärden schilderte er mir, wie Don Juan in tiefster Lethargie vor Don Genaros Haustür hockte und dann, kaum daß seine Lippen das Gebräu berührten, zu frischem Leben erwachte. Angesichts einer solchen Verwandlung, sagte Pablito, sei ihm nichts anderes übriggeblieben, als es selbst zu versuchen.

»Was war in dem Elixier?« fragte ich.

»Grüne Blätter«, antwortete er. »Alle möglichen grünen Blätter – was er nur kriegen konnte. Da sieht man, was für ein Teufel Genaro war. Er quatschte über sein Elixier und brachte mich zum Lachen, bis ich ›high‹ ging wie ein Drachen. Mein Gott, diese Zeit werde ich nie vergessen.«

Ich wurde nervös und mußte lachen. Pablito wiegte seinen Kopf und räusperte sich. Er schien gegen die Tränen anzukämpfen.

»Ich sagte dir ja schon, Maestro, ich war von Habsucht getrieben. Insgeheim plante ich, meinen Partner auszubooten, sobald ich gelernt hätte, das grüne Zeug selbst herzustellen. Anscheinend durchschaute Genaro damals meine Absichten, denn kurz bevor er fortging, umarmte er mich und sagte, jetzt sei es Zeit, mir meinen Wunsch zu erfüllen; es sei Zeit, daß ich mich von meinem Partner trennte, denn ich hätte bereits gelernt, das grüne Zeug zu machen.«

Pablito erhob sich. Tränen standen ihm in den Augen.

»Dieser Blitzteufel Genaro«, sagte er leise, »dieser ausgekochte Teufel! Ich habe ihn wirklich geliebt. Und wenn ich nicht so ein Feigling wäre, würde ich heute sein grünes Zeug herstellen.«

Mir war die Lust zum Mitschreiben vergangen. Um meine Traurigkeit zu verscheuchen, schlug ich Pablito vor, wir sollten Nestor suchen gehen.

Ich verstaute meine Notizen und schickte mich zum Gehen an, als die Vordertür mit lautem Krach aufflog. Pablito und ich sprangen unwillkürlich auf und fuhren herum. In der Tür stand Nestor. Ich lief auf ihn zu. In der Mitte des Zimmers stießen wir zusammen. Er stürzte sich auf mich und packte mich an den Schultern. Er wirkte größer und stärker als damals, als ich ihn zuletzt gesehen hatte. Sein schlanker, sehniger Körper hatte eine beinah katzenhafte Geschmeidigkeit gewonnen. Irgendwie war der Mann, der da vor mir stand und mich anschaute, nicht der Nestor, den ich gekannt hatte. Diesen hatte ich nämlich als sehr schüchternen Menschen in Erinnerung, der wegen seiner schief gewachsenen Zähne nicht zu lächeln wagte – ein Mann, der wegen seiner Unbeholfenheit Pablitos Fürsorge unterstellt war. Der Nestor aber, den ich jetzt vor mir sah, war eine Mischung aus Don Juan und Don Genaro. Er war drahtig und agil wie Don Genaro und hatte die hypnotisierend gebieterische Art des Don Juan. Ich wollte mir meine Überraschung nicht anmerken lassen, aber ich konnte nichts anderes tun als in sein Lachen einstimmen. Er klopfte mir auf den Rücken. Er nahm seinen Hut ab. Erst jetzt bemerkte ich, daß Pablito keinen Hut trug. Mir fiel auch auf, daß Nestors Gesicht viel dunkler und härter war. Neben ihm wirkte Pablito beinah zart und zerbrechlich. Beide trugen sie amerikanische Jeans, feste Jacken und Schuhe mit Kreppsohlen. Nestors Anwesenheit verscheuchte sofort die bedrückte Stimmung im Haus. Ich forderte ihn auf, mit uns in die Küche zu kommen.

»Du kommst gerade richtig«, sagte Pablito mit strahlendem Lächeln zu Nestor, während wir Platz nahmen. »Der Maestro und ich haben geweint und uns an die Toltekenteufel erinnert.«

»Hast du wirklich geweint, Maestro?« fragte Nestor mit boshaftem Grinsen.

»Darauf kannst du dich verlassen«, antwortete Pablito. Ein ganz leises Knacken an der Vordertür ließ Pablito und Nestor verstummen. Wäre ich allein gewesen, ich hätte gar nichts gehört oder gemerkt. Pablito und Nestor standen auf. Ich ebenfalls. Wir schauten zur Tür; sie wurde von außen ganz sachte geöffnet. Ich überlegte, vielleicht war la Gorda zurückgekehrt, und wollte leise die Tür öffnen, um uns nicht zu stören. Als die Tür endlich weit genug offenstand, um einem Menschen Durchlaß zu bieten, kam Benigno herein, und zwar so, als schliche er sich in ein dunkles

Zimmer. Seine Augen waren geschlossen, er ging auf Zehenspitzen. Er erinnerte mich irgendwie an ein Kind, das sich heimlich durch die Hintertür ins Kino schleicht, um sich einen jugendverbotenen Film anzusehen, und nicht wagt, sich durch ein Geräusch zu verraten, während es blind durch die Dunkelheit tappt.
Wir alle schwiegen und beobachteten Benigno. Er öffnete ein Auge, gerade genug, um durch die Wimpern zu spähen und sich zu orientieren, dann schlich er auf Zehenspitzen durchs vordere Zimmer zur Küche. Eine Weile blieb er mit geschlossenen Augen vor dem Tisch stehen. Pablito und Nestor setzten sich und forderten mich durch ein Zeichen auf, mich ebenfalls zu setzen. Dann glitt Benigno neben mich auf die Bank. Er rieb seinen Kopf sachte an meiner Schulter; es war ein leichter Stubs, als wollte er mich auffordern, zur Seite zu rücken und ihm auf der Bank Platz zu machen; dann setzte er sich, die Augen noch immer geschlossen, und machte es sich bequem.
Er trug Jeans, genau wie Pablito und Nestor. Sein Gesicht war voller geworden seit damals, als wir uns vor Jahren zum letztenmal begegnet waren, und sein Haaransatz kam mir anders vor, aber ich hätte nicht sagen können wieso. Er hatte einen helleren Teint, als ich mich zu erinnern meinte, sehr kleine Zähne, volle Lippen, hohe Backenknochen, eine schmale Nase und große Ohren. Er war mir immer wie ein Kind vorgekommen, mit noch nicht ganz ausgereiften Gesichtszügen.
Pablito und Nestor hatten ihr Gespräch mitten im Satz unterbrochen, um Benignos Auftritt zu beobachten. Jetzt, da er saß, nahmen sie den Faden wieder auf, als sei nichts geschehen.
»Aber sicher, er hat mit mir geweint«, sagte Pablito.
»Er ist doch keine Heulsuse wie du«, sagte Nestor zu Pablito. Er drehte sich zu mir und umarmte mich.
»Ich bin so froh, daß du noch am Leben bist. Wir haben eben mit la Gorda geredet, und sie sagte, du bist jetzt der Nagual, aber sie hat uns nicht erzählt, wie du es geschafft hast, am Leben zu bleiben. Wie hast du das geschafft, Maestro?«
An diesem Punkt stand mir eine komische Entscheidung offen: ich konnte mich, wie ich's gewohnt war, an meine Rationalität halten und hätte sagen können, ich hätte nicht die blasseste Ahnung – und damit hätte ich die Wahrheit gesagt. Oder ich konnte sagen, daß mein Doppelgänger mich aus den Händen dieser

Frauen befreit hatte. In Gedanken erwog ich die möglichen Folgen der beiden Alternativen, als Benigno meine Aufmerksamkeit auf sich zog. Er öffnete ein Auge einen Spaltbreit und schaute mich an, dann kicherte er und barg seinen Kopf in den Armen.
»Benigno, willst du denn nicht mit mir sprechen?« fragte ich.
Er schüttelte verneinend den Kopf.
Ich fühlte mich ihm gegenüber befangen und beschloß ihn zu fragen, was mit ihm los sei.
»Was macht er da?« fragte ich Nestor leise.
Nestor strich Benigno sachte über den Kopf und rüttelte ihn. Benigno öffnete die Augen, dann schloß er sie wieder.
»So ist er eben, das weißt du doch«, sagte Nestor zu mir. »Er ist extrem schüchtern. Früher oder später wird er schon die Augen öffnen. Beachte ihn nicht weiter. Wenn er sich langweilt, wird er schon einschlafen.«
Benigno nickte bejahend, ohne die Augen zu öffnen.
»Also, wie hast du's überstanden?« beharrte Nestor. »Willst du es uns nicht verraten?«
Ich entschloß mich also und erzählte ihnen, daß mein Doppelgänger dreimal aus meinem Kopf gekommen war. Ich berichtete ihnen ausführlich, was alles vorgefallen war.
Sie schienen nicht im mindesten überrascht und faßten meinen Bericht wie selbstverständlich auf. Pablito begeisterte sich an der Vorstellung, daß Doña Soledad sich möglicherweise nicht mehr erholen und sterben würde. Er wollte wissen, ob ich Lidia ebenso hart geschlagen hatte. Nestor gebot ihm mit einer herrischen Geste Schweigen, und er unterbrach sich kleinlaut mitten im Satz.
»Es tut mir leid, Maestro«, sagte Nestor, »aber das war nicht dein Doppelgänger.«
»Aber alle sagen doch, daß es mein Doppelgänger war«, wandte ich ein.
»Ich weiß gewiß, daß du la Gorda mißverstanden hast, denn als Benigno und ich zu Genaros Haus gingen, da überholte uns la Gorda auf der Straße und erzählte uns, daß du mit Pablito hier im Haus bist. Sie nannte dich den Nagual. Und du weißt warum?«
Ich lachte und sagte, sie sei wohl der Meinung, ich hätte den größten Teil der Leuchtkraft des Nagual bekommen.
»Einer von uns ist ein Narr!« rief Benigno mit donnernder Stimme, ohne die Augen zu öffnen.

Der Klang seiner Stimme war so befremdlich, daß ich von ihm abrückte und aufsprang. Seine völlig unerwartete Äußerung und meine Reaktion darauf brachten alle zum Lachen. Benigno öffnete ein Auge und schaute mich einen Moment an, dann barg er sein Gesicht in den Armen.

»Weißt du, warum wir Juan Matus den Nagual nannten?« fragte Nestor mich.

Ich sagte, ich hätte immer angenommen, dies sei eine freundliche Umschreibung der Tatsache, daß Don Juan ein Zauberer war.

Benigno lachte so laut und röhrend, daß sein Gelächter alles andere übertönte. Er schien ungeheuer belustigt. Er lehnte seinen Kopf gegen meine Schulter, als sei's eine schwere Last, die er nicht mehr zu tragen vermochte.

»Der Grund, warum wir ihn den Nagual nannten, ist, weil er zwiegespalten war. Mit anderen Worten, immer wenn er wollte, konnte er auf eine andere Spur überwechseln, die wir selbst nicht haben. Irgend etwas kam dann aus ihm heraus, aber dieses Etwas war kein Doppelgänger, sondern eine schreckliche, bedrohliche Gestalt, die ihm ähnlich sah, aber doppelt so groß war wie er. Diese Gestalt nennen wir den Nagual, und jeder, der sie hat, ist natürlich der Nagual.

Der Nagual sagte uns, wir alle könnten diese Gestalt aus unserm Kopf kommen lassen, wenn wir nur wollten, aber wahrscheinlich würde keiner von uns es wollen. Genaro wollte es nicht, und darum wollen wir es auch nicht. Also bist du anscheinend derjenige, der damit geschlagen ist.«

Sie lachten und johlten, als gelte es, eine Rinderherde durch die Prärie zu treiben. Benigno warf mir die Arme um die Schultern, ohne die Augen zu öffnen, und lachte, bis ihm die Tränen über die Wangen rollten.

»Warum sagst du, ich sei damit geschlagen?« fragte ich Nestor.

»Es fordert zuviel Energie, zuviel Mühe. Ich weiß nicht, wie du es aushalten und dich immer noch aufrechthalten kannst.

Einmal, in jenem Eukalyptuswäldchen, da haben Genaro und der Nagual dich gespalten. Sie führten dich dorthin, weil der Eukalyptus dein Baum ist. Ich war selbst dort und ich war Augenzeuge, wie sie dich spalteten und dein Nagual hervorzogen. Sie packten dich an den Ohren und rissen dich auseinander, bis sie dein Leuchten gespalten hatten, bis du kein Ei mehr warst, sondern zwei längliche leuchtende Streifen. Dann setzten sie dich wieder zusammen, aber ein Zauberer, der sieht, könnte dir sagen, daß in deiner Mitte eine riesige Lücke klafft.«

»Was nützt es, wenn man gespalten ist?«

»Du hast ein Ohr, das alles hört, und ein Auge, das alles *sieht,* und du kannst immer, wenn es not tut, eine Meile weiter gehen. Diese Spaltung ist auch der Grund, warum du, wie sie uns sagten, der Maestro bist.

Sie versuchten auch Pablito zu spalten, aber anscheinend ist es ihnen nicht gelungen. Er ist zu verwöhnt und läßt sich immer gehen wie eine Kröte. Darum geht's ihm auch jetzt so miserabel.«

»Aber was ist ein Doppelgänger?«

»Ein Doppelgänger ist der andere, der Körper, den man beim *Träumen* bekommt. Er sieht genauso aus wie man selbst.«

»Habt ihr alle einen Doppelgänger?«

Nestor musterte mich mit überraschtem Blick.

»Heh, Pablito, erzähl dem Maestro von unseren Doppelgängern«, sagte er lachend.

Pablito griff über den Tisch und rüttelte Benigno.

»Sag du es ihm, Benigno«, rief er. »Oder noch besser – zeige es ihm!«

Benigno stand auf, riß die Augen auf, soweit er konnte, und schaute zum Hausdach hinauf. Dann ließ er die Hosen runter und zeigte mir seinen Penis. Die Genaros überschlugen sich vor Lachen.

»Hast du diese Frage wirklich ernst gemeint, Maestro?« fragte Nestor mich mit nervösem Gesichtsausdruck.

Ich versicherte ihm, daß es mir völlig ernst sei mit meinem Wunsch, alles über ihr Wissen zu erfahren. Dann erläuterte ich ihnen lang und breit, wie Don Juan mich immer aus mir unverständlichen Gründen von ihrer Welt ferngehalten und mich dadurch gehindert hatte, mehr über sie zu erfahren.

»Stellt euch vor«, sagte ich, »bis vor drei Tagen wußte ich nicht mal, daß die drei Mädchen Lehrlinge des Nagual waren oder daß Benigno Genaros Lehrling war!«

Benigno riß die Augen auf.

»Ach, stell dir vor«, sagte er, »ich wußte bis jetzt nicht mal, daß du so blöde bist.«

Er schloß wieder die Augen, und alle lachten wie verrückt. Mir blieb nichts andres übrig als mitzulachen.

»Wir haben dich nur zum besten gehalten, Maestro«, sagte Nestor wie zur Entschuldigung. »Wir glaubten nämlich, du wolltest uns für dumm verkaufen mit deinen komplizierten Fragen. Der Nagual sagte uns, daß du *siehst.* Falls du wirklich *siehst,* dann weißt du ja, was für eine traurige Bande wir sind. Wir haben nicht den Leib des Träumens. Keiner von uns hat einen Doppelgänger.«
Dann berichtete Nestor ernst und eindringlich, daß irgend etwas sich zwischen sie und ihren Wunsch, einen Doppelgänger zu haben, geschoben hatte. Soviel ich verstand, meinte er, daß eine Art Barriere entstanden war, seit Don Juan und Don Genaro sie verlassen hatten. Vielleicht, so überlegte er, kam dies daher, weil Pablito seine Aufgabe verpatzt hatte. Pablito fügte noch hinzu, daß irgend etwas sie verfolge, seit Genaro und der Nagual gegangen waren; sogar Benigno, der damals am südlichsten Ende von Mexiko wohnte, hatte zurückkehren müssen. Erst als die drei beisammen waren, fühlten sie sich etwas sicherer.
»Was, glaubst du, ist das?« fragte ich Nestor.
»Da draußen in dieser Unendlichkeit ist etwas, das uns anzieht«, erwiderte er. »Pablito glaubt, es sei seine Schuld, weil er diese Weiber gegen sich aufgebracht hat.«
Pablito wandte sich zu mir um. In seinen Augen stand ein wildes Flackern.
»Sie haben mich verflucht, Maestro«, sagte er. »Ich weiß, daß ich die Ursache aller Schwierigkeiten bin. Nach meinem Kampf mit Lidia wollte ich aus dieser Gegend verschwinden, und so ging ich ein paar Monate drauf nach Veracruz. Ich war dort sehr glücklich und fand sogar ein Mädchen, das ich heiraten wollte. Ich fand Arbeit, und es ging mir gut, bis ich eines Tages nach Hause kam und feststellte, daß diese vier mannweibischen Monster wie Raubtiere auf meiner Fährte waren. Sie waren in meinem Haus und quälten meine Frau. Die Hexe Rosa legte meiner Frau die Hand auf den Bauch und machte – einfach so! –, daß sie ins Bett schiß. Und ihre Anführerin, dieser Zweihunderzwanzig-Pfunds-Arsch, erzählte, sie hätten den ganzen Kontinent durchstreift und mich gesucht. Sie packten mich einfach am Hosenbund und schleppten mich aus dem Haus. Sie stießen mich bis zur Busstation, um mich hierher zu bringen. Ich wurde fuchsteufelswild, aber gegen diesen Zweihundertzwanzig-Pfunds-Arsch konnte ich nicht aufkommen. Sie setzte mich in den Bus. Aber unterwegs riß

ich aus. Ich rannte durchs Buschland und über die Hügel, bis meine Füße so geschwollen waren, daß ich nicht mehr die Schuhe ausziehen konnte. Fast wäre ich gestorben. Ich war an die neun Monate krank. Hätte der Zeuge mich nicht gefunden, dann wäre ich gestorben.«

»Ich hab ihn nicht gefunden«, sagte Nestor zu mir. »La Gorda war's, die ihn fand. Sie führte mich zu ihm, und wir beide schleppten ihn zum Bus und brachten ihn her. Er phantasierte im Fieberwahn, und wir mußten dem Busfahrer extra etwas zahlen, damit er uns überhaupt mitnahm.«

Pablito sagte mit wehleidiger Stimme, er sei noch immer der gleichen Meinung: er wolle noch immer sterben!

»Aber warum?« fragte ich.

Statt seiner antwortete Benigno mit donnernder gutturaler Stimme: »Weil sein Pimmel nicht funktioniert!« rief er.

Seine Stimme klang so ungewöhnlich, daß ich einen Moment meinte, er spräche aus einer Höhle. Das alles kam mir sehr beängstigend und widersinnig vor. Ich lachte unbeherrscht.

Nestor erzählte, wie Pablito versucht hatte, seine Aufgabe zu erfüllen und – getreu den Anweisungen des Nagual – sexuelle Beziehungen mit den Frauen aufzunehmen. Der Nagual hatte Pablito nämlich gesagt, daß die vier Ecken seiner Welt bereits für ihn bereit wären und daß er sie nur noch zu fordern bräuchte. Als Pablito aber versuchte, seine erste Ecke, Lidia, zu fordern, da tötete sie ihn beinah. Nestor fügte noch hinzu, er persönlich, als Augenzeuge des Vorfalls, sei der Meinung, daß Lidia ihn deshalb vor den Kopf gestoßen hatte, weil Pablito als Mann bei ihr versagte; und statt die ganze Sache verschämt zu übergehen, habe sie ihn eben ordentlich geschlagen.

»Erkrankte Pablito tatsächlich durch diesen Schlag, oder simulierte er nur?« fragte ich halb im Scherz.

Wieder antwortete Benigno mit seiner Donnerstimme.

»Er hat nur simuliert!« rief er. »Er hatte nur eine Beule am Kopf, nichts weiter.«

Pablito und Nestor lachten brüllend.

»Wir können Pablito keinen Vorwurf machen, weil er sich vor diesen Frauen fürchtet«, sagte Nestor. »Sie sind alle wie der Nagual selbst, grauenhafte Kriegerinnen. Sie sind böse und verrückt.«

»Glaubst du wirklich, daß sie so schlimm sind?«
»Wenn man sagt, daß sie böse sind, so ist das nur ein Teil der ganzen Wahrheit«, sagte Nestor. »Sie sind eben genau wie der Nagual. Sie sind ernst und düster. Als der Nagual noch da war, hockten sie bei ihm und starrten aus halboffenen Augen in die Ferne, stundenlang, machmal tagelang.«
»Ist es wahr, daß Josefina früher einmal wirklich verrückt war?« fragte ich.
»Ist ja zum Lachen!« sagte Pablito. »Was heißt früher einmal; sie ist noch immer verrückt. Sie ist die irrste Irre von der ganzen Bande.«
Ich erzählte ihnen, was sie mit mir angestellt hatte. Ich glaubte, die Männer würden die spaßige Seite ihres großartigen Kunststücks anerkennen. Aber meine Geschichte löste anscheinend die falsche Wirkung bei ihnen aus. Sie lauschten wie verängstigte Kinder; sogar Benigno öffnete die Augen, um meinem Bericht zu lauschen.
»Wuff!« rief Pablito. »Diese Hexen sind wirklich furchtbar. Und ihre Anführerin ist, wie du weißt, der Zweihundertzwanzig-Pfunds-Arsch. Sie ist's, die dir 'nen Stein an den Kopf wirft und die Hände hinterm Rücken versteckt und so tut, als wär sie ein unschuldiges kleines Mädchen. Aber hüte dich vor ihr, Maestro.«
»Der Nagual hat Josefina beigebracht, alles mögliche zu sein«, sagte Nestor. »Sie kann alles was sie will: weinen, lachen, wütend werden – alles.«
»Aber wie ist sie, wenn sie nicht schauspielert?« fragte ich Nestor.
»Dann ist sie verrückt wie eine Fledermaus«, antwortete Benigno mit leiser Stimme. »Ich lernte Josefina gleich am ersten Tag kennen, als sie ankam. Ich mußte sie ins Haus tragen. Der Nagual und ich fesselten sie immer ans Bett. Einmal fing sie an zu weinen und schrie nach ihrer Freundin, einem kleinen Mädchen, mit dem sie immer gespielt hatte. Sie weinte drei Tage lang. Pablito tröstete sie und fütterte sie wie ein Baby. Sie ist genau wie er. Beide wissen nicht, wie sie aufhören sollen, wenn sie einmal angefangen haben.«
Plötzlich begann Benigno in der Luft herumzuschnuppern. Er stand auf und ging zum Herd.
»Ist er wirklich so schüchtern?« fragte ich Nestor.
»Er ist schüchtern und ausgeklinkt«, antwortete Pablito. »So wird

er bleiben, bis er seine Form verliert. Genaro hat uns gesagt, daß wir früher oder später unsere Form verlieren werden, darum hat es keinen Zweck, wenn wir uns jetzt das Leben schwer machen und uns zu ändern versuchen, wie der Nagual es uns befohlen hat. Genaro sagte, wir sollen das Leben genießen und uns keine Sorgen machen. Du und die Frauen, ihr müht euch ab und macht euch Sorgen; wir dagegen genießen das Leben. Ihr versteht nicht, die Dinge zu genießen, und wir verstehen nicht, uns das Leben schwerzumachen. Sich das Leben schwermachen, das ist's, was der Nagual ›Makellosigkeit‹ nannte; wir nennen es Dummheit, nicht wahr?«

»Du sprichst nur für dich selbst, Pablito«, sagte Nestor. »Benigno und ich, wir sind da anderer Meinung.«

Benigno brachte eine Schale voll Essen und stellte sie vor mich. Er servierte auch den anderen. Pablito untersuchte die Schüsseln und fragte Benigno, wo er sie gefunden habe. Benigno sagte, sie seien in dem Kasten gewesen, wo la Gorda sie aufbewahrte, wie sie ihm gesagt hatte. Pablito vertraute mir an, daß diese Schüsseln einst ihnen, den Genaros, gehört hatten, bevor sie sich von den Frauen trennten.

»Wir müssen vorsichtig sein«, sagte Pablito nervös. »Diese Schüsseln sind ganz bestimmt verhext. Diese Hexen haben etwas hineingetan. Ich werde lieber aus la Gordas Schüssel essen.«

Nestor und Benigno fingen an zu essen. Jetzt merkte ich, daß Benigno mir die braune Schüssel gegeben hatte. Pablito war anscheinend sehr aufgewühlt. Ich wollte ihn beruhigen, aber Nestor hielt mich davon ab.

»Nimm ihn nicht so ernst«, sagte er. »Es gefällt ihm einfach, sich so zu benehmen. Er wird sich schon hinsetzen und essen. Das ist der Punkt, den ihr, du und die Frauen, nicht versteht. Ihr begreift einfach nicht, daß Pablito so ist. Ihr erwartet, daß jeder so sein soll wie der Nagual. La Gorda ist die einzige, die ihn ungerührt nimmt wie er ist, aber nicht weil sie ihn versteht, sondern weil sie ihre Form verloren hat.«

Pablito setzte sich und fing an zu essen, und wir vier leerten den ganzen Tiegel. Benigno wusch die Schüsseln aus und stellte sie vorsichtig in den Kasten zurück, und dann machten wir's uns am Tisch bequem.

Nestor schlug vor, wir sollten bei Anbruch der Dunkelheit gemeinsam zu einer Schlucht in der Nähe wandern, wo Don Juan und Don Genaro und ich uns oft aufgehalten hatten. Irgendwie wiederstrebte es mir. Ich fühlte mich in ihrer Gesellschaft nicht sicher genug.

Nestor wandte ein, daß sie es gewöhnt seien, in der Dunkelheit zu wandern, und daß es die Kunst eines Zauberers sei, sich sogar inmitten einer Menschenmenge unsichtbar zu bewegen. Ich erzählte ihm, was Don Juan mir einmal gesagt hatte, bevor er mich in einer Einöde in den Bergen, nicht weit von hier, allein ließ. Damals hatte er mir befohlen, mich ganz auf die Aufgabe zu konzentrieren, nicht aufzufallen. Er sagte, daß die Leute in dieser Gegend einander alle vom Sehen kannten. Es seien zwar nicht sehr viele, aber diejenigen, die dort lebten, liefen dauernd herum und könnten einen Fremden meilenweit erkennen. Viele dieser Leute, so sagte Don Juan, hätten Feuerwaffen und es würde ihnen nichts ausmachen, mich zu erschießen.

»Kümmere dich nicht um die Wesen der anderen Welt«, hatte Don Juan lachend gesagt. »Die einzig gefährlichen sind die Mexikaner.«

»Das ist immer noch wahr«, sagte Nestor. »Das ist seit jeher wahr. Das ist auch der Grund, warum Genaro und der Nagual solche Künstler waren. Sie hatten gelernt, sich unbemerkt zwischen alledem zu bewegen. Sie beherrschten die Kunst des Pirschens.«

Es war noch zu früh, um eine Wanderung durch die Dunkelheit zu machen. Ich wollte die Zeit nutzen und Nestor meine kritischen Fragen vorlegen. Bislang hatte ich es absichtlich vermieden; ein eigenartiges Gefühl hatte mich daran gehindert, ihm weitere Fragen zu stellen. Es war, als ob mein Interesse sich nach Pablitos erster Antwort erschöpft hätte. Aber jetzt kam Pablito selbst mir zu Hilfe und brachte ganz plötzlich das Thema zur Sprache, als habe er meine Gedanken gelesen.

»Auch Nestor ist, genau wie wir, in den Abgrund gesprungen«, sagte er. »Und auf diese Weise wurde er der Zeuge, du wurdest der Maestro, und ich wurde der Dorftrottel.«

In gewollt gleichgültigem Ton bat ich Nestor, mir von seinem Sprung in den Abgrund zu erzählen. Ich tat so, als sei ich nur mäßig interessiert. Aber Pablito durchschaute meine erzwungene Gleichgültigkeit. Er lachte und erzählte Nestor, ich sei jetzt auf

der Hut, weil sein eigner Bericht über das Ereignis mich so tief enttäuscht habe.
»Ich bin nach euch hinuntergesprungen«, sagte Nestor und schaute mich an, als warte er auf weitere Fragen.
»Bist du unmittelbar nach uns gesprungen?« fragte ich.
»Nein, ich brauchte einige Zeit, um mich bereit zu machen«, sagte er. »Genaro und der Nagual sagten mir nicht, was ich tun sollte. Dieser Tag war für uns alle eine Prüfung.«
Pablito wirkte irgendwie niedergeschlagen. Er stand auf und ging im Zimmer hin und her. Dann setzte er sich und schüttelte mit einer Verzweiflungsgeste den Kopf.
»Hast du uns wirklich über die Kante springen sehen?« fragte ich Nestor.
»Ich bin der Zeuge«, sagte er. »Zeugnis ablegen, das war mein Weg zum Wissen. Es ist meine Aufgabe, dir makellos zu berichten, was ich als Augenzeuge gesehen habe.«
»Aber was hast du wirklich gesehen?« fragte ich.
»Ich sah euch, fest aneinander geklammert, zur Kante laufen«, sagte er. »Und dann sah ich euch beide wie zwei Drachen am Himmel. Pablito flog in gerader Linie hinaus und stürzte dann ab. Du stiegst etwas in die Höhe, dann bewegtest du dich ein Stück von der Kante weg, bevor du abstürztest.«
»Aber sind wir mit unserem Körper gesprungen?« fragte ich.
»Nun ja, ich glaube anders ging es wohl nicht«, lachte er.
»Hätte es nicht eine Illusion sein können?« fragte ich.
»Was willst du damit sagen, Maestro?« fragte er trocken.
»Ich will wissen, was wirklich geschah«, sagte ich.
»Bist du vielleicht gar in Ohnmacht gefallen, wie Pablito?« fragte Nestor mich mit blitzenden Augen.
Ich versuchte ihm meine Zweifel und Fragen hinsichtlich des Sprungs zu erklären. Er hatte keine Geduld und unterbrach mich. Pablito mischte sich ein und wies ihn zurecht, und dann gerieten sie miteinander in Streit. Pablito entzog sich der Sache, indem er halb sitzend und seinen Stuhl festhaltend um den Tisch wanderte.
»Nestor blickte nicht über seine Nasenspitze hinaus«, sagte er zu mir. »Mit Benigno ist es genauso. Aus denen bringst du nichts heraus. Wenigstens hast du mein volles Mitleid.«
Pablito kicherte, seine Schultern zuckten und er verbarg sein Gesicht hinter Benignos Hut.

»Soviel ich weiß, seid ihr beide gesprungen«, platzte Nestor plötzlich heraus. »Genaro und der Nagual ließen euch keine andere Wahl. Sie trieben euch in die Enge und drängten euch auf den einzigen offenen Ausweg zu. So sprangt ihr beide über die Kante. Das habe ich als Zeuge gesehen. Pablito behauptet, er habe nichts gespürt. Aber das bezweifele ich. Ich weiß, daß er alles bei vollem Bewußtsein erlebt hat. Doch er verstellt sich und behauptet lieber, er sei nicht bei Bewußtsein gewesen.«

»Wirklich, das war ich nicht«, sagte Pablito entschuldigend.

»Mag sein«, meinte Nestor trocken. »Aber ich selbst war bei Bewußtsein, und ich sah, wie eure Körper taten, was sie mußten, nämlich springen.«

Nestors Enthüllungen versetzten mich in einen seltsamen Gemütszustand. Die ganze Zeit hatte ich nach Bestätigung für das gesucht, was ich selbst wahrgenommen hatte. Aber kaum hatte ich diese Bestätigung, da erkannte ich, daß es für mich keinen Unterschied machte. Zu wissen, daß ich gesprungen war, und mich zu fürchten vor dem, was ich wahrgenommen hatte, das war eine Sache; nach bestätigender Übereinstimmung zu suchen, war eine andre. Ich wußte jetzt, daß das eine nicht notwendig mit dem andren zusammenhing. Ich hatte die ganze Zeit geglaubt, daß es meinen Intellekt von Ängsten und Zweifeln befreien würde, wenn jemand anders mich in der Meinung bestärkte, daß ich diesen Sprung getan hatte. Ich hatte mich geirrt. Die ganze Angelegenheit beunruhigte und verwirrte mich jetzt nur noch mehr.

Ich versuchte Nestor zu erklären, daß ich zwar einzig mit der Absicht gekommen war, mir von ihnen beiden bestätigen zu lassen, daß ich gesprungen war; doch jetzt hätte ich meine Meinung geändert und wolle eigentlich nicht mehr davon reden. Die beiden fielen mir ins Wort und fingen gleichzeitig an zu sprechen, und wir gerieten in einen dreiseitigen Disput.

Pablito behauptete, er sei nicht bei Bewußtsein gewesen; Nestor brüllte, Pablito lasse sich nur gehen; und ich sagte, ich wolle über den Sprung nichts mehr hören.

Da wurde mir zum ersten Mal drastisch bewußt, daß keiner von uns über die nötige Ruhe und Selbstbeherrschung verfügte. Keiner von uns war bereit, dem anderen ungeteilte Aufmerksamkeit zu schenken, wie Don Juan und Don Genaro es getan hatten. Da

es mir unmöglich war, eine gewisse Ordnung in unseren Meinungsaustausch zu bringen, gab ich mich meinen eigenen Überlegungen hin. Ich hatte immer geglaubt, mein einziger Fehler, der mich hinderte, voll in Don Juans Welt einzutreten, sei mein hartnäckiges Bemühen, alles und jedes rational zu begründen; aber die Anwesenheit von Pablito und Nestor vermittelte mir eine neue Einsicht über mich selbst. Ein weiterer Fehler von mir war nämlich meine Ängstlichkeit. Sobald ich mich über die sicheren Grenzen des gesunden Menschenverstands hinauswagte, verlor ich mein Selbstvertrauen und erschrak über die furchtbare Wahrheit dessen, was sich vor meinen Augen abspielte. So war es mir auch unmöglich zu glauben, daß ich in den Abgrund gesprungen war. Don Juan hatte immer behauptet, das einzig entscheidende Problem bei der Zauberei sie die Wahrnehmung, und dementsprechend hatten er und Don Genaro bei unserer letzten Begegnung auf dem Tafelberg ein gewaltiges kathartisches Drama inszeniert. Nachdem sie mich aufgefordert hatten, mit lauter klarer Stimme allen Dank zu sagen, die mir jemals geholfen hatten, erstarrte ich in freudiger Erregung. In diesem Moment hatten sie meine ganze Aufmerksamkeit gefesselt und brachten meinen Körper dazu, die in ihrem geistigen Bezugsrahmen einzig mögliche Handlung wahrzunehmen: den Sprung in den Abgrund. Dieser Sprung war praktisch das Werk meiner Wahrnehmung, nicht als gewöhnlicher Mensch, sondern als Zauberer.
Ich hatte mich so in die Niederschrift meiner Gedanken vertieft, daß ich gar nicht bemerkte, daß Nestor und Pablito aufgehört hatten zu sprechen und alle drei mich anschauten. Ich erklärte ihnen, es sei mir ganz unmöglich zu verstehen, was bei diesem Sprung vor sich gegangen war.
»Da gibt's nichts zu verstehen«, sagte Nestor. »Die Dinge geschehen einfach, und niemand kann sagen, wie. Frag doch Benigno, ob er überhaupt verstehen will.«
»Willst du verstehen?« fragte ich Benigno im Scherz.
»Und ob ich will!« brüllte er mit tiefer Baßstimme und brachte alle zu Lachen.
»Du läßt dich gehen, indem du sagst, daß du verstehen willst«, fuhr Nestor fort. »Genau wie Pablito sich gehenläßt, wenn er sagt, daß er sich an nichts erinnert.«
Er schaute Pablito an und blinzelte mir zu.

Nestor fragte mich, ob mir an Pablitos Stimme etwas aufgefallen sei, als wir uns zu unserm Sprung anschickten. Ich mußte zugeben, daß meine eigene Situation nicht dazu angetan gewesen war, auf etwas so Flüchtiges wie Pablitos Stimme zu achten.
»Ein Krieger muß auf alles achten«, sagte er. »Das ist sein Trick, und darin, sagte der Nagual, liegt sein Vorteil.«
Er lächelte und machte eine übertriebene Gebärde der Verlegenheit, wobei er sein Gesicht mit dem Hut bedeckte.
»Was war's denn, das mir an Pablitos Stimme entgangen ist?« fragte ich ihn.
»Pablito war bereits gesprungen, bevor er über die Kante ging«, sagte er. »Er brauchte gar nichts zu tun. Statt zu springen, hätte er sich ebensogut am Rand des Abgrundes hinsetzen können.«
»Was willst du damit sagen«, fragte ich.
»Pablito löste sich bereits auf«, erwiderte er. »Deshalb glaubte er auch, er sei ohnmächtig geworden. Aber Pablito lügt. Er verheimlicht etwas.«
Pablito wollte etwas zu mir sagen. Er murmelte ein paar unverständliche Worte, dann gab er es auf und ließ sich in seinen Stuhl zurückfallen. Auch Nestor versuchte noch etwas zu sagen. Ich unterbrach ihn. Ich sagte, ich sei nicht sicher, ob ich ihn richtig verstanden hätte.
»Hat Pablitos Körper sich aufgelöst?« fragte ich.
Er blickte mich lange an und sagte kein Wort. Er hatte bisher rechts neben mir gesessen. Jetzt rückte er schweigend auf die Bank mir gegenüber.
»Du mußt das, was ich sage, ernst nehmen«, sagte er. »Es ist unmöglich, das Rad der Zeit zurückzudrehen und wieder das zu werden, was wir vor diesem Sprung waren. Der Nagual sagte, es ist eine Ehre und eine Lust, ein Krieger zu sein, und ein Krieger muß glücklich sein, das tun zu dürfen, was er tun muß. Ich muß dir makellos berichten, was ich als Zeuge gesehen habe. Pablito löste sich auf. Als ihr beide zum Rand lieft, warst nur du ein fester Körper. Pablito war wie eine Wolke. Er glaubt, er wäre hingefallen, und du glaubst, du hättest ihn am Arm gehalten, um ihm zu helfen, die Kante zu erreichen. Keiner von euch beiden hat recht. Und ich zweifle nicht daran, daß es besser für euch beide gewesen wäre, wenn du Pablito nicht gestützt hättest.«
Ich war verwirrter denn je. Ich glaubte wirklich, daß er ernsthaft

berichtete, was er wahrgenommen hatte, aber ich erinnerte mich nur daran, daß ich Pablito am Arm gehalten hatte.

»Was wäre geschehen, wenn ich nicht eingegriffen hätte?« fragte ich.

»Das kann ich nicht beantworten«, erwiderte Nestor. »Aber ich weiß, daß ihr gegenseitig eure Leuchtkraft beeinträchtigt habt. In dem Augenblick, als du den Arm um Pablito legtest, wurde er fester, aber du vergeudetest deine kostbare Kraft für nichts.«

»Was tatst du, nachdem wir gesprungen waren?« fragte ich Nestor nach langem Schweigen.

»Unmittelbar nachdem ihr beide verschwunden wart«, sagte er, »waren meine Nerven so durcheinander, daß ich nicht mehr atmen konnte und ebenfalls – ich weiß nicht wie lange – ohnmächtig wurde. Mir kam es nur wie ein kurzer Moment vor. Als ich wieder zur Besinnung kam, schaute ich mich nach Genaro und dem Nagual um; sie waren verschwunden. Ich rannte auf dem Berg hin und her und schrie nach ihnen, bis ich heiser war. Dann wußte ich, ich war allein. Ich ging an den Rand der Klippe und suchte nach dem Zeichen, das die Erde gibt, wenn ein Krieger nicht wiederkehren wird, aber ich hatte es bereits versäumt. Da wußte ich, daß Genaro und der Nagual für immer gegangen waren. Jetzt erst wurde mir klar, daß sie sich, nachdem sie euch beiden Lebewohl gesagt hatten, an mich wandten, und während ihr zum Rand der Klippe ranntet, winkten sie mir Lebewohl.

So ganz allein um diese Tageszeit, an diesem verlassenen Ort zu sein, das war mehr, als ich ertragen konnte. Ich hatte auf einen Schlag alle Freunde verloren, die ich auf Erden gehabt hatte. Ich setzte mich hin und weinte. Und da ich mich immer mehr fürchtete, fing ich an zu schreien, so laut ich konnte. Ich schrie aus vollen Lungen Genaros Namen. Inzwischen war es stockdunkel. Ich konnte keine Orientierungspunkte mehr ausmachen. Ich wußte, daß ich als Krieger mich nicht meinem Kummer überlassen durfte. Um mich zu beruhigen, fing ich an wie ein Koyote zu heulen, wie der Nagual es mich gelehrt hatte. Nachdem ich eine Weile geheult hatte, fühlte ich mich so viel besser, daß ich meine Traurigkeit vergaß. Ich vergaß, daß die Welt existierte. Je länger ich heulte, desto leichter fiel es mir, die Wärme und den Schutz dieser Erde zu spüren.

Es mochten Stunden vergangen sein. Plötzlich fühlte ich in mir, hinterm Kehlkopf, einen Schlag und hörte Glockenklang in den Ohren. Da erinnerte ich mich an das, was der Nagual zu Eligio und Benigno gesagt hatte, bevor sie sprangen. Er sagte, daß dieses Gefühl in der Kehle sich einstellt, kurz bevor man bereit ist, das Tempo zu wechseln, und daß der Glockenklang ein Vehikel ist, das man benützen kann, um alles zu erreichen, was man will. Ich wollte jetzt ein Koyote sein. Ich schaute meine Arme an, die vor mir auf der Erde lagen. Sie hatten ihre Form verändert und sahen aus wie die Pfoten eines Koyoten. An meinen Armen und auf meiner Brust sah ich das Fell eines Koyoten. Ich war ein Koyote! Das machte mich so glücklich, daß ich weinen mußte, wie Koyoten vielleicht weinen. Ich spürte meine Koyotenzähne und meine lange spitze Schnauze und meine Zunge. Irgendwie wußte ich, daß ich gestorben war, aber das war mir gleich. Es war mir egal, ob ich mich in einen Koyoten verwandelt hatte oder gestorben oder noch lebendig war. Ich ging wie ein Koyote, auf vier Beinen, zum Rand des Abgrunds und sprang hinab. Sonst gab es für mich nichts mehr zu tun.

Ich spürte, wie ich stürzte und wie mein Koyotenleib durch die Luft wirbelte. Dann war ich wieder ich selbst, hoch durch die Luft kreisend. Aber bevor ich am Boden aufschlug, wurde ich so leicht, daß ich gar nicht mehr stürzte, sondern schwebte. Die Luft strich durch mich hindurch. Ich war so leicht! Ich glaubte, mein Tod sei endlich in mich gekommen. Irgend etwas wühlte mein Inneres auf, und ich löste mich auf wie trockener Sand. Ich fühlte mich friedlich und vollkommen, so wie ich war. Aber irgendwie wußte ich, daß ich da war und doch nicht da war. Ich war nichts. Das ist alles, was ich darüber sagen kann. Und dann, ganz plötzlich, fügte das gleiche Etwas, das mich wie trockenen Sand aufgelöst hatte, mich wieder zusammen. Ich kehrte ins Leben zurück und fand mich in der Hütte eines alten mazatekischen Zauberers sitzen. Er nannte mir seinen Namen, Porfirio. Er sagte, er sei froh, mich zu sehen, und fing gleich an, mich bestimmte Dinge über Pflanzen zu lehren, die Genaro mich nicht gelehrt hatte. Dann nahm er mich mit an den Ort, wo die Pflanzen gemacht werden, und zeigte mir die Gestalt der Pfanzen, besonders die Zeichen an der Gestalt. Er sagte, ich bräuchte nur auf diese Zeichen an den Pflanzen zu achten, dann könnte ich leicht feststellen, wozu sie gut seien, selbst wenn ich eine Pflanze noch nie gesehen hätte. Dann, als er sah, daß ich die Zeichen kannte, sagte er mir Lebewohl, lud mich aber ein, ihn wieder zu besuchen. In diesem Augenblick spürte ich einen starken Sog, und ich löste mich auf wie schon zuvor. Ich wurde zu einer Million Teilchen.

Dann zog es mich wieder zusammen, ich wurde ich selbst, um Porfirio zu besuchen. Immerhin hatte er mich ja eingeladen. Ich wußte, ich konnte überall hingehen, wo ich wollte, aber ich entschied mich für Porfirios Hütte, weil er so freundlich zu mir gewesen war und mich belehrt hatte. Ich wollte nicht das Risiko eingehen, statt dessen irgendwelche entsetzlichen Dinge zu entdecken. Diesmal nahm Porfirio mich mit und zeigte mir die Gestalten der Tiere. Dort sah ich mein eigenes Nagualtier. Wir erkannten einander auf den ersten Blick. Porfirio war erfreut, so eine herzliche Freundschaft zu sehen. Ich sah auch Pablitos und dein Nagualtier, aber sie wollten nicht mit mir reden. Sie schienen traurig zu sein. Ich beharrte auch nicht weiter darauf, mit ihnen zu reden. Ich wußte ja nicht, wie es euch bei eurem Sprung ergangen war. Ich wußte, daß ich selbst tot war, aber mein Nagual sagte, ich sei nicht tot und auch ihr beide wärt am Leben. Ich fragte nach Eligio, und mein Nagual sagte, er sei für immer gegangen. Da erinnerte ich mich, daß ich, als ich Zeuge von Benignos und Eligios Sprung war, gehört hatte, wie der Nagual Benigno anwies, nicht nach bizarren Visionen oder Welten außerhalb seiner eigenen zu suchen. Der Nagual trug ihm auf, nur seine eigene Welt zu erkunden, denn damit würde er die ihm einzig zugängliche Form der Kraft finden. Besonders wies der Nagual die beiden an, ihre Teilchen so weit wie möglich explodieren zu lassen, um ihre Kraft wiederherzustellen. Genauso machte ich's bei mir selbst. Elfmal ging ich zwischen dem Tonal und dem Nagual hin und her. Aber jedesmal wurde ich von Porfirio empfangen, der mir weitere Belehrungen erteilte. Jedesmal wenn meine Kraft schwand, stellte ich sie im Nagual wieder her, bis ich sie auf einmal soweit wiederhergestellt hatte, daß ich auf diese Erde zurückkehrte.«

»Doña Soledad hat mir erzählt, daß Eligio nicht in den Abgrund zu springen brauchte«, sagte ich.

»Er ist mit Benigno gesprungen«, sagte Nestor. »Frag ihn doch selbst, er wird es dir mit seiner Lieblingsstimme sagen.«

Ich wandte mich an Benigno und fragte ihn nach seinem Sprung.

»Und ob wir zusammen gesprungen sind!« erwiderte er mit donnernder Stimme. »Aber ich rede nie darüber.«
»Was hat Soledad über Eligio gesagt?« fragte Nestor.
Ich erzählte ihnen, was Doña Soledad gesagt hatte, nämlich daß Eligio, als er auf dem Feld arbeitete, von einem Wind erfaßt wurde und die Welt verließ.
»Sie ist völlig durcheinander«, sagte Nestor. »Eligio wurde von den Verbündeten herumgewirbelt, aber er wollte keinen von ihnen, daher ließen sie ihn in Ruhe. Das hat aber nichts mit dem Sprung zu tun. La Gorda erzählte, daß ihr gestern abend einen Zusammenstoß mit den Verbündeten hattet; ich weiß nicht, was du gemacht hast, aber falls du sie einfangen oder überreden wolltest, bei dir zu bleiben, dann hättest du mit ihnen herumwirbeln müssen. Manchmal kommen sie von sich aus zu einem Zauberer und wirbeln ihn herum. Eligio war der beste Krieger, den es gab, darum kamen die Verbündeten von sich aus zu ihm. Falls wir die Verbündeten haben wollten – wir müßten sie jahrelang darum bitten, und selbst wenn wir dies täten, bezweifle ich, ob die Verbündeten bereit wären, uns zu helfen.
Eligio mußte springen wie jeder andere auch. Ich war Zeuge seines Sprunges. Er bildete mit Benigno ein Paar. Viel von dem, was uns als Zauberern widerfährt, ist davon abhängig, was unser Partner tut. Benigno ist ein bißchen neben der Kappe, weil sein Partner nicht zurückgekehrt ist. Ist's nicht so, Benigno?«
»Und ob es so ist!« antwortete Benigno mit seiner Lieblingsstimme.
Jetzt konnte ich meine starke Neugier nicht länger bezähmen, die mich gleich vom ersten Augenblick an geplagt hatte, als ich Benigno so sprechen hörte. Ich fragte ihn also, wie er seine Donnerstimme machte.
Er drehte sich um und schaute mich an. Er zeigte auf seinen Mund, als wolle er, daß ich ihn genau anschaute.
»*Ich-weiß-nicht-!*« donnerte er. »Ich mach bloß den Mund auf und diese Stimme kommt raus!« Er spannte die Muskeln über seiner Stirn an, kräuselte die Lippen und machte ein tiefes, dröhnendes Geräusch. Jetzt sah ich, daß er an den Schläfen gewaltige Muskeln hatte, die seinem Kopf eine andere Form verliehen. Nicht nur sein Haaransatz sah jetzt anders aus, sondern der ganze obere Teil seines Kopfes.

»Genaro hat ihm seine Geräusche hinterlassen«, sagte Nestor zu mir. »Warte nur, bis er furzt!«
Ich hatte den Eindruck, als ob Benigno sich bereitmachte, seine Fähigkeiten zu demonstrieren.
»Warte, warte, Benigno«, sagte ich, »ist nicht nötig!«
»Ah, schade!« rief Benigno enttäuscht. »Ich hatte gerade den allerbesten auf Lager, extra für mich.«
Pablito und Nestor lachten so überschwenglich, daß sogar Benigno seine totenstarre Miene verzog und mit ihnen kicherte.
»Sag mir doch, was geschah dann mit Eligio?« fragte ich Nestor, als sie sich wieder beruhigt hatten.
»Nachdem Eligio und Benigno gesprungen waren«, erwiderte Nestor, »ließ der Nagual mich einen raschen Blick über den Rand tun, um das Zeichen aufzufangen, das die Erde gibt, wenn Krieger in den Abgrund springen. Wenn da so was wie ein Wölkchen oder ein leichter Windstoß ist, dann ist die Zeit des Kriegers auf Erden noch nicht vorbei. An dem Tag, als Eligio und Benigno sprangen, spürte ich auf Benignos Seite einen Luftzug, und da wußte ich, daß seine Zeit noch nicht um war. Aber auf Eligios Seite war es ruhig.«
»Was glaubst du, ist mit Eligio geschehen? Ist er gestorben?«
Die drei starrten sich an. Sie schwiegen. Nestor kratzte sich mit beiden Händen die Schläfen. Benigno kicherte und schüttelte den Kopf. Ich versuchte mich deutlicher zu erklären, aber Nestor unterbrach mich mit einer Handbewegung.
»Meinst du es ernst, wenn du uns solche Fragen stellst?« fragte er mich.
Benigno antwortete für mich. Wenn er nicht gerade seine Späße machte, war seine Stimme tief und melodisch. Er sagte, der Nagual und Genaro hätten es so eingerichtet, daß jeder von uns über Teile des Wissens verfügte, die die anderen nicht kannten.
»Naja, wenn es so ist, wollen wir dir sagen, was los ist«, sagte Nestor und lächelte erleichtert, als ob eine große Last von seinen Schultern genommen wäre. »Eligio ist nicht gestorben. Ganz und gar nicht.«
»Wo ist er jetzt?« fragte ich.
Wieder schauten sie sich an. Sie machten mir den Eindruck, als müßten sie sich anstrengen, nicht in Gelächter auszubrechen. Ich sagte ihnen, ich wisse über Eligio nicht mehr als das, was Doña

Soledad mir gesagt hatte. Und sie hatte gesagt, daß Eligio in die andere Welt gegangen war, um sich mit Genaro und dem Nagual zu vereinen. Für mich klang das jedenfalls so, als ob sie alle drei gestorben wären.

»Warum redest du so daher, Maestro?« fragte Nestor im Ton tiefer Besorgnis. »Nicht mal Pablito spricht so.«

Mir schien es, als wollte Pablito protestieren. Er erhob sich schon, aber dann besann er sich.

»Ja, das ist richtig«, sagte er. »Nicht mal ich rede so.«

»Nun ja, falls Eligio nicht gestorben ist – wo ist er dann?«

»Soledad hat es dir doch gesagt«, meinte Nestor leise. »Eligio ist gegangen, um sich mit Genaro und dem Nagual zu vereinen.«

Jetzt fand ich es besser, keine weiteren Fragen zu stellen. Ich wollte mit meinen Nachforschungen keineswegs aggressiv wirken, aber am Ende kam es immer so heraus. Außerdem hatte ich das Gefühl, daß sie nicht viel mehr wußten als ich selbst.

Plötzlich stand Nestor auf und fing an, vor mir auf und ab zu gehen. Schließlich zog er mich am Ellbogen vom Tisch fort. Er wollte nicht, daß ich mitschrieb. Er fragte mich, ob ich wirklich im Augenblick unseres Sprungs ohnmächtig geworden sei, wie Pablito, und mich an nichts mehr erinnern könne. Ich sagte ihm, daß ich eine Reihe lebhafter Träume oder Visionen gehabt hätte und mit dem einzigen Zweck gekommen sei, mir darüber Klarheit zu verschaffen. Sie wollten hören, welche Visionen ich gehabt hatte.

Nachdem sie sich meinen Bericht angehört hatten, meinte Nestor, daß meine Visionen ins Reich des Bizarren gehörten und nur die ersten beiden wichtig und von dieser Welt wären. Die übrigen seien Visionen von fremden Welten. Meine erste Vision, so erklärte er, sei von besondrem Wert, weil sie ein regelrechtes Omen sei. Er sagte, daß Zauberer stets das erste aus einer Reihe von Ereignissen als Skizze oder Landkarte der Geschehnisse auffassen, die sich in der Folge entwickeln.

In der betreffenden Vision erschaute ich eine fremdartige Welt. Direkt vor meinen Augen war ein riesiger Stein – ein Stein, der entzweigespalten war. Durch eine breite Lücke blickte ich in eine grenzenlose phosphoreszierende Ebene hinaus, ein Tal, das in grünlich-gelbes Licht getaucht war. Auf der einen Seite des Tales, rechts und meinem Blick durch den riesigen Stein teilweise verborgen, befand sich ein unglaubliches kuppelartiges Bauwerk.

Seine Farbe war dunkel, beinah graphitgrau. Wenn meine Körpergröße die gleiche war wie im alltäglichen Leben, dann mußte die Kuppel an die 50 000 Fuß hoch und viele Meilen breit sein. Solche Ungeheuerlichkeit verwirrte mich. Ich empfand einen Schwindel und stürzte in einen Zustand der Auflösung.
Aus diesem Zustand tauchte ich wieder auf und fand mich auf einer sehr unebenen und doch glatten Oberfläche. Es war eine leuchtende grenzenlose Fläche, ähnlich wie die Ebene, die ich zuvor erschaut hatte. Sie erstreckte sich, soweit ich sehen konnte. Bald darauf entdeckte ich, daß ich meinen Kopf nach Belieben horizontal in jede Richtung drehen, nicht aber an mir hinunterschauen konnte. Ich war aber fähig, die Umgebung zu untersuchen, indem ich meinen Kopf von links nach rechts und zurück kreisen ließ. Trotzdem konnte ich, wenn ich mich umdrehen und hinter mich schauen wollte, mein schieres Körpergewicht nicht von der Stelle rühren.
Die Ebene erstreckte sich in monotoner Endlosigkeit nach links wie nach rechts. Es war nichts zu sehen außer einem endlosen weißlichen Leuchten. Ich wollte den Boden unter meinen Füßen betrachten, aber ich konnte die Augen nicht nach unten richten. Ich hob den Kopf und blickte zum Himmel auf. Ich sah nur eine weitere grenzenlose weißliche Fläche, die mit jener, auf der ich stand, verbunden zu sein schien. Dann befiel mich eine Art Vorahnung, und ich wußte, daß mir etwas offenbart werden sollte. Aber der plötzliche verheerende Schock der Auflösung unterbrach meine Offenbarung. Eine Kraft zog mich nach unten. Es war, als ob die weißliche Oberfläche mich verschluckte.
Nestor sagte, meine Vision einer Kuppel sei von ungeheurer Bedeutung, weil Genaro und der Nagual gerade diese Form als die Vision jenes Ortes bezeichnet hatten, wo wir alle eines Tages mit ihnen zusammensein sollten.
Jetzt sprach Benigno mich an und sagte, er habe gehört, wie Eligio den Auftrag erhielt, diese Kuppel zu finden. Er sagte, der Nagual und Don Genaro hätten sich große Mühe gegeben, damit Eligio den Auftrag richtig verstand. Sie hätten Eligio stets für den Besten von ihnen gehalten; daher hätten sie ihn angeleitet, diese Kuppel zu finden und immer wieder in ihre weißlichen Gewölbe einzugehen.
Pablito sagte, sie seien alle drei unterwiesen worden, diese Kup-

pel zu finden, falls sie es könnten, aber es sei keinem von ihnen gelungen. Ich beklagte mich, daß weder Don Juan noch Don Genaro mir gegenüber jemals dergleichen erwähnt hätten. Sie hatten mir keinerlei Anleitung wegen einer Kuppel gegeben.
Benigno, der mir gegenüber am Tisch saß, stand plötzlich auf und kam zu mir. Er setzte sich links neben mich und flüsterte mir ganz leise ins Ohr, es sei doch möglich, daß die beiden Alten mich wohl instruiert hatten und ich mich nur nicht daran erinnerte oder daß sie nichts darüber gesagt hatten, damit ich, falls ich sie einmal fände, nicht meine Aufmerksamkeit darauf fixierte.
»Warum war die Kuppel so wichtig?« fragte ich Nestor.
»Weil der Nagual und Genaro jetzt dort sind«, antwortete er.
»Und wo ist diese Kuppel?« fragte ich.
»Irgendwo auf dieser Erde«, sagte er.
Ich mußte ihnen umständlich erklären, daß ein Bauwerk von solchen Ausmaßen unmöglich auf unserem Planeten existieren könne. Meine Vision, sagte ich, sei eher wie ein Traum gewesen, und Kuppeln von solcher Höhe könnten nur in Phantasien existieren. Sie lachten und klopften mir freundlich auf die Schulter, als wollten sie ein Kind besänftigen.
»Du willst wissen, wo Eligio ist», sagte Nestor ganz unvermittelt. »Also, er ist in den weißen Gewölben dieser Kuppel, beim Nagual und Genaro.«
»Aber diese Kuppel war eine Vision«, protestierte ich.
»Dann ist Eligio in einer Vision«, sagte Nestor. »Erinnere dich daran, was Benigno dir eben gesagt hat. Der Nagual und Genaro haben dir nicht aufgetragen, diese Kuppel zu finden und immer erneut zu ihr zurückzukehren. Hätten sie das getan, dann wärst du jetzt nicht hier. Du wärst wie Eligio in der Kuppel dieser Vision. Du siehst also, Eligio ist nicht gestorben, wie ein Mann auf der Straße stirbt. Er ist einfach nicht von seinem Sprung zurückgekehrt.«
Diese Behauptung erschütterte mich. Ich konnte die Erinnerung an meine so lebhafte Vision nicht beiseite schieben, aber aus irgendeinem Grund hatte ich Lust, mit Nestor eine Debatte anzufangen. Dieser ließ mir aber keine Zeit, etwas zu sagen. Er erinnerte mich an eine andere meiner Visionen, nämlich die vorletzte. Sie war die alptraumartigste von allen gewesen. Da wurde ich von einem seltsamen unheimlichen Geschöpf gejagt.

Ich wußte, daß es da war, aber ich konnte es nicht sehen – nicht weil es unsichtbar gewesen wäre, sondern weil die Welt, in der ich mich befand, so unglaublich fremdartig war, daß ich nicht unterscheiden konnte, was eigentlich was war. Aus welchen Elementen meine Vision sich zusammensetzen mochte – sie waren gewiß nicht von dieser Welt. Die gefühlsmäßige Beunruhigung, mich an einem solchen Ort zu befinden, peinigte mich unerträglich. Irgendwann begann die Fläche, auf der ich stand, zu beben. Ich spürte, daß sie unter meinen Füßen einbrach, und ich griff nach so etwas wie einem Ast – oder jedenfalls einem Anhängsel eines Dinges, das mich an einen Baum erinnerte, das waagerecht direkt über meinem Kopf hing. Sobald ich dieses Ding berührte, wickelte es sich um mein Handgelenk, als ob es von Nerven durchzogen wäre, die alles erfühlten. Ich spürte, wie ich in gewaltige Höhen gehoben wurde. Ich blickte hinunter und sah ein unglaubliches Tier; ich wußte, dies war das unheimliche Geschöpf, das mich verfolgt hatte. Es kam aus einer Oberfläche hervor, die wie der Boden aussah. Ich sah sein gewaltiges Maul sich wie eine Höhle öffnen. Ich hörte ein grauenhaftes, ganz und gar unirdisches Brüllen, dann so etwas wie ein schrilles metallisches Keuchen, und dann entwirrte sich der Tentakel, der mich gefangengehalten hatte, und ich stürzte in dieses höhlenartige Maul. Ich sah alle Einzelheiten des Maules, in das ich stürzte. Dann schloß es sich, und ich war gefangen. Ich spürte einen plötzlichen Druck, der meinen Körper zerquetschte.

»Du bist schon gestorben«, sagte Nestor. »Dieses Tier hat dich gefressen. Du bist über diese Welt hinausgegangen und hast das bare Grauen gefunden. Unser Leben und unser Tod sind nicht mehr und nicht weniger real als dein kurzes Leben an diesem Ort und dein Tod im Maul des Ungeheuers. Dieses Leben, das wir jetzt haben, ist nur eine lange Vision. Erkennst du das nicht?«

Nervöse Krämpfe schüttelten meinen Körper.

»Ich selbst bin nicht über diese Welt hinausgegangen«, fuhr er fort, »aber ich weiß, wovon ich rede. Ich habe keine Schrecken erfahren wie du. Ich tat nicht mehr als zehnmal Porfirio besuchen. Wäre es nach mir gegangen, dann wäre ich für immer dort geblieben, aber mein elfter Sprung war so gewaltig, daß er meine Richtung änderte. Ich spürte, daß ich über Porfirios Hütte hinausgeschossen war, und statt vor seiner Tür, fand ich mich in der

Stadt wieder, ganz nah beim Haus eines Freundes von mir. Das kam mir spaßig vor. Ich wußte, daß ich zwischen Tonal und Nagual hin und her reiste. Niemand hatte mir gesagt, ob es mit diesen Reisen eine besondre Bewandtnis hatte. Daher wurde ich neugierig und beschloß, meinen Freund zu besuchen. Ich fragte mich, ob ich ihn wirklich sehen würde. Ich kam vor sein Haus und klopfte an die Tür, wie ich es unzählige Male getan hatte. Seine Frau ließ mich ein, wie sie es immer getan hatte, und natürlich war auch mein Freund zu Hause. Ich erzählte ihm, ich sei wegen Geschäften in der Stadt, und er zahlte mir sogar etwas Geld zurück, das er mir schuldete. Ich steckte das Geld ein. Ich wußte, daß mein Freund und seine Frau und sein Haus und das Geld und die Stadt eine Vision waren, genau wie Porfirios Hütte. Ich wußte, daß eine Macht, über die ich nichts vermochte, mich jeden Moment wieder auflösen würde. So setzte ich mich hin und vertrieb mir mit meinem Freund die Zeit. Wir lachten und scherzten, und ich muß sagen, ich war wirklich lustig und unbeschwert und ausgelassen. Ich blieb ziemlich lange dort, in Erwartung des Schocks; da er nicht kam, beschloß ich aufzubrechen. Ich verabschiedete mich und dankte ihm für das Geld und für seine Freundschaft. Dann ging ich fort. Ich wollte mir noch die Stadt ansehen, bevor die Kraft mich hinwegführen würde. Die ganze Nacht wanderte ich umher. Ich ging zu den Bergen hinauf, die die Stadt überragten, und in dem Augenblick, als die Sonne aufging, traf mich wie Blitz und Donner eine Erkenntnis: ich war wieder in der Welt, und die Kraft, die mich auflösen wird, wollte mich verschonen und noch eine Weile bleiben lassen. Ich sollte noch einige Zeit meine Heimat und diese wundervolle Erde sehen. Welch eine Freude, Maestro! Aber ich könnte nicht behaupten, daß ich nicht auch die Freundschaft Porfirios genossen hätte. Beide Visionen sind gleich, aber ich bevorzuge die Vision meiner Form und meiner Erde. Vielleicht ist das meine Art, mich gehenzulassen.«

Nestor schwieg, und alle drei sahen mich an. Ich fühlte mich bedroht wie noch nie zuvor. Ein Teil von mir war erschüttert über das, was er gesagt hatte, ein anderer wollte ihm widersprechen. Ich fing eine sinnlose Diskussion mit ihm an. Meine innere Leere dauerte eine Weile, dann wurde mir bewußt, daß Benigno mich mit bösem Gesichtsausdruck anstarrte. Sein Blick war auf meinen

Brustkorb fixiert. Ich spürte, wie plötzlich etwas Unheimliches gegen mein Herz drückte. Ich fing an zu schwitzen, als ob sich direkt vor meinem Gesicht ein Heizstrahler befände. Meine Ohren summten.

Genau in diesem Moment kam la Gorda zu mir. Sie bot einen höchst ungewöhnlichen Anblick. Ich war sicher, daß die Genaros es ebenso empfanden. Sie unterbrachen ihre Unterhaltung und schauten sie an. Pablito erholte sich als erster von seiner Überraschung.

»Warum mußt du so hereinkommen?« fragte er in anklagendem Ton. »Du hast im anderen Zimmer gelauscht, nicht wahr?«

Sie sagte, sie sei erst ein paar Minuten im Haus und gleich in die Küche gekommen. Und sie habe sich nicht deshalb leise verhalten, weil sie lauschen wollte, sondern um sich in der Kunst, unauffällig zu bleiben, zu üben. Ihre Anwesenheit hatte einen seltsamen Stillstand erzeugt. Ich wollte den Faden von Nestors Erzählung wieder aufnehmen, aber bevor ich etwas sagen konnte, meinte la Gorda, die Schwesterchen seien hierher unterwegs und würden bald eintreffen.

Wie vom gleichen Draht gezogen, standen die Genaros gleichzeitig auf. Pablito schulterte seinen Stuhl.

»Komm, wir gehn auf eine Wanderung im Dunkeln, Maestro«, sagte Pablito zu mir.

La Gorda sagte in gebieterischem Ton, ich dürfe noch nicht mit ihnen gehen, weil sie mir noch nicht alles erzählt habe, das der Nagual ihr aufgetragen hatte, mir zu sagen.

Pablito wandte sich um und blinzelte mir zu.

»Ich hab's dir ja gesagt«, sagte er, »sie sind herrschsüchtige böse Hexen. Ich hoffe wirklich, daß du nicht ebenso bist, Maestro.«

Nestor und Benigno sagten mir gute Nacht und umarmten mich. Pablito, der seinen Stuhl wie einen Rucksack trug, wandte sich einfach ab. Sie gingen durch die Hintertür hinaus.

Ein paar Sekunden später ließ ein furchtbarer Schlag gegen die Vordertür la Gorda und mich aufspringen. Herein kam Pablito, seinen Stuhl auf dem Rücken.

»Du hast doch nicht etwa geglaubt, ich würde gehen, ohne dir gute Nacht zu sagen?« fragte er und ging lachend davon.

5 Die Kunst des Träumens

Anderntags verbrachte ich den ganzen Vormittag allein. Ich arbeitete an meinen Notizen. Am Nachmittag nahm ich das Auto und half la Gorda und den Schwesterchen, ihre Möbel aus Doña Soledads Haus in ihr neues Haus zu holen.
Am frühen Abend saßen la Gorda und ich allein in der Eßecke. Lange schwiegen wir. Ich war sehr müde. Dann brach la Gorda das Schweigen und meinte, sie alle seien zu selbstgefällig gewesen, seit der Nagual und Genaro fort waren. Jeder von ihnen sei völlig von seinen eignen Aufgaben in Anspruch genommen gewesen. Sie sagte, der Nagual habe ihr befohlen, eine zu allem entschlossene Kriegerin zu sein und jedem Weg zu folgen, den das Schicksal ihr bestimmen würde. Falls Soledad meine Kraft gestohlen hätte, dann hätte la Gorda fliehen und versuchen müssen, die Schwesterchen zu retten und sich Benigno und Nestor anzuschließen, den beiden Genaros, die als einzige überlebt hätten. Falls die Schwesterchen mich getötet hätten, sollte sie allein sich den Genaros anschließen, weil die Schwesterchen sie dann nicht mehr gebraucht hätten. Falls ich den Angriff der Verbündeten nicht überlebt hätte, sie aber wohl, dann hätte sie diese Gegend verlassen und allein leben müssen. Mit einem Glitzern in den Augen sagte sie mir, sie sei sicher gewesen, daß keiner von uns überleben würde, und deshalb habe sie ihren Schwestern, dem Haus und den Bergen schon Lebewohl gesagt.
»Der Nagual sagte, falls wir beide, du und ich, den Angriff der Verbündeten überleben sollten«, fuhrt sie fort, »müsse ich alles für dich tun, denn das sei mein Weg als Kriegerin. Das war auch der Grund, warum ich eingriff, als Benigno gestern abend etwas mit dir machte: Er drückte mit den Augen gegen deine Brust. Das ist seine Kunst als Pirscher. Und gestern im Lauf des Tages *sahst* du Pablitos Hand; das war auch ein Teil dieser Kunst.«
»Was ist das für eine Kunst, Gorda?«
»Die Kunst des unsichtbar Pirschens. Dies war die Vorliebe des

Nagual, und die Genaros sind darin seine echten Kinder. Wir dagegen sind Träumer. Dein Doppelgänger *träumt.*«

Was sie mir da eröffnete, war mir ganz neu. Ich wollte, daß sie es mir weiter erläuterte. Ich machte eine Pause und überlas noch einmal meine Aufzeichnungen, um die richtige Frage zu formulieren. Ich sagte ihr, ich würde erstens gern erfahren, was sie über meinen Doppelgänger wisse, und dann wollte ich mehr über die Kunst des Pirschens wissen.

»Der Nagual sagte mir, ein Doppelgänger ist etwas, das sehr viel Kraft braucht, um hervorzukommen«, sagte sie. »Er meinte, du hättest vielleicht genug Energie, um ihn zweimal aus dir hervortreten zu lassen. Darum hat er Soledad und die Schwesterchen angewiesen, dich entweder zu töten oder dir zu helfen.«

La Gorda fuhr fort und sagte, ich hätte mehr Energie gehabt, als der Nagual vermutete, denn mein Doppelgänger sei dreimal hervorgekommen. Anscheinend war Rosas Angriff kein gedankenloses Tun gewesen; im Gegenteil, sie hatte ganz schlau kalkuliert, daß ich, wenn sie mich verletzte, hilflos gewesen wäre: die gleiche List hatte Doña Soledad mit ihrem Hund versucht. Als ich Rosa anbrüllte, gab ich ihr Gelegenheit, mich zu treffen, aber es gelang ihr nicht, mich zu verletzen. Statt dessen kam mein Doppelgänger hervor und verletzte sie. La Gorda sagte, Lidia habe ihr berichtet, daß Rosa nicht aufwachen wollte, als wir fluchtartig Doña Soledads Haus verlassen mußten, und darum hatte Lidia Rosas verletzte Hand gequetscht. Rosa empfand keinerlei Schmerz und wußte augenblicklich, daß ich sie geheilt hatte, was für sie aber bedeutete, daß ich meine Kraft verausgabt hatte. Die Schwesterchen, meinte la Gorda, hätten sehr schlau geplant, meine Kraft zu verausgaben. Zu diesem Zweck hatten sie verlangt, ich solle Soledad heilen. Sobald Rosa erkannte, daß ich auch sie geheilt hatte, glaubte sie, ich hätte mich heillos geschwächt. Jetzt brauchten sie nur noch auf Josefina zu warten, um mir den Rest zu geben.

»Die Schwesterchen wußten nicht, daß du, als du Rosa und Soledad heiltest, deine Kraft auch wiederherstelltest«, sagte la Gorda und lachte, als hätte sie einen guten Witz gemacht. »Deshalb hattest du genug Energie, um deinen Doppelgänger ein drittes Mal hervorzubringen, als die Schwesterchen versuchten, dir dein Leuchten zu rauben.«

Ich erzählte ihr von meiner Vision, in der ich Doña Soledad vor der Wand ihres Zimmers kauern sah; und wie diese Vision auch meinen Tastsinn einbezogen hatte, so daß ich schließlich jene klebrige Substanz an ihrer Stirn spüren konnte.

»Das war echtes *Sehen*«, sagte la Gorda. »Du *sahst* Soledad in ihrem Zimmer, obwohl sie mit mir in Genaros Haus war, und dann *sahst* du dein Nagual an ihrer Stirn.«

Jetzt sah ich mich genötigt, ihr mein ganzes Erlebnis in allen Einzelheiten zu berichten, besonders meine Erkenntnis, daß ich tatsächlich Doña Soledad und Rosa heilte, indem ich die klebrige Substanz, die ein Teil von mir war, berührte.

»Daß du dieses Zeug an Rosas Hand *sahst*, war ebenfalls echtes *Sehen*« sagte sie. »Und du hast völlig recht, diese Substanz, das warst du selbst. Sie kam aus deinem Körper, und sie war dein Nagual. Indem du sie berührtest, zogst du sie in dich zurück.«

Dann berichtete la Gorda in einem Ton, als eröffne sie mir ein Geheimnis, der Nagual habe ihr befohlen, mir nur ja nicht die Tatsache zu verraten, daß ich, wenn mein Nagual einen von ihnen berührte – da wir alle die gleiche Leuchtkraft hatten –, nicht geschwächt werden würde, wie es sonst der Fall wäre, wenn mein Nagual einen gewöhnlichen Menschen berührte.

»Wenn dein Nagual uns berührt«, sagte sie und gab mir einen leichten Schlag auf den Kopf, »bleibt dein Leuchten an der Oberfläche. Du kannst es wieder zurücknehmen, und nichts ist verloren.«

Ich sagte ihr, daß ihre Erklärung mir ganz unglaublich erschien. Sie zuckte die Schultern, als wollte sie sagen, daß dies nicht ihre Sache sei. Dann fragte ich sie, in welchem Sinn sie eigentlich das Wort ›Nagual‹ verwendete. Don Juan, so sagte ich, habe mir das Nagual immer als unbeschreibliches Prinzip, als die Ursache von allem erklärt.

»Sicher«, sagte sie lächelnd, »ich weiß, was er meinte. Das Nagual ist alles.«

Höhnisch hielt ich ihr vor, daß man ebenso gut das Gegenteil behaupten könne: das Tonal ist alles. Sie erklärte mir ausführlich, daß dies kein Widerspruch sei, daß meine Feststellung richtig sei, denn das Tonal sei ebenfalls alles. Das Tonal, das in allem enthalten ist, so sagte sie, könnten wir leicht mit unseren Sinnen wahrnehmen, während das Nagual, das in allem enthalten ist, sich nur dem Auge des Zauberers offenbare. Sie fügte hinzu, wir könnten auf die fremdartigsten Bilder des Tonal stoßen und darüber erschrecken, vor Ehrfurcht ergriffen oder gleichgültig sein, denn jeder von uns könne solche Bilder sehen. Das Bild des Nagual hingegen bedürfe der spezialisierten Sinne eines Zauberers, um überhaupt sichtbar zu werden. Und doch seien das Tonal wie das Nagual allezeit in allem gegenwärtig. Es sei daher richtig, wenn ein Zauberer den Anblick des Tonals, das in allem enthalten ist, als ›Schauen‹ bezeichnet, während er den Anblick des Nagual, das ebenfalls in allem enthalten ist, als ›Sehen‹ bezeichnet. Wenn also ein Krieger als gewöhnlicher Mensch die Welt betrachtet, dann schaut er; wenn er sie aber als Zauberer betrachtet, dann ›sieht‹ er. Und was er ›sieht‹, so sagte sie, müsse korrekterweise als das Nagual bezeichnet werden. Dann wiederholte sie mir die Begründung – die ich schon von Nestor erfahren hatte –, warum sie Don Juan den Nagual nannten, und bestätigte mir, daß ich wegen der Gestalt, die aus meinem Kopf gekommen war, ebenfals der Nagual sei.

Ich wollte wissen, warum sie die aus meinem Kopf gekommene Gestalt den Doppelgänger nannten. Sie sagte, sie hätten geglaubt, ich verstünde diese scherzhafte Anspielung: sie nannten diese Gestalt nämlich Doppelgänger, weil er doppelt so groß sei wie der Mensch, zu dem er gehörte.

»Nestor hat mir gesagt, es sei keineswegs gut, diese Gestalt zu haben.«

»Es ist weder gut noch schlecht«, sagte sie. »Du hast sie eben, und das macht dich zum Nagual. Das ist alles. Einer von uns acht mußte der Nagual sein, und jetzt bist du es. Ebenso gut hätte es Pablito oder ich oder sonst einer sein können.«

»Und jetzt sag mir doch, was ist die Kunst des Pirschens?« fragte ich.

»Der Nagual war ein Pirscher«, sagte sie und schaute mich aufmerksam an. »Das mußt du wissen. Er hat dich von Anfang an nichts andres gelehrt als das Pirschen.«

Mir kam der Gedanke, daß sie vielleicht das meinte, was Don Juan den ›Jäger‹ nannte. Gewiß, er hatte mich gelehrt, ein Jäger zu sein. Nun erzählte ich ihr, wic Don Juan mich gelehrt hatte, zu jagen und Fallen zu stellen. Wenn sie dies ›Pirschen‹ nannte, so schien mir dies den Sachverhalt korrekter zu treffen.

»Ein Jäger jagt nur«, sagte sie. »Ein Pirscher pirscht alles an, auch sich selbst.«

»Ein makelloser Pirscher kann alles zu seiner Beute machen. Der Nagual sagte mir, wir können sogar unsere eignen Schwächen anpirschen.«

Ich unterbrach mein Schreiben und versuchte mich zu besinnen, ob Don Juan mich jemals auf diese neue Möglichkeit aufmerksam gemacht hatte: meine Schwächen anzupirschen. Ich konnte mich nicht daran erinnern, daß er es je mit diesen Worten ausgedrückt hatte.

»Wie kann man seine Schwächen anpirschen, Gorda?«

»Genau wie man Beute anpirscht. Du beobachtest deine Routinegewohnheiten, bis du alles Tun deiner Schwächen kennst, und dann stürzt du dich auf sie und steckst sie wie Kaninchen in einen Käfig.«

Dasselbe hatte Don Juan mir über die Routinegewohnheiten gesagt, allerdings im Zusammenhang eines allgemeinen Prinzips, das der Jäger beachten müsse. La Gorda begriff und verwendete dieses Prinzip allerdings in praktischerem Sinn als ich.

Jede Gewohnheit sei, so hatte Don Juan gesagt, im wesentlichen ein ›Tun‹, und ein Tun bedürfe, um zu funktionieren, all seiner Bestandteile. Wenn Teile fehlten, dann löste das Tun sich auf. Unter Tun verstand er jede zusammenhängende und sinnvolle Folge von Handlungen. Mit anderen Worten, eine Gewohnheit bedurfte, um lebendige Aktivität zu sein, aller ihrer Handlungselemente.

Dann schilderte la Gorda, wie sie selbst ihre Schwäche des übermäßigen Essens angepirscht hatte. Der Nagual hatte ihr vorgeschlagen, zuerst den größten Teil ihrer Gewohnheit anzugreifen, der mit ihrer Arbeit als Wäscherin zusammenhing; wenn sie von Haus zu Haus ging und die Wäsche ablieferte, aß sie überall, wo man ihr etwas anbot. Sie hatte erwartet, daß der Nagual ihr einen Rat gäbe, was sie tun sollte, doch er lachte sie nur aus; denn er meinte, falls er ihr sagte, was sie tun sollte, würde sie sich auflehnen, nur um es nicht zu tun. So seien die Menschen eben, sagte er; sie lieben es, sich sagen zu lassen, was sie tun sollen – aber noch mehr lieben sie es, sich zu widersetzen und nicht zu tun, was man ihnen sagt, und so verstricken sie sich und hassen schließlich denjenigen, der ihnen überhaupt etwas rät.

Viele Jahre, so erzählte sie, fiel ihr nichts ein, was sie tun konnte, um ihre Schwäche anzupirschen. Eines Tages aber war sie es dermaßen leid, so fett zu sein, daß sie dreiundzwanzig Tage lang keine Nahrung zu sich nahm. Dies war der Anfang, und damit war ihre Fixierung gebrochen. Dann kam ihr die Idee, sich einen Schwamm in die Backe zu stecken, damit ihre Kunden glaubten, sie habe Zahnweh und könne nichts essen. Diese List klappte nicht nur bei ihren Kunden, die ihr nicht mehr zu essen gaben, sondern auch bei ihr selbst, denn wenn sie auf dem Schwamm herumkaute, hatte sie das Gefühl, als äße sie etwas.
La Gorda mußte lachen, als sie mir erzählte, wie sie jahrelang mit einem Schwamm im Mund herumgelaufen war, bis sie ihre Gewohnheit, übermäßig zu essen, gebrochen hatte.
»Und das war alles, was du tun mußtest, um deine Gewohnheit abzustellen?« fragte ich.
»Nein, ich mußte auch noch lernen, wie ein Krieger zu essen.«
»Und wie ißt ein Krieger?«
»Ein Krieger ißt schweigend und langsam und sehr wenig auf einmal. Ich pflegte beim Essen immer zu reden, und ich aß sehr schnell, und ich aß zu jeder Mahlzeit ungeheure Mengen. Der Nagual sagte mir, ein Krieger ißt jedesmal nur vier Bissen. Etwas später ißt er nochmal vier Bissen, und so weiter. Ein Krieger wandert auch jeden Tag viele Meilen. Meine Schwäche fürs Essen hinderte mich immer daran zu wandern. Ich überwand sie, indem ich jede Stunde vier Bissen aß und indem ich wanderte. Manchmal wanderte ich Tag und Nacht. Auf diese Weise verlor ich das Fett auf meinem Arsch.«
Lachend erinnerte sie sich an den Spitznamen, den Don Juan ihr gegeben hatte.
»Aber um unsere Schwächen loszuwerden, genügt es nicht, sie anzupirschen«, sagte sie. »Du kannst sie meinetwegen bis zum Jüngsten Tag anpirschen, und es macht nicht den geringsten Unterschied. Deshalb sagte der Nagual mir nicht, was ich tun sollte. Was ein Krieger wirklich braucht, um ein makelloser Pirscher zu sein, ist eine eigene Absicht.«
Dann berichtete la Gorda, wie sie, bevor sie dem Nagual begegnete, in den Tag hineingelebt hatte, ohne ein Ziel vor Augen. Sie hatte keine Hoffnung, keine Träume, kein Verlangen nach irgend etwas. Aber die Gelegenheit, etwas zu essen, war immer da; aus

einem ihr unerfindlichen Grund hatte sie jeden Tag ihres Lebens reichlich zu essen gehabt. Sogar so viel, daß sie schließlich 236 Pfund wog.

»Essen war das einzige, was mich im Leben freute«, sagte la Gorda. »Außerdem war ich in meinen Augen nicht fett. Ich glaubte sogar, daß ich recht hübsch sei und daß die Leute mich mochten, so wie ich war. Alle sagten, ich sähe gesund aus.

Da sagte der Nagual mir etwas Seltsames. Er sagte, ich hätte eine ungeheure Menge persönlicher Kraft, und deshalb sei es mir immer gelungen, von Freunden und Bekannten Nahrung zu bekommen, während meine Verwandten zu Hause hungerten.

Jeder hat genug persönliche Kraft für irgend etwas. Bei mir ging es um den Trick, meine persönliche Kraft vom Essen abzulenken und auf meine Absicht als Kriegerin zu richten.«

»Und was ist diese Absicht, la Gorda« fragte ich, halb im Scherz.

»In die andere Welt einzugehen«, erwiderte sie grinsend und tat so, als wolle sie mich mit den Fingerknöcheln auf den Kopf schlagen, wie Don Juan es immer getan hatte, wenn er meinte, daß ich mich gehenließ.

Es war nicht mehr hell genug um zu schreiben. Ich bat sie, eine Laterne zu holen, aber sie klagte, sie sei müde und müsse ein wenig schlafen, bevor die Schwesterchen einträfen.

Wir gingen ins vordere Zimmer. Sie gab mir eine Decke, hüllte sich selbst in eine und schlief sofort ein. Ich saß mit dem Rücken an die Wand gelehnt. Die aus Ziegeln gemauerte Fläche des Bettes war sogar noch mit vier Strohmatten hart. Ich fand es bequemer, mich hinzulegen. Kaum lag ich, da schlief ich ein.

Irgendwann wachte ich auf und verspürte unerträglichen Durst. Ich wollte in die Küche gehen und Wasser trinken, aber ich konnte mich in der Dunkelheit nicht zurechtfinden. Neben mir spürte ich die in ihre Decke gewickelte la Gorda. Ich rüttelte sie mehrmals und bat sie, mir zu helfen und mir etwas Wasser zu holen. Sie murmelte etwas Unverständliches. Anscheinend schlief sie so fest, daß sie nicht aufwachen wollte. Ich rüttelte sie wieder, und plötzlich erwachte sie; nur – es war nicht la Gorda. Der Mensch, den ich da wachgerüttelt hatte, brüllte mich mit männlich tiefer Stimme an, ich solle doch Ruhe geben. An la Gordas Stelle lag ein Mann! Augenblicklich befiel mich eine unbeherrschbare Angst. Ich sprang aus dem Bett und rannte zur

Haustür. Aber mein Orientierungssinn war ausgeschaltet, und ich landete in der Küche. Ich griff nach einer Laterne und entzündete sie so schnell ich konnte. In diesem Moment kam la Gorda von der Toilette hinterm Haus und fragte mich, ob etwas nicht in Ordnung sei. Nervös erzählte ich ihr, was geschehen war. Sie wirkte selbst ein wenig desorientiert. Der Mund stand ihr offen, und ihre Augen hatten ihren gewohnten Glanz verloren. Sie schüttelte heftig den Kopf, was sie offenbar wieder zur Besinnung brachte. Sie nahm die Laterne, und wir gingen ins vordere Zimmer.

Im Bett lag – niemand. La Gorda zündete noch drei Laternen an. Sie schien beunruhigt. Sie sagte, ich solle bleiben, wo ich war, dann öffnete sie die Tür zu ihrem Zimmer. Mir fiel auf, daß drinnen Licht brannte. Sie schloß die Tür und meinte beiläufig, ich solle mir keine Sorgen machen; es sei alles in Ordnung, und sie würde uns etwas zu essen machen.

Mit der Schnelligkeit und Gewandtheit einer professionellen Köchin bereitete sie uns eine Mahlzeit. Sie machte auch heiße Schokolade, die wir mit Maisflocken tranken. In tiefem Schweigen hockten wir einander gegenüber.

Die Nacht war kühl. Es sah nach Regen aus. Die drei Petroleumlampen, die sie zur Eßecke mitgenommen hatte, verbreiteten ein sehr tröstliches gelbes Licht. Jetzt nahm sie ein paar Bretter, die vor der Hauswand aufgestapelt lagen, und befestigte sie senkrecht in einer tiefen Fuge, die in den mittleren Dachbalken eingelassen war. Auch im Fußboden befand sich, parallel zum Dachbalken, ein langer Schlitz, der dazu diente, die Bretter zu halten. Das Ergebnis war eine Schiebewand, die die Eßecke abschloß.

»Wer war da im Bett?« fragte ich.

»Im Bett? Neben dir? Das war Josefina. Wer sonst?« Sie ließ die Worte auf der Zunge zergehen. Sie lachte. »In solchen Scherzen ist sie Meister. Einen Moment glaubte ich, es sei etwas andres, aber dann bemerkte ich den Geruch, den Josefinas Körper hat, wenn sie einen ihrer Streiche ausheckt.«

»Was bezweckte sie damit? Wollte sie mich zu Tode erschrecken?«

»Du bist nicht gerade ihr Liebling, weißt du?« erwiderte sie. »Die Schwesterchen haben es nicht gern, wenn sie in ihrem vertrauten Trott gestört werden. Sie sind wütend, weil Soledad sie verläßt.

Sie wollen einfach nicht begreifen, daß wir alle diese Gegend verlassen werden. Es sieht so aus, als ob unsre Zeit um wäre. Das habe ich heute erkannt. Als ich das Haus verließ, spürte ich, daß diese öden Hügel mich müde machen. Bis heute hatte ich das nie gespürt.«

»Wohin werdet ihr gehen?«

»Ich weiß noch nicht. Anscheinend hängt das von dir ab. Von deiner Kraft.«

»Von mir? Wieso denn, la Gorda?«

»Ich will es dir erklären. An dem Tag bevor du kamst, gingen die Schwesterchen und ich in die Stadt. Wir wollten dich in der Stadt treffen, denn ich hatte im *Träumen* eine seltsame Vision. In dieser Vision war ich mit dir zusammen in der Stadt. In meiner Vision sah ich dich so klar, wie ich dich jetzt sehe. Du wußtest nicht, wer ich bin, aber du sprachst mich an. Ich konnte nicht herausfinden was du sagtest. Dreimal kehrte ich in diese Vision zurück, aber ich war bei meinem *Träumen* nicht stark genug, um herauszufinden, was du zu mir sagtest. So vermutete ich, daß meine Vision mir sagen wollte, ich soll in die Stadt gehen und auf meine Kraft vertrauen, um dich dort zu finden. Ich war ganz sicher, daß du unterwegs warst.«

»Wußten die Schwesterchen, warum du sie in die Stadt mitnahmst?« fragte ich.

»Ich sagte ihnen nicht alles«, antwortete sie. »Ich nahm sie einfach mit. Wir liefen den ganzen Vormittag durch die Straßen.«

Ihr Bericht versetze mich in eine merkwürdige Gemütslage. Mein ganzer Körper wurde von nervösen Krämpfen geschüttelt. Ich mußte aufstehen und eine Weile rumlaufen. Dann setzte ich mich wieder und erzählte ihr, daß ich tatsächlich am gleichen Tag in der Stadt gewesen war und daß ich den ganzen Nachmittag auf dem Markt herumgeschlendert war und nach Don Juan Ausschau gehalten hatte. Sie starrte mich offenen Mundes an.

»Anscheinend haben wir einander verfehlt«, seufzte sie. »Wir waren auf dem Markt und im Park. Wir saßen fast den ganzen Nachmittag auf der Treppe vor der Kirche, um die Aufmerksamkeit der Leute nicht auf uns zu ziehen.«

Das Hotel, in dem ich abgestiegen war, lag unmittelbar neben der Kirche. Ich erinnerte mich, daß ich lange am Fenster gestanden und die Leute vor der Kirche beobachtet hatte. Irgend etwas zwang mich einfach hinzusehen. Ich hatte die absurde Vorstellung, Don Juan und Don Genaro könnten unter diesen Leuten sein, einfach wie Bettler herumsitzen, um mich zu überraschen.

»Wann seid ihr aus der Stadt fortgegangen?«

»Wir gingen gegen fünf Uhr und machten uns zum Platz des Nagual in den Bergen auf«, antwortete sie.

Und auch ich hatte die Gewißheit gehabt, daß Don Juan gegen Abend die Stadt verlassen hatte. Ganz klar erinnerte ich mich jetzt an alle Gefühle, die ich während der Zeit gehabt hatte, als ich nach Don Juan Ausschau hielt. Im Lichte dessen, was sie mir eben gesagt hatte, mußte ich meine Auffassung revidieren. Meine Gewißheit, Don Juan in den Straßen zu treffen, hatte ich mir nämlich einfacherweise als irrationale Erwartung erklärt – als Folge der Tatsache, daß ich ihn in der Vergangenheit immer dort angetroffen hatte. Nun aber war la Gorda tatsächlich in der Stadt gewesen und hatte nach mir gesucht, und sie war diejenige, die Don Juan im Temperament am nächsten stand. Die ganze Zeit hatte ich seine Anwesenheit gepürt. Nun hatte la Gordas Erzählung mir etwas bestätigt, was mein Körper ohne jeden Zweifel gewuß hatte.

Als ich ihr ausführlich meine Stimmung an jenem Tag schilderte, bemerkte ich an ihr ein nervöses Flattern.

»Was wäre geschehen, wenn ihr mich gefunden hättet?« fragte ich.

»Das hätte alles verändert«, antwortete sie. »Dich zu finden, hätte für mich bedeutet, daß ich genügend Kraft habe, um aufzubrechen. Deshalb nahm ich auch die Schwesterchen mit. Wir alle – du, ich, die Schwesterchen – wären an diesem Tag zusammen fortgegangen.«

»Wohin, Gorda?«

»Wer weiß? Hätte ich die Kraft gehabt, dich zu finden, dann hätte ich auch die Kraft gehabt, dies zu wissen. Jetzt bist du an der Reihe. Vielleicht hast du genug Kraft um zu wissen, wohin wir gehen sollen. Siehst du, was ich meine?«

Jetzt überfiel mich tiefste Traurigkeit. Schärfer denn je empfand ich die Hoffnungslosigkeit meiner menschlichen Vergänglichkeit und Zeitlichkeit. Don Juan hatte stets behauptet, die einzige Abwehr gegen unsre Verzweiflung sei das Wissen um unseren Tod – der Schlüssel zum Weltverständnis des Zauberers. Seine

Vorstellung war, daß das Wissen um unseren Tod das einzige ist, das uns die Kraft gibt, Härte und Schmerz unseres Lebens und unsere Angst vor dem Unbekannten zu ertragen. Was es mir aber nie hatte sagen können, war, wie ich dieses Wissen in den Vordergrund meines Bewußtseins heben könnte. Immer wenn ich ihn fragte, hatte er wiederholt, der einzig entscheidende Faktor sei mein Wille; mit anderen Worten, ich mußte mich aus eigenem entschließen, meine Handlungen durch dieses Wissen begleiten zu lassen. Und das hatte ich, wie ich meinte, getan. Aber angesichts von la Gordas Entschlossenheit, mich zu finden und mit mir fortzugehen, erkannte ich, daß ich, falls sie mich an jenem Tag in der Stadt getroffen hätte, nie mehr nach Hause zurückgekehrt wäre, nie mehr die Menschen gesehen hätte, die mir lieb waren. Darauf war ich nicht vorbereitet. Ich hatte mich zum Sterben gerüstet, nicht aber darauf, bei vollem Bewußtsein und ohne Bedauern oder Enttäuschung für den Rest meines Lebens zu verschwinden. Und alles, was mir teuer war, zurückzulassen.

Fast schämte ich mich, la Gorda zu sagen, daß ich nicht jener Krieger war – würdig über die Kraft zu gebieten, die man braucht, um einen solchen Schritt zu tun: für immer zu gehen, ohne zu wissen, wohin und was tun.

»Wir sind nur Menschen«, sagte sie. »Wer weiß, was uns erwartet oder welche Kraft wir womöglich haben.«

Ich sagte ihr, daß meine Trauer, wenn ich auf diese Weise gehen müßte, zu groß wäre. Die Veränderungen, denen die Zauberer sich unterziehen, waren für mich zu dramatisch und zu endgültig. Ich erzählte ihr, was Pablito mir von seiner unerträglichen Trauer um den Verlust seiner Mutter gesagt hatte.

»Die menschliche Form lebt von solchen Gefühlen«, sagte sie trocken. »Ich selbst hatte jahrelang Mitleid mit mir und meinen kleinen Kindern. Ich verstand nicht, wie der Nagual so grausam sein konnte, von mir zu fordern, was ich dann doch tat: meine Kinder zu verlassen, sie zu vernichten und zu vergessen.«

Sie sagte, sie habe Jahre gebraucht um zu verstehen, daß der Nagual ebenfalls hatte bereit sein müssen, die menschliche Form zu verlassen. Er war nicht grausam; er hatte einfach keine menschlichen Gefühle mehr. Für ihn war alles gleich. Er hatte sein Schicksal akzeptiert. Pablitos Problem, und übrigens auch meins, war, daß wir unser Schicksal nicht akzeptierten. Ein wenig

spöttisch meinte la Gorda, Pablito flenne zwar beim Andenken an seine Mutter, seine gute Manuelita – besonders aber wenn er sich allein sein Essen kochen müsse. Sie forderte mich auf, mich an Pablitos Mutter zu erinnern, wie sie wirklich war: eine dumme alte Frau, die nichts verstand, außer Pablito zu bedienen. Sie sagte, sie alle glaubten, er sei wohl deshalb ein Feigling geworden, weil er nicht fröhlich akzeptieren konnte, daß seine Magd Manuelita sich in die Hexe Soledad verwandelt hatte, die ihn einfach wie eine Laus zertreten konnte.
Mit einer dramatischen Gebärde stand la Gorda auf und beugte sich über den Tisch, bis ihre Stirn fast meine berührte.
»Der Nagual sagte, daß Pablito außerordentliches Glück gehabt hat«, sagte sie. »Mutter und Sohn kämpfen um das gleiche. Wäre er nicht der Feigling, der er ist, dann würde er sein Schicksal akzeptieren und Soledad als Krieger entgegentreten, ohne Furcht oder Haß. Am Ende würde der Bessere von beiden siegen und alles nehmen. Falls Soledad Siegerin bleibt, sollte Pablito glücklich sein Schicksal annehmen und ihr Gutes wünschen. Aber nur ein wirklicher Krieger kann diese Art Glück empfinden.«
»Was hält Doña Soledad von alledem?«
»Sie läßt sich nicht gehen und schwelgt nicht in ihren Gefühlen«, antwortete la Gorda und setzte sich wieder. »Sie akzeptiert ihr Schicksal bereitwilliger als wir alle. Bevor der Nagual ihr half, ging es ihr noch schlechter als mir. Ich war wenigstens jung. Sie war eine alte Kuh, fett und schlaff, und betete um ihren Tod. Jetzt aber wird der Tod um sie kämpfen müssen, wenn er sie holen will.«
Was mich bei Doña Soledads Verwandlung am meisten verblüffte, war der Zeitfaktor. Ich erzählte la Gorda, ich hätte Doña Soledad, soweit mir erinnerlich, erst vor zwei Jahren gesehen, und damals war sie die gleiche alte Frau, die ich immer gekannt hatte. Doch la Gorda sagte, der Nagual habe, als ich zum letztenmal in Doña Soledads Haus – und zwar in der Meinung, es sei noch immer Pablitos Haus – gewesen sei, sie alle angewiesen, so zu tun, als wäre alles noch beim alten. Doña Soledad begrüßte mich wie immer aus der Küche, und ich schaute sie nicht eigentlich an. Lidia, Rosa, Pablito und Nestor spielten perfekt ihre Rollen, um mich nichts von ihren wahren Aktivitäten ahnen zu lassen.
»Warum nahm der Nagual all diese Mühe auf sich, Gorda?«

»Er wollte dich vor etwas bewahren, aber mir ist noch nicht klar, wovor. Er hielt dich absichtlich von uns allen fern. Er und Genaro befahlen mir, mich nie blicken zu lassen, wenn du da warst.«
»Hatten sie dies auch Josefina befohlen?«
»Ja. Sie ist verrückt und kann nicht anders. Sie wollte dir ihre törichten Streiche spielen. Sie folgte dir überall, und du hast es nie gemerkt. Eines Abends, als der Nagual dich in die Berge mitgenommen, stieß sie dich beinah im Finstern in eine Schlucht. Der Nagual entdeckte sie noch rechtzeitig. Solche Sachen tut sie nicht aus Bosheit, sondern weil sie es genießt, so zu sein. Das ist ihre menschliche Form. So wird sie bleiben, bis sie diese verliert. Ich sagte dir ja schon, daß sie alle sechs ein bißchen daneben sind. Das mußt du wissen, um ihnen nicht ins Netz zu gehen. Falls du dich aber fangen läßt, sei ihnen nicht böse. Sie können nicht anders.«
Sie schwieg. Ich nahm an ihrem Körper ein fast unmerkliches Zucken war. Ihre Augen gingen auseinander und ihr Kinn fiel herab, als ob ihre Kiefermuskeln erschlafft wären. Ich beobachtete sie gespannt. Sie schüttelte ein paarmal den Kopf.
»Ich habe eben etwas *gesehen*«, sagte sie. »Du bist genau wie die Schwesterchen und die Genaros.«
Sie lachte leise. Ich sagte nichts. Ich wollte, daß sie sich unaufgefordert mir erkläre.
»Sie alle sind böse auf dich, weil ihnen noch nicht gedämmert ist, daß du kein bißchen anders bist als sie«, fuhr sie fort. »Sie sehen in dir den Nagual, und sie begreifen nicht, daß du dich auf deine Weise gehenläßt, wie sie auf ihre Weise.«
Pablito, sagte sie, flenne und jammere und spiele dauernd den Schwächling. Benigno spiele den Schüchternen, der nicht mal wagt, die Augen zu öffnen. Nestor spiele den Weisen, der alles weiß. Lidia spiele die harte Frau, die jeden mit einem Blick vernichten kann. Josefina sei die Verrückte, der man nicht trauen darf. Rosa sei das aufbrausende Mädchen, das die Mücken frißt, die sie stechen. Und ich sei der Trottel aus Los Angeles, der mit dem Notizblock rumläuft und lauter dumme Fragen stellt. Und wir alle liebten es, so zu sein, wie wir sind!
»Ich war einst eine fette stinkige Frau«, fuhr sie nach einer Pause fort. »Ich ließ mich gern wie ein Hund rumstoßen, solange ich nur nicht allein war. Das war meine Form.

Ich werde den andern erzählen müssen, was ich an dir gesehen habe, damit sie sich nicht durch dein Tun und Handeln beleidigt fühlen.«

Ich wußte nichts zu erwidern. Ich fühlte, daß sie unleugbar recht hatte. Was dabei für mich entscheidend war, war nicht die Richtigkeit ihrer Feststellungen, sondern die Tatsache, daß ich selbst Zeuge gewesen war, wie sie zu ihrer unabweisbaren Schlußfolgerung gelangt war.

»Wie hast du das alles gesehen?« fragte ich.

»Es kam mir einfach«, erwiderte sie.

»Wie kam es dir?«

»Ich spürte, wie das Gefühl des *Sehens* sich über meine Schädeldecke ausbreitete, und dann wußte ich, was ich dir eben gesagt habe.«

Ich ließ nicht locker und bat sie, mir dieses Gefühl des Sehens ausführlich zu beschreiben, das sie erwähnt hatte. Nach kurzem Zögern willigte sie ein und berichtete mir von dem gleichen Kitzelgefühl, das ich bei meinen Zusammenstößen mit Doña Soledad und den Schwesterchen so deutlich gespürt hatte. Diese Empfindung, so sagte la Gorda, setzte an ihrer Schädeldecke ein und liefe dann über Rücken und Hüften in ihren Unterleib. Sie spürte dies als verzehrendes Jucken in ihrem ganzen Körper, und dies Jucken verwandelte sich dann in das Wissen, daß ich mich wie alle andren an meine menschliche Form klammerte – nur daß die besondere Art, wie ich das tat, ihnen unbegreiflich war.

»Hast du eine Stimme gehört, die dir all das sagte?« fragte ich.

»Nein, ich *sah* einfach alles, was ich dir über dich gesagt habe«, antwortete sie.

Ich wollte sie fragen, ob sie in einer Vision gesehen habe, wie ich mich an etwas festklammerte, aber ich verzichtete auf die Frage. Ich wollte nicht meinem üblichen Verhalten frönen. Außerdem wußte ich auch so, was sie meinte, als sie sagte, sie habe ›gesehen‹. Das gleiche war mir widerfahren, als ich mit Rosa und Lidia zusammen war. Plötzlich ›wußte‹ ich, wo sie wohnten. Ich hatte keine Vision ihres Hauses gehabt. Ich spürte einfach, daß ich es wußte.

Ich fragte sie, ob sie ebenfalls das trockene Geräusch einer brechenden Holzröhre an der Halswurzel gespürt habe.

»Der Nagual hat uns alle gelehrt, wie man das Gefühl an der

Schädeldecke bekommt«, sagte sie. »Aber nicht alle von uns können dies; das Knacken in der Kehle ist noch schwieriger, und keiner von uns hat es je gespürt. Es ist seltsam, daß du es hast, wo du doch noch leer bist.«

»Wie wirkt dieses Geräusch? Und was ist es?«

»Das weißt du besser als ich. Was soll ich dir noch sagen?« antwortete sie mit rauher Stimme.

Sie merkte offenbar selbst, daß sie ungeduldig wurde. Sie lächelte verschämt und senkte den Kopf.

»Ich komme mir blöd vor, wenn ich dir Dinge erzähle, die du bereits weißt«, sagte sie. »Stellst du mir diese Fragen, um zu prüfen, ob ich wirklich meine Form verloren habe?«

Ich sagte ihr, ich sei verwirrt, denn ich hätte dieses Gefühl, ich wisse wohl, was das besagte Gefühl sei, und doch wisse ich nichts darüber, weil ich, um wirklich etwas zu wissen, darauf angewiesen sei, mein Wissen auch in Worten ausdrücken zu können. In diesem Fall wisse ich nicht mal, wo beginnen. So bleibe mir eben nichts andres übrig, als ihr Fragen zu stellen – in der Hoffnung, daß ihre Antworten mir helfen würden.

»Bei diesem Geräusch kann ich dir nicht helfen«, sagte sie.

Plötzlich spürte ich ein schreckliches Unbehagen. Ich sagte, daß ich so sehr an den Umgang mit Don Juan gewöhnt sei und daß ich ihn jetzt mehr denn je brauchte, um mir alles zu erklären.

»Du vermißt den Nagual?«

»Ja«, sagte ich. »Und erst jetzt, wo ich in seine Heimat zurückgekehrt bin, ist mir klargeworden, wie sehr ich ihn vermisse.«

»Du vermißt ihn, weil du noch immer an deiner menschlichen Form festhältst«, sagte sie und kicherte, als ob sie sich über meine Traurigkeit lustig machen wollte.

»Vermißt du ihn denn nicht, Gorda?«

»Nein, ich nicht. Ich bin er. All meine Leuchtkraft ist verändert. Wie könnte ich etwas vermissen, das ich selbst bin?«

»Ist deine Leuchtkraft jetzt anders?«

»Ein Mensch, oder überhaupt jedes lebende Geschöpf, hat ein blaßgelbes Leuchten. Tiere sind gelblicher, Menschen sind eher weiß. Ein Zauberer aber leuchtet bernsteinfarben, wie durchsichtiger Honig im Sonnenlicht. Manche Zauberinnen sind grünlich. Diese, so sagte der Nagual, sind die Stärksten und Schwierigsten.«

»Welche Farbe hast du?«
»Bernsteinfarben, genau wie du und die andren. So jedenfalls sagten Genaro und der Nagual. Ich selbst habe es nie *gesehen.* Aber ich habe alle anderen *gesehen.* Wir alle sind bernsteinfarben, und wir alle – du ausgenommen – haben die Form eines Grabsteins. Gewöhnliche Menschen sind wie Eier geformt. Deshalb nannte der Nagual sie leuchtende Eier. Die Zauberer verändern nicht nur die Farbe ihres Leuchtens, sondern auch ihre Form. Wir sind wie Grabsteine, nur eben an beiden Enden abgerundet.«
»Bin ich noch immer wie ein Ei geformt, Gorda?«
»Nein, du bist wie ein Grabstein geformt, nur daß du einen häßlichen dunklen Fleck in der Mitte hast. Solange du diesen Fleck hast, wird du nicht fliegen können, wie die Zauberer fliegen, wie ich letzte Nacht für dich geflogen bin. Es wird dir nicht mal gelingen, deine menschliche Form loszuwerden.«
Ich geriet in einen heftigen Widerstreit – weniger mit ihr als mit mir selbst. Ich ließ mich nicht davon abbringen, daß ihre Auffassung, wie man diese angebliche Vollständigkeit erreichen könne, einfach widersinnig war. Ich sagte ihr, sie könne mich unmöglich davon überzeugen, daß man sich von den eignen Kindern abwenden müsse, nur um das allerunbestimmteste Ziel zu verfolgen: nämlich in die Welt des Nagual einzugehen. Ich war so sehr davon überzeugt, recht zu haben, daß ich mich hinreißen ließ und sie mit harten Worten anschrie. Sie nahm mir meinen Wutausbruch keineswegs übel.
»Nicht jeder muß das tun«, sagte sie. »Nur Zauberer, die in die andere Welt eingehen wollen. Es gibt viele gute Zauberer, die *sehen* und doch unvollständig sind. Vollständig werden, das ist nur etwas für uns Tolteken.
Nimm zum Beispiel Soledad: sie ist die beste Hexe, die du finden kannst, und doch ist sie unvollständig. Sie hatte zwei Kinder; eines war ein Mädchen. Zum Glück für Soledad starb ihre Tochter. Der Nagual sagte, daß der Schneid des Geistes eines Menschen, der stirbt, zu den Gebern zurückkehrt, und das heißt, daß der Schneid wieder auf die Eltern übergeht. Wenn die Geber tot sind und der Betreffende Kinder hat, dann geht der Schneid auf dasjenige Kind über, das vollständig ist. Und falls alle Kinder vollständig sind, geht der Schneid an jenes, das die meiste Kraft

hat – nicht notwendig an das beste oder geschickteste. Als zum Beispiel Josefinas Mutter starb, ging ihr Schneid an die Verrückteste von allen, Josefina. Er hätte doch an ihren Bruder gehen können, der ein schwer arbeitender, verantwortungsbewußter Mann ist, aber Josefina hat mehr Kraft als ihr Bruder. Soledads Tochter starb, ohne Kinder zu hinterlassen, und so bekam Soledad einen Auftrieb, der ihr Loch zur Hälfte schloß. Ihre einzige Hoffnung, es vollständig zu schließen, ist Pablitos Tod. Und in gleicher Weise kann Pablito sich nur einen Auftrieb erhoffen, wenn Soledad stirbt.«
Ich ließ sie nicht im unklaren darüber, daß das, was sie da sagte, mir widerwärtig und schrecklich erschien. Sie pflichtete mir bei. Sie gab zu, daß auch sie einmal geglaubt hatte, diese Auffassung der Zauberer sei mit das Gemeinste, was man sich vorstellen könne. Sie sah mich mit leuchtenden Augen an. Ihr Grinsen hatte einen boshaften Zug.
»Der Nagual hat mir gesagt, daß du alles verstehst, aber nicht danach handeln willst«, sagte sie leise.
Ich fing wieder mit meinen Einwänden an. Was der Nagual über mich gesagt hatte, so erklärte ich ihr, habe nicht mit meiner Abneigung gegen die Auffassung zu tun, über die wir gesprochen hatten. Ich erklärte, daß ich Kinder liebte und daß ich die größte Achtung vor ihnen hätte und tiefes Mitleid mit ihrer Hilflosigkeit in dieser furchtbaren Welt um sie her empfände. Ich könne mir nicht vorstellen, einem Kind etwas zuleide zu tun – aus keinem erdenklichen Grund.
»Der Nagual hat das Gesetz nicht gemacht«, sagte sie. »Das Gesetz wurde irgendwo dort draußen gemacht, nicht von einem Menschen.«
Ich rechtfertigte mich und sagte, ich sei ja gar nicht böse auf sie oder den Nagual, sondern ich wolle die Frage ganz abstrakt erörtern, weil ich ihren Wert nicht einsehen könne.
»Der Wert liegt darin, daß wir all unsren Schneid, unsre Kraft, unsre Vollständigkeit brauchen, um in jene andere Welt einzugehen«, sagte sie. »Ich war einmal eine religiöse Frau. Ich könnte dir erzählen, was ich damals dauernd widerholte, ohne zu wissen was ich überhaupt meinte. Ich wollte, daß meine Seele ins Himmelreich käme. Das will ich noch immer, aber ich bin jetzt auf einem anderen Weg. Die Welt des Nagual ist das himmlische Reich.«

Diesem religiösen Vergleich mußte ich schon aus Prinzip widersprechen. Ich hatte mich bei Don Juan daran gewöhnt, nie länger auf dieses Thema einzugehen. Sie aber erklärte mir ganz ruhig, sie sähe keinen Unterschied zwischen unserem Lebensstil und dem von Nonnen und Priestern. Wahre Nonnen und Priester, so betonte sie, seien nicht nur vollständig, sondern schwächten sich auch nicht durch Geschlechtsverkehr.

»Das ist auch der Grund, sagte der Nagual, warum es nie gelingen wird, sie auszurotten, ganz gleich, wer es versuchen mag, sie auszurotten«, sagte sie. »Ihre Verfolger sind immer leer; sie haben nicht die Energie, die echte Nonnen und Priester haben. Ich liebte den Nagual dafür, daß er das sagte. Ich werde immer etwas für Nonnen und Priester übrig haben. Wir sind ähnlich. Wir haben die Welt aufgegeben, und doch leben wir mitten in ihr. Priester und Nonnen könnten großartige fliegende Zauberer sein, wenn jemand ihnen sagen würde, daß sie das können.«

In mir stieg die Erinnerung auf, wie mein Vater und mein Großvater die mexikanische Revolution bewundert hatten. Vor allem bewunderten sie den Versuch, den Klerus auszurotten. Mein Vater hatte diese Bewunderung von seinem Vater geerbt, und ich hatte sie von beiden übernommen. Das war so eine Art erbliches Band bei uns. Und diese erbliche Bindung war mit das erste, was Don Juan in meiner Persönlichkeit erschütterte. Einmal hatte ich Don Juan im Ton ureigenster Überzeugung etwas erzählt, was ich mein Lebenlang gehört hatte, nämlich daß der große Trick der Kirche darin bestünde, uns in Unwissenheit zu halten. Don Juan machte ein sehr ernstes Gesicht. Mir war, als hätten meine Worte ihn ins Innerste getroffen. Ich mußte unwillkürlich an die jahrhundertelange Ausbeutung und Unterdrükkung denken, die die Indianer hatten ertragen müssen.

»Diese Dreckschweine!« rief er. »Sie haben mich in Unwissenheit gehalten – und dich auch.«

Ich erfaßte sofort seine Ironie, und wir mußten beide lachen. Ich hatte diese Auffassung eigentlich nie überprüft. Ich glaubte nicht daran, aber ich wußte auch nichts Besseres, um sie zu ersetzen. Ich erzählte Don Juan von meinem Großvater und meinem Vater und von ihren Ansichten über Religion, die sie als Liberale vertraten.

»Es kommt gar nicht darauf an, was irgendwer sagt oder tut«,

meinte er. »Du mußt selbst ein makelloser Mensch sein. Der Kampf findet genau hier drin statt.«
Er klopfte mir sacht auf die Brust.
»Hätten dein Großvater und dein Vater versucht, makellose Krieger zu sein«, fuhr Don Juan fort, »dann hätten sie nicht die Zeit für so kleinliche Kämpfe gehabt. Wir brauchen all die Zeit und all die Energie, die wir haben, um die Dummheit in uns zu besiegen. Das ist das einzige, was zählt. Alles andre ist unwichtig. Nichts von alledem, was dein Großvater oder dein Vater über die Kirche sagten, trug zu ihrem Wohl bei. Wenn du dagegen ein makelloser Krieger bist, dann gibt dies dir Leben, Jugend und Kraft. Es ist also gut, wenn du dich weise entscheidest.«
Ich hatte mich für die Makellosigkeit und Einfachheit eines Kriegerlebens entschieden. Aber gerade wegen dieser Entscheidung, so meinte ich, mußte ich la Gordas Worte völlig ernst nehmen – und dies war für mich gefährlicher sogar als Don Genaros Taten, die mich einst im Innersten meiner Seele erschreckten. Aber so furchtbar seine Taten auch waren, sie waren doch in das kontinuierliche Ganze ihrer Lehren eingebettet. La Gordas Worte und Taten stellten für mich eine andere Art der Bedrohung dar; sie waren konkreter und wirklicher als jene.
La Gorda zitterte. Es war wie eine Wellenbewegung ihres Körpers, die sie veranlaßte, in Schultern und Armen alle Muskeln anzuspannen. In unglaublich starrer Haltung umklammerte sie die Tischkante. Dann entspannte sie sich, bis sie wieder sie selbst war.
Sie lächelte mir zu. Ihr Blick und ihr Lächeln verwirrten mich. In beiläufigem Ton meinte sie, sie habe eben mein Dilemma ›gesehen‹.
»Es ist zwecklos, wenn du die Augen schließt und vorgibst, daß du nichts tun willst und daß du nichts weißt«, sagte sie. »Das kannst du bei anderen Leuten machen, nicht aber bei mir. Ich weiß, warum der Nagual mir den Auftrag gab, dir all dies zu erzählen. Ich bin ein Niemand. Du bewunderst große Menschen. Der Nagual und Genaro waren die größten von allen.«
Sie hielt inne und sah mich prüfend an. Sie schien meine Reaktion auf ihre Worte abzuwarten.
»Du hast dich die ganze Zeit aufgelehnt gegen das, was Genaro und der Nagual dir sagten«, fuhr sie fort. »Das ist's, warum du

zurückgeblieben bist. Und du lehntest dich gegen sie auf, weil sie groß sind. So bist du eben. Aber gegen mich kannst du dich nicht auflehnen, weil du zu mir nicht aufblicken kannst. Ich bin dir gleichgestellt; ich bin in deinem Kreis. Du kämpfst gern gegen Leute, die besser sind als du. Meinen Standpunkt anzugreifen, ist keine Herausforderung für dich. So haben die beiden alten Teufel dich schließlich durch mich auf den Leim geführt. Armer kleiner Nagual, du hat das Spiel verloren.«

Sie rückte näher an mich heran und flüsterte mir ins Ohr, daß der Nagual ihr auch gesagt habe, sie solle niemals versuchen, mir mein Schreibzeug wegzunehmen, denn dies sei gefährlicher, als wenn man versuchte, einem hungrigen Hund einen Knochen aus dem Maul zu reißen.

Sie nahm mich in die Arme, legte ihren Kopf auf meine Schulter und lachte sanft und leise.

Ihr ›Sehen‹ hatte mich betäubt. Ich wußte, daß sie völlig recht hatte. Sie hatte mich vollkommen durchschaut. Eine ganze Weile wiegte sie mich in den Armen und schmiegte ihr Gesicht an mich. Irgendwie war ihre körperliche Nähe sehr tröstlich. In dieser Hinsicht war sie genau wie Don Juan. Sie strahlte Kraft und Überzeugung und Willen aus. Es war falsch, wenn ich meinte, ich könne nicht bewundernd zu ihr aufblicken.

»Wir wollen das alles vergessen«, sagte sie plötzlich. »Laß uns darüber reden, was wir heute abend zu tun haben.«

»Was haben wir denn heute abend zu tun, Gorda?«

»Wir haben unsre letzte Verabredung mit der Kraft.«

»Ist das wieder so ein furchtbarer Kampf mit irgend etwas?«

»Nein. Die Schwesterchen werden dir nur etwas zeigen, das deinen Besuch hier abschließen soll. Danach, sagte der Nagual, magst du gehen und nie wiederkehren, oder du kannst dich entscheiden, bei uns zu bleiben. Wie auch immer – was sie dir zeigen müssen, ist ihre Kunst. Die Kunst der Träumer.«

»Und was ist diese Kunst?«

»Genaro hat mir erzählt, daß er immer wieder versuchte, dir die Kunst der Träumer nahezubringen. Er zeigte dir seinen anderen Leib, seinen *Traum*leib; einmal bewirkte er sogar, daß du an zwei Orten gleichzeitig warst, aber deine Leere hindert dich, zu sehen was er dir zeigen wollte. Anscheinend fielen all seine Bemühungen durch das Loch in deinem Körper.

Jetzt aber scheint es so, als wäre es anders. Genaro hat die Schwesterchen zu den Träumern gemacht, die sie sind, und heute abend werden sie dir Genaros Kunst zeigen. In dieser Hinsicht sind die Schwesterchen echte Kinder von Genaro.«
Dies erinnerte mich daran, was Pablito vorhin gesagt hatte, nämlich daß wir Kinder der beiden seien und daß wir Tolteken seien. Ich fragte sie, was er wohl damit gemeint hatte.
»Der Nagual hat mir gesagt, daß die Zauberer in der Sprache seines Wohltäters Tolteken hießen«, antwortete sie.
»Und welche Sprache war das?«
»Das hat er mir nie gesagt. Aber er und Genaro unterhielten sich manchmal in einer Sprache, die keiner von uns verstand. Und dabei versteht jeder von uns vier Indianersprachen.«
»Hat Don Genaro auch gesagt, daß er ein Tolteke sei?«
»Sein Wohltäter war derselbe Mann, also sagte er auch dasselbe.«
Aus la Gordas Antworten konnte ich entnehmen, daß sie entweder nicht viel über das Thema wußte oder nicht mit mir darüber reden wollte. Ich trug ihr meine Gedanken vor. Sie räumte ein, daß sie dieser Frage nie viel Aufmerksamkeit geschenkt hatte und wunderte sich, wieso ich ihr soviel Wert beilegte. So hielt ich ihr eine kleine Vorlesung über die Ethnographie Zentralmexikos.
»Ein Zauberer ist ein Tolteke, wenn dieser Zauberer die Geheimnisse des Pirschens und *Träumens* empfangen hat«, sagte sie wie beiläufig. »Der Nagual und Genaro empfingen diese Geheimnisse von ihrem Wohltäter und bewahrten sie seither in ihrem Körper auf. Wir tun dasselbe, denn wir sind Tolteken wie der Nagual und Genaro.
Der Nagual hat dich wie mich gelehrt, leidenschaftslos zu sein. Ich bin leidenschaftsloser als du, weil ich formlos bin. Du hast noch deine Form und bist leer, darum tappst du in jede Falle. Aber noch heute wirst du wieder vollständig sein, und dann wirst du verstehen, daß der Nagual recht hatte. In der Welt der Menschen, so sagte er, geht es auf und ab. Und die Menschen gehen mit ihrer Welt auf und ab; doch wir als Zauberer haben keinen Grund, ihnen in ihrem Auf und Ab zu folgen.
Die Zauberer beherrschen die Kunst, abseits von allem und unbemerkt zu bleiben. Und mehr als alles andre beherrschen die Zauberer die Kunst, niemals ihre Kraft zu vergeuden. Dein Problem ist, so sagte der Nagual, daß du dich dauernd in Dumm-

heiten verzettelst, wie du's auch eben tust. Ich bin sicher, du wirst jeden von uns über die Tolteken ausfragen, aber du wirst keinen von uns nach unserer Aufmerksamkeit fragen.«
Ihr Lachen klang hell und ansteckend. Wieder mußte ich zugeben, daß sie recht hatte. Kleine Problemchen hatten mich immer fasziniert. Außerdem, sagte ich ihr, sei ich über ihre Verwendung des Wortes ›Aufmerksamkeit‹ erstaunt.
»Ich habe dir doch schon erzählt, was der Nagual mir über die Aufmerksamkeit gesagt hat«, sagte sie. »Mit unserer Aufmerksamkeit halten wir die Bilder der Welt fest. Die Ausbildung eines männlichen Zauberers ist sehr schwierig, weil seine Aufmerksamkeit immer geschlossen, immer auf etwas Bestimmtes gerichtet ist. Eine Frau dagegen ist offen, weil sie ihre Aufmerksamkeit meist auf nichts fixiert – besonders während ihrer Menstruation. Der Nagual hat mir gesagt und auch gezeigt, daß ich während dieser Zeit tatsächlich meine Aufmerksamkeit von den Bildern der Welt lösen kann. Wenn ich meine Aufmerksamkeit nicht auf die Welt richte, dann bricht die Welt zusammen.«
»Wie geschieht das, Gorda?«
»Das ist sehr einfach. Wenn eine Frau menstruiert, kann sie ihre Aufmerksamkeit nicht fixieren. Das ist der Spalt, von dem der Nagual mir erzählte; statt sich zu bemühen, die Bilder zu fixieren, sollte eine Frau sie loslassen, indem sie den Blick starr auf die fernen Berge richtet, indem sie auf eine Wasserfläche, etwa einen Fluß, oder zu den Wolken hinaufstarrt. Wenn du so mit offenen Augen starrst, wird es dir schwindlig und die Augen ermüden, aber wenn du sie halb geschlossen hälst und oft blinzelst und sie von Berg zu Berg oder von Wolke zu Wolke wandern läßt, kannst du stundenlang, falls nötig tagelang so schauen.
Der Nagual ließ uns vor der Tür sitzen und die Hügel auf der anderen Seite des Tales anstarren. Manchmal saßen wir tagelang da, bis der Spalt sich öffnete.«
Ich wollte noch mehr wissen, aber sie sprach nicht weiter und rückte geschwind ganz nah an mich heran. Sie bedeutete mit einem Handzeichen, ich solle horchen. Ich hörte ein schwaches Rascheln, und plötzlich trat Lidia in die Küche hinaus. Ich vermutete, daß sie in ihrem Zimmer geschlafen hatte und durch unsre Stimmen geweckt worden war.
Sie hatte die westliche Kleidung, die sie zuletzt getragen hatte,

abgelegt und ein langes Gewand angezogen, wie es die Indianerinnen in dieser Gegend trugen. Sie hatte einen Schal um die Schultern geschlungen und war barfuß. Ihr langes Kleid ließ sie keineswegs älter und fülliger erscheinen, vielmehr sah sie aus wie ein Kind in den Kleidern einer erwachsenen Frau.
Sie trat vor den Tisch und begrüßte la Gorda mit einem förmlichen »Guten Abend, Gorda«.
Dann wandte sie sich an mich und sagte: »Guten Abend, Nagual.«
Ihre Begrüßung war so unerwartet und ihr Tonfall war so ernst, daß ich beinah lachen mußte. Aber ich fing noch rechtzeitig la Gordas Warnung auf. Sie tat so, als ob sie sich am Kopf kratzte, und zwar mit der linken Hand, die zur Faust geschlossen war.
Ich antwortete Lidia genauso, wie la Gorda es getan hatte: »Guten Abend, Lidia.«
Sie setzte sich rechts von mir ans schmale Ende des Tisches. Ich wußte nicht recht, ob ich ein Gespräch beginnen sollte. Ich wollte gerade etwas sagen, als la Gorda mich mit dem Knie anstieß und mir mit einem unmerklichen Wink ihrer Augenbrauen bedeutete, ich solle lauschen. Wieder hörte ich das gedämpfte Rascheln eines über den Boden schleifenden langen Kleides. Josefina blieb einen Moment in der Tür stehen, bevor sie an den Tisch kam. Sie begrüßte Lidia, la Gorda und mich der Reihe nach. Bei ihr konnte ich keine ernste Miene bewahren. Sie trug ebenfalls ein langes Kleid, einen Schal und ging barfuß, aber bei ihr war das Kleid drei bis vier Nummern zu groß, und sie hatte es mit einem dicken Kissen ausgestopft. Ihr Aufzug war völlig widersinnig; ihr Gesicht war schmal und jung, aber ihr Körper wirkte grotesk aufgebläht. Sie zog eine Bank ans linke Ende des Tisches heran und setzte sich. Alle drei wirkten äußerst ernst. Sie saßen mit zusammengepreßten Knien und kerzengerade gestrecktem Rücken.
Und wieder hörte ich das Rascheln eines Kleides, und Rosa kam aus dem Haus. Sie war wie die beiden andren gekleidet und ebenfalls barfuß. Ihre Begrüßung war ebenso förmlich, und natürlich bezog sie auch Josefina ein. Alle antworteten ihr im gleichen förmlichen Ton. Sie setzte sich mir gegenüber an den Tisch. Alle verharrten wir eine ziemliche Weile in völligem Schweigen.
Plötzlich aber fing la Gorda an zu sprechen, und der Klang ihrer

Stimme ließ alle auffahren. Sie zeigte auf mich und sagte, der Nagual werde ihnen seinen Verbündeten zeigen und er werde einen besonderen Ruf ausstoßen, um sie ins Zimmer zu holen.
Ich versuchte einen Scherz anzubringen und meinte, der Nagual sei ja gar nicht da, darum könne er auch keine Verbündeten rufen. Ich glaubte, sie würden darüber lachen. La Gorda bedeckte ihr Gesicht, die Schwesterchen starrten mich an. La Gorda legte die Hand vor den Mund und flüsterte mir ins Ohr, es sei absolut notwendig, daß ich auf derlei dumme Scherze verzichtete. Dann blickte sie mir in die Augen und sagte, ich müsse die Verbündeten mit dem Ruf der Nachtfalter rufen.
Zögernd begann ich. Aber kaum hatte ich begonnen, da überwältigte mich die Stimmung des Augenblicks, und binnen Sekunden war ich mit höchster Konzentration dabei, dieses Geräusch hervorzubringen. Ich modulierte den Klang und kontrollierte die aus meinen Lungen strömende Luft, um das tuckernde Geräusch so lange wie möglich anzuhalten. Es klang sehr melodiös.
Ich holte tief Luft, um eine neue Serie von Rufen zu beginnen. Aber augenblicklich hielt ich inne. Irgend etwas beantwortete von draußen meinen Ruf. Das Tuckern kam von überall, sogar vom Dach. Die Schwesterchen standen auf und drängten sich wie verängstigte Kinder an la Gorda und mich.
»Bitte, Nagual, hol uns nichts ins Haus«, flehte Lidia mich an.
Sogar la Gorda schien sich ein wenig zu ängstigen. Mit einer sehr eindringlichen Geste gebot sie mir Einhalt. Ich hatte ohnehin nicht mehr die Absicht, das Geräusch hervorzubringen. Die Verbündeten aber – ob es formlose Kräfte oder Wesen waren, die um das Haus schlichen – waren auf mein Tuckern nicht angewiesen. Wieder verspürte ich, wie schon mal in der vorvorigen Nacht in Genaros Haus, einen unerträglichen Druck, eine Schwere, die gegen das ganze Haus drückte. Ich empfand sie als Jucken im Nabel, als eine Nervosität, die bald in schiere physische Pein umschlug.
Die drei Schwesterchen waren außer sich vor Angst, besonders Lidia und Josefina. Beide winselten wie getretene Hunde. Sie drängten an meine Seite und klammerten sich an mich. Rosa kroch unter den Tisch und legte ihren Kopf zwischen meine Knie. La Gorda stand hinter mir und versuchte ruhig zu bleiben. Nach einer Weile steigerten sich Hysterie und Angst der drei Mädchen

ins Ungeheure. La Gorda beugte sich vor und flüsterte mir zu, ich solle das entgegengesetzte Geräusch machen – jenes Geräusch, das die Wesen vertrieb. Ich war völlig ratlos. Ich kannte wirklich kein andres Geräusch. Dann aber spürte ich ein kurzes Jucken auf meiner Schädeldecke, ein Beben durchfuhr meinen Körper, und ich erinnerte mich wie aus dem Nichts an einen bestimmten Pfiff, den Don Juan manchmal in der Nacht ausgestoßen und auch mir beizubringen versucht hatte. Er hatte ihn als Mittel empfohlen, um beim Gehen in der Dunkelheit das Gleichgewicht zu wahren und nicht vom Weg abzukommen.

Ich fing an zu pfeifen und der Druck in meiner Nabelgegend ließ nach. La Gorda lächelte und seufzte erleichtert, und die Schwesterchen ließen von mir ab, kichernd, als ob alles nur ein Spaß gewesen wäre. Ich wollte mich schon irgendwelchen tiefsinnigen Spekulationen über den abrupten Wechsel von dem recht angenehmen Gedankenaustausch mit la Gorda zu dieser unheimlichen Situation hingeben. Eine Weile grübelte ich darüber nach, ob das ganze nicht vielleicht eine List der Frauen sei. Aber ich war zu schwach. Ich war nah vor einer Ohnmacht. Meine Ohren summten. Die Spannung in meinem Bauch war so stark, daß ich meinte, mich auf der Stelle übergeben zu müssen. Ich stützte meinen Kopf auf die Tischkante. Doch nach ein paar Minuten war ich entspannt genug, um wieder aufrecht zu sitzen. Die drei Mädchen hatten anscheinend vergessen, wie verängstigt sie eben noch gewesen waren. Ja, sie lachten und schubsten einander, während jede ihren Schal um ihre Hüften schlang. La Gorda wirkte weder nervös noch entspannt.

Rosa wurde irgendwann von den anderen beiden geschubst und fiel von der Bank, auf der wir alle drei gesessen hatten. Sie landete auf ihrem Gesäß. Ich glaubte, sie würde wütend werden, aber sie kicherte. Ratsuchend schaute ich la Gorda an. Sie saß mit steif durchgestrecktem Rücken da. Ihre Augen waren halb geschlossen und auf Rosa fixiert. Die Schwesterchen lachten laut, wie nervöse Schulmädchen. Lidia schubste Josefina, die über die Bank stolperte und neben Rosa stürzte. In dem Moment, als Josefina auf dem Boden landete, hörte das Gelächter auf. Rosa und Josefina schüttelten sich, wobei sie mit dem Gesäß merkwürdige Bewegungen ausführten; sie bewegten es hin und her, als wollten sie etwas auf dem Boden verreiben. Dann sprangen sie wie zwei lautlose Jaguare auf und packten Lidia an den Armen. Alle drei wirbelten ohne das leiseste Geräusch ein paarmal herum. Rosa und Josefina hoben Lidia an den Achseln hoch und trugen sie, auf Zehenspitzen schleichend, zwei oder dreimal um den Tisch. Dann klappten sie alle drei auf einmal zusammen, als ob ihre Kniegelenke gleichzeitig nachgegeben hätten. Ihre langen Kleider blähten sich und gaben ihnen das Aussehen von riesigen Kugeln.

Kaum waren sie am Boden, da wurden sie noch lautloser. Während sie umherrollten und krabbelten, war nichts andres zu hören als das unmerkliche Rascheln ihrer Kleider. Es war als ob ich einen dreidimensionalen Film mit abgeschaltetem Ton betrachtete.

La Gorda, die still neben mir gesessen und die Szene beobachtet hatte, stand plötzlich auf und hüpfte mit der Gewandtheit eines Akrobaten zur Tür nach dem Zimmer der Mädchen, die sich im Winkel der Eßecke befand. Bevor sie die Tür erreichte, stürzte sie auf ihre rechte Seite und Schulter, überschlug sich einmal, stand dann, getrieben vom Schwung ihres Überschlags, wieder auf und riß die Tür auf. All diese Bewegungen führte sie völlig lautlos aus.

Die drei Mädchen rollten und krabbelten wie riesige Käfer ins Zimmer. La Gorda winkte mich zu sich heran. Wir traten ins Zimmer und sie wies mich an, mich mit dem Rücken gegen den Türrahmen auf den Boden zu setzen. Sie setzte sich zu meiner Rechten, den Rücken ebenfalls gegen den Türpfosten gestützt. Sie hieß mich meine Finger verschränken und drückte meine Hände gegen meinen Nabel.

Anfangs war ich gezwungen, meine Aufmerksamkeit zwischen la Gorda, den Schwesterchen und dem Zimmer zu teilen. Doch als la Gorda mich in besagte Sitzhaltung gebracht hatte, fesselte das Zimmer meine ganze Aufmerksamkeit. Die drei Mädchen lagen in der Mitte eines großen, weiß getünchten, quadratischen Zimmers mit Ziegelfußboden. Es gab vier Gaslaternen, je eine an jeder Wand, die auf eingemauerten Simsen, etwa zwei Meter über dem Boden standen. Das Zimmer hatte keine Decke. Die Dachbalken waren geschwärzt, was den Eindruck eines gewaltigen, nach oben offenen Raumes bewirkte. Die zwei Türen befanden sich genau an gegenüberliegenden Ecken. Als ich die verschlossene Tür gegenüber betrachtete, stellte ich fest, daß die Wände des

Zimmers nach den Himmelsrichtungen ausgerichtet waren. Die Tür, wo ich mich befand, bildete die nordwestliche Ecke. Rosa, Lidia und Josefina rollten einige Male im Gegensinn des Uhrzeigers im Zimmer herum. Angestrengt lauschte ich auf das Rascheln ihrer Kleider, aber es herrschte völlige Stille. Ich hörte nur la Gordas Atem. Schließlich hielten die Schwesterchen inne und setzten sich mit dem Rücken zur Wand, jede unter eine der Laternen. Lidia saß an der östlichen Wand, Rosa an der nördlichen und Josefina an der westlichen.

La Gorda stand auf, zog die Tür hinter uns zu und sicherte sie mit einer Eisenstange. Sie hieß mich etwas zur Seite rücken, ohne daß ich meine Haltung veränderte, bis ich mit dem Rücken zur Tür saß. Dann rollte sie lautlos quer durchs Zimmer und setzte sich unter die Laterne an der südlichen Wand; ihr Platznehmen in dieser Haltung wirkte wie ein Stichwort.

Lidia stand auf und bewegte sich auf Zehenspitzen an den Wänden entlang durchs Zimmer. Sie ging nicht eigentlich, eher war es ein lautloses Gleiten. Als sie ihr Tempo beschleunigte, begann sie sich wie ein Schlittschuhläufer zu bewegen, wobei sie genau auf die Kante zwischen Fußboden und Wänden trat. Sie sprang über Rosa, Josefina, la Gorda und mich hinweg, so oft sie an uns vorbei kam. Ich spürte jedesmal, wie ihr langes Kleid mich streifte. Je schneller sie lief, desto höher stieg sie an der Wand. Und dann kam der Augenblick, wo Lidia tatsächlich etwa zwei Meter über dem Boden lautlos an den vier Wänden des Zimmers entlang lief. Ihr Anblick, wie sie waagerecht über die Wände huschte, war so unheimlich, daß es ans Groteske grenzte. Ihr langes Gewand machte den Anblick noch beklemmender. Die Schwerkraft schien Lidia nichts anzuhaben, wohl aber ihrem langen Rock; er hing nach unten. Jedesmal wenn sie über meinen Kopf hinweg huschte, streifte er wie eine Schleppe über mein Gesicht.

Sie hatte meine Aufmerksamkeit auf einer mir unbegreiflichen Ebene gefangen. Die Anstrengung, ihr meine ungeteilte Aufmerksamkeit zu widmen, war so groß, daß ich Magenkrämpfe bekam; ich empfand ihr Laufen in meinem Bauch nach. Meine Augen gingen auseinander. Mit dem letzten Rest meiner Konzentration sah ich, wie Lidia an der westlichen Wand diagonal hinabstieg und in der Mitte des Zimmers stehenblieb.

Sie keuchte atemlos und war in Schweiß gebadet, wie la Gorda nach ihrer Flugdarbietung. Sie konnte sich kaum im Gleichgewicht halten. Nach einer Weile ging sie an ihren Platz an der östlichen Wand zurück und fiel wie ein nasser Lappen zu Boden. Ich meinte schon, sie sei in Ohnmacht gefallen, aber dann bemerkte ich, daß sie absichtlich durch den Mund atmete.

Nach einigen Minuten lautloser Stille – jedenfalls lang genug, daß Lidia wieder zu Kräften kam und sich aufrecht setzte – stand Rosa auf und lief geräuschlos zur Mitte des Zimmers, machte auf dem Absatz kehrt und rannte zurück zur Stelle, wo sie gesessen war. Mit diesem Anlauf gewann sie den nötigen Schwung, um einen unglaublichen Sprung zu tun. Wie ein Basketballspieler sprang sie vor der Wand senkrecht in die Luft, und ihre Hände griffen über die Höhe der Wand hinaus, die etwa 2½ Meter betrug. Ich sah genau, wie ihr Körper gegen die Wand prallte, obwohl da kein entsprechendes Geräusch war. Ich erwartete, sie würde mit der Wucht des Aufpralls zurückstürzen, aber sie blieb dort hängen wie ein an der Wand befestigtes Pendel. Aus meinem Blickwinkel sah es so aus, als umklammerte sie mit der linken Hand so etwas wie einen Haken. Einen Moment schaukelte sie wie ein lautloses Pendel hin und her, dann katapultierte sie sich etwa einen Meter nach links, indem sie sich in dem Augenblick, als ihre Pendelbewegung am weitesten ausschlug, mit dem rechten Arm von der Wand abstieß. Dieses Hin- und Herschaukeln und Abstoßen wiederholte sie dreißig bis vierzigmal. Sie umkreiste das ganze Zimmer und bewegte sich dann an den Dachbalken weiter, wo sie in gefährlicher Höhe wie an einem unsichtbaren Haken hängend durch die Luft schaukelte.

Als sie oben an den Dachbalken war, wurde mir bewußt, daß das, was ich für einen Haken in ihrer linken Hand gehalten hatte, eigentlich irgendeine unbenennbare Eigenheit dieser Hand war, die es ihr ermöglichte, ihr Gewicht daran zu hängen. Es war die gleiche Hand, mit der sie mich am vorletzten Abend attackiert hatte.

Ihre Vorstellung endete damit, daß sie genau in der Mitte des Zimmers von einem Balken herabbaumelte. Plötzlich ließ sie los. Sie fiel aus einer Höhe von etwa fünf Metern herab. Ihr langes Kleid blähte sich und schwebte um ihren Kopf. Einen Augenblick bevor sie geräuschlos landete, sah sie aus wie ein von der Kraft des Windes umgestülpter Regenschirm; ihr magerer nackter Körper sah aus wie ein an der dunklen Masse des Kleides befestigter Stab. Ich spürte die Wucht ihres Sturzes im eignen Leib – vielleicht mehr noch als sie. Sie landete in hockender Stellung und verharrte reglos, nach Atem ringend. Ich wälzte mich mit peinigenden Magenkrämpfen am Boden.

La Gorda rollte durchs Zimmer, nahm ihren Schal ab und wickelte ihn wie eine Bandage um meine Nabelgegend, wobei sie ihn ein paarmal um meinen Leib schlang. Wie ein Schatten rollte sie zur südlichen Wand zurück.

Während la Gorda mir den Schal um die Hüften schlang, hatte ich Rosa aus den Augen verloren. Als ich jetzt aufblickte, saß sie wieder vor der nördlichen Wand. Gleich darauf bewegte Josefina sich leise in die Mitte des Zimmers. Mit lautlosen Schritten ging sie zwischen der Stelle, wo Lidia saß, und ihrem eigenen Platz an der westlichen Wand hin und her. Dabei wandte sie mir die ganze Zeit ihr Gesicht zu. Plötzlich, als sie sich eben wieder ihrem Platz näherte, hob sie den rechten Arm und hielt ihn sich vor die Augen, als wollte sie meinen Blick abwehren. Einen Moment lang war die Hälfte ihres Gesichts hinter ihrem Unterarm verborgen. Sie senkte und hob ihn wieder, und diesmal verbarg sie ihr ganzes Gesicht. Diese Bewegung, das Senken und Heben des Unterarms, wiederholte sie zahllose Male, während sie geräuschlos von einer Seite des Zimmers zur anderen schritt. Jedesmal, wenn sie den Unterarm hob, blieb ein größerer Teil ihres Körpers meinem Blick verborgen. Dann kam irgendwann der Moment, wo ihr ganzer Körper, eingehüllt in ausgestopfte Gewänder, hinter ihrem mageren Arm versteckt war.

Es war, als ob sie, indem sie meinen Körper – ich saß etwa vier Meter von ihr entfernt – vor ihrem Blick verdeckte, was mit der Breite ihres Armes ohne weiteres möglich war, zugleich auch ihren Körper vor meinem Blick abschirmte – was eben mit der Breite ihres Armes unmöglich war.

Sobald sie ihren ganzen Körper verborgen hatte, konnte ich nur noch den Umriß eines in der Luft schwebenden Unterarmes ausmachen, der von einer Seite des Zimmers zur anderen schwebte; und irgendwann konnte ich auch den Arm kaum noch erkennen.

Ich spürte einen inneren Aufruhr, einen unerträglichen Ekel. Der hüpfende Unterarm erschöpfte meine Energie. Ich verlor das

Gleichgewicht und glitt zur Seite. Ich sah, wie der Arm zu Boden fiel. Dann lag Josefina auf der Erde, bedeckt mit Stoffbahnen, die aussahen, als sei ihr aufbebauschtes Gewand geplatzt. Sie lag mit ausgebreiteten Armen auf dem Rücken.
Ich brauchte lange, bis ich mein körperliches Gleichgewicht wiederfand. Meine Kleider waren schweißnaß. Ich war nicht der einzige, den es so mitgenommen hatte. Auch die anderen waren erschöpft und schweißgebadet. La Gorda wirkte noch am ausgeglichensten, aber ihre Selbstbeherrschung schien jeden Moment zusammenzubrechen. Ich hörte sie alle, auch la Gorda, schwer durch den Mund atmen.
Als ich mich wieder ganz in Kontrolle hatte, saßen sie alle an ihren Plätzen. Die Schwesterchen schauten mich starr an. Aus dem Augenwinkel entdeckte ich, daß la Gordas Augen halb geschlossen waren. Plötzlich rollte sie geräuschlos zu mir und flüsterte mir ins Ohr, ich solle mit meinem Nachtfalterruf beginnen und ihn halten, bis die Verbündeten ins Haus gestürmt kämen, bereit uns zu packen.
Ich zögerte. Sie flüsterte mir zu, es sei unmöglich, jetzt noch die Richtung zu ändern, und wir müßten zu Ende führen, was wir begonnen hatten. Nachdem sie ihren Schal von meiner Hüfte losgeknüpft hatte, rollte sie an ihren Platz zurück und setzte sich.
Ich legte die linke Hand an die Lippen und versuchte das tuckernde Geräusch zu machen. Anfangs fiel es mir sehr schwer. Meine Lippen waren trocken und meine Hände waren schweißnaß, aber nach anfänglicher Ungeschicklichkeit überkam mich ein kraftvolles Gefühl der Ruhe. Ich brachte das makelloseste Tuckern hervor, das mir je gelungen war. Es erinnerte mich an das Pochen, das ich immer als Antwort auf meinen Ruf gehört hatte. Als ich aufhörte, um Atem zu schöpfen, vernahm ich, daß das Tuckern aus allen Richtungen beantwortet wurde.
La Gorda bedeutete mir weiterzumachen. Ich stieß noch drei Folgen dieser Geräusche aus. Die letzte war geradezu hypnotisch. Ich brauchte nicht einmal Luft zu holen und sie in kurzen Schüben auszustoßen, wie ich es bisher gemacht hatte. Diesmal kam das Tuckern frei aus meinem Mund. Ich brauchte dazu nicht einmal die Handkante zu benutzen.
Plötzlich rannte la Gorda auf mich zu, riß mich an den Achseln in die Höhe und schob mich in die Mitte des Zimmers. Ihre Aktion

unterbrach meine totale Konzentration. Ich stellte fest, daß Lidia mich am rechten Arm und Josefina am linken festhielten, während Rosa mit dem Rücken zu mir stand und mit rückwärts gereckten Armen meine Taille umfaßte. La Gorda stand hinter mir. Sie befahl mir, die Arme auf den Rücken zu legen und ihren Schal zu ergreifen, den sie sich wie einen Zügel um Hals und Schultern gelegt hatte.

In diesem Moment bemerkte ich, daß außer uns noch etwas im Zimmer war, aber ich konnte nicht feststellen, was es war. Die Schwesterchen zitterten. Ich wußte, daß sie etwas ahnten, was ich nicht zu erkennen vermochte. Ich wußte auch, daß la Gorda sich anschickte zu wiederholen, was sie in Genaros Haus getan hatte. Auf einmal spürte ich, wie ein Windstoß uns fortriß. Ich klammerte mich mit aller Kraft an la Gordas Schal, während die Schwesterchen sich an mir festhielten. Ich spürte, daß wir wie ein riesiges, gewichtloses Blatt umherwirbelten, taumelten und schwankten.

Ich öffnete die Augen und sah, daß wir wie ein festes Bündel zusammenhingen. Wir standen aufrecht oder lagen waagerecht in der Luft. Ich konnte es nicht genau feststellen, weil meine Wahrnehmung keinen Bezugspunkt hatte. Dann – ebenso plötzlich wie wir hochgehoben worden waren – wurden wir fallengelassen. Ich spürte unseren Sturz im Bauch. Ich brüllte vor Schmerz und meine Schreie mischten sich mit denen der Schwesterchen. Meine Kniekehlen schmerzten. Ich spürte einen unerträglichen Schlag gegen meine Beine; ich glaubte, sie müßten gebrochen sein.

Mein nächster Eindruck war, daß mir etwas in die Nase fuhr. Es war stockdunkel und ich lag auf dem Rücken. Ich setzte mich auf. Da erkannte ich, daß la Gorda mit einem Zweig meine Nasenflügel kitzelte.

Ich fühlte mich keineswegs erschöpft, nicht einmal leicht ermüdet. Ich sprang auf die Füße, und erst jetzt wurde mir schlagartig klar, daß wir uns nicht mehr im Haus befanden. Wir waren auf einem Hügel, einer felsigen öden Bergkuppe. Ich tat einen Schritt und stürzte fast. Ich war über einen Körper gestolpert. Es war Josefina. Sie fühlte sich unglaublich heiß an. Offenbar fieberte sie. Ich versuchte sie aufrecht zu setzen, aber ihr Körper war ganz schlaff. Rosa lag neben ihr. Ihr Körper dagegen war eiskalt.

Ich legte die beiden aufeinander und wiegte sie hin und her. Diese Bewegung brachte sie wieder zur Besinnung.

La Gorda hatte mittlerweile Lidia gefunden und stützte sie beim Gehen. Nach einer Weile standen wir alle aufrecht. Wir befanden uns etwa eine halbe Meile östlich vom Haus.

Vor Jahren einmal hatte Don Juan mir eine ähnliche Erfahrung vermittelt, damals aber mit Hilfe einer psychotropen Pflanze. Er ließ mich scheinbar durch die Luft fliegen und ich landete in einiger Entfernung von seinem Haus. Damals hatte ich versucht, mir den Vorgang rational zu erklären, aber für rationale Erklärungen gab es keinen Anhaltspunkt, und wenn ich nicht akzeptieren wollte, daß ich geflogen war, blieben mir nur zwei Möglichkeiten offen: ich konnte mir den ganzen Vorgang erklären, indem ich mir einredete, daß Don Juan mich, während ich unter dem Einfluß der psychotropen Alkaloide dieser Pflanze bewußtlos war, zu diesem entfernten Ort transportiert hatte; oder indem ich mir sagte, daß ich unter dem Einfluß der Alkaloide geglaubt hatte, daß Don Juan mir zu glauben befahl – nämlich daß ich durch die Luft flog.

Diesmal aber blieb mir nichts andres übrig – ich mußte mich wohl oder übel bereitfinden zu akzeptieren, daß ich geflogen war. Ich wollte mich meinen Zweifeln überlassen und erwog die Möglichkeit, daß die vier Frauen mich zu diesem Berg geschleppt hatten. Ich mußte laut lachen – unfähig, ein unbegreifliches Entzücken zu beherrschen. Es war ein Rückfall in meine alte Krankheit. Meine Vernunft, die zeitweilig blockiert gewesen war, übernahm wieder die Herrschaft. Ich wollte sie verteidigen – oder vielleicht sollte ich zutreffender sagen: angesichts der unglaublichen Taten, die ich seit meiner Ankunft erlebt und selbst vollbracht hatte, verteidigte meine Vernunft sich selbst, und zwar unabhängig von dem komplexeren Ganzen, das offenbar ein mir unbekanntes ›Ich‹ war. Ich erlebte – beinah in der Art eines interessierten Beobachters – wie meine Vernunft sich abmühte, geeignete Begründungen zu finden, während ein anderer und viel größerer Teil meiner selbst sich nicht im mindesten darum kümmerte, irgendwelche Erklärungen zu suchen.

La Gorda stellte die drei Mädchen in einer Reihe auf. Dann zog sie mich an ihre Seite. Sie alle verschränkten die Arme hinter dem Rücken. La Gorda befahl mir, das gleiche zu tun. Sie zog meine

Arme nach hinten, soweit es ging, dann hieß sie mich, sie anzuwinkeln und meine Unterarme, nahe am Ellbogen, möglichst fest zu umklammern. Dies erzeugte eine starke Muskelspannung in meinen Schultergelenken. Sie beugte meinen Rumpf nach vorn, bis ich beinah vornüber stürzte. Dann stieß sie einen bestimmten Vogelruf aus. Es war ein Signal. Lidia fing an zu gehen. In der Dunkelheit erinnerten ihre Bewegungen an einen Schlittschuhläufer. Sie ging rasch und lautlos, und nach einer Weile verschwand sie aus meinem Blickfeld.

Dann stieß la Gorda nacheinander zwei weitere Vogelrufe aus, und Rosa und Josefina gingen los, genau wie vorhin Lidia.

La Gorda empfahl mir, mich eng an sie zu halten. Sie stieß noch einen Vogelruf aus, und wir beide gingen los. Ich war überrascht, mit welcher Leichtigkeit ich gehen konnte. Mein ganzes Gleichgewichtsgefühl konzentrierte sich in meinen Beinen. Die Tatsache, daß ich die Arme hinter dem Rücken verschränkt hatte, behinderte mich gar nicht, sondern half mir, ein merkwürdiges Gleichgewicht zu wahren. Vor allem aber überraschte mich die Lautlosigkeit meiner Schritte.

Als wir die Straße erreichten, fielen wir in eine normale Gangart. Wir begegneten zwei Männern, die uns entgegen kamen. La Gorda grüßte sie, und sie grüßten wieder. Als wir beim Haus anlangten, fanden wir die Schwesterchen vor, die an der Tür standen und nicht einzutreten wagten. La Gorda sagte ihnen, daß ich, auch wenn ich die Verbündeten nicht kontrollieren könne, sie doch rufen und wieder wegschicken könne und daß die Verbündeten uns nicht mehr peinigen würden. Die Mädchen glaubten ihr – was ich in diesem Fall nicht recht konnte.

Wir gingen ins Haus. Ganz ruhig und sachlich zogen sie alle sich aus, übergossen sich mit kaltem Wasser und legten frische Kleider an. Ich machte es ebenso. Ich zog meine alten Sachen an, die ich in Don Juans Haus verwahrt hatte und die la Gorda mir in einer Schachtel brachte.

Wir alle waren bester Laune. Ich bat la Gorda, mir zu erklären, was wir eigentlich gemacht hatten.

»Darüber werden wir später sprechen«, sagte sie in bestimmtem Ton.

Da fiel mir ein, daß die Päckchen, die ich ihnen mitgebracht hatte, noch immer im Auto waren. Während la Gorda ein Essen kochte, so dachte ich mir, wäre doch eine gute Gelegenheit, sie zu verteilen. Ich ging hinaus, holte sie aus dem Wagen und brachte sie ins Haus. Ich stellte sie auf den Tisch. Lidia fragte mich, ob ich schon die Geschenke für jedes der Mädchen bestimmt hätte, wie sie mir geraten hatte. Ich sagte, mir wäre es lieber, wenn jede sich nähme, was ihr gefiel. Sie weigerten sich. Enttäuscht meinten sie, für Pablito und Nestor hätte ich doch gewiß etwas Besonderes mitgebracht, ihnen aber nur einen Haufen billigen Schmuck, den ich nur auf den Tisch werfen und zuschauen würde, wie sie sich darum rauften.

»Außerdem hast du für Benigno nichts mitgebracht«, sagte Lidia, die neben mich kam und mich mit gespieltem Ernst anblickte. »Du darfst die Gefühle der Genaros nicht verletzen, indem du drei Männern zwei Geschenke machst.«

Alle lachten. Ich wurde verlegen. Sie hatte völlig recht mit allem, was sie sagte.

»Du bist achtlos, und deshalb habe ich dich nie gemocht«, sagte Lidia, und ihr Lächeln wich einer finsteren Miene. »Du hast mich nie mit Zuneigung oder Respekt begrüßt. Immer wenn wir uns sahen, hast du nur so getan, als freutest du dich, mich zu sehen.« Sie imitierte meine offenkundig gespielt überschwengliche Art der Begrüßung – wie ich sie in der Vergangenheit wohl unzählige Male begrüßt hatte.

»Warum hast du mich nie gefragt, was ich hier tue?« fragte mich Lidia.

Ich unterbrach mein Schreiben, um mir ihren Vorwurf zu überlegen. Mir war nie in den Sinn gekommen, sie irgend etwas zu fragen. Ich sagte ihr, ich wisse keine Entschuldigung. La Gorda mischte sich ein und meinte, ich hätte wohl deshalb mit Rosa und Lidia nie mehr als ein paar Worte gewechselt, weil ich gewöhnt sei, nur mit Frauen zu sprechen, in die ich auf die eine oder andre Art verliebt sei. Außerdem, sagte la Gorda, habe der Nagual ihnen eingeschärft, nur dann meine Fragen zu beantworten, wenn ich sie direkt nach etwas fragte; solange ich nicht fragte, sollten sie von sich aus nichts sagen.

Rosa sagte, sie mochte mich nicht, weil ich dauernd lachte und mich anstrengte, lustig zu sein. Und Josefina fügte hinzu, sie habe mich zwar noch nie gesehen, aber ich sei ihr trotzdem zuwider – nur so, zum Spaß, was soll's.

»Du sollst wissen, daß ich dich nicht als Nagual akzeptiere«, sagte Lidia zu mir. »Du bist zu dumm. Du weißt nichts. Ich weiß mehr als du. Wie kann ich dich respektieren?«
Ihretwegen, so fügte Lidia hinzu, könne ich zurückfahren, wo ich hergekommen sei – oder mich in einen See stürzen.
Rosa und Josefina sagten kein Wort. Nach ihren ernsten, bösen Mienen zu urteilen schienen sie aber Lidia beizupflichten.
»Wie kann dieser Mann uns führen?« fragte Lidia la Gorda. »Er ist kein echter Nagual. Er ist nur ein Mann. Er wird uns zu Idioten machen, wie er selbst einer ist.«
Während sie sprach, beobachtete ich, wie die bitteren Gesichter von Rosa und Josefina sich noch verhärteten.
La Gorda mischte sich ein und erklärte ihnen, was sie zuvor an mir ›gesehen‹ hatte. Nachdem sie mir bereits empfohlen habe, so fügte sie hinzu, mich nicht in den Netzen der Schwesterchen zu verfangen, wolle sie ihnen das gleiche empfehlen, nämlich sich nicht in den meinen zu verheddern.
Nachdem Lidia eben noch ihre aufrichtige und so begründete Abneigung ausgesprochen hatte, war ich verblüfft zu sehen, wie rasch und leicht sie la Gordas Ermahnungen beipflichtete. Sie lächelte mir zu. Sie kam sogar neben mich.
»Du bist wirklich wie wir, eh?« fragte sie irritiert.
Ich wußte nicht, was ich sagen sollte. Ich fürchtete, alles zu verpatzen.
Lidia war offensichtlich die Anführerin der Schwesterchen. In dem Augenblck, als sie mich anlächelte, schienen die anderen beiden von ihrer guten Stimmung angesteckt zu werden. La Gorda sagte ihnen, sie sollten sich über meine Schreiberei und meine Fragen nicht aufregen; ich würde dafür auch nicht beanstanden, wenn sie ihrer Vorliebe frönten, nämlich sich auf ihre Weise gehen zu lassen.
Die drei setzten sich neben mich. La Gorda trat an den Tisch, nahm die Päckchen und trug sie zu meinem Auto hinaus. Ich bat Lidia, mir meine früheren unverzeihlichen Fehler zu vergeben und stellte den dreien die Frage, wie sie eigentlich Don Juans Schülerinnen geworden seien. Um ihnen ihre Befangenheit zu nehmen, berichtete ich ihnen, wie ich Don Juan kennengelernt hatte. Was sie mir erzählten, stimmte mit dem überein, was ich bereits von Doña Soledad gehört hatte.

Lidia sagte, es hätte ihnen allen freigestanden, Don Juans Welt zu verlassen, aber sie hätten sich entschieden zu bleiben. Vor allem sie selbst als seine erste Schülerin hatte die Chance gehabt, fortzugehen. Nachdem der Nagual und Genaro sie geheilt hatten, hatte der Nagual auf die Tür gezeigt und ihr gesagt, daß die Tür, falls sie jetzt nicht ging, sie einschließen und sich nie wieder für sie öffnen würde.

»Mein Schicksal war besiegelt, als diese Tür sich schloß«, sagte Lidia zu mir. »Es war genau wie bei dir. Der Nagual hat mir erzählt, nachdem er dein Loch mit einem Flicken geschlossen hatte, hattest du die Chance zu gehen, aber du wolltest sie nicht nutzen.«

Gerade an diese Entscheidung erinnerte ich mich lebhafter als an alles andre. Ich berichtete ihnen, wie Don Juan mich durch einen Trick hatte glauben lassen, daß eine Zauberin hinter ihm her sei, und wie er mich dann vor die Entscheidung gestellt hatte, entweder für immer zu gehen oder zu bleiben und ihm zu helfen, den Kampf mit seiner Angreiferin aufzunehmen. Später stellte sich dann heraus, daß die angebliche Angreiferin eine seiner Verbündeten war. Indem ich ihr – wie ich glaubte, zu Don Juans Gunsten – entgegentrat, zog ich mir ihre Feindschaft zu und sie wurde, wie er es ausdrückte, meine ›würdige Gegnerin‹.

Ich fragte Lidia, ob auch sie ›würdige Gegner‹ gehabt hätten.

»Wir sind nicht so dumm wie du«, sagte sie. »Wir haben nie jemand gebraucht, der uns anspornt.«

»Aber Pablito ist genauso dumm«, sagte Rosa. »Soledad ist seine Gegnerin. Ich weiß aber nicht, wie würdig sie ist. Aber wie das Sprichwort sagt: Wenn du keinen Hahn im Topf hast, nimm halt eine Zwiebel.«

Sie lachten und schlugen mit der flachen Hand auf den Tisch.

Ich fragte die drei, ob sie vielleicht die Zauberin kannten, die Don Juan auf mich gehetzt hatte – la Catalina.

Sie schüttelten verneinend den Kopf.

»Ich kenne sie«, rief la Gorda vom Herd herüber. »Sie gehört zum Kreis des Nagual, aber sie sieht aus, als wäre sie erst dreißig.«

»Was ist ein Kreis, Gorda?« fragte ich.

Sie kam an den Tisch, stellte einen Fuß auf die Bank und stützte ihr Kinn in die Hand.

»Zauberer wie der Nagual und Genaro haben zwei Kreise«, sagte sie. »Der erste ist, wenn sie noch Menschen sind, wie wir selbst. Wir sind in unserem ersten Kreis. Jeder von uns hat eine Aufgabe erhalten, und diese Aufgabe bringt uns dahin, daß wir die menschliche Form aufgeben. Eligio, wir fünf und die Genaros sind vom selben Kreis.

Der zweite Kreis ist, wenn ein Zauberer nicht mehr menschlich ist, wie der Nagual und Genaro. Sie kamen, um uns zu lehren, und nachdem sie uns gelehrt hatten, verließen sie uns. Für sie sind wir der zweite Kreis.

Der Nagual und die Catalina stehen zueinander wie du und Lidia. Sie sind in der gleichen Position. Sie ist eine furchtbare Zauberin, genau wie Lidia.«

La Gorda ging zum Herd zurück. Die Schwesterchen wirkten nervös.

»Das muß jene Frau sein, die die Kraftpflanzen kennt«, sagte Lidia zu la Gorda.

La Gorda sagte, ja, sie sei es. Ich fragte sie, ob der Nagual ihnen jemals Kraftpflanzen gegeben hatte.

»Nein, uns dreien nicht«, erwiderte Lidia. »Kraftpflanzen bekommen nur leere Menschen wie du und la Gorda.«

»Hat der Nagual dir Kraftpflanzen gegeben, Gorda?« rief ich hinüber.

La Gorda hob zwei Finger über den Kopf.

»Der Nagual gab ihr zweimal seine Pfeife«, sagte Lidia. »Und sie klinkte beide Male voll aus.«

»Was ist passiert, Gorda?«

»Ich bin ausgeklinkt«, sagte sie und kam an den Tisch. »Diese Kraftpflanzen wurden uns eingegeben, weil der Nagual einen Flicken in unseren Körper tat. Meiner blieb gleich haften, aber bei dir war es schwierig. Der Nagual sagt, du warst noch verrückter als Josefina und so unmöglich wie Lidia, und er mußte dir eine ganze Menge davon geben.«

Wie la Gorda erläuterte, wurden Kraftpflanzen nur von solchen Zauberern benutzt, die ihre Kunst bereits beherrschten. Diese Pflanzen seien von solcher Kraft, daß es der makellosesten Aufmerksamkeit des Zauberers bedarf, um richtig mit ihnen umzugehen. Ein solches Maß an Aufmerksamkeit zu schulen, dauert eine ganze Lebensspanne. Vollständige Menschen aber, sagte la

Gorda, brauchen keine Kraftpflanzen, und weder die Schwesterchen noch die Genaros hatten welche genommen. Aber eines Tages, wenn sie ihre Kunst als Träumer vervollkommnet hätten, würden sie welche nehmen, um einen letzten totalen Schwung zu bekommen – einen Schwung von für uns ganz unbegreiflicher Gewalt.

»Werden wir beide sie auch nehmen?« fragte ich la Gorda.

»Wir alle«, erwiderte sie. »Der Nagual sagte, du solltest dies besser verstehen als einer von uns.«

Ich dachte eine Weile über die Frage nach. Die psychotropen Pflanzen hatten bei mir tatsächlich eine furchtbare Wirkung gezeitigt. Anscheinend sprachen sie unermeßliche Quellen in mir an und schufen mir damit eine völlig eigene Welt. Der Nachteil war, daß sie mein körperliches Wohlbefinden beeinträchtigten und daß es unmöglich war, ihre Wirkung zu kontrollieren. Sie stürzten mich in eine unwirtliche, chaotische Welt. Mir fehlte die Selbstbeherrschung, oder wie Don Juan sagte: die Kraft, um aus dieser Welt Nutzen zu ziehen. Hätte ich aber die Beherrschung gehabt, dann hätten sich Möglichkeiten aufgetan, die geeignet waren, die Fundamente meines Denkens zu erschüttern.

»Ich selbst habe sie genommen«, sagte Josefina plötzlich. »Als ich verrückt war, gab der Nagual mir seine Pfeife, um mich entweder zu heilen oder zu töten. Und er heilte mich!«

»Tatsächlich, der Nagual gab Josefina seinen Rauch«, sagte la Gorda vom Herd her, dann kam sie an den Tisch. »Er wußte, daß sie verrückter spielte als sie eigentlich war. Sie ist immer ein bißchen daneben, und sie ist sehr tollkühn und läßt sich auf ihre Weise gehen wie sonst niemand. Sie wollte immer irgendwo leben, wo niemand sich um sie kümmern würde und wo sie tun und lassen könnte, was sie wollte. Also gab der Nagual ihr seinen Rauch und ließ sie vierzehn Tage in einer Welt nach ihrem Geschmack leben, bis diese ihr so stumpfsinnig erschien, daß sie geheilt war. Sie verzichtete auf ihr Sichgehenlassen. Das war ihre Heilung.«

La Gorda ging zum Herd zurück und die Schwesterchen lachten und klopften einander den Rücken.

Dann erinnerte ich mich, daß Lidia in Doña Soledads Haus nicht nur angedeutet hatte, Don Juan habe ein Päckchen für mich hinterlassen, sondern daß sie mir auch wirklich ein Bündel gezeigt hatte, das mich an die Hülle denken ließ, in der Don Juan seine Pfeife aufzubewahren pflegte. Ich erinnerte Lidia daran, daß sie gesagt hatte, sie würde mir dieses Päckchen geben, wenn la Gorda da sei.

Die Schwesterchen wechselten einen Blick und schauten la Gorda frangend an. Sie nickte. Josefina stand auf und ging aus dem Zimmer. Kurz darauf kehrte sie mit dem Bündel zurück, das Lidia mir gezeigt hatte.

Ich spürte eine erwartungsvolle Beklemmung in der Magengrube. Josefina legte das Bündel achtsam vor mich auf den Tisch. Alle rückten neugierig heran. Sie fing an es ebenso feierlich aufzuschnüren, wie Lidia damals beim ersten Mal. Als das Paket ganz ausgewickelt war, kippte sie den Inhalt auf den Tisch. Es waren Menstruationsbinden!

Ich war einen Moment verärgert. Aber la Gordas Lachen, das die Juchzer der anderen noch übertönte, klang so ansteckend, daß ich selbst lachen mußte.

»Das ist Josefinas Hygienebeutel«, sagte la Gorda. »Sie hatte die großartige Idee, deine Gier auf ein Geschenk vom Nagual zu wecken, um dich zum Bleiben zu bewegen.«

»Du mußt zugeben, daß es eine gute Idee war«, sagte Lidia zu mir. Sie imitierte den gierigen Gesichtsausdruck, den ich wohl gehabt hatte, als sie anfing das Bündel aufzuschnüren, und dann mein enttäuschtes Gesicht, als sie nicht weitermachte.

Ich sagte zu Josefina, daß ihre Idee wirklich großartig gewesen sei und tatsächlich die erwartete Wirkung gehabt habe und daß ich dieses Päckchen begehrt hatte, mehr als ich zugeben wollte.

»Du kannst es haben, wenn du willst«, sagte Josefina und brachte damit alle zum Lachen.

La Gorda erklärte, der Nagual habe von Anfang an gewußt, daß Josefina nicht wirklich krank war; dies war auch der Grund, warum es für ihn so schwer war, sie zu heilen. Leute, die wirklich krank sind, sind fügsamer. Josefina wußte alles besser, sie war sehr störrisch, und er mußte sie viele Male ›rauchen‹.

Das gleiche hatte Don Juan auch einmal über mich gesagt, nämlich daß er mich ›geraucht‹ habe. Ich hatte dies immer so verstanden, als meine er, er habe psychotrope Pilze geraucht, um mich in einer Vision zu ›sehen‹.

»Wie hat er dich geraucht?« fragte ich Josefina.

Sie hob die Achseln und antwortete nicht.
»Genau wie er dich rauchte«, sagte Lidia. »Er zog dein Leuchten an und dörrte es im Rauch eines Feuers, das er angefacht hatte.«
Ich war ganz sicher, daß Don Juan mir dergleichen nie erklärt hatte. Ich bat Lidia, mir zu sagen, was sie darüber wußte. Sie schaute la Gorda fragend an.
»Rauch ist sehr wichtig für die Zauberer«, sagte la Gorda. »Rauch ist wie Nebel. Nebel ist natürlich noch besser, aber es ist zu schwer, damit umzugehen. Er ist nicht so handlich wie der Rauch. Wenn also ein Zauberer *sehen* und jemanden erkennen will, der sich verstellt, der eigensinnig und schwierig ist wie du und Josefina, dann macht der Zauberer ein Feuer und läßt den Rauch den Betreffenden einhüllen. Was er auch verbergen mag – im Rauch kommt's zum Vorschein.«
La Gorda sagte, der Nagual habe den Rauch nicht nur verwendet, um zu sehen und Menschen zu erkennen, sondern auch um zu heilen. Er badete Josefina im Rauch; er ließ sie neben dem Feuer sitzen oder stehen – in Windrichtung. Der Rauch hüllte sie ein, sie hustete und weinte, aber dies war nur eine vorübergehende Unannehmlichkeit und hatte keinerlei Folgen; die positive Wirkung hingegen war eine allmähliche Reinigung ihrer Leuchtkraft.
»Uns alle hat der Nagual im Rauch gebadet«, sagte la Gorda. »Dich hat er sogar noch öfter gebadet als Josefina. Du warst unerträglich, sagte er, und du täuschtest es nicht mal vor, wie sie es tat.«
Jetzt wurde mir alles klar. Sie hatte recht; Don Juan hatte mich Hundert Male vor einem Feuer sitzen lassen. Der Rauch peinigte meinen Hals und meine Augen dermaßen, daß ich mich schon fürchtete, wenn ich sah, wie er dürre Zweige und Äste zusammenlas. Er sagte, ich müsse lernen, meinen Atem zu kontrollieren und mit geschlossenen Augen den Rauch fühlen; so könne ich atmen ohne zu husten.
La Gorda sagte, der Rauch habe Josefina geholfen, so ätherisch und beweglich zu werden, wie sie jetzt war; zweifellos habe er auch geholfen, meine Verrücktheit zu heilen – was immer es damit auf sich hatte.
»Der Nagual sagte, der Rauch nimmt alles von dir«, fuhr la Gorda fort. »Er macht dich klar und eindeutig.«
Ich fragte sie, ob sie mit Hilfe des Rauchs herausfinden könne,

was jemand verbirgt. Das könne sie ohne weiteres, sagte sie, weil sie ihre Form verloren habe; die Schwesterchen und die Genaros aber könnten es nicht, wenngleich sie es beim Nagual und bei Genaro immer wieder gesehen hatten.
Ich war neugierig zu erfahren, warum Don Juan mir gegenüber dies Thema nie berührt hatte, und zwar trotz der Tatsache, daß er mich Hunderte Male wie Dörrfisch geräuchert hatte.
»Aber das tat er!« sagte la Gorda mit ihrer gewohnten Überzeugung. »Der Nagual lehrte dich sogar, mit Hilfe des Nebels zu *sehen.* Einmal, so erzählte er uns, hast du in den Bergen die ganze Gegend geräuchert und dann *gesehen,* was sich hinter der vordergründigen Szenerie verbarg. Er war selber verblüfft, wie er sagte.«
Ich erinnerte mich an eine ganz köstliche Wahrnehmungsstörung, eine Art Halluzination, die ich gehabt hatte; ich hielt sie damals für das Produkt eines Zusammenwirkens zwischen einem sehr dichten Nebel und einem gleichzeitig stattfindenden Gewitter. Diese Episode erzählte ich ihnen und fügte hinzu, daß Don Juan mir eigentlich nie direkt etwas über den Nebel oder den Rauch erzählt hatte. Vielmehr war er so verfahren, daß er qualmende Feuer entzündete oder mich in Nebelbänke führte.
La Gorda sagte kein Wort. Sie stand auf und ging zum Herd zurück. Lidia schüttelte den Kopf und schnalzte mit der Zunge.
«Was bist du für ein Dussel«, sagte sie. »Der Nagual hat dich alles gelehrt. Wie, glaubst du, konntest du sehen, was du uns eben erzählt hast?«
Zwischen unseren verschiedenen Auffassungen von ›etwas lehren‹ klaffte ein Abgrund. Ich setzte ihnen auseinander, daß ich, falls ich ihnen etwas – z. B. Autofahren – beibringen wollte, Schritt für Schritt vorgehen und mich vergewissern würde, daß sie jeden Teil des ganzen Vorgangs begriffen hätten.
La Gorda kehrte zum Tisch zurück.
»So geht es nur, wenn der Zauberer den Schüler über das Tonal belehrt«, sagte sie. »Wenn der Zauberer es mit dem Nagual zu tun hat, dann muß er eine Demonstration geben, das heißt, er muß dem Krieger das Mysterium zeigen. Mehr braucht er nicht zu tun. Der Krieger, der die Mysterien empfängt, muß das Wissen als Kraft fordern, indem er tut, was ihm gezeigt wurde.
Der Nagual hat dir mehr Mysterien gezeigt als uns allen zusam-

men. Aber du bist träge, genau wie Pablito; und du ziehst es vor, die Dinge zu verwirren. Das Nagual und das Tonal – das sind zwei verschiedene Welten. In der einen redest du, in der andern handelst du.«

Noch während sie sprach, waren ihre Worte mir völlig klar. Ich wußte, was sie meinte. Sie ging wieder zum Herd, rührte in einem Topf und kam zurück.

»Warum bist du so dumm?« fragte Lidia mich rundheraus.

»Er ist leer«, antwortete Rosa.

Sie hießen mich aufstehen, dann musterten sie mich mit angestrengt verkniffenen Augen. Sie alle berührten meine Nabelregion.

»Aber warum bist du immer noch leer?« fragte Lidia.

»Du weißt doch, was du zu tun hast, oder?« fügte Rosa hinzu.

»Er war ja verrückt«, erklärte Josefina. »Wahrscheinlich ist er noch immer verrückt.«

La Gorda kam mir zu Hilfe und sagte ihnen, wenn ich noch immer leer sei, dann aus dem gleichen Grund, aus dem sie noch immer ihre menschliche Form hätten. Wir alle, sagte sie, lehnten insgeheim das Nagual ab. Wir fürchteten uns und hätten Bedenken. Kurz, wir alle seien nicht besser als Pablito.

Sie schwiegen. Alle drei scheinen gründlich verwirrt.

»Armer, kleiner Nagual«, sagte Lidia zu mir, und es klang echt besorgt. »Du hast genauso viel Angst wie wir. Ich täusche vor, hart zu sein, Josefina täuschst vor, verrückt zu sein, Rosa täuscht vor, aufbrausend zu sein, und du täuschst vor, dumm zu sein.«

Sie lachten, und zum erstenmal seit meiner Ankunft bedachten sie mich mit einer kameradschaftlichen Geste. Sie umarmten mich und schmiegten den Kopf an meinen.

La Gorda setzte sich mir gegenüber, und die Schwesterchen setzten sich im Halbkreis neben sie. Ich konnte ihnen allen ins Gesicht sehen.

»Jetzt können wir über all das reden, was heute nacht geschehen ist«, sagte la Gorda. »Der Nagual hat mich gelehrt, daß wir nicht mehr dieselben sein würden, falls wir die letzte Begegnung mit den Verbündeten überleben sollten. Heute abend haben die Verbündeten etwas mit uns gemacht. Sie haben uns davongewirbelt.«

Sie berührte sacht meine schreibende Hand.

»Heute, das war eine ganz besondere Nacht für dich«, fuhr sie fort. »Heute nacht sind wir alle eingesprungen, um dir zu helfen. Auch die Verbündeten. Der Nagual wäre mit uns zufrieden gewesen. Heute nacht hast du alles, was da ist, *gesehen.*«

»Tatsächlich?« fragte ich.

»Da – so bist du!« sagte Lidia und alle lachten.

»Erzähl mir etwas über mein Sehen, Gorda«, bat ich. »Du weißt, daß ich dumm bin, aber es sollte keine Mißverständnisse zwischen uns geben.«

»Also gut«, sagte sie. »Ich verstehe, was du meinst. Heute nacht *sahst* du die Schwesterchen.«

Ich erklärte ihnen, daß ich auch Don Juan und Don Genaro unglaubliche Taten hatte vollbringen sehen. Ich hatte sie so klar und deutlich gesehen, wie vorhin die Schwesterchen, und doch hatten Don Juan und Don Genaro immer wieder festgestellt, daß ich nicht ›gesehen‹ hatte. Daher konnte ich nicht einsehen, inwiefern die Taten der Schwesterchen anders sein sollten.

»Du meinst, du hast nicht *gesehen,* wie sie sich an den Linien der Welt festhielten?« fragte sie.

»Nein, habe ich nicht.«

»Du *sahst* nicht, wie sie durch den Spalt zwischen den Welten schlüpften?«

Ich berichtete ihnen, was ich gesehen hatte. Schweigend hörten sie zu. Gegen Ende meines Berichts war la Gorda den Tränen nahe.

»Welch ein Jammer«, rief sie. Sie stand auf, kam um den Tisch und umarmte mich. Ihre Augen blickten klar und ruhig. Ich wußte, daß sie nichts Böses gegen mich im Schilde führte.

»Es ist eben dein Schicksal, daß du so vernagelt bist. Aber für uns bist du trotzdem der Nagual. Ich werde dich nicht mit häßlichen Gedanken behindern. Das wenigstens will ich dir versichern.«

Ich wußte, daß sie es aufrichtig meinte. Sie sprach zu mir von einer Ebene her, wie ich es nur bei Don Juan erlebt hatte. Sie hatte mir ja wiederholt erklärt, daß ihre Gemütsverfassung eine Folge des Umstands war, daß sie ihre menschliche Form verloren hatte; wirklich, sie war eine formlose Kriegerin. Mich erfaßte eine Woge tiefer Zuneigung zu ihr. Ich war nah dran zu weinen. Aber gerade in dem Moment, als ich so deutlich empfand, welch eine wunderbare Kriegerin sie war, da widerfuhr mir etwas ganz

Erstaunliches. Am ehesten könnte ich es so beschreiben, daß es plötzlich in meinen Ohren knallte. Nur daß ich das Knallen weniger in den Ohren als vielmehr in der Körpermitte, direkt unterm Nabel spürte. Und gleich nach dem Knall wurde alles merklich klarer – Geräusche, Bilder, Gerüche. Dann spürte ich ein starkes Summen, das aber seltsamerweise mein Gehör nicht beeinträchtigte. Das Summen war laut, aber es überdeckte nicht die anderen Geräusche. Es war, als ob ich das Summen mit einem anderen Körperteil als den Ohren vernahm. Dann fuhr ein heißer Blitz durch meinen Körper. Und jetzt erinnerte ich mich plötzlich an etwas, das ich nie zuvor gesehen hatte. Es war, als ob eine fremde Erinnerung von mir Besitz ergriffen hätte.

Ich erinnerte mich daran, wie Lidia, als sie über die Wand lief, sich an zwei horizontalen rötlichen Seilen vorwärts zog. Sie lief nicht eigentlich; genauer gesagt, sie glitt auf einem dicken Faserbündel dahin, das sie mit ihren Füßen festhielt. Ich erinnerte mich gesehen zu haben, wie sie vor Anstrengung keuchte, während sie sich an den rötlichen Seilen weiterzog. Jetzt war mir auch klar, warum ich gegen Ende ihrer Vorstellung das Gleichgewicht verlor; ich hatte sie nämlich als ein Licht *gesehen,* das so schnell im Raum herumfuhr, daß mir schwindlig wurde; ich hatte seinen Sog in der Nabelgegend gespürt.

Auch an Rosas und Josefinas Taten erinnerte ich mich. Rosa hatte sich buchstäblich vorwärts gehangelt, wobei sie sich mit der linken Hand an langen, vertikalen rötlichen Fasern festhielt, die von den geschwärzten Dachbalken herabhingen und wie Weinranken aussahen. Und mit der rechten Hand hielt sie sich an so etwas wie vertikalen Fasern fest, die ihr Stabilität gaben. Auch mit den Zehen klammerte sie sich an diese Fasern. Zum Ende ihrer Vorstellung sah sie aus wie eine phosphoreszierende Erscheinung unter dem Dach. Der Umriß ihres Körpers war wie ausgelöscht.

Josefina hatte sich hinter irgendwelchen Linien versteckt, die vom Boden auszugehen schienen. Mit dem angewinkelten Unterarm hatte sie die Linien so zusammengeschoben, daß sie ihren Körperumfang verbargen. Ihr gebauschtes Kleid war dabei eine große Hilfe; irgendwie hatte es ihre Leuchtkraft zusammengezogen. Das Kleid wirkte nur für das betrachtende Auge gebauscht. Am Schluß ihrer Vorstellung war Josefina, ähnlich wie Lidia und

Rosa, nur noch ein Lichtfleck. Ich konnte in Gedanken von einer Erinnerung zur anderen umschalten.

Als ich den Schwesterchen meine übereinstimmenden Erinnerungen mitteilte, schauten sie mich bestürzt an. Einzig la Gorda schien in der Lage zu erfassen, was mir widerfahren war. Sie lachte vergnügt und meinte, der Nagual habe mit Recht gesagt, daß ich zu träge sei, um mich zu erinnern, was ich ›gesehen‹ hätte; und daß ich mich daher nur um das kümmerte, was ich äußerlich schaute.

War es möglich, so dachte ich, daß ich unbewußt auswählte, woran ich mich erinnern wollte, oder war es la Gorda, von der all dies ausging? Falls es stimmte, daß ich meine Erinnerung zuerst ausgewählt und dann das so Zensierte mitgeteilt hatte, dann mußte es auch zutreffen, daß ich weit mehr von Don Juan und Don Genaros Taten wahrgenommen hatte – und doch konnte ich mich nur an einen ausgewählten Teil meiner gesamten Wahrnehmung dieser Vorgänge erinnern.

»Es ist kaum zu glauben«, sagte ich zu la Gorda, »aber ich kann mich jetzt an etwas erinnern, an das ich mich vorhin noch nicht erinnern konnte.«

»Der Nagual sagte, daß jeder *sehen* kann, und doch entscheiden wir uns dafür, uns nicht daran zu erinnern, was wir sehen«, sagte sie. »Jetzt erst begreife ich, wie recht er hatte. Wir alle können *sehen.* Manche mehr, manche weniger.«

Dann erklärte ich la Gorda, daß ein Teil meiner selbst irgendwie wisse, daß ich nun einen transzendentalen Schlüssel gefunden hatte. Ein fehlendes Glied, das mir von ihnen allen geliefert worden war. Doch es war schwer zu sagen, was es eigentlich war.

Sie erklärte, sie habe soeben ›gesehen‹, daß ich sehr geschickt das ›Träumen‹ praktiziert hatte. Ich hätte, sagte sie, meine Aufmerksamkeit entwickelt, und doch hielt ich mich selbst zum Narren, wenn ich mir den Anschein gab, als wisse ich nichts.

»Ich habe versucht, dir alles über die Aufmerksamkeit zu sagen«, fuhr sie fort, »aber du weißt darüber ebensoviel wie wir.«

Ich beteuerte, daß mein Wissen grundverschieden von ihrem sei; ihres sei unendlich viel erstaunlicher als meines. Daher könne alles, was sie mir über ihre Praktiken erzählten, für mich von Vorteil sein.

»Der Nagual trug uns auf, dir zu zeigen, daß wir mit unserer

Aufmerksamkeit die Bilder eines Traumes ebenso festhalten können, wie wir die Bilder der Welt festhalten«, sagte la Gorda. »Die Kunst des Träumers ist die Kunst der Aufmerksamkeit.«

Jetzt überfluteten meine Gedanken mich wie ein Erdrutsch. Ich mußte aufstehen und in der Küche umhergehen. Dann setzte ich mich wieder. Lange schwiegen wir. Ich wußte, was sie gemeint hatte, wenn sie sagte, daß die Kunst des Träumers die Kunst der Aufmerksamkeit sei. Jetzt wurde mir klar, daß Don Juan mir gesagt und gezeigt hatte, soviel er konnte. Aber solange ich bei ihm war, war es mir nicht gelungen, die Prämissen seines Wissens in meinem Körper zu erkennen. Er hatte gesagt, daß meine Vernunft der Dämon sei, der mich in Ketten halte, und daß ich mich von ihr lösen müsse, wenn ich die Verwirklichung seiner Lehren erreichen wolle. Mein Problem war also: wie meine Vernunft bezwingen. Es war mir aber nie eingefallen, ihn nach einer Definition zu fragen, was er eigentlich unter Vernunft verstand. Ich hatte immer angenommen, daß er die Fähigkeit meinte, folgerichtig und rational Sachverhalte zu begreifen, Schlüsse zu ziehen und Gedanken zu entwickeln. Aus dem, was la Gorda eben gesagt hatte, wurde mir klar, daß Vernunft für ihn Aufmerksamkeit bedeutete.

Der Kern unsres Wesens, so hatte Don Juan gesagt, sei der Akt der Wahrnehmung, und die Magie unsres Daseins sei der Akt der Bewußtheit. Für ihn bildeten Wahrnehmung und Bewußtheit eine einzige funktionale, unauflösliche Einheit – eine Einheit von zwei Bereichen. Der eine war die ›Aufmerksamkeit für Tonal‹; das heißt die Fähigkeit des normalen Menschen, wahrzunehmen und sein Bewußtsein auf die gewöhnliche Welt des alltäglichen Lebens zu richten. Diese Art Aufmerksamkeit hatte Don Juan auch unseren ›ersten Ring der Kraft‹ genannt; dies, wie er sagte, sei unsere wunderbare, obgleich für selbstverständlich gehaltene Fähigkeit, Ordnung in unsre Wahrnehmung unsrer Welt zu bringen. Der zweite Bereich war die ›Aufmerksamkeit für das Nagual‹; das heißt die Fähigkeit der Zauberer, ihr Bewußtsein auf die außerordentliche andere Welt zu richten. Diesen Bereich der Aufmerksamkeit nannte er den ›zweiten Ring der Kraft‹; er bezeichnete sie als jene ungeheure Fähigkeit, Ordnung in die Welt des Außergewöhnlichen zu bringen, die uns allen eigen ist, die aber nur die Zauberer einsetzen.

Wenn la Gorda und die Schwesterchen mir vorhin demonstriert hatten, daß die Kunst des Träumers darin besteht, die Bilder seiner Träume mit Hilfe seiner Aufmerksamkeit festzuhalten, so hatten sie mir den praktischen Aspekt von Don Juans System gezeigt. Sie waren Praktiker, die über den theoretischen Aspekt seiner Lehren hinausgegangen waren. Um mir eine Demonstration dieser Kunst zu bieten, mußten sie ihren ›zweiten Ring der Kraft‹ oder die ›Aufmerksamkeit für das Nagual‹ einsetzen; und ich mußte, um ihrer Kunst gewahr zu werden, das gleiche tun. Ja, es war klar, daß ich meine Aufmerksamkeit auf beide Bereiche gerichtet hatte. Vielleicht praktizieren wir alle dauernd beide Wahrnehmungsweisen, entscheiden uns aber dafür, die eine isoliert im Gedächtnis zu halten und die andere auszuschalten – oder vielleicht speichern wir sie, wie ich es getan hatte. Unter gewissen Bedingungen von Streß oder bedingungsloser Hingabe taucht die gezensierte Erinnerung dann wieder auf, und wir haben zwei getrennte Erinnerungen von ein und demselben Vorgang.
Was Don Juan bei mir so hartnäckig zu besiegen oder vielmehr zu unterdrücken suchte, war nicht meine Vernunft – im Sinn der Fähigkeit zu rationalem Denken –, sondern meine ›Aufmerksamkeit für das Tonal‹, oder mein Bewußtsein von der Welt im gewöhnlichen Sinn. Sein Motiv, warum er dies wollte, erklärte mir jetzt la Gorda, als sie nämlich feststellte, daß die gewöhnliche Welt für uns nur deshalb existiert, weil wir ihre Bilder festzuhalten wissen; wenn man folglich die zur Erhaltung dieser Bilder notwendige Aufmerksamkeit aufgibt, bricht die Welt zusammen.
»Der Nagual hat uns gelehrt, daß es nur auf die Praxis ankommt«, sagte la Gorda plötzlich. »Sobald es dir gelingt, deine Aufmerksamkeit auf die Bilder deines Traumes zu richten, hängt deine Aufmerksamkeit für immer fest, und schließlich kannst du wie Genaro werden, der die Bilder jedes beliebigen Traumes festhalten konnte.«
»Jede von uns hat noch fünf weitere Träume«, sagte Lidia. »Aber wir haben dir den ersten gezeigt, denn dies war der Traum, den der Nagual uns gab.«
»Könnt ihr den jederzeit, wenn ihr es wollt, zu träumen anfangen?« fragte ich.
»Nein«, erwiderte la Gorda. »Das Träumen verlangt zuviel Kraft. Soviel Kraft hat keine von uns. Weißt du, warum die Schwester-

chen sich so lange über den Boden rollen mußten? Beim Rollen gab die Erde ihnen Energie ab. Vielleicht kannst du dich auch daran erinnern, sie als leuchtende Wesen *gesehen* zu haben, die ihre Energie aus dem Licht der Erde bezogen. Der Nagual sagte, die beste Art, sich Energie zu holen, besteht natürlich darin, die Sonne in die Augen, besonders ins linke, scheinen zu lassen.«
Das war mir neu. Dies sagte ich ihr, und sie schilderte mir ein Verfahren, das Don Juan sie gelehrt hatte. Während sie sprach, erinnerte ich mich, daß Don Juan auch mich dieses Verfahren gelehrt hatte. Es bestand darin, den Kopf langsam hin und her zu bewegen und dabei mit dem halb geschlossenen linken Auge das Sonnenlicht aufzufangen. Auf diese Weise, so hatte er gesagt, könne man nicht nur die Sonne nutzen, sondern jede Art Licht, das einem in die Augen scheint.
La Gorda fuhr fort und erklärte, der Nagual habe ihnen empfohlen, sich ihren Schal um die Hüften zu wickeln, um die Hüftknochen beim Rollen zu schützen.
Ich sagte, daß Don Juan mir nie etwas von diesem Herumrollen erzählt hätte. Darauf erwiderte sie, daß nur Frauen sich auf diese Weise rollen können: sie haben einen Uterus, und die Energie geht direkt in den Uterus; durch das Herumrollen verteilen sie die Energie auf den übrigen Körper. Ein Mann dagegen muß, um sich mit Energie aufzuladen, auf dem Rücken liegen und die Knie in der Weise anziehen, daß seine Fußsohlen sich berühren. Die Arme muß er mit senkrecht erhobenen Unterarmen seitwärts strecken und die Finger krallenartig senkrecht spreizen.
»Wir *träumen* diese Träume seit Jahren« sagte Lidia. »Diese Träume sind unsere besten, weil da unsere Aufmerksamkeit vollkommen ist. Bei den anderen Träumen, die wir haben, ist unsere Aufmerksamkeit noch unsicher.«
Dieses Festhalten der Traumbilder, sagte la Gorda, sei eine Kunst der Tolteken. Nach jahrelanger mühsamer Übung, so meinte sie, habe jede von ihnen gelernt, in jedem beliebigen Traum eine bestimmte Tat auszuführen. Lidia könne auf allem laufen, Rosa könne sich an allem festhalten, Josefina könne sich hinter allem verstecken, und sie selbst könne fliegen. Doch sie seien nur Anfänger, Lehrlinge der Kunst. Sie müßten ihre Aufmerksamkeit für eine einzige Aktivität vervollkommnen. Genaro, so fügte sie hinzu, sei der Meister des ›Träumens‹ gewesen. Er konnte die

Welt zum Schwingen bringen, und seine Aufmerksamkeit galt sämtlichen Aktivitäten, wie wir sie auch im täglichen Leben verrichten; ihm galten die beiden Bereiche der Aufmerksamkeit gleich viel.

Ich fühlte mich gezwungen, ihnen meine üblichen Fragen zu stellen: ich mußte wissen, welche Vorkehrungen sie trafen, wie sie es machten, wenn sie die Bilder ihrer Träume festhielten.

»Das weißt du ebenso gut wie wir«, sagte la Gorda. »Ich kann dir nur das eine sagen, daß wir, nachdem wir immer wieder in den gleichen Traum eingetaucht waren, allmählich anfingen, die Linien der Welt zu fühlen. Sie halfen uns zu tun, was du uns tun *sahst.*«

Don Juan hatte mir erklärt, daß unser ›erster Ring der Kraft‹ sehr früh im Leben in Aktion tritt und daß wir uns dem Eindruck überlassen, damit habe es sein Bewenden. Unser ›zweiter Ring der Kraft‹, die ›Aufmerksamkeit fürs Nagual‹, bleibt der überwiegenden Mehrheit verborgen und wird uns erst im Augenblick unseres Todes offenbart. Das ›Träumen‹ ist also im wesentlichen die Verwandlung gewöhnlicher Träume in eine Sache des Willens. Wenn Träumer ihre Aufmerksamkeit für das Nagual üben und sie auf Sachverhalte und Vorgänge ihrer gewöhnlichen Träume richten, verwandeln sie diese Träume in ›Träumen‹. Und dann hatte Don Juan mir gesagt, daß es keine Verfahren gebe, um die ›Aufmerksamkeit für das Nagual‹ zu erreichen. Er hatte mir nur ein paar Stichwörter gegeben. Der erste Schritt war, in meinen Träumen meine Hände zu finden. Alsdann sollte ich die Übung meiner Aufmerksamkeit erweitern und bestimmte Gegenstände finden, nach bestimmten Eigentümlichkeiten, etwa Gebäuden, Straßen usw. suchen. Ein weiterer Schritt führte zum ›Träumen‹ von bestimmten Orten, zu bestimmten Tageszeiten. Die letzte Stufe bestand darin, die ›Aufmerksamkeit für das Nagual‹ auf das ganze eigne Selbst zu richten. Diese letzte Stufe, so hatte Don Juan gesagt, wird gewöhnlich durch einen Traum eingeleitet, den viele von uns irgendwann haben und bei dem man sich selbst schlafend im Bett liegen sieht. Sobald ein Zauberer diesen Traum geträumt hat, ist seine Aufmerksamkeit dermaßen entwickelt, daß er, statt aufzuwachen – wie die meisten von uns es in einer ähnlichen Situation täten –, augenblicklich kehrt machen und sich irgendeiner Aktivität widmen kann, ganz als bewegte er sich in der Welt des täglichen Lebens. Von diesem Moment an gibt es einen Bruch, eine Spaltung der sonst geeinten Persönlichkeit. Wenn man die ›Aufmerksamkeit fürs Nagual‹ übte und sie zur Schärfe und Differenziertheit unserer alltäglichen Aufmerksamkeit für die Welt entfaltete, so war das Ergebnis – in Don Juans System – das andere Selbst, ein mit einem selbst identisches, aber beim ›Träumen‹ geschaffenes Wesen.

Don Juan hatte mir gesagt, daß es keine bestimmten Normschritte gibt, um diesen Doppelgänger zu lehren, wie wir ja auch keine bestimmten Schritte einhalten, um unser alltägliches Bewußtsein zu entwickeln. Wir tun es einfach durch Übung. Er behauptete, wir würden durch die bloße Betätigung unserer ›Aufmerksamkeit für das Nagual‹ schon die richtigen Schritte finden. Er forderte mich auf, mich im ›Träumen‹ zu üben, ohne zuzulassen, daß meine Ängste es mit lähmendem Leistungsdruck belasteten.

La Gorda und den Schwesterchen hatte er gleichlautende Anweisungen gegeben, aber anscheinend gab es bei ihnen etwas, das sie für die Vorstellung einer anderen Ebene der Aufmerksamkeit empfänglicher machte.

»Genaro war die meiste Zeit in seinem *geträumten* Körper« sagte la Gorda. »Er mochte ihn lieber. Deshalb konnte er auch die unheimlichsten Dinge tun und dir tödliche Angst einjagen. Genaro konnte durch den Spalt zwischen den Welten ein- und ausgehen, wie du und ich durch eine Tür gehen.«

Auch über den Spalt zwischen den Welten hatte Don Juan mir viel erzählt. Ich hatte immer geglaubt, dies sei eine Metapher, eine spitzfindige Unterscheidung zwischen der Welt, wie der gewöhnliche Mensch sie wahrnimmt, und der Welt, wie die Zauberer sie wahrnehmen.

La Gorda und die Schwesterchen hatten mir gezeigt, daß der Spalt zwischen den Welten mehr als eine Metapher war. Vielmehr ging es dabei um die Fähigkeit, die Ebene der Aufmerksamkeit zu wechseln. Ein Teil in mir verstand la Gorda vollkommen, während ein andrer Teil in mir sich mehr denn je fürchtete.

»Du hast gefragt, wohin der Nagual und Genaro gegangen sind«, sagte la Gorda. »Soledad hat es schlicht und einfach ausgedrückt, als sie dir sagte, daß sie in die andere Welt gegangen sind; Lidia sagte dir, daß sie diese Gegend verlassen haben. Die Genaros benahmen sich töricht und machten dir Angst. Die Wahrheit ist,

daß Genaro und der Nagual durch diesen Spalt gegangen sind.«
Aus irgendeinem mir unfaßbaren Grund stürzten ihre Worte mich ins tiefste Chaos. Ich hatte immer gemeint, daß die beiden für immer gegangen waren. Ich wußte wohl, daß sie nicht im gewöhnlichen Sinn fortgegangen waren, aber dieses Gefühl hatte ich stets nur in metaphorischem Sinn begriffen. Ja, ich hatte zu guten Freunden davon gesprochen, aber mir war klar, daß ich es selbst nie wirklich geglaubt hatte. Im tiefsten Inneren war ich stets ein rationaler Mensch gewesen. Aber la Gorda und die Schwesterchen hatten meine dunklen Metaphern in reale Möglichkeiten verwandelt. Immerhin hatte la Gorda uns, durch die Energie ihres ›Träumens‹, tatsächlich eine halbe Meile weit transportiert.
La Gorda stand auf und sagte, ich hätte nun alles verstanden und es sei Essenszeit. Sie tischte uns das Gericht auf, das sie gekocht hatte. Mir war nicht nach Essen zumute. Nach beendeter Mahlzeit stand sie auf und trat auf mich zu.
»Ich glaube, für dich ist's Zeit zu gehen«, sagte sie zu mir.
Dies war wie ein Stichwort für die Schwesterchen. Auch sie standen auf.
»Falls du noch länger bleibst, wirst du nicht mehr gehen können«, fuhr la Gorda fort. »Der Nagual gab dir einmal die Freiheit, aber du hast dich entschlossen, bei ihm zu bleiben. Er hat mir aufgetragen, ich solle, falls wir die letzte Begegnung mit den Verbündeten überlebten, euch zu essen geben, um euch zu stärken, und dann euch allen Lebewohl sagen. Die Schwesterchen und ich, wir haben, glaube ich, keinen Platz, wohin wir gehen können; daher gibt es für uns keine Entscheidung. Aber bei dir ist es anders.«
Die Schwesterchen umringten mich, und jede sagte mir Lebewohl.
Es lag ein ungeheurer Aberwitz in dieser Situation. Es stand mir frei zu gehen, aber ich hatte keinen Platz, wohin ich gehen konnte. Auch für mich gab es keine Entscheidung. Vor Jahren einmal hatte Don Juan mir die Chance gegeben, mich zurückzuziehen, aber ich war geblieben, weil ich schon damals keinen Platz hatte, wohin ich gehen konnte.
»Wir entscheiden uns nur einmal«, hatte er damals gesagt. »Wir entscheiden uns, entweder Krieger zu werden oder gewöhnliche Menschen zu bleiben. Eine zweite Entscheidung gibt es nicht mehr. Nicht auf dieser Erde.«

6 Die zweite Aufmerksamkeit

»Später mußt du dann gehen«, sagte la Gorda gleich nach dem Frühstück zu mir. »Da du dich entschlossen hast, mit uns zu kommen, hast du dich verpflichtet, uns bei der Erfüllung unserer neuen Aufgabe zu helfen. Der Nagual übertrug mir die Verantwortung nur so lange, bis du kommen würdest. Wie du weißt, vertraute er mir gewisse Dinge an, die ich dir sagen sollte. Das meiste habe ich dir jetzt gesagt. Aber da sind noch einige Dinge, die ich nicht sagen konnte, bevor du deine Entscheidung getroffen hattest. Das werden wir heute nachholen. Gleich danach mußt du fortgehen und uns Zeit lassen, uns bereit zu machen. Wir brauchen ein paar Tage, um alles in Ordnung zu bringen und uns darauf vorzubereiten, diese Berge für immer zu verlassen. Wir sind schon sehr lange hier. Es ist schwer, einfach wegzugehen. Aber jetzt ist alles auf einmal zu Ende. Der Nagual warnte uns vor der totalen Veränderung, die du uns bringen würdest, egal wie deine Kämpfe ausgehen sollten; aber wie mir scheint, hat niemand ihm wirklich geglaubt.«

»Ich sehe nicht ein, warum ihr überhaupt etwas ändern müßt«, sagte ich.

»Das habe ich dir doch erklärt!« protestierte sie. »Wir haben unser früheres Ziel verloren; jetzt haben wir ein neues, und dieses neue Ziel verlangt, daß wir leicht werden wie der Wind. Der Wind ist jetzt unsere neue Stimmung. Einst war es der heiße Wind. Du hast unsere Richtung geändert.«

»Du redest im Kreis herum, Gorda.«

»Ja, aber das scheint dir nur so, weil du leer bist. Ich kann es nicht klarer ausdrücken. Wenn du zurückkehrst, werden die Genaros dir die Kunst des Pirschens zeigen, und gleich danach werden wir alle aufbrechen. Für den Fall, daß du dich entscheidest bei uns zu bleiben, trug der Nagual mir auf, dir zu sagen, daß du dich an deine Kämpfe mit Soledad und den Schwesterchen erinnern und jede Einzelheit prüfen mußt, die dir mit ihnen passiert ist. Denn alles ist ein Omen für das, was dir auf deinem Weg widerfahren wird. Wenn du achtsam und makellos bist, wirst du herausfinden, daß diese Kämpfe Geschenke der Kraft waren.«

»Was wird Doña Soledad jetzt tun?«

»Sie geht fort. Die Schwesterchen haben ihr geholfen, ihren Fußboden auseinanderzunehmen. Dieser Boden war ihr behilflich, die Aufmerksamkeit für das Nagual zu erreichen. Die Linien im Fußboden hatten die Kraft, dies zu bewirken. Jede dieser Linien half ihr, ein Teil dieser Aufmerksamkeit zu erringen. Unvollständig zu sein, bedeutet für manche Krieger kein Hindernis, diese Aufmerksamkeit zu erreichen. Soledad wurde verwandelt, weil sie schneller als wir alle zu dieser Aufmerksamkeit gelangte. Sie hat es nicht mehr nötig, ihren Fußboden anzustarren, um in jene andere Welt zu gelangen, und jetzt, wo sie den Fußboden nicht mehr braucht, hat sie ihn der Erde zurückgegeben, von der sie ihn einst bekam.«

»Ihr seid also wirklich entschlossen fortzugehen, Gorda?«

»Ja, wir alle. Darum habe ich dich gebeten, auf ein paar Tage zu verschwinden, damit wir Zeit haben, alles, was wir besitzen, zu beseitigen.«

»Und ich bin es, der einen Platz für euch finden muß, Gorda?«

»Wärst du ein makelloser Krieger, dann würdest du es einfach tun. Aber du bist kein makelloser Krieger, und wir sind es auch nicht. Trotzdem müssen wir unser Bestes tun, um mit der neuen Aufgabe fertigzuwerden.«

Ich empfand eine bedrückende Katastrophenstimmung. Ich war nie ein Mann gewesen, der gern Verantwortung übernahm. Ich fand, daß die Verpflichtung, sie zu führen, eine erdrückende Last war, der ich nicht gewachsen war.

»Vielleicht brauchen wir überhaupt nichts zu tun«, sagte ich.

»Das stimmt«, sagte sie lachend. »Warum sagst du's dir nicht so lange vor, bis du dich sicher fühlst? Der Nagual hat dir doch so oft erklärt, daß die einzige Freiheit der Krieger darin liegt, sich makellos zu verhalten.«

Sie erzählte mir, wie der Nagual sich bemüht hatte, ihnen allen verständlich zu machen, daß Makellosigkeit nicht nur Freiheit bedeutete, sondern auch die einzige Möglichkeit war, die menschliche Form abzustoßen. Und dann berichtete ich ihr, wie Don Juan mich gelehrt hatte, die Bedeutung von Makellosigkeit zu verstehen. Wir beide wanderten eines Tages durch eine sehr enge Schlucht, als ein riesiger Felsblock sich aus seiner Einbettung in der Wand löste. Er rauschte mit enormer Wucht herab und landete zwanzig bis dreißig Meter von dort, wo wir standen, auf dem Grund der Schlucht. Wegen der Größe des Brockens war sein Sturz ein sehr eindrucksvolles Schauspiel. Don Juan nutzte die Gelegenheit, um mir eine dramatische Lektion zu erteilen. Er sagte, daß die Macht, die unser Schicksal führt, außerhalb von uns liegt und nichts mit unsren Taten oder unsrem Willen zu tun hat. Manchmal veranlaßt diese Macht uns, auf unserem Weg stehenzubleiben und uns zu bücken, um unsre Schnürsenkel zu binden, wie ich es eben getan hatte. Und indem die Macht uns zwingt stehenzubleiben, sorgt sie dafür, daß wir einen kostbaren Augenblick gewinnen. Wären wir nämlich weitergegangen, hätte der gewaltige Felsblock uns sehr wahrscheinlich zermalmt. Aber an einem anderen Tag, in einer anderen Schlucht wird dieselbe äußere Macht, die unser Schicksal bestimmt, uns abermals veranlassen, stehenzubleiben und uns zu bücken, um unsere Schnürsenkel zu binden, während ein anderer Felsblock sich genau über uns lösen wird. Indem diese Kraft uns zwingt stehenzubleiben, läßt sie uns einen kostbaren Augenblick verlieren. Würden wir diesmal weitergehen, dann wären wir gerettet. So verdeutlichte mir Don Juan, daß mir – da ich keinerlei Kontrolle über die Mächte habe, die mein Schicksal entscheiden – in jener Schlucht die einzig mögliche Freiheit blieb, meine Schuhbänder makellos zu binden.

La Gorda schien durch meinen Bericht gerührt. Sie griff über den Tisch und hielt einen kurzen Moment mein Gesicht zwischen den Händen.

»Für mich bedeutet Makellosigkeit, daß ich dir im richtigen Zeitpunkt sage, was der Nagual dir zu sagen mir aufgetragen hat«, sagte sie. »Aber die Kraft muß genau den richtigen Zeitpunkt bestimmen, wo ich's dir sage, sonst hätte es keinerlei Wirkung.«

Sie machte eine dramatische Pause. Ihr Zögern wirkte wie einstudiert, aber es hatte auf mich einen ungeheuren Effekt.

»Was ist es?« fragte ich atemlos.

Sie antwortete nicht. Sie nahm mich bei der Hand und führte mich zu einem Platz draußen vor der Tür. Dort mußte ich mich auf die festgestampfte Erde setzen und mich mit dem Rücken gegen einen dicken, etwa einen halben Meter hohen Pfahl lehnen, der wie ein neben der Hauswand in den Boden gerammter Baumstamm aussah. Es gab dort fünf solcher Pfähle, die im Abstand von etwa zwei Fuß in einer Reihe in die Erde eingelassen waren. Ich wollte la Gorda fragen, welchem Zweck sie dienten. Mein erster Gedanke war, daß der frühere Besitzer des Hauses hier seine Tiere angebunden hatte. Aber diese Vermutung erschien mir widersinnig, denn der Platz vor dem Haus war so etwas wie eine überdachte Veranda.

Als la Gorda sich links neben mich setzte, mit dem Rücken gegen einen anderen Pfahl, teilte ich ihr meine Vermutung mit.

Sie lachte und sagte, daß diese Pflöcke einst tatsächlich dazu gedient hatten, so etwas wie Tiere anzubinden, aber nicht die des früheren Besitzers. Sie selbst hatte, so sagte sie, mühsam die Löcher dafür geschaufelt.

»Wozu braucht ihr sie«, fragte ich.

»Nun, sagen wir mal, wir binden uns selbst hier an«, erwiderte sie. »Und dies bringt mich wieder auf etwas, das der Nagual mir auftrug, dir zu sagen. Er sagte nämlich, daß er, weil du leer warst, deine zweite Aufmerksamkeit, deine Aufmerksamkeit für das Nagual, anders sammeln mußte, als er es bei uns machte. Wir sammelten diese Aufmerksamkeit durch das *Träumen,* du tatst es mit Hilfe seiner Kraftpflanzen. Diese Kraftpflanzen, so sagte der Nagual, versammelten den gefährlichen Teil deiner zweiten Aufmerksamkeit auf einem Haufen, und das ist die Gestalt, die aus deinem Kopf hervorkam. Dies geschieht nämlich, wie er sagte, bei Zauberern, wenn sie Kraftpflanzen einnehmen. Falls sie nicht sterben, wirbeln und formen die Kraftpflanzen ihre zweite Aufmerksamkeit zu jener schrecklichen Gestalt, die aus ihrem Kopf kommt.

Und jetzt kommt das, was er von dir verlangt: Er sagte nämlich, du mußt jetzt deine Richtung ändern und anfangen, deine zweite Aufmerksamkeit auf andere Weise zu sammeln, ähnlich wie wir es tun. Denn du kannst nicht auf dem Weg des Wissens bleiben, solange du nicht deine zweite Aufmerksamkeit ins Gleichgewicht bringst. Bis jetzt wurde diese deine Aufmerksamkeit durch die Kraft des Naguals gestützt, aber jetzt bist du auf dich allein gestellt. Das ist's, was ich dir sagen sollte.«

»Wie kann ich meine zweite Aufmerksamkeit ins Gleichgewicht bringen?«
»Du mußt *träumen* wie wir es tun. Das *Träumen* ist die einzige Möglichkeit, die zweite Aufmerksamkeit zu sammeln, ohne sie zu beschädigen, ohne aus ihr etwas Bedrohliches, etwas Furchtbares zu machen. Deine zweite Aufmerksamkeit ist auf die häßliche Seite der Welt fixiert; unsere ist auf ihre Schönheit gerichtet. Du mußt also die Front wechseln und mit uns kommen. Und dafür hast du dich ja gestern abend entschieden, als du bereit warst, bei uns zu bleiben.«
»Könnte diese Gestalt jederzeit aus mir herauskommen?«
»Nein. Der Nagual sagte, sie wird erst dann wieder zum Vorschein kommen, wenn du so alt bist wie er. Dein Nagual ist so oft hervorgetreten, wie es nötig war. Dafür haben der Nagual und Genaro gesorgt. Sie haben es aus dir hervorgelockt. Der Nagual hat mir erzählt, daß du manchmal nur um Haaresbreite dem Tod entgangen bist, weil deine zweite Aufmerksamkeit sehr dazu neigt, sich gehenzulassen. Einmal, sagte er, hast du sogar ihm Angst gemacht; dein Nagual griff ihn an und er mußte ihm etwas vorsingen, um es zu beruhigen. Das Schlimmste aber widerfuhr dir eines Tages in Mexico City; er gab dir einen Stoß, und du stürztest in die Schalterhalle einer Fluggesellschaft, und dort, in der Schalterhalle, gingst du durch den Spalt zwischen den Welten. Der Nagual hatte nur beabsichtigt, deine Aufmerksamkeit vom Tonal abzulenken; du grämtest dich furchtbar über irgendeinen Unsinn. Aber als er dir diesen Stoß gab, schrumpfte dein ganzes Tonal zusammen, und dein ganzes Sein verschwand durch den Spalt. Es kostete ihn höllische Mühe, dich wiederzufinden. Einen Moment meinte er sogar, du wärst so weit gegangen, daß er dich nicht mehr erreichen könnte. Aber dann *sah* er dich, wie du ziellos durch die Gegend streiftest, und er holte dich zurück. Wie er mir sagte, hast du den Spalt zwischen den Welten gegen zehn Uhr morgens passiert. Zehn Uhr morgens, das war von da an dein neuer Zeitpunkt.«
»Mein neuer Zeitpunkt? Wofür?«
»Für alles. Falls du ein Mensch bleibst, wirst du um diese Zeit sterben. Falls du ein Zauberer wirst, wirst du um diese Zeit die Welt verlassen.
Auch Eligio hat einen anderen Weg eingeschlagen – einen Weg,

den keiner von uns kennt. Wir trafen ihn, kurz bevor er fortging. Eligio war ein ganz fabelhafter Träumer. Er war so gut, daß der Nagual und Genaro ihn manchmal durch den Spalt zwischen den Welten mitnahmen, und er hatte die Kraft, es auszuhalten, als sei nichts dabei. Nicht einmal sein Atem beschleunigte sich. Dann gaben der Nagual und Genario ihm mit Hilfe der Kraftpflanzen einen letzten Schwung. Er besaß diese Selbstbeherrschung und die Kraft, diesen Schwung zu nutzen. Und dieser führte ihn dorthin, wo er jetzt ist.«

»Die Genaros sagten mir«, wandte ich ein, »daß Eligio zusammen mit Benigno gesprungen ist. Stimmt das?«

»Gewiß. Als Eligio damals springen mußte, war seine zweite Aufmerksamkeit bereits in jener anderen Welt. Auch die deine war schon einmal dort, wie der Nagual mir sagte, aber für dich war es nur ein Alptraum, weil du keine Selbstbeherrschung hattest. Er sagte, daß seine Kraftpflanzen dich einseitig gemacht hatten; sie unterbrachen mit einem Schlag deine Aufmerksamkeit für das Tonal und versetzten dich direkt ins Reich deiner zweiten Aufmerksamkeit, aber sie gaben dir nicht die Herrschaft über diese Aufmerksamkeit. Eligio bekam die Kraftpflanzen des Nagual erst ganz zuletzt.«

»Sag mal, Gorda, Glaubst du, meine zweite Aufmerksamkeit wurde beschädigt?«

»Darüber hat der Nagual nichts gesagt. Er hielt dich für verrückt, aber das hat nichts mit den Kraftpflanzen zu tun. Er meinte, daß beide Seiten deiner Aufmerksamkeit unkontrollierbar sind. Könntest du sie beherrschen, dann wärst du ein großer Krieger.«

Ich wollte von ihr mehr über das Thema erfahren. Sie aber legte die Hand auf meinen Schreibblock und sagte, wir hätten einen sehr schweren Tag vor uns und müßten Energie speichern, um ihn zu überstehen. Darum sollten wir unsre Energie mit dem Licht der Sonne aufladen. Unsere Situation – sagte sie – verlangte, daß wir das Sonnenlicht mit dem linken Auge aufnähmen. Sie begann ihren Kopf langsam hin und her zu schwenken, wobei sie mit halb geschlossenen Augen genau in die Sonne blickte.

Kurz darauf kamen Lidia, Rosa und Josefina zu uns. Lidia setzte sich rechts von mir, Josefina setzte sich neben sie, und Rosa setzte sich neben la Gorda. Alle lehnten sie sich mit dem Rücken gegen die Pfähle. Ich saß in der Mitte unsrer Reihe.

Es war ein klarer Tag. Die Sonne stand knapp über den fernen Bergen. Die Frauen bewegten ihre Köpfe inzwischen in völligem Gleichtakt. Ich schloß mich ihnen an und hatte das Gefühl, daß auch ich mich im gleichen Takt mit ihnen bewegte. So machten sie noch eine Minute weiter, dann hörten sie auf.
Alle trugen sie Hüte, mit deren Krempen sie ihr Gesicht gegen das Sonnenlicht abschirmten, wenn sie nicht ihre Augen darin badeten. La Gorda hatte mir meinen alten Hut aufgesetzt.
So saßen wir etwa eine halbe Stunde. Während dieser Zeit wiederholten wir die oben beschriebene Übung unzählige Male. Ich hatte versucht, jedesmal ein Zeichen auf meinem Notizblock zu machen, aber la Gorda hatte ihn wie unabsichtlich weggeschubst.
Plötzlich stand Lidia auf und murmelte etwas Unverständliches. La Gorda beugte sich zu mir herüber und flüsterte mir zu, die Genaros kämen gerade die Straße entlang. Ich strengte meine Augen an, sah aber nichts. Jetzt standen auch Rosa und Josefina auf und gingen mit Lidia ins Haus.
Ich sagte zu la Gorda, ich sähe niemanden kommen. Sie antwortete, die Genaros seien an einer bestimmten Stelle der Straße sichtbar gewesen. Dann erklärte sie, sie haben den Moment gefürchtet, da wir alle zusammentreffen würden. Allerdings habe sie fest darauf vertraut, daß ich die Situation meistern könne. Sie riet mir, gegenüber Josefina und Pablito besonders vorsichtig zu sein, weil sie so unbeherrscht wären. Es sei das gescheiteste, meinte sie, wenn ich später, etwa nach einer Stunde, mit den Genaros fortgehen würde.
Ich schaute noch immer zur Straße hinab. Aber da war niemand zu sehen.
»Bist du sicher, daß sie kommen?« fragte ich.
Sie antwortete, sie selbst habe die Genaros nicht gesehen, sondern Lidia. Lidia habe sie sehen können, weil sie gegafft und dabei ihre Augen im Sonnenlicht gebadet habe. Ich verstand nicht, was la Gorda meinte, und bat sie um eine Erklärung.
»Wir sind Gaffer«, sagte sie. »Genau wie du. Wir alle sind gleich. Es hat keinen Zweck zu leugnen, daß du ein Gaffer bist. Der Nagual hat mir erzählt, welche Großtaten du im Gaffen vollbracht hast.«
»Großtaten . . . im Gaffen! Was redest du da, Gorda?«

Sie verzog den Mund, fast schien sie durch meine Frage beleidigt. Dann aber fing sie sich wieder. Sie lächelte und gab mir einen leichten Schubs.
Im gleichen Moment lief ein kurzes Beben durch ihren Körper. Sie starrte an mir vorbei ins Leere, dann schüttelte sie heftig den Kopf. Sie sagte, sie habe soeben ›gesehen‹, daß die Genaros gar nicht kämen; es sei noch zu früh für sie. Sie wollten noch eine Weile warten, bevor sie auftauchten. La Gorda lächelte, als ob sie mit dieser Verzögerung zufrieden sei.
»Für uns wär's ohnehin zu früh, wenn sie jetzt kämen«, sagte sie. »Und ihnen geht es mit uns genauso.«
»Wo sind sie jetzt?« fragte ich.
»Wahrscheinlich hocken sie irgendwo am Straßenrand«, erwiderte sie.
»Ganz sicher hat Benigno unterwegs zu unserm Haus gegafft und uns hier sitzen sehen. Darum haben sie wohl beschlossen zu warten. Das ist gut. Das gibt uns noch etwas Zeit.«
»Du machst mir Angst, Gorda. Wozu brauchen wir Zeit?«
»Du mußt heute deine zweite Aufmerksamkeit abrunden – nur für uns vier.«
»Wie soll ich das machen?«
»Ich weiß nicht. Du bist für uns ein Rätsel. Der Nagual hat durch seine Kraftpflanzen irgend etwas mit dir angestellt, aber du kannst dies nicht als Wissen beanspruchen. Das ist's ja, was ich dir die ganze Zeit sagen wollte. Nur wenn du deine zweite Aufmerksamkeit zu beherrschen lernst, kannst du etwas damit anfangen, sonst bleibst du immer halbwegs zwischen beiden fixiert, wie du es jetzt bist. Alles, was dir seit deiner Ankunft widerfahren ist, hat den Zweck gehabt, diese Aufmerksamkeit herumzuwirbeln. Ich habe dir nach und nach die entsprechenden Anweisungen gegeben, wie der Nagual es mir auftrug. Da du einen anderen Weg gegangen bist, weißt du nichts von den Dingen, die wir wissen, wie auch wir nichts von den Kraftpflanzen wissen. Soledad weiß ein bißchen mehr, weil der Nagual sie in seine Heimat mitgenommen hat. Nestor weiß etwas über Heilpflanzen, aber keiner von uns wurde so umfassend unterwiesen wie du. Heute brauchen wir dein Wissen noch nicht. Eines Tages aber, wenn wir bereit sind, wirst du derjenige sein, der weiß, was geschehen muß, um uns mit Hilfe der Kraftpflanzen einen letzten Schwung zu geben. Ich bin

die einzige, die weiß, wo die Pfeife des Nagual versteckt liegt; sie wartet auf diesen Tag.
Der Befehl des Nagual lautet, daß du deinen Weg ändern und mit uns gehen mußt. Das bedeutet, daß du dich mit uns im *Träumen* und mit den Genaros im Pirschen üben mußt. Du kannst es dir nicht leisten, noch länger dort zu bleiben, wo du bist – auf der häßlichen Seite deiner zweiten Aufmerksamkeit. Noch ein Schock deines Nagual, das aus dir hervorkommt, und du könntest tot sein. Der Nagual hat mir gesagt, daß die Menschen zerbrechliche Geschöpfe sind, zusammengefügt aus vielen leuchtenden Schichten. Wenn du sie *siehst,* dann scheint es, als hätten sie Fasern, aber diese Fasern sind in Wirklichkeit Schichten, wie bei einer Zwiebel. Solche Schocks können diese Schichten voneinander trennen und den Menschen sogar töten.«
Sie stand auf und führte mich in die Küche. Wir setzten uns. Lidia, Rosa und Josefina beschäftigten sich draußen auf dem Hof. Ich konnte sie nicht sehen, aber ich hörte sie sprechen und lachen.
»Der Nagual hat gesagt, daß wir sterben, weil unsere Schichten getrennt werden«, sagte la Gorda. »Solche Schocks trennen die Schichten immer, aber sie wachsen wieder zusammen. Manchmal aber ist der Schock so stark, daß die Schichten sich lösen und nicht wieder zusammenwachsen.
»Hast du diese Schichten schon mal gesehen, Gorda?«
»Sicher. Ich *sah* einen Mann auf der Straße sterben. Der Nagual hat mir erzählt, daß auch du einmal einen sterbenden Mann sahst, aber du *sahst* nicht seinen Tod. Der Nagual half mir, die Schichten des sterbenden Mannes zu *sehen.* Sie waren wie die Schalen einer Zwiebel. Wenn ein Mensch gesund ist, dann sieht er aus wie ein leuchtendes Ei. Aber wenn er verletzt ist, fängt er an sich zu schälen, wie eine Zwiebel.
Der Nagual hat mir gesagt, daß deine zweite Aufmerksamkeit manchmal so stark war, daß sie ganz herausdrängte. Er und Genaro mußten deine Schichten zusammenhalten; sonst wärst du gestorben. Das ist auch der Grund, warum er meinte, daß du vielleicht genügend Energie haben würdest, um dein Nagual zweimal hervorkommen zu lassen. Er glaubte, du könntest vielleicht selbst deine Schichten zweimal zusammenhalten. Du hast es sogar öfter getan, und jetzt bist du am Ende; du hast nicht mehr die Energie, um bei einem weiteren Schock deine Schichten

beisammenzuhalten. Der Nagual hat mich beauftragt, auf euch alle aufzupassen. Was dich betrifft, so soll ich dir helfen, deine Schichten zu festigen. Der Nagual hat gesagt, daß der Tod die Schichten auseinanderschiebt. Er erklärte mir auch, daß das Zentrum unsrer Leuchtkraft, nämlich die Aufmerksamkeit für das Nagual, immer herausdrängt – und dies ist's, was die Schichten voneinander löst. Darum fällt es dem Tod leicht, hineinzuschlüpfen und sie ganz auseinanderzuschieben. Zauberer brauchen all ihre Kraft, um ihre Schichten festzuhalten. Deshalb lehrte der Nagual uns das *Träumen*. Das *Träumen* festigt die Schichten. Wenn ein Zauberer *träumen* lernt, dann verbindet er seine zwei Seiten der Aufmerksamkeit, und jenes Zentrum braucht nicht mehr hervorzudringen.«

»Willst du damit sagen, daß Zauberer nicht sterben?«

»Richtig. Zauberer sterben nicht.«

»Meinst du, daß keiner von uns sterben wird?«

»Ich habe nicht von uns gesprochen. Wir sind nichts. Wir sind Wechselbälger – weder ganz hier, noch ganz dort. Ich habe von Zauberern gesprochen. Der Nagual und Genaro sind Zauberer. Bei ihnen sind die beiden Seiten der Aufmerksamkeit so fest verbunden, daß sie wahrscheinlich nie sterben werden.«

»Hat der Nagual dir das gesagt, Gorda?«

»Ja, er und Genaro, beide sagten sie es. Kurz bevor sie fortgingen, erklärte der Nagual uns die Kraft der Aufmerksamkeit. Bis dahin wußte ich nichts von Tonal und Nagual.«

Und nun berichtete la Gorda, wie Don Juan sie über jenes entscheidende Gegensatzpaar Tonal/Nagual aufgeklärt hatte. Eine Tages, so erzählte sie, hatte der Nagual sie alle zusammengerufen, um sie auf eine lange Wanderung zu einem einsamen Felsental in den Bergen mitzunehmen. Er schnürte ein großes schweres Bündel, in das er alle möglichen Sachen tat – sogar Pablitos Kofferradio. Dann gab er Josefina das Bündel zu tragen. Pablito legte er einen schweren Tisch auf die Schultern, und so marschierten sie los. Während sie die vierzig Meilen zu jenem Ort in den Bergen wanderten, ließ er sie alle abwechselnd das schwere Bündel und den Tisch tragen. Als sie ankamen, befahl der Nagual Pablito, den Tisch genau in die Mitte des Tales zu stellen. Dann forderte er Josefina auf, den Inhalt des Bündels auf den Tisch zu legen. Als der Tisch vollgepackt war, erklärte er ihnen den

Unterschied zwischen Tonal und Nagual, ähnlich wie er ihn mir damals in einem Restaurant in Mexico City erläutert hatte – nur daß sein Beispiel in ihrem Fall unendlich viel anschaulicher war.
Das Tonal, erklärte er ihnen, ist die Ordnung, die wir in unserer Alltagswelt wahrnehmen, und zugleich auch die persönliche Ordnung, die wir ein Leben lang auf den Schultern tragen, wie sie den Tisch und das Bündel getragen hatten. Das persönliche Tonal eines jeden von uns ist wie der Tisch in jenem Tal – eine winzige Insel voller uns vertrauter Dinge. Das Nagual dagegen ist die unerklärliche Ursache, die den Tisch an seinem Ort hält. Es ist wie die Leere dieses Wüstentales.
Die Zauberer, sagte er, sind verpflichtet, ihr Tonal aus der Ferne zu beobachten, um besser zu begreifen, was wirklich um sie her geschieht. Er forderte sie auf, zu einem Felsgrat hinaufzusteigen, von wo sie die ganze Gegend überblicken konnten. Der Tisch war von dort oben kaum zu sehen. Dann forderte er sie auf, zum Tisch zurückzugehen und sich über ihn zu beugen; damit demonstrierte er ihnen, daß der gewöhnliche Mensch nicht das Verständnis eines Zauberers haben kann, weil der gewöhnliche Mensch direkt vor seinem Tisch steht und alles, was sich dort befindet, festhält.
Dann forderte er sie – der Reihe nach – auf, mit einem raschen Blick die Objekte auf dem Tisch zu erfassen und stellte ihr Gedächtnis auf die Probe, indem er das eine oder andre Stück wegnahm und versteckte, um zu sehen, ob sie sich die Dinge aufmerksam eingeprägt hatten. Alle bestanden die Probe anstandslos. Daß sie sich so leicht an die Dinge auf dem Tisch erinnern konnten, so sagte er, war durch die Tatsache bedingt, daß sie ihre Aufmerksamkeit für das Tonal – oder die Aufmerksamkeit über dem Tisch – entwickelt hatten.
Alsdann forderte er sie auf, mit einem raschen Blick all das zu erfassen, was sich unter dem Tisch auf der Erde befand, und prüfte ihr Gedächtnis, indem er Steinchen, Zweige und dergleichen entfernte. Keiner von ihnen konnte sich genau erinnern, was er unter dem Tisch gesehen hatte.
Jetzt wischte der Nagual alles vom Tisch und forderte sie der Reihe nach auf, sich bäuchlings auf den Tisch zu legen und den Boden darunter sorgfältig zu betrachten. Denn für einen Zauberer, so erklärte er ihnen, ist das Nagual genau die Fläche unter

dem Tisch. Da es unvorstellbar ist, die Unendlichkeit des Nagual zu erfassen – im Beispiel dargestellt durch die öde Weite des Wüstentales –, wählen die Zauberer als Tätigkeitsfeld die Fläche unmittelbar unter der Insel des Tonal – veranschaulicht durch den Boden unter dem Tisch. Diese Fläche ist also jener Bereich, den er die zweite Aufmerksamkeit oder Aufmerksamkeit für das Nagual – oder die Aufmerksamkeit unter dem Tisch – nannte. Diese Aufmerksamkeit wird erst erreicht, nachdem der Krieger die Fläche seines Tisches leergefegt hatte. Das Erreichen der zweiten Aufmerksamkeit, so sagte er, macht aus den zwei Seiten der Aufmerksamkeit eine einzige Einheit, und diese Einheit ist die Ganzheit des Selbst.

Diese Demonstration, so erzählte la Gorda, war für sie so eindeutig, daß sie sofort verstand, warum der Nagual sie gezwungen hatte, ihr eigenes Leben aufzuräumen, ihre Insel des Tonal leerzufegen, wie sie sagte. Es sei ein Glück für sie, so meinte sie, daß sie alle Anweisungen, die er ihr gab, befolgt hatte. Sie sei noch immer weit davon entfernt, ihre beiden Seiten der Aufmerksamkeit zu vereinigen, aber ihr Eifer habe sie zu einem makellosen Leben befähigt, und dies sei, wie er ihr versichert hatte, der einzige Weg, um die menschliche Form zu verlieren. Die menschliche Form verlieren, das sei nämlich die wesentliche Voraussetzung für die Vereinigung der beiden Seiten der Aufmerksamkeit.

»Die Aufmerksamkeit unter dem Tisch ist der Schlüssel zu allem was die Zauberer tun«, fuhr sie fort. »Um diese Aufmerksamkeit zu erreichen, lehrten der Nagual und Genaro uns das *Träumen*, und du wurdest im Gebrauch der Kraftpflanzen unterwiesen. Ich weiß nicht, wie sie es machten, als sie dich lehrten, deine zweite Aufmerksamkeit mit Hilfe der Kraftpflanzen einzufangen; aber um uns das Träumen zu lehren, lehrte der Nagual uns das Gaffen. Er hat uns nie erklärt, was er da eigentlich mit uns machte. Er lehrte uns nur zu spähen. Wir haben nie gewuß, daß das Gaffen ein Mittel war, unsere zweite Aufmerksamkeit einzufangen. Wir meinten, das Gaffen sei nur so zum Spaß. Aber das war es nicht. Träumer müssen zuerst Gaffer sein, bevor sie die zweite Aufmerksamkeit einfangen können.

Als erstes legte der Nagual ein trockenes Blatt auf den Boden und ließ es mich stundenlang anschauen. Jeden Tag brachte er so ein

Blatt und legte es vor mich hin. Zuerst dachte ich, es sei immer dasselbe Blatt, aber dann bemerkte ich, daß es verschiedene Blätter waren. Wenn wir dies erkennen, sagte der Nagual, dann schauen wir nicht mehr, sondern wir gaffen.
Dann legte er einen ganzen Haufen trockenes Laub vor mich hin. Er befahl mir, mit der linken Hand darin herumzurühren und die Blätter zu fühlen, während ich sie angaffte. Ein Träumer bewegt die Blätter in Spiralen, gafft sie an und träumt anschließend von den Mustern, die die Blätter bilden. Der Nagual sagte, daß der Träumer von sich behaupten darf, das Blätter-Gaffen zu beherrschen, wenn er zuerst von den Mustern der Blätter träumt und dann am nächsten Tag die gleichen Muster in seinem Haufen dürren Laubes wiederfindet.
Das Angaffen der Blätter, sagte der Nagual, stärkt die zweite Aufmerksamkeit. Wenn du so einen Blätterhaufen stundenlang angaffst, wie er's von mir verlangte, dann werden deine Gedanken still. Und ohne die Gedanken schwindet die Aufmerksamkeit für das Tonal, und deine zweite Aufmerksamkeit heftet sich an die Blätter, und dann werden die Blätter zu etwas andrem. Den Augenblick, wenn die zweite Aufmerksamkeit sich an etwas heftet, nannte der Nagual das ›Anhalten der Welt‹. Und das ist richtig: die Welt steht dann still. Aus diesem Grund sollte immer jemand bei dir sein, wenn du gaffst. Wir wissen nie, auf welche Tricks unsre zweite Aufmerksamkeit verfällt. Da wir sie nie zuvor geübt haben, müssen wir uns erst mit ihr vertraut machen, bevor wir es wagen dürfen, allein zu gaffen.
Die Schwierigkeit beim Gaffen ist, daß man lernen muß, die Gedanken zum Schweigen zu bringen. Dies, sagte der Nagual, habe er uns mit Hilfe der trockenen Blätter gelehrt, weil wir immer die nötigen Blätter finden könnten, wenn wir gaffen wollten. Aber alles andre wäre genauso geeignet.
Sobald du die Welt anhalten kannst, bist du ein Gaffer. Und da man die Welt anzuhalten nur lernen kann, indem man es immer wieder übt, ließ der Nagual uns jahrelang trockene Blätter angaffen. Ich glaube, es ist das beste Mittel, um zu unserer zweiten Aufmerksamkeit zu gelangen.
Und dann kombinierte er das Angaffen trockener Blätter mit dem Suchen der Hände beim Träumen. Ich brauchte etwa ein Jahr, um meine Hände zu finden, und vier Jahre, um die Welt

anzuhalten. Sobald es dir gelungen ist, deine zweite Aufmerksamkeit mit Hilfe der trockenen Blätter einzufangen, so sagte der Nagual, mußt du dich im Gaffen und *Träumen* üben, um sie auszuweiten. Das ist alles, was ich über das Gaffen weiß.«

»Wie du es darstellst, klingt es sehr einfach, Gorda.«

»Alles, was die Tolteken tun, ist sehr einfach. Um unsere zweite Aufmerksamkeit einzufangen, so sagte der Nagual, brauchen wir nichts andres zu tun, als es immer wieder üben. Wir alle konnten die Welt anhalten, indem wir trockene Blätter angafften. Bei dir und Eligio war es anders. Du selbst schafftest es mit Hilfe der Kraftpflanzen, aber ich weiß nicht, welchen Weg der Nagual bei Eligio ging. Er wollte mir nie etwas darüber sagen. Von dir hat er mir erzählt, weil wir die gleiche Aufgabe haben.«

In meinen Notizen hatte ich festgehalten, daß mir vor ein paar Tagen erstmals voll zu Bewußtsein gekommen war, die Welt angehalten zu haben. Das erzählte ich ihr.

»Du hast früher als wir alle die Welt angehalten. Was, glaubst du wohl, hast du gemacht, als du all diese Kraftpflanzen nahmst? Jedenfalls hast du es nicht durchs Gaffen erreicht. Mehr weiß ich nicht.«

»War der Haufen trockener Blätter das einzige, was der Nagual euch angaffen ließ?«

»Sobald der Träumer die Welt anzuhalten versteht, kann er auch andere Dinge angaffen; und wenn der Träumer schließlich seine Form ganz verloren hat, kann er überhaupt alles angaffen. Das tue ich jetzt. Ich kann alles benutzen. Aber er ließ uns beim Gaffen eine gewisse Reihenfolge einhalten.

Zuerst gafften wir kleine Pflanzen an. Der Nagual warnte uns, daß kleine Pflanzen sehr gefährlich sind. Ihre Kraft ist konzentriert; sie haben ein ganz intensives Leuchten, und sie spüren, wenn der Träumer sie angafft; sofort bündeln sie ihr Licht und schießen es auf den Gaffer ab. Der Träumer muß eine bestimmte Sorte Pflanzen wählen, die er angafft.

Als nächstes gafften wir Bäume an. Jeder Träumer hat eine besondere Sorte Bäume, die er angafft. In dieser Hinsicht sind wir beide gleich; du und ich, wir sind Eukalyptus-Gaffer.«

Anscheinend konnte sie mir die nächste Frage vom Gesicht ablesen.

»Der Nagual sagte, daß du deine zweite Aufmerksamkeit mit

Hilfe seines Rauchs ganz leicht in Gang bringen konntest. Unzählige Male hast du deine Aufmerksamkeit auf das Lieblingstier des Nagual konzentriert – die Krähe. Einmal, so sagt er, war deine zweite Aufmerksamkeit so vollkommen auf eine Krähe konzentriert, daß sie davonflog – ganz wie normale Krähen fliegen –, und zwar zum einzigen Eukalyptusbaum, den es in der Gegend gab.«

Über dieses Erlebnis hatte ich jahrelang nachgegrübelt. Ich konnte es mir nur so erklären, daß es ein unvorstellbar komplexer Hypnosezustand war, hervorgerufen durch die in Don Juans Rauchmixtur enthaltenen psychotropen Pilze – in Verbindung mit seiner immensen Erfahrung in der Manipulation menschlichen Verhaltens. Er hatte mir wohl eine Wahrnehmungstäuschung suggeriert, die mich befähigte, mich in eine Krähe zu verwandeln und die Welt als Krähe wahrzunehmen. Die Folge war, daß ich die Welt auf eine Weise wahrnahm, die unmöglich mit meinem bisherigen Erfahrungsschatz übereinstimmen konnte.« La Gordas Erklärung hatte mir jetzt den Sachverhalt etwas vereinfacht.

Als nächstes, so fuhr sie fort, habe der Nagual sie lebendige, bewegliche Geschöpfe angaffen lassen. Kleine Insekten seien dazu am besten geeignet, denn ihre Beweglichkeit mache sie für den Gaffer ungefährlich – anders als die Pflanzen, die ihr Licht direkt aus der Erde bezögen.

Die nächste Übung bestand darin, Steine anzugaffen. Die Steine, sagte sie, seien sehr alt und mächtig und hätten ein bestimmtes Leuchten, eher grünlich – im Gegensatz zum weißen Leuchten der Pflanzen und dem gelblichen Leuchten der beweglichen Lebewesen. Die Steine öffneten sich dem, der sie angaffe, nicht so leicht, aber der Gaffer dürfe nicht aufgeben, denn die Steine enthielten in ihrem Inneren besondere Geheimnisse, die dem Zauberer beim ›Träumen‹ helfen könnten.

»Was ist's denn, das die Steine dir offenbaren?«

»Wenn ich tief in den Kern eines Steines gaffe«, sagte sie, »fange ich immer einen besonderen Duft auf, der diesem Stein eigentümlich ist. Wenn ich beim *Träumen* durch die Gegend streife, weiß ich immer, wo ich bin, weil diese Düfte mich leiten.«

Die Tageszeit, erzählte sie weiter, sei beim Angaffen von Steinen und Bäumen besonders wichtig. Frühmorgens seien Bäume und

Steine starr, und ihr Licht sei schwach. Gegen Mittag seien sie am stärksten, und wenn man sie um diese Tageszeit angaffe, könne man sich ihr Leuchten und ihre Kraft aneignen. Am Spätnachmittag und am frühen Abend seien Bäume und Steine still und traurig, besonders die Bäume. Um diese Tageszeit vermittelten die Bäume dem Gaffer das Gefühl, als erwiderten sie seinen Blick.

Die nächste Gaff-Übung bestand nun darin, immer wiederkehrende Phänomene anzugaffen – zum Beispiel Regen und Nebel. Der Gaffer, so sagte sie, könne seine zweite Aufmerksamkeit auf den Regen konzentrieren und sich durch ihn fortbewegen – oder er könne sich auf den Hintergrund konzentrieren und den Regen als eine Art Vergrößerungsglas benutzen, das ihm verborgene Erscheinungen offenbare. Orte der Kraft und Orte, die man meiden soll, ließen sich finden, indem man durch den Nebel gafft. Orte der Kraft leuchteten gelblich, und Orte, die man meiden soll, seien kräftig grün.

Der Nebel, sagte la Gorda, sei für den Gaffer ohne Zweifel das größte Wunder auf Erden; er könne ihn, genau wie den Regen, auf zweierlei Weise nutzen. Einer Frau aber erschließe er sich nicht so leicht. Für sie selbst, sagte sie, sei er unerreichbar, auch jetzt noch, wo sie ihre menschliche Form verloren habe. Einmal aber habe der Nagual sie einen grünlichen Schleier über einer Nebelbank ›sehen‹ lassen. Dies sei die zweite Aufmerksamkeit eines Nebel-Gaffers, hatte er ihr erklärt, der dort in den Bergen lebe und auf dem Nebel durch die Gegend reise. Der Nebel, fuhr sie fort, sei dazu geeignet, die Geister von verschwundenen Dingen zu entdecken, und die wahre Leistung des Nebel-Gaffers bestünde darin, seine zweite Aufmerksamkeit in das zu versenken, was sein Gaffen ihm offenbare.

Da erzählte ich ihr, daß ich einmal, als ich mit Don Juan in den Bergen war, gesehen hatte, wie eine Brücke sich aus einer Nebelbank formte. Ich war damals erschrocken, wie präzise und klar alle Einzelheiten dieser Brücke sich abzeichneten. Sie erschien mir mehr als real. Das Schauspiel war so intensiv und lebhaft, daß ich es nie vergessen konnte. Don Juan hatte dazu bemerkt, daß ich eines Tages diese Brücke würde überschreiten müssen.

»Ich weiß«, sagte sie. »Der Nagual hat mir gesagt, daß du eines Tages, wenn du die Herrschaft über deine zweite Aufmerksam-

keit erlangt hast, mit Hilfe dieser Aufmerksamkeit diese Brücke überschreiten wirst – ähnlich wie du mit Hilfe dieser Aufmerksamkeit wie eine Krähe fliegen konntest. Wenn du erst ein Zauberer bist, sagte er, wird sich aus dem Nebel eine Brücke für dich bilden, und du wirst sie überschreiten und für immer aus dieser Welt verschwinden, genau wie er es getan hat.«
»Ist er selbst so verschwunden – über eine Brücke?«
»Nein, nicht über eine Brücke. Aber du hast mit eigenen Augen gesehen, wie er und Genaro durch den Spalt zwischen den Welten gingen. Nestor erzählte mir, daß nur Genaro euch Lebewohl winkte, als ihr das letzte Mal mit ihnen zusammen wart; der Nagual winkte nicht, weil er damit beschäftigt war, den Spalt zu öffnen. Der Nagual sagte, wenn es einmal so weit ist, die zweite Aufmerksamkeit einzufordern und zu sammeln, dann braucht es nur die eine Bewegung, die Tür zu öffnen. Das ist das Geheimnis der toltekischen Zauberer, wenn sie einmal formlos geworden sind.«
Ich wollte sie fragen, wie Don Juan und Don Genaro durch diesen Spalt gegangen seien. Sie legte mir sachte die Hand auf den Mund und gebot mir Schweigen. Und dann erzählte sie mir von einer weiteren Reihe von Übungen, die darin bestanden, auf Wolken und in die Ferne zu gaffen. In beiden Fällen müsse der Gaffer seine zweite Aufmerksamkeit an die Stelle heften, die er angafft. So könne er große Entfernungen zurücklegen und auf den Wolken reiten. Was die Wolken betraf, so erlaubte der Nagual ihnen nie, Gewitterwolken anzugaffen. Er sagte, sie müßten zuerst formlos werden, bevor sie sich darauf einlassen dürften. Dann aber könnten sie nicht nur auf einer Gewitterwolke, sondern sogar auf dem Blitz reiten.
La Gorda lachte und meinte, ich solle mal raten, wer wohl verrückt und verwegen genug wäre, es zu wagen und Gewitterwolken anzugaffen. Niemand sonst als Josefina, meinte ich. La Gorda erzählte, daß Josefina – immer wenn der Nagual fort war – Gewitterwolken angegafft habe, bis sie eines Tages beinah vom Blitz erschlagen wurde.
»Genaro war ein Blitz-Zauberer«, fuhr sie fort. »Seine ersten beiden Lehrlinge, Benigno und Nestor, waren ihm von seinem Freund, dem Donner, gezeigt worden. Damals, so erzählte er, suchte er nach Heilpflanzen, und zwar in einer sehr entlegenen

Gegend, wo die Indianer zurückgezogen leben und keine fremden Besucher wünschen. Genaro hatten sie die Erlaubnis gegeben, sich in ihrem Land aufzuhalten. Während Genaro also seine Pflanzen sammelte, fing es an zu regnen. In der Nähe gab es zwar ein paar Häuser, aber die Leute dort waren feindselig, und er wollte sie nicht belästigen. Er wollte gerade in einer Höhle Schutz suchen, als er einen jungen Mann sah, der auf einem schwer bepackten Fahrrad die Straße entlang fuhr. Es war Benigno, ein Mann aus der Stadt, der mit diesen Indianern Handel trieb. Sein Fahrrad blieb im Schlamm stecken, und genau dort, an dieser Stelle, traf ihn der Blitz. Genaro glaubte schon, er sei erschlagen worden. Die Leute in den Häusern hatten den Vorfall beobachtet und kamen herbeigelaufen. Benigno war mehr erschrocken als verletzt, doch seine Waren und sein Fahrrad waren hin. Genaro blieb eine Woche bei ihm und heilte ihn.

Mit Nestor war es beinah genauso. Er kaufte immer Heilpflanzen von Genaro, und eines Tages folgte er ihm in die Berge; er wollte sehen, wo Genaro seine Pflanzen holte, damit er nicht mehr dafür bezahlen müßte. Genaro ging absichtlich sehr weit ins Gebirge; er hatte die Absicht, Nestor in die Irre zu führen. Es regnete nicht, aber am Himmel hingen Gewitterwolken, und plötzlich schlug ein Blitz in die Erde und zischte wie eine Schlange über den Boden. Er schoß direkt zwischen Nestors Beinen hindurch und schlug zehn Meter entfernt in einen Stein.

Der Blitz, so sagte Genaro, hatte Nestors Beine innen versengt. Seine Hoden waren geschwollen, und er wurde sehr krank. Genaro mußte ihn dort in den Bergen eine Woche lang pflegen.

Als Benigno und Nestor geheilt waren, da waren sie auch gefangen. Männer müssen gefangen werden. Frauen brauchen das nicht. Frauen kommen frei zu allen Dingen. Das ist ihre Kraft, gleichzeitig aber auch ihr Nachteil. Männer müssen geführt werden, und Frauen müssen gezügelt werden.«

Sie kicherte und meinte, in ihr steckte wohl ein guter Teil Männlichkeit, denn sie müsse geführt werden. In mir aber stecke eine Menge Weiblichkeit, denn ich müsse gebändigt werden.

Die letzte Reihe von Übungen war das Angaffen von Feuer, Rauch und Schatten. Für einen Gaffer, sagte sie, sei das Feuer nicht hell, sondern schwarz, und dies gelte auch für den Rauch. Schatten hingegen leuchteten und hätten Farbe und Bewegung.

Und dann gab es noch zwei Dinge, die gut unterschieden werden mußten: das Sterne- und das Wasser-Gaffen. Sterne-Gaffen, sagte sie, sei etwas für Zauberer, die ihre menschliche Form schon verloren haben. Sie selbst sei schon recht gut im Sterne-Gaffen; schwerer falle es ihr, Wasser anzugaffen, besonders fließendes Wasser, das formlose Zauberer nutzten, um ihre zweite Aufmerksamkeit zu sammeln und sich durch sie an jeden beliebigen Ort transportieren zu lassen.
»Wir alle fürchten uns vor dem Wasser«, fuhr sie fort. »Ein Fluß sammelt die zweite Aufmerksamkeit und nimmt sie mit sich fort; und es ist unmöglich, ihn aufzuhalten. Der Nagual hat mir von deinen Leistungen beim Wasser-Gaffen erzählt. Aber er sagte auch, daß du dich einmal im Wasser eines seichten Baches beinah aufgelöst hättest und daß du jetzt nicht einmal mehr ein Bad nehmen kannst.«
Don Juan hatte mich viele Male, wenn ich unter dem Einfluß seiner Rauchmixtur stand, auf das Wasser eines Bewässerungsgrabens hinter seinem Haus starren lassen. Dabei hatte ich unglaubliche Dinge erlebt. Einmal sah ich mich selbst ganz grün, als sei ich von Algen überzogen. Danach empfahl er mir, hinfort das Wasser zu meiden.
»Wurde meine zweite Aufmerksamkeit durch das Wasser beschädigt?« fragte ich.
»Ja«, erwiderte sie. »Du bist ein Mann, der sich gern gehenläßt. Der Nagual ermahnte dich zur Vorsicht, aber beim fließenden Wasser hast du deine Grenzen überschritten. Der Nagual sagte, du hättest dir wie kein andrer das Wasser zunutze machen können, aber es war eben nicht dein Schicksal, dich zu mäßigen.«
Sie zog ihren Schemel näher zu mir heran.
»Das ist alles, was ich über das Gaffen weiß«, sagte sie. »Aber es gibt noch andere Dinge, die ich dir sagen muß, bevor du gehst.«
»Was denn, Gorda?«
»Bevor ich dir das sage, mußt du vor allem deine zweite Aufmerksamkeit für die Schwesterchen und mich abrunden.«
»Ich fürchte, das kann ich nicht.«
La Gorda stand auf und ging ins Haus. Kurz darauf kam sie mit einem kleinen, festen runden Kissen zurück; es bestand aus der gleichen Naturfaser, aus der die Indianer dort Netze knüpfen. Wortlos führte sie mich wieder zur Veranda vor dem Haus.

Dieses Kissen, so sagte sie, hatte sie selbst für sich gemacht, als sie das Gaffen lernte, denn beim Gaffen sei die Körperhaltung sehr wichtig. Dabei müsse man, erklärte sie, am Boden auf einem weichen Blätterteppich oder auf einem weichen Kissen aus Naturfasern sitzen. Mit dem Rücken müsse man sich gegen einen Baum oder einen flachen Stein lehnen. Der Körper müsse ganz entspannt sein. Die Augen dürfe man nie auf das Objekt fixieren, damit sie nicht ermüden. Das Gaffen bestand nun darin, daß man den Blick ganz langsam – im Gegensinn des Uhrzeigers – über den angegafften Gegenstand gleiten ließ, ohne den Kopf zu bewegen. Der Nagual, so erzählte sie, hatte ihnen befohlen, diese dicken Pfähle im Boden einzulassen, damit sie sich dagegen lehnen konnten.

Sie wies mich nun an, mich auf ihr Kissen zu setzen und mich mit dem Rücken gegen einen der Pfähle zu lehnen. Sie sagte, sie wolle mich anleiten, einen Ort der Kraft anzugaffen, den der Nagual zwischen den runden Hügeln jenseits des Tales gehabt hatte. Indem ich ihn angaffte, so hoffte sie, würde ich die nötige Energie ansammeln, um meine zweite Aufmerksamkeit abzurunden.

Sie setzte sich links neben mich und fing an mir Anweisungen zu geben. Flüsternd befahl sie mir, meine Augen halb geschlossen zu halten und eine Stelle anzugaffen, wo zwei riesige runde Hügel zusammenstießen. Dort befand sich eine enge, steile Schlucht. Diese besondere Art zu gaffen, so sagte sie, bestand aus vier verschiedenen Handlungen. Als erstes sollte ich mit meiner Hutkrempe die Sonnenstrahlen abschirmen, so daß nur eine minimale Lichtmenge in meine Augen fiel; dann sollte ich die Augenlider halb schließen. Der dritte Schritt bestand darin, meine Augenlider in dieser Stellung zu halten, um einen gleichmäßigen Einfall der Lichtstrahlen zu gewährleisten; und als vierten Schritt sollte ich, durch das Netz der Lichtfasern zwischen meinen Wimpern, im Hintergrund die Schlucht betrachten.

Zuerst gelang es mir nicht, ihre Anweisungen zu befolgen. Die Sonne stand hoch am Himmel, und ich mußte den Kopf zurückbeugen. Ich schob den Hut in die Stirn, bis ich mit der Krempe fast das ganze Sonnenlicht abschirmen konnte. Mehr brauchte es anscheinend nicht. Kaum hatte ich die Augen halb geschlossen, als ein Lichtstrahl, der von der Krone meines Hutes auszugehen schien, buchstäblich auf meinen Wimpern explodierte; diese wirkten wie ein Filter, der ein Lichtnetz erzeugte. Ich hielt die Augen halb geschlossen und spielte eine Weile mit diesem Lichtnetz, bis ich im Hintergrund den dunklen, vertikalen Umriß der Schlucht erkennen konnte.

Jetzt befahl la Gorda mir, den mittleren Teil der Schlucht anzugaffen, bis ich einen tief dunkelbraunen Fleck entdecken würde. Dies sei, so sagte sie, ein Loch in der Wand der Schlucht, erkennbar nicht für das schauende, sondern nur für das ›sehende‹ Auge. Sie ermahnte mich, all meine Selbstkontrolle einzusetzen, sobald ich diesen Fleck ausgemacht hätte, damit er mich nicht anziehen konnte. Statt dessen sollte ich ihn wie durch ein Fernglas fixieren und angaffen. Wenn ich das Loch gefunden hätte, so sagte sie, sollte ich sie mit der Schulter anstoßen, um es sie wissen zu lassen. Sie rutschte zur Seite und lehnte sich gegen mich.

Ich mühte mich einige Zeit, die vier Handlungen gleichmäßig zu koordinieren, und dann plötzlich bildete sich in der Mitte der Schlucht ein dunkler Fleck. Ich merkte gleich, daß ich ihn nicht in der Weise sah, wie ich normalerweise zu sehen pflegte. Der dunkle Fleck war eher ein flüchtiger Eindruck, so etwas wie eine visuelle Verzerrung. Sobald meine Selbstkontrolle nachließ, verschwand er. Er kam nur dann in mein Gesichtsfeld, wenn ich die vier Handlungen unter Kontrolle hatte. Und dann fiel mir ein, daß Don Juan mich viele Male etwas Ähnliches hatte tun lassen. Dabei hängte er einen Fetzen Stoff ins Gebüsch, und zwar so, daß er sich in gerader Linie mit bestimmten geologischen Gebirgsformationen im Hintergrund befand – etwa einer Schlucht oder Felswand. Dann ließ er mich in etwa zwanzig Meter Entfernung niedersitzen und durch die Zweige der Büsche starren, wo das Tuch hing. Dies löste bei mir einen eigenartigen Wahrnehmungseffekt aus. Das Tuch, das immer eine Spur dunkler war als die geologische Formation, die ich anstarrte, wirkte zuerst wie ein Teil dieser Formation. Der Zweck der Übung war: ich sollte meine Wahrnehmung ›spielen‹ lassen, ohne sie zu analysieren. Dies mißlang mir aber jedesmal, weil ich ganz unfähig war, meine Urteilskraft auszuschalten, und meine Gedanken mündeten stets in irgendwelche rationalen Spekulationen über Einzelheiten meiner Wahrnehmungstäuschung.

Diesmal aber war ich zu keinerlei Spekulationen aufgelegt. La Gorda war keine so imposante Figur, die ich unbewußt bekämpfen zu müssen meinte, wie Don Juan es für mich offensichtlich gewesen war.

Der dunkle Fleck in meinem Gesichtsfeld wurde jetzt beinah schwarz. Ich lehnte mich gegen la Gordas Schulter, um es sie wissen zu lassen. Sie flüsterte mir ins Ohr, ich solle mich anstrengen, meine Augenlider in der Stellung zu halten, in der sie waren, und ganz ruhig aus dem Bauch heraus atmen. Ich sollte mich von dem Fleck nicht anziehen lassen, sondern allmählich – wie beim Zoom – auf ihn zugehen. Dadurch sollte ich vermeiden, daß das Loch wuchs und mich plötzlich verschlang. Falls dies aber doch geschähe, sollte ich sofort die Augen öffnen.

Ich fing an zu atmen, wie sie es mir empfohlen hatte, und dadurch gelang es mir, meine Augenlider unbegrenzt lange in der richtigen Stellung zu halten.

In dieser Haltung verharrte ich eine ganze Weile. Dann bemerkte ich, daß ich inzwischen wieder normal atmete und daß dies meine Wahrnehmung jenes dunklen Fleckens nicht beeinträchtigte. Aber plötzlich fing der dunkle Fleck an sich zu bewegen, er pulsierte, und bevor ich wieder ruhig durchatmen konnte, huschte die Schwärze auf mich zu und hüllte mich ein. Ich geriet in Panik und öffnete die Augen.

La Gorda erklärte mir, was ich da tat, sei das In-die-Ferne-Gaffen, und dabei müsse ich unbedingt so atmen, wie sie es mir empfohlen hatte. Sie drängte mich, es noch einmal zu versuchen. Sie sagte, der Nagual habe sie alle gezwungen, tagelang dazusitzen und im Gaffen auf diese Stelle ihre zweite Aufmerksamkeit abzurunden. Und er habe sie immer wieder vor der Gefahr gewarnt, durch den Schock, den der Körper erlitt, verschlungen zu werden.

Ich mußte etwa eine Stunde spähen, bis ich tun konnte, was sie mich geheißen hatte. Auf die braune Stelle loszuzoomen und sie so anzugaffen bedeutete, daß dieser dunkle Fleck in meinem Gesichtsfeld sich ganz plötzlich aufhellte. Als dies mir klar wurde, erkannte ich, daß irgend etwas in mir etwas Unmögliches vollbrachte: ich hatte das Gefühl, mich tatsächlich diesem Fleck zu nähern; daher mein Eindruck, daß er heller wurde. Dann war ich so nah, daß ich einzelne Merkmale wie Steine und Pflanzen unterscheiden konnte. Ich kam noch näher und entdeckte ein seltsames Steingebilde. Es sah aus wie ein roh gezimmerter Stuhl.

Es gefiel mir sehr gut; im Vergleich dazu wirkten die übrigen Steine blaß und uninteressant. Ich weiß nicht mehr, wie lange ich diesen Stein angaffte. Ich konnte jede Einzelheit fixieren. Ich hatte das Gefühl, ich könnte mich für immer in diese Details vertiefen, denn es waren unzählige. Dann aber verflüchtigte sich das Bild; ein anderes seltsames Bild überlagerte den Stein, und dann noch eines und noch eines. Ich ärgerte mich über die Störung. Im gleichen Augenblick, als ich mich ärgerte, merkte ich auch, daß la Gorda von hinten meinen Kopf gepackt hatte und ihn hin und her bewegte. Binnen Sekunden löste sich meine Konzentration, mit der ich gegafft hatte, völlig auf.
La Gorda lachte und sagte, jetzt verstünde sie, wieso ich dem Nagual solche Sorgen gemacht hatte; sie habe eben selbst gesehen, daß ich mich grenzenlos gehenließ. Dann setzte sie sich vor den Pfahl neben mir und sagte, die Schwesterchen würden jetzt den Kraft-Platz des Nagual angaffen. Sie stieß einen durchdringenden Vogelruf aus, und gleich darauf kamen die Schwesterchen aus dem Haus und setzten sich an die übrigen Pfähle, um zusammen mit ihr zu gaffen.
Es war klar, daß sie Meister im Gaffen waren. Sie nahmen eine seltsam starre Körperhaltung ein. Sie schienen überhaupt nicht zu atmen. Ihre Ruhe war so ansteckend, daß ich mich dabei ertappte, wie ich halb die Augen schloß und zu den Hügeln hinübergaffte.
Das Gaffen war für mich eine echte Offenbarung. Es bestätigte mir ein paar wichtige Aspekte von Don Juans Lehren. La Gorda hatte mir die Aufgabe nur sehr allgemein beschrieben. ›Drauflos-Zoomen‹, das war eher ein Befehl als die Beschreibung eines Vorgangs, und doch war es eine Beschreibung, vorausgesetzt, daß eine wesentliche Anforderung erfüllt war; diese Anforderung hatte Don Juan als das Anhalten des inneren Dialogs bezeichnet. Aus dem, was la Gorda über das Gaffen gesagt hatte, wurde mir klar, daß Don Juan, indem er sie gaffen ließ, keinen anderen Zweck verfolgte als sie zu lehren, den inneren Dialog anzuhalten. La Gorda hatte es als ›Stillstand der Gedanken‹ bezeichnet. Genau dies hatte auch Don Juan mich gelehrt, obwohl er mich dabei den entgegengesetzten Weg einschlagen ließ; er lehrte mich nicht, meinen Blick zu fixieren, wie Gaffer es tun, sondern die Augen weit zu öffnen, gleichsam mein Bewußtsein zu überfluten,

indem ich nichts Bestimmtes ins Auge faßte. Ich sollte irgendwie mit den Augen all das fühlen, was sich im Umkreis von 180 Grad vor mir befand, während ich den Blick, ohne zu fixieren, knapp über den Horizont richtete.

Das Gaffen fiel mir anfangs sehr schwer, denn es verlangte, daß ich dieses Training rückgängig machte. Wenn ich zu gaffen versuchte, neigte ich dazu, mich zu öffnen. Mein Bemühen, diese Neigung zu kontrollieren, bewirkte jedoch, daß ich meine Gedanken abstellte. Sobald ich meinen inneren Dialog abgestellt hatte, fiel es mir nicht schwer zu gaffen, wie la Gorda es mir beschrieben hatte.

Don Juan hatte mir immer wieder versichert, die Hauptsache an seiner Zauberei sei das Abstellen des inneren Dialogs. Im Hinblick auf das, was la Gorda mir über die zwei Seiten der Aufmerksamkeit erklärt hatte, war das Anhalten des inneren Dialogs nichts andres als eine praktische Beschreibung für das Ablösen der Aufmerksamkeit vom Tonal.

Außerdem hatte Don Juan gesagt, daß wir, wenn wir unseren inneren Dialog anhalten, damit auch die Welt anhalten. Dies war eine praktische Beschreibung für den unvorstellbaren Vorgang, der darin besteht, unsere zweite Aufmerksamkeit zu konzentrieren. Denn wie er sagte, gibt es etwas in uns, das wir immer gut hinter Schloß und Riegel halten, weil wir uns davor fürchten; unserer Vernunft erscheint dieser Teil unsrer selbst wie ein verrückter Verwandter, den wir im Keller einsperren. Nach la Gorda aber wäre dieser Teil unsere zweite Aufmerksamkeit, und wenn es uns schließlich gelänge, diese auf etwas zu konzentrieren, dann bliebe die Welt stehen. Da wir als gewöhnliche Menschen nur die Aufmerksamkeit fürs Tonal kennen, ist es nicht abwegig zu behaupten, daß, sobald diese Aufmerksamkeit ausgeschaltet ist, die Welt tatsächlich stehenbleiben muß. Die Konzentration unsrer naturwüchsigen, ungeschulten Aufmerksamkeit muß daher zwangsläufig Angst hervorrufen. Don Juan hatte recht mit seiner Behauptung, daß das einzige Mittel, um diesen irren Verwandten davon abzuhalten, sich auf uns zu stürzen, darin besteht, daß wir uns durch unseren endlosen inneren Dialog vor ihm schützen.

Nach etwa halbstündigem Gaffen standen la Gorda und die Schwesterchen auf. La Gorda gab mir ein Zeichen, ihnen zu folgen. Sie gingen in die Küche. La Gorda zeigte auf eine Bank, wo ich mich setzen sollte. Sie sagte, sie wolle den Genaros auf der Straße entgegengehen und sie herbringen. Sie verließ das Haus durch die vordere Tür.

Die Schwesterchen setzten sich im Kreis um mich. Lidia erbot sich, alle Fragen zu beantworten, die ich ihr stellen wollte. Ich bat sie also, mir zu erzählen, was ihnen widerfuhr, wenn sie Don Juans Fleck der Kraft angafften, aber sie verstand mich nicht.

»Ich bin eine Fern- und Schatten-Gafferin«, sagte sie. »Nachdem ich Gafferin geworden war, ließ der Nagual mich von vorn beginnen, und da befahl er mir, auf die Schatten von Blättern und Pflanzen und Bäume und Steine zu gaffen. Jetzt schaue ich die Dinge selbst nicht mehr an. Ich schaue nur auf ihre Schatten. Auch wenn es überhaupt kein Licht gibt, gibt es Schatten; sogar in der Nacht gibt es Schatten. Und weil ich eine Schatten-Gafferin bin, bin ich auch Fern-Gafferin. Ich kann sogar in der Ferne Schatten gaffen.

Am frühen Morgen erzählen die Schatten nicht viel. Um diese Zeit ruhen die Schatten. Es hat also keinen Zweck, in der Frühe zu gaffen. Gegen sechs Uhr morgens erwachen die Schatten, aber am besten sind sie gegen fünf Uhr nachmittags. Dann sind sie voll wach.«

»Was erzählen die Schatten dir«

»Alles, was ich wissen will. Sie erzählen mir alles, weil sie Wärme oder Kälte haben oder weil sie sich bewegen – oder weil sie Farbe haben. Ich weiß noch nicht all das, was Farben und Wärme und Kälte bedeuten. Der Nagual überließ es mir selbst, dies zu lernen.«

»Und wie lernst du es?«

»Beim *Träumen*! Träumer müssen gaffen, um zu *träumen*, und dann müssen sie beim Gaffen nach dem Geträumten suchen. So zum Beispiel ließ der Nagual mich auf die Schatten der Steine gaffen, und dann fand ich beim *Träumen*, daß diese Schatten Licht hatten; von da an suchte ich also nach dem Licht in den Schatten, bis ich es gefunden hatte. Gaffen und *Träumen* gehören zusammen. Ich mußte viel auf Schatten gaffen, um schließlich von Schatten zu träumen; und dann mußte ich viel träumen und gaffen, um die beiden Dinge zusammenzubringen und in den Schatten wirklich zu *sehen*, was ich in meinen *Träumen* sah. Siehst du, was ich meine? Wir alle tun das gleiche: Rosas *Träumen* handelt von Bäumen, denn sie ist eine Baum-Gafferin, und Josefina *träumt* von Wolken, denn sie ist eine Wolken-Gafferin. Sie gaffen auf Bäume und Wolken, bis sie in ihren *Träumen* dasselbe finden.«

Rosa und Josefina nickten zustimmend.

»Und wie ist es bei la Gorda?« fragte ich.

»Sie ist eine Floh-Gafferin«, sagte Rosa, und alle lachten. »La Gorda haßt es, von Flöhen gebissen zu werden«, erklärte Lidia. »Sie ist formlos und kann alles angaffen, aber früher war sie eine Regen-Gafferin.«

»Und wie ist's bei Pablito?«

»Er gafft den Frauen auf den Arsch«, antwortete Rosa mit todernstem Gesicht.

Sie lachten. Rosa schlug mir auf die Schulter.

»Ich weiß, er ist dein Partner, darum schlägt er dir nach«, sagte sie.

Sie schlugen vor Lachen mit den Fäusten auf den Tisch und traten mit den Füßen gegen die Bänke.

»Pablito ist ein Stein-Gaffer«, sagte Lidia. »Nestor ist ein Regen- und Pflanzen-Gaffer, und Benigno ist ein Fern-Gaffer. Aber frag mich nicht mehr übers Gaffen, denn ich verliere meine Kraft, wenn ich dir mehr erzähle.«

»Wie kommt es, daß la Gorda mir alles sagt?«

»La Gorda hat ihre Form verloren«, erwiderte Lidia. »Wenn ich die meine jemals verliere, werde auch ich dir alles sagen. Aber dann wirst du's nicht mehr wissen wollen. Du willst es nur wissen, weil du genauso dumm bist wie wir. An dem Tag, da wir unsere Form verlieren, werden wir alle nicht mehr dumm sein.«

»Warum stellst du so viele Fragen, wenn du doch alles weißt«, fragte Rosa.

»Weil er genauso ist wie wir«, sagte Lidia. »Er ist kein echter Nagual. Er ist noch ein Mensch.«

Sie drehte sich um und schaute mich an. Einen Moment verhärteten sich ihre Züge, ihre Augen blickten durchdringend und kalt, aber als sie dann zu mir sprach, wurde ihre Miene wieder freundlich.

»Du und Pablito, ihr seid Partner«, sagte sie. »Du bist wirklich genau wie er, nicht war?«

Ich überlegte eine Weile, bevor ich antwortete. Dann räumte ich ein, daß ich ihm wie selbstverständlich vertraute, ja daß ich mich ohne einsichtigen Grund ihm verwandt fühlte.
»Du liebst ihn so sehr, daß du ihn gefoult hast«, sagte sie vorwurfsvoll. »Damals, auf jenem Berggipfel, als ihr springen solltet, war er im Begriff, selbst seine zweite Aufmerksamkeit zu finden, aber du hast ihn gezwungen, mit dir zu springen.«
»Ich habe ihn nur gestützt«, protestierte ich.
»Ein Zauberer stützt keinen anderen Zauberer«, sagte sie. »Jeder von uns ist recht selbständig. Du brauchst uns nicht, um dir helfen zu lassen. Nur ein Zauberer, der sieht und formlos ist, kann dir helfen. Beim Sprung von jenem Berggipfel solltest du zuerst springen. Jetzt aber ist Pablito an dich gefesselt. Ich glaube, du hast die Absicht, uns genauso zu helfen. Mein Gott – je mehr ich über dich nachdenke, desto mehr verachte ich dich.«
Rosa und Josefina murmelten zustimmend. Rosa sprang auf und funkelte mich zornig an. Sie verlangte zu wissen, was ich eigentlich mit ihnen vorhätte. Ich sagte, ich hätte vor, bald aufzubrechen.
Meine Worte schienen sie zu schockieren. Alle sprachen gleichzeitig auf mich ein. Rosas Stimme übertönte die der anderen.
»Aufbrechen? Das hättest du gestern abend tun sollen! Ich habe gleich nichts Gutes geahnt, als du dich zu bleiben entschiedst.«
Josefina beschimpfte mich lautstark und obszön.
Auf einmal schüttelte ich mich – ich stand auf und brüllte sie an, sie sollten schweigen; und zwar brüllte ich mit einer Stimme, die nicht meine eigene war. Sie schauten mich entsetzt an. Ich versuchte gleichmütig dreinzuschauen, aber ich war über meinen Auftritt nicht minder erschrocken als sie.
In diesem Moment kam la Gorda in die Küche hinaus. Es kam mir so vor, als habe sie sich im vorderen Zimmer versteckt und nur darauf gewartet, daß wir Streit anfingen. Sie sagte, sie habe doch jeden von uns gewarnt, nicht in die Fallstricke der anderen zu gehen.
Ich mußte lachen, weil ich fand, daß sie uns wie ungezogene Kinder ausschalt. Sie sagte, wir schuldeten einander Respekt, den kostbaren gegenseitigen Respekt von Kriegern. Die Schwesterchen, sagte sie, wüßten sich untereinander wie Krieger zu benehmen, die Genaros ebenfalls. Wenn aber ich in eine der Gruppen

käme oder wenn die beiden Gruppen zusammenkämen, dann vergäßen sie alle ihr Krieger-Wissen und benähmen sich wie Flegel.

Wir setzten uns. La Gorda nahm neben mir Platz. Nach kurzer Pause erklärte Lidia, sie fürchte, daß ich ihnen dasselbe antun würde wie Pablito. La Gorda lachte und meinte, sie würde nie zulassen, daß ich einer von ihnen hülfe. Ich sagte, ich könne nicht begreifen, was ich denn Pablito so Schlimmes angetan hatte. Mir sei damals nicht bewußt gewesen, was ich tat, und wenn Nestor es mir nicht gesagt hätte, dann hätte ich nie gewußt, daß ich Pablito tatsächlich gestützt hatte. Ja, ich fragte mich, ob Nestor nicht vielleicht ein wenig übertrieben oder sich gar geirrt hatte.

Der Zeuge, sagte la Gorda, könne keinen so törichten Irrtum begehen, und Übertreibungen seien ihm erst recht fremd. Der Zeuge sei der vollkommenste Krieger von allen.

»Zauberer helfen einander nicht«, fuhr sie fort. »Du hast dich benommen wie ein gewöhnlicher Mensch. Der Nagual aber hat uns alle gelehrt, Krieger zu sein. Er sagte, ein Krieger hat für niemanden Mitleid. Mitleid zu haben, das bedeutete in seinen Augen, daß du den Wunsch hast, der andere möge so sein wie du, sozusagen in deinen Schuhen stehen – und nur zu diesem Zweck hilfst du ihm. Das hast du mit Pablito gemacht. Das Schwerste überhaupt für einen Krieger ist, andere sein zu lassen, wie sie sind. Als ich noch so fett war, machte ich mir Sorgen um Lidia und Josefina, weil ich fand, daß sie nicht genug aßen. Ich fürchtete, sie könnten krank werden und sterben. Ich tat alles, um sie zu füttern und zu mästen, und ich wollte damit nur ihr Bestes. Die Makellosigkeit eines Kriegers besteht darin, die anderen in Ruhe zu lassen und sie in dem, was sie sind, zu bestärken.«

»Damit traust du ihnen natürlich zu, daß sie selbst makellose Krieger sind?« wandte ich ein.

»Dann ist es deine Pflicht, wenigstens selbst makellos zu sein und kein Wort zu verlieren«, antwortete sie. »Der Nagual hat gesagt, daß nur ein Zauberer, der sieht und der formlos ist, es sich leisten kann, einem anderen zu helfen. Darum half er uns und machte uns zu dem, was wir sind. Du glaubst doch wohl nicht, du kannst rumlaufen und Leute auf der Straße aufsammeln, um ihnen zu helfen, oder?«

Don Juan hatte mir immer das Dilemma vor Augen geführt, daß

ich meinen Mitmenschen unmöglich helfen könne. Ja, in seinen Augen war all unser Bemühen, anderen zu helfen, ein willkürliches, nur von unserm Eigeninteresse geleitetes Tun.
Eines Tages, als ich mit ihm zusammen in der Stadt war, hob ich eine Schnecke auf, die mitten auf dem Bürgersteig lag, und setzte sie behutsam unter die Weinranken am Straßenrand. Ich war sicher, hätte ich sie mitten auf dem Bürgersteig liegenlassen, dann hätte früher oder später jemand sie zertreten. Indem ich sie in Sicherheit brachte, glaubte ich, sie gerettet zu haben.
Don Juan bewies mir, daß dies eine leichtfertige Annahme sei. Denn ich hatte zwei wichtige Möglichkeiten außer Betracht gelassen. Die eine war, daß die Schnecke womöglich vor dem sicheren Tod durch irgendwelches Gift unter der Weinranken floh; und die andere war, daß sie genügend persönliche Kraft hatte, um den Bürgersteig zu überqueren. Durch mein Eingreifen hatte ich die Schnecke nicht gerettet, sondern ich hatte sie verlieren lassen, was sie so mühsam errungen hatte.
Natürlich wollte ich die Schnecke sofort wieder an die Stelle bringen, wo ich sie gefunden hatte. Aber Don Juan ließ es nicht zu. Er sagte, es sei das Schicksal der Schnecke, daß irgendein Idiot ihren Weg kreuzte und dafür sorgte, daß sie ihren Schwung verlor. Wenn ich sie jetzt ließ, wo ich sie hingetan hatte, dann wäre sie vielleicht imstande, genügend Kraft anzusammeln, um nach eignem Belieben irgendwohin zu kriechen.
Dieser Einwand leuchtete mir ein. Anscheinend aber pflichtete ich ihm nur halbherzig bei. Das Schwerste für mich war eben, andere sein zu lassen.
Diese Geschichte erzählte ich ihnen. La Gorda klopfte mir den Rücken.
»Ja, wir alle sind ziemlich schlimm«, sagte sie. »Alle fünf sind wir schreckliche Toren, die nicht verstehen wollen. Mir ist es gelungen, den größten Teil meiner häßlichen Seite loszuwerden – aber nicht alles. Wir sind ziemlich langsam, und im Vergleich zu den Genaros sind wir schwermütig und herrschsüchtig. Die Genaros dagegen sind alle wie Genaro selbst; an ihnen ist wenig Schreckliches.«
Die Schwesterchen wackelten zustimmend mit dem Kopf.
»Du bist der Schrecklichste unter uns«, sagte Lidia zu mir. »Verglichen mit dir, glaube ich, sind wir gar nicht so schlimm.«

La Gorda kicherte und stieß mein Bein an, als wolle sie mich auffordern, Lidia beizupflichten. Das tat ich, und sie alle lachten wie Kinder.

Dann schwiegen wir lange.

»Und jetzt komme ich zum Schluß dessen, was ich dir zu sagen hatte«, sagte la Gorda plötzlich.

Sie hieß uns alle aufstehen. Sie sagte, sie wollten jetzt alle gehen und mir die Kraftstellung der Toltekenkrieger zeigen.

Lidia stand rechts neben mir und schaute mich an. Sie schaute mich an und ergriff mit ihrer rechten Hand meine Hand – Handfläche gegen Handfläche, ohne aber die Finger zu verschränken. Dann hakte sie ihren linken Arm direkt über dem Ellbogen in meinen rechten und preßte ihn fest gegen ihre Brust. Josefina tat zu meiner Linken das gleiche. Rosa stand vor mir; sie schob ihre Hände unter meinen Achseln hindurch und umklammerte meine Schultern. La Gorda trat hinter mich und schlang ihre Arme um meine Hüften, wobei sie die Finger über meinem Nabel verschränkte.

Wir waren alle etwa gleich groß, und so konnten sie ihre Köpfe gegen meinen Kopf drücken. La Gorda sprach ganz leise hinter meinem linken Ohr, aber doch laut genug, daß wir alle sie hören konnten. Sie sagte, wir wollten nun versuchen, unsre zweite Aufmerksamkeit an die Kraft-Stelle des Nagual zu bringen, ohne das irgend etwas oder irgend jemand uns vorwärts trieb. Diesmal würde kein Lehrer uns helfen, keine Verbündeten würden uns anspornen. Wir würden nur durch die Kraft unseres Wollens dorthin gelangen.

Ich konnte mir nicht verkneifen, sie zu fragen, was ich tun solle. Sie sagte, ich solle meiner zweiten Aufmerksamkeit erlauben, sich auf die Stelle zu konzentrieren, die ich angegafft hatte.

Die besondere Stellung unserer Körper zueinander, erklärte sie, war eine toltekische Kraft-Konstellation. Im Augenblick war sie Mittelpunkt und verbindende Kraft der vier Ecken der Welt. Lidia war der Osten, die Waffe, die der Toltekenkrieger in der Rechten hält; Rosa war der Norden, der Schutzschild, den der Krieger vor sich hält; Josefina war der Westen, der Geistfänger, den der Krieger in der Linken hält; und la Gorda war der Süden, der Korb, den der Krieger auf dem Rücken trägt und in dem er seine Kraft-Objekte aufbewahrt. Die natürliche Richtung, in die

der Krieger zu blicken habe, sei der Norden, sagte sie. Denn er müsse seine Waffe, den Osten, in der rechten Hand halten. Wir aber müßten uns nach Süden orientieren, dabei einige Grad nach Osten gerückt. Die Macht-Tat, die der Nagual uns zu tun aufgetragen hatte, bestand nun darin, unsre Richtung zu ändern.
Sie erinnerte mich daran, daß der Nagual gleich zu Anfang den Blick eines jeden von uns nach Südosten ausgerichtet hatte. Auf diese Weise hatte er unsere zweite Aufmerksamkeit auf die Tat vorbereitet, die wir jetzt versuchen wollten. Bei dieser Tat gab es zwei Alternativen. Die eine war, daß wir alle uns – um mich als Achse – nach Süden umdrehten. Dadurch hätten sich Wert und Funktion von uns allen geändert. Lidia wäre dann der Westen gewesen, Josefina der Osten, Rosa der Süden und la Gorda der Norden. Die andere Alternative bestand darin, unsere Richtung zu ändern und uns nach Süden zu kehren, ohne uns aber umzudrehen. Diese Alternative war der Weg der Kraft, und sie verlangte, daß wir unser zweites Gesicht aufsetzten.
Ich sagte zu la Gorda, ich verstünde nicht, was sie mit unserem zweiten Gesicht meinte.
»Der Nagual hat mir aufgetragen«, sagte sie, »unser aller zweite Aufmerksamkeit zusammenzubündeln; jeder Toltekenkrieger hat zwei Gesichter, und er blickt in zwei Richtungen. Das zweite Gesicht ist die zweite Aufmerksamkeit.«
Auf einmal lockerte la Gorda ihren Griff. Die anderen machten es ebenso. Sie setzte sich und forderte mich auf, mich neben sie zu setzen. Die Schwesterchen blieben stehen. La Gorda fragte mich, ob mir alles klar sei. Das war es – und doch auch wieder nicht. Aber bevor ich Zeit fand, eine Frage zu stellen, platzte sie heraus: »Eines der letzten Dinge, die der Nagual mir auftrug, dir zu sagen, ist dies: Du mußt deine Richtung ändern, indem du deine zweite Aufmerksamkeit mit der von uns allen verbindest. Und du mußt dein Gesicht der Kraft aufsetzen, um zu sehen, was hinter dir ist.«
La Gorda stand auf. Sie gab mir ein Zeichen, ihr zu folgen. Sie führte mich zur Tür ihres Zimmers. Sie schob mich sachte voran. Kaum hatte ich die Schwelle überschritten, folgten mir Lidia, Rosa und Josefina – in dieser Reihenfolge –, und dann schloß la Gorda die Tür.
Im Zimmer war es dunkel. Anscheinend hatte es keine Fenster. La Gorda ergriff meinen Arm und schob mich, wie mir schien, in

die Mitte des Zimmers. Sie alle umringten mich. Ich konnte sie nicht sehen; ich spürte nur, daß sie mich an allen vier Seiten flankierten.

Nach einer Weile hatten meine Augen sich an die Dunkelheit gewöhnt. Jetzt sah ich, daß das Zimmer zwei Fenster hatte, die aber mit Fensterläden verschlossen waren. Es fiel aber etwas Licht herein, und ich konnte jede der Frauen erkennen. Sie hielten mich fest, wie sie es vor ein paar Minuten getan hatten, und gleichzeitig drückten sie ihre Köpfe gegen meinen. Von allen Seiten spürte ich ihren warmen Atme. Ich schloß die Augen, um mich an das Bild zu erinnern, das ich angegafft hatte. Aber es gelang mir nicht. Ich war sehr müde und schläfrig. Meine Augen juckten entsetzlich. Ich wollte mir die Augen reiben, aber Lidia und Josefina hielten meine Arme fest.

In dieser Haltung blieben wir lange stehen. Meine Müdigkeit wurde unerträglich, und schließlich sackte ich zusammen. Mir war, als gäben meine Knie nach. Ich glaubte, ich würde zusammenbrechen und am Fußboden einschlafen. Aber da war kein Fußboden mehr. Tatsächlich – unter mir war nichts. Als ich dies erkannte, bekam ich solche Angst, daß ich augenblicklich erwachte; eine Kraft, stärker als meine Angst, stieß mich jedoch wieder in jenen schläfrigen Zustand zurück. Ich gab mich auf. Ich schwebte mit den anderen – wie ein Ballon. Es war, als sei ich eingeschlafen und träumte, und in diesem Traum sah ich eine Folge von zusammenhanglosen Bildern. Jetzt befanden wir uns nicht mehr im Zimmer der Frauen. Da war so viel Licht, daß es mich blendete. Manchmal sah ich Rosas Gesicht vor mir; im Augenwinkel sah ich auch Lidias und Josefinas Gesichter. Ich spürte ihre Köpfe gegen meine Ohren drücken. Und dann änderte sich das Bild, und ich sah la Gordas Gesicht vor mir. Immer wenn dies geschah, drückte sie ihren Mund auf meinen und atmete heftig. Das gefiel mir überhaupt nicht. Irgend etwas in mir suchte sich loszureißen. Ich geriet in Panik. Ich versuchte sie alle wegzustoßen. Je mehr ich's versuchte, desto fester hielten sie mich. Dies brachte mich zur Überzeugung, daß la Gorda mich mit einem Trick in eine tödliche Falle geführt hatte. Doch im Gegensatz zu den anderen hatte la Gorda sich als makellose Spielerin gezeigt. Der Gedanke, daß sie ein sauberes Spiel gespielt hatte, tröstete mich und ich fühlte mich besser. Jetzt hatte ich keine Lust

mehr, mich zu wehren. Ich wurde neugierig auf den Moment meines Todes, der, wie ich glaubte, unmittelbar bevorstand, und ich ließ mich fallen. Da erlebte ich eine namenlose Freude, einen Überschwang, der – dessen war ich mir sicher – der Vorbote meines Endes, wenn nicht das Ende selbst war. Ich zog Lidia und Josefina näher an mich heran. In diesem Augenblick war la Gorda wieder vor mir. Es machte mir nichts mehr aus, daß sie in meinen Mund atmete; ich war sogar überrascht, als sie jetzt damit aufhörte. Im gleichen Moment preßten auch die anderen nicht mehr ihre Köpfe gegen meinen. Sie schauten sich um, und damit gaben sie meinen Kopf frei. Ich konnte ihn wieder bewegen. Lidia, la Gorda und Josefina standen so nah bei mir, daß ich nur durch die Lücken zwischen ihren Köpfen spähen konnte. Ich konnte nicht feststellen, wo wir uns befanden. Eins aber wußte ich gewiß: wir standen nicht auf festem Boden. Und noch etwas wußte ich mit Sicherheit. Unsere Reihenfolge hatte gewechselt. Jetzt befand Lidia sich zu meiner Linken und Josefina zu meiner Rechten. La Gordas Gesicht war schweißüberströmt, auch die Gesichter von Lidia und Josefina. Rosa, die hinter mir stand, konnte ich nur spüren. Ich sah ihre Hände, die unter meinen Achseln hindurchgriffen und mich an den Schultern hielten.
La Gorda sagte etwas, das ich nicht hören konnte. Sie sprach ganz langsam, als ob sie mir Zeit lassen wollte, ihr die Wörter von den Lippen abzulesen, aber ich vertiefte mich in den Anblick ihres Mundes. Irgendwann hatte ich dann das Gefühl, daß die vier mich bewegten; sie schaukelten mich. Dadurch war ich gezwungen, besser auf la Gordas lautlose Worte zu achten. Diesmal gelang es mir, sie eindeutig von ihren Lippen abzulesen. Sie sagte mir, ich solle mich umdrehen. Ich versuchte es, aber mein Kopf schien wie fixiert. Ich spürte, daß jemand mich in die Lippen biß. Ich schaute la Gorda an. Sie war es nicht, die mich biß. Sie schaute mich an und sprach deutlich ihren Befehl, ich solle meinen Kopf wenden. Während sie sprach, hatte ich tatsächlich das Gefühl, als ob sie mein ganzes Gesicht ableckte oder mich in Lippen und Wangen biß.
La Gordas Gesicht war irgendwie verzerrt. Es wirkte sehr groß und gelblich. Auch die ganze Szene war in gelbes Licht getaucht; daher glaubte ich, vielleicht spiegelte ihr Gesicht nur dieses Leuchten. Ich konnte beinah hören, wie sie mir befahl, meinen

Kopf zu wenden. Schließlich wurde mir das Beißen und Lecken zuviel, und ich schüttelte ärgerlich den Kopf. Und plötzlich konnte ich la Gordas Stimme deutlich vernehmen. Sie war hinter mir und schrie mich an, ich solle meine Aufmerksamkeit umwenden. Jetzt merkte ich, es war Rosa, die mein Gesicht leckte. Ich stieß sie mit der Stirn weg. Rosa weinte. Ihr Gesicht war schweißgebadet. Hinter mir hörte ich la Gordas Stimme. Sie sagte, ich hätte die Kräfte der Frauen erschöpft, indem ich sie bekämpfte, und jetzt wisse sie nicht, wie sie unsere anfängliche Aufmerksamkeit wieder einfangen sollte. Die Schwesterchen weinten.
Meine Gedanken waren glasklar. Meine Vernunft aber hielt sich nicht an logische Schlußfolgerungen. Ich wußte alles sofort und direkt, und mein Denken kannte keinerlei Zweifel. Ich wußte zum Beispiel unmittelbar, daß wir wieder in jenen Schlafzustand zurückkehren mußten und daß dies uns wieder in die Tiefe stürzen lassen würde. Aber ich wußte auch, daß ich es ihnen überlassen mußte, uns zu ihrem Haus zurückzuführen. Ich selbst war dabei völlig nutzlos. Falls es mir überhaupt gelänge, meine zweite Aufmerksamkeit auf irgendeine Stelle zu konzentrieren, so mußte dies ein Platz im Norden Mexikos sein, den Don Juan mir als mein Eigen gegeben hatte. An sein Bild hatte ich mich immer erinnern können wie an nichts sonst auf der Welt. Ich wagte es nicht, diese Vision heraufzubeschwören. Dann nämlich würden wir, das wußte ich, dort landen.
Mir kam die Idee, la Gorda zu erzählen, was ich wußte, aber ich konnte nicht sprechen. Und doch wußte ein Teil meiner selbst, daß sie verstand. Ich vertraute ihr wie selbstverständlich, und dann fiel ich binnen Sekunden in Schlaf.
Im Traum sah ich die Küche in ihrem Haus. Dort befanden sich Pablito, Nestor und Benigno. Sie erschienen mir ungeheuer groß, und sie leuchteten. Ich konnte meine Augen nicht auf sie fixieren, denn zwischen ihnen und mir war eine Scheibe aus durchsichtigem Plastikmaterial. Dann war mir, als sähe ich sie durch eine Glasscheibe, während jemand Wasser gegen das Glas schüttete. Schließlich zersplitterte die Glasscheibe, und das Wasser troff mir ins Gesicht.
Pablito begoß mich aus einem Eimer. Nestor und Benigno standen dabei. La Gorda, die Schwesterchen und ich lagen hingestreckt am Boden, im Hof hinter dem Haus. Die Genaros leerten

Eimer um Eimer Wasser über uns. Ich sprang auf. Ich war voller Energie – sei es durch das kalte Wasser oder durch das außerordentliche Erlebnis, das ich eben gehabt hatte. La Gorda und die Schwesterchen zogen frische Kleider an, die die Genaros anscheinend für sie in die Sonne gelegt hatten. Auch meine Kleider lagen ordentlich auf den Boden gebreitet. Schweigend zog ich mich um. Ich hatte eine eigenartige Empfindung, die anscheinend auf die Konzentration der zweiten Aufmerksamkeit zurückging; ich konnte nicht sprechen, oder besser gesagt, ich konnte sprechen, aber ich wollte nicht. Mein Magen war in Aufruhr. La Gorda spürte dies offenbar, denn sie zog mich sanft zu einer Stelle hinter dem Zaun. Ich übergab mich. La Gorda und die Schwesterchen zeigten die gleiche Wirkung.

Ich kehrte in die Küche zurück und wusch mir das Gesicht. Das kalte Wasser schien meine wachen Sinne wiederherzustellen. Pablito, Nestor und Benigno saßen um den Tisch. Pablito hatte wieder seinen Stuhl mitgebracht. Er stand auf und schüttelte mir die Hand. Dies taten auch Nestor und Benigno. La Gorda und die Schwesterchen gesellten sich zu uns.

Irgend etwas stimmte nicht mit mir. Meine Ohren summten. Mir war schwindlig. Josefina stand auf, wobei sie sich auf Rosa stützen mußte. Ich fragte la Gorda, was wir tun sollten. Lidia stürzte rücklings über die Bank. Ich fing sie auf, aber ihr Gewicht riß mich mit, und wir fielen zusammen auf den Boden.

Anscheinend wurde ich ohnmächtig. Dann wachte ich plötzlich auf. Ich lag auf einer Strohmatte im Vorderzimmer. Lidia, Rosa und Josefina schliefen friedlich neben mir. Um aufzustehen, mußte ich über sie hinwegkriechen. Ich rüttelte sie, aber sie wachten nicht auf. Ich ging in die Küche hinaus. La Gorda saß bei den Genaros am Tisch.

»Willkommen zu Hause!« sagte Pablito. La Gorda, so fügte er hinzu, war kurz vorher erwacht. Jetzt fühlte ich mich wieder wie normal. Ich war hungrig. La Gorda gab mir eine Schale mit Essen. Sie selbst, sagte sie, hatte schon gegessen. Nach dem Essen fühlte ich mich in jeder Hinsicht in Ordnung – nur daß ich nicht wie gewohnt denken konnte. Meine Gedanken waren ungeheuer ruhig. Dieser Zustand gefiel mir gar nicht. Erst jetzt bemerkte ich, daß es später Nachmittag war. Auf einmal spürte ich das Bedürfnis, mit dem Gesicht zur Sonne auf der Stelle zu traben, wie Don Juan es mich gelehrt hatte. Ich stand auf und la Gorda kam mit mir. Anscheinend hatte sie die gleiche Idee gehabt. Die Bewegung trieb mir den Schweiß aus den Poren. Ich geriet rasch außer Atem und kehrte zum Tisch zurück. La Gorda folgte mir. Wir setzten uns wieder. Die Genaros starrten uns an. La Gorda reichte mir meinen Notizblock.

»Dieser Nagual hier hat uns alle in die Irre geführt«, sagte la Gorda.

Im gleichen Moment, als sie sprach, erlebte ich eine ganz eigenartige innere Explosion. Wie eine Lawine stürzten meine Gedanken auf mich ein. Anscheinend zeichnete sich dieser Umschwung in meinem Gesicht ab, denn Pablito umarmte mich, Nestor und Benigno ebenfalls.

»Der Nagual kehrt ins Leben zurück!« rief Pablito.

Auch la Gorda schien erfreut. Sie fuhr sich erleichtert über die Stirn. Sie sagte, mit meiner schlimmen Neigung zum Sichgehenlassen hätte ich beinah mich selbst und sie alle umgebracht.

»Mit der Konzentration der zweiten Aufmerksamkeit ist nicht zu spaßen«, sagte Nestor.

»Was ist mit uns passiert?« fragte ich.

»Wir haben uns verirrt«, sagte sie. »In deiner Angst hast du dich gehenlassen, und dann waren wir in jener Unendlichkeit verloren. Wir konnten unsere Aufmerksamkeit nicht mehr aufs Tonal konzentrieren. Aber es ist uns gelungen, unsere zweite Aufmerksamkeit mit der deinen zu verbinden, und jetzt hast du zwei Gesichter.«

In diesem Moment kamen Lidia, Rosa und Josefina in die Küche hinaus. Sie lächelten und wirkten so frisch und energisch wie immer. Sie holten sich etwas zu essen. Sie setzten sich, und während sie aßen, sprach niemand ein Wort. Als die letzte ihre Mahlzeit beendet hatte, nahm la Gorda den Faden wieder auf.

»Jetzt bist du ein Krieger mit zwei Gesichtern«, fuhr sie fort. »Der Nagual sagte, wir alle brauchen zwei Gesichter, um uns in beiden Bereichen der Aufmerksamkeit sicher zu bewegen. Er und die Genaros halfen uns, unsere zweite Aufmerksamkeit abzurunden, und sie drehten uns um, so daß wir in beide Richtungen blicken können. Dir aber halfen sie nicht, denn um ein echter Nagual zu sein, mußt du deine Kraft ganz allein fordern. Du bist noch immer weit davon entfernt, aber jetzt können wir sagen, daß du nicht mehr krabbelst, sondern aufrecht gehst; und wenn du erst einmal deine Vollständigkeit erreicht und deine Form verloren hast, wirst du schweben.«

Benigno imitierte mit der Hand ein fliegendes Flugzeug und ahmte mit seiner donnernden Stimme das Röhren des Motors nach. Es war ohrenbetäubend.

Alle lachten. Die Schwesterchen schienen sich besonders zu ergötzen.

Erst jetzt wurde mir so recht bewußt, daß bereits später Nachmittag war. Wir hatten anscheinend stundenlang geschlafen, bemerkte ich zu la Groda, denn wir waren kurz vor Mittag in ihr Zimmer gegangen.

»Wir haben keineswegs lange geschlafen«, sagte sie. »Die meiste Zeit irrten wir durch jene andere Welt, und die Genaros waren echt in Angst und in Sorge, denn sie konnten nichts tun, um uns zurückzuholen.«

Ich wandte mich an Nestor und fragte ihn, was sie eigentlich getan oder gesehen hatten, während wir fort waren. Er starrte mich eine Weile an, bevor er antwortete.

»Wir holten jede Menge Wasser in den Hof«, sagte er und deutete auf mehrere leere Ölfässer. »Dann kamt ihr in den Hof gestolpert, und wir begossen euch mit Wasser. Das ist alles.«

»Kamen wir aus dem Zimmer?« fragte ich ihn.

Benigno lachte laut heraus. Nestor schaute la Gorda an, als erheische er ihren Rat oder ihre Erlaubnis zu antworten.

»Kamen wir aus dem Zimmer?« fragte la Gorda.

»Nein«, antwortete Nestor.

La Gorda war offenbar nicht minder neugierig als ich, und dies beunruhigte mich. Sie drängte Nestor sogar, er solle sprechen.

»Ihr kamt von nirgendwo«, sagte Nestor. »Und ich muß sagen, es war beängstigend. Ihr alle wart – wie Nebel. Pablito sah euch zuerst. Vielleicht wart ihr schon länger im Hof, aber wir wußten nicht, wo wir euch suchen sollten. Dann schrie Pablito auf, und wir sahen euch. So was haben wir noch nie gesehen.«

»Wie sahen wir aus?« fragte ich.

Die Genaros schauten sich an. Es folgte ein unerträglich langes Schweigen. Die Schwesterchen starrten Nestor offenen Mundes an.

»Ihr wart wie . . . wie in einem Netz gefangene Nebelschwaden«, sagte Nestor. »Dann begossen wir euch mit Wasser, und ihr wurdet wieder fest.«

Ich wollte, daß er noch mehr erzählte, aber la Gorda meinte, wir hätten nur noch wenig Zeit, denn ich müsse gegen Abend aufbrechen, und sie habe mir noch so vieles zu sagen. Die Genaros standen auf und schüttelten la Gorda und den Schwesterchen die Hand. Sie umarmten mich und sagten, sie bräuchten nur noch ein paar Tage, bis sie bereit wären fortzugehen. Pablito legte sich seinen Stuhl umgekehrt auf die Schultern. Josefina rannte zum Herd, schleppte ein Bündel herbei, das sie aus Doña Soledads Haus mitgebracht hatte, und befestigte es zwischen den Beinen von Pablitos Stuhl, der ein ideales Traggestell bildete.

»Da ihr sowieso nach Hause geht, kannst du auch das da mitnehmen«, sagte sie. »Es gehört sowieso dir.«

Pablito zuckte die Schultern und rückte seinen Stuhl zurecht, um die neue Last ins Gleichgewicht zu bringen. Nestor bedeutete Benigno, er solle das Bündel tragen, aber Pablito ließ es nicht zu.

»Ist schon gut«, sagte er. »Solange ich diesen verfluchten Stuhl rumschleppe, kann ich auch den Packesel spielen.«

»Warum schleppst du ihn überhaupt mit, Pablito?« fragte ich.

»Ich muß meine Kraft speichern«, antwortete er. »Ich kann nicht durch die Gegend laufen und mich überall hinsetzen. Wer weiß, welche dumme Kuh vor mir dort saß.«

Er lachte und schüttelte sich, so daß das schwere Bündel auf seinem Rücken schwankte.

Nachdem die Genaros gegangen waren, erklärte la Gorda mir, daß Pablito die Sache mit seinem Stuhl ursprünglich nur angefangen hatte, um Lidia zu hänseln. Er wollte sich nirgends hinsetzen, wo sie vorher gesessen hatte, aber dann fuhr er auf seiner verrückten Masche ab, und seither ließ er sich darart gehen, daß er nur noch auf seinem Stuhl sitzen wollte.

»Er ist imstande und schleppt ihn durchs ganze Leben«, sagte la Gorda mit Bestimmtheit. »Er ist fast so schlimm wie du. Er ist ja auch dein Partner; du wirst dein Schreibzug durchs Leben schleppen, und er seinen Stuhl. Wo ist da der Unterschied? Ihr beide laßt euch schlimmer gehen als wir anderen.«

Die Schwesterchen umringten mich lachend und klopften mir den Rücken.

»Es ist schwer genug, die zweite Aufmerksamkeit zu erreichen.

Und noch schwerer ist es, mit ihr fertigzuwerden, wenn man sich so gehen läßt sie du. Dabei sagte der Nagual, daß du eigentlich besser als wir wissen solltest, wie schwer es ist, sie zu beherrschen. Mit Hilfe seiner Kraftpflanzen hast du doch gelernt, sehr weit in diese andere Welt einzudringen. Das ist auch der Grund, warum du uns heute so sehr mitgezogen hast, daß wir beinah gestorben wären. Wir wollten unsere zweite Aufmerksamkeit am Fleck des Nagual versammeln, aber du zerrtest uns wer weiß wohin. Dafür sind wir noch nicht bereit – aber du auch nicht. Immerhin, du kannst nichts dafür; die Kraftpflanzen haben dich so gemacht. Der Nagual hatte recht: wir alle müssen dir helfen, deine zweite Aufmerksamkeit zu zähmen, und du mußt uns helfen, die unsere voranzutreiben. Deine zweite Aufmerksamkeit geht sehr weit, aber sie ist unkontrolliert; unsere geht nur ein Stück weit, aber wir haben sie völlig unter Kontrolle.«

Dann erzählten die Schwesterchen und la Gorda mir der Reihe nach, wie furchtbar für sie das Erlebnis gewesen war, in jener anderen Welt verloren zu sein.

»Als der Nagual mit seinem Rauch deine zweite Aufmerksamkeit versammelte«, fuhr la Gorda dort, »da konzentriertest du sie auf eine Mücke, und dann wurde diese kleine Mücke für dich der Wächter der anderen Welt.«

Ja, so war es gewesen. Auf ihre Bitte erzählte ich ihnen von der Erfahrung, der Don Juan mich damals ausgesetzt hatte. Mit Hilfe seiner Rauchmixtur hatte ich eine Mücke als dreißig Meter hohes, schreckliches Monster wahrgenommen, das sich mit unglaublicher Schnelligkeit und Behendigkeit fortbewegte. Die Häßlichkeit dieser Kreatur war ekelerregend, aber sie hatte auch etwas ehrfurchtgebietend Großartiges an sich.

Es war mir ganz unmöglich gewesen, dieses Erlebnis in mein rationales Denkschema einzufügen. Mein Intellekt konnte sich einzig auf meine unerschütterliche Gewißheit gründen, daß diese psychotrope Rauchmixtur unter anderem die Wirkung hatte, mich diese Mücke in solcher Größe halluzinieren zu lassen.

Also trug ich ihnen, besonders aber la Gorda, meine rationale und kausale Erklärung des Geschehens vor. Sie lachten nur.

»Halluzinationen gibt es nicht«, sagte la Gorda entschieden. »Wenn jemand plötzlich etwas anderes sieht, etwas, das vorher nicht da war, dann geschieht dies deshalb, weil die zweite Aufmerksamkeit dieses Menschen gesammelt ist und er sie auf etwas Bestimmtes konzentriert. Um die Aufmerksamkeit des Betreffenden zu sammeln aber ist alles Mögliche geeignet: der Schnaps, seine Verrücktheit, oder vielleicht die Rauchmixtur des Nagual. Du *sahst* eine Mücke, und für dich wurde sie zum Wächter der anderen Welt. Und weißt du, was diese andere Welt ist? Es ist die Welt unserer zweiten Aufmerksamkeit. Vielleicht glaubte der Nagual, deine zweite Aufmerksamkeit sei stark genug, um am Wächter vorbeizugehen und in diese Welt zu gelangen; aber das war sie nicht. Wäre sie es gewesen, dann wärst du vielleicht in diese Welt eingegangen und nie wieder zurückgekehrt. Der Nagual hat mir erzählt, daß er bereit war, dir zu folgen. Aber der Wächter ließ dich nicht vorbei und hätte dich beinah getötet. Danach konnte der Nagual dir keine Kraftpflanzen mehr geben, um dir zu helfen, deine zweite Aufmerksamkeit zu konzentrieren. Denn du konntest sie nur auf die schreckliche Seite der Dinge richten. Statt dessen ließ er dich *träumen,* so daß du sie auf andere Weise sammeln konntest. Aber er wußte, daß auch dein Träumen schrecklich sein würde. Und er konnte nichts dagegen tun. Du folgtest eben getreulich in seinen Fußstapfen, und er hatte eine schreckliche Seite seines Wesens.«

Sie verharrten schweigend. Es war, als würden sie alle von ihren Erinnerungen überwältigt.

Dann sagte la Gorda, der Nagual habe mir einmal, in den Bergen seiner Heimat, ein ganz besondres rotes Insekt gezeigt. Sie fragte, ob ich mich daran erinnern könne.

Ja, ich erinnerte mich. Vor Jahren einmal hatte Don Juan mich in eine mir unbekannte Gegend in den Bergen Nordmexikos mitgenommen. Unter Wahrung aller Vorsicht zeigte er mir ein paar runde Insekten, etwa von der Größe eines Marienkäfers. Ihr Rücken war leuchtend rot. Ich wollte mich bücken und sie genauer betrachten, aber er ließ es nicht zu. Er sagte, ich solle sie beobachten, ohne sie aber anzustarren, bis ich mir ihre Form eingeprägt hätte, denn ich müsse mich stets an sie erinnern. Und dann erklärte er mir ein paar merkwürdige Einzelheiten ihres Verhaltens, wobei mir die ganze Geschichte wie eine Metapher vorkam. Er sprach davon, welch willkürliche Bedeutung wir unseren teuersten Sitten und Bräuchen beimäßen. Dann erläuterte er mir die Bräuche dieser Insekten und verglich sie mit den unseren. Durch diesen Vergleich erschien die Wichtigkeit, die wir unseren Überzeugungen beimessen, geradezu lächerlich.

»Kurz bevor Genaro und der Nagual fortgingen«, erzählte la Gorda weiter, »nahm er mich an jenen Ort in den Bergen mit, wo diese Käferchen leben. Ich war schon einmal dort gewesen, und die anderen ebenfalls. Der Nagual legte großen Wert darauf, daß wir alle diese kleinen Wesen kennenlernten, obwohl er uns nie erlaubte, sie anzugaffen. Und bei unserem Aufenthalt in dieser Gegend sagte er mir, was ich mit dir machen und was ich dir sagen sollte. Das meiste davon habe ich dir schon gesagt – außer einem Punkt. Und der betrifft die Frage, die du jedem von uns gestellt hast: wo sind der Nagual und Genaro? Jetzt will ich dir genau sagen, wo sie sind. Der Nagual meinte, du würdest dies besser verstehen als wir anderen. Keiner von uns hat den Wächter *gesehen.* Keiner von uns ist je in der schwefelgelben Welt gewesen, in der er lebt. Du bist der einzige von uns, der dort war. Damals, als du deine zweite Aufmerksamkeit auf den Wächter konzentriertest, folgte der Nagual dir in diese andere Welt. Er hatte die Absicht, mit dir zu gehen, vielleicht für immer – falls du stark genug gewesen wärst, am Wächter vorbeizugehen. Damals entdeckte er auch zum erstenmal die Welt dieser kleinen roten Käfer. Ihre Welt, sagt er, sei das Schönste und Vollkommenste, was man sich vorstellen kann. Als daher die Zeit gekommen war, daß er und Genaro diese Welt verließen, versammelten sie all ihre zweite Aufmerksamkeit und konzentrierten sie auf diese Welt. Dann öffnete der Nagual – wie du selbst gesehen hast – den Spalt zwischen den Welten und sie schlüpften hinein, in diese Welt, in der sie jetzt auf uns warten, bis wir eines Tages zu ihnen kommen. Der Nagual und Genaro liebten die Schönheit. Sie gingen in diese Welt – einfach aus Freude daran.«

Sie schaute mich an. Ich wußte nichts zu sagen; sie hatte recht gehabt, als sie sagte, die Kraft müsse den richtigen Zeitpunkt für ihre Offenbarung bestimmen, wenn diese denn eine Wirkung auf mich haben sollte. Ich empfand unbeschreiblichen Schmerz. Mir war nach Weinen zumute, und doch war ich weder traurig noch schwermütig. Ich sehnte mich nach etwas Unsagbarem, aber diese Sehnsucht war gar nicht meine eigene. Sie war mir fremd, wie so viele Gefühle und Empfindungen, die ich seit meiner Ankunft erfahren hatte.

Jetzt fiel mir ein, was Nestor mir über Eligio gesagt hatte. Ich erzählte es la Gorda, und sie bat mich, ihnen von meinen Visionen zu berichten, die ich, nach dem Sprung in den Abgrund, auf meiner Reise zwischen dem Tonal und dem Nagual geschaut hatte. Als ich mit meinem Bericht fertig war, schienen sie alle recht verängstigt. La Gorda sprach mich sofort auf meine Vision der Kuppel an.

»Der Nagual hat uns gesagt, daß unsere zweite Aufmerksamkeit sich eines Tages auf diese Kuppel konzentrieren wird«, sagte sie. »An diesem Tag werden wir ganz zweite Aufmerksamkeit sein, genau wie Genaro und der Nagual; und an diesem Tag werden wir uns mit ihnen vereinigen.«

»Du meinst also, Gorda, wir werden gehen, wie wir jetzt sind?«

»Ja, wir werden gehen, wie wir sind. Der Körper ist die erste Aufmerksamkeit, die Aufmerksamkeit fürs Tonal. Wenn er aber zweite Aufmerksamkeit wird, geht er einfach in die andere Welt. Der Sprung in den Abgrund sammelte für eine Weile all deine zweite Aufmerksamkeit, aber Eligio war stärker, und seine zweite Aufmerksamkeit wurde durch diesen Sprung fixiert. Das ist alles, was ihm widerfuhr; sonst war er genau wie wir alle. Aber wir können nicht wissen, wo er jetzt ist; nicht einmal der Nagual selbst wußte es. Doch wenn er überhaupt irgendwo ist, dann ist er in dieser Kuppel. Oder er springt von Vision zu Vision – vielleicht in alle Ewigkeit.«

Und dann sagte la Gorda, meine Reise zwischen dem Tonal und dem Nagual habe mir großartig die Möglichkeit bestätigt, daß unser ganzes Sein zweite Aufmerksamkeit werden kann; in geringerem Maß hätte ich dies auch heute erlebt, als wir alle durch mein Ungeschick in der Welt dieser Aufmerksamkeit verloren waren – und auch damals, als sie uns beide auf der Flucht vor den Verbündeten eine halbe Meile weit transportierte. Aber der Nagual habe es – gleichsam als Herausforderung – uns selbst überlassen, ob wir in der Lage wären, unseren Willen oder die Kraft unserer zweiten Aufmerksamkeit so weit zu entwickeln, daß wir sie unbegrenzt und nach Belieben auf alles konzentrieren könnten.

Wir schwiegen. Für mich war es Zeit aufzubrechen, aber ich konnte mich nicht bewegen. Der Gedanke an Eligios Schicksal lähmte mich. Ob es ihm gelungen war, die Kuppel zu erreichen, wo wir uns treffen sollten, oder ob er noch immer im Unsagbaren gefangen war – der bloße Gedanke an diese Reise machte mich krank. Es fiel mir nicht schwer, sie mir vorzustellen; ich hatte ja die Erfahrung meiner eigenen Reise.

Die andere Welt, auf die Don Juan mich praktisch seit Anbeginn unsrer Bekanntschaft hingewiesen hatte, war mir stets als Metapher erschienen, als verschwommene Bezeichnung für eine Art Wahrnehmungsstörung, bestenfalls aber als Anspielung auf irgendeinen undefinierbaren Seinszustand. Und obwohl Don Juan mich unbeschreibliche Bilder der Welt hatte sehen lassen, konnte ich meine Erlebnisse nicht anders begreifen denn als Vexierspiel meiner Wahrnehmung, als eine Art geleitete Wahntäuschung, die er in mir hatte hervorrufen können – sei es durch psychotrope Pflanzen oder durch Mittel, die ich rational nicht mehr erfassen konnte. Jedesmal wenn dies geschah, hatte ich bei der Vorstellung Zuflucht gesucht, daß die Einheit des ›Ich‹, das ich kannte und das mir vertraut war, nur eine zeitweilige Auflösung erfahren hatte. Und sobald diese Einheit wiederhergestellt war, wurde die Welt unvermeidlich wieder zur Heimstatt meines unverletzlichen rationalen Selbst. Der Ausblick aber, den la Gorda mir mit ihren Offenbarungen eröffnet hatte, war beängstigend.

Sie stand auf und zog mich von meiner Bank hoch. Sie sagte, ich müsse aufbrechen, bevor es dämmerte. Alle begleiteten sie mich zum Auto, und dann sagten wir einander Lebewohl.

La Gorda gab mir einen letzten Auftrag. Sie sagte, bei meiner Rückkehr müsse ich direkt zum Haus der Genaros fahren.

»Wir wollen dich nicht wiedersehen, bis du weißt, was du zu tun hast«, sagte sie mit strahlendem Lächeln. »Aber bleib nicht zu lange.« Die Schwesterchen nickten.

»Diese Berge hier werden uns nicht viel länger dulden«, sagte sie und wies mit kaum wahrnehmbarem Kopfnicken zu den zerklüfteten, unheimlichen Hügeln jenseits des Tales.

Ich stellte ihr noch eine letzte Frage. Ich wollte wissen, ob sie eine Ahnung habe, wohin der Nagual und Genaro nach unserem glücklichen Wiedersehen gehen würden.

Sie blickte zum Himmel, hob die Arme und machte eine unnachahmliche Gebärde, die sagen wollte: die unermeßliche Weite dort ist grenzenlos.